中华优秀传统文化大众化系列读物

山东省委宣传部　组编

传统文化与治国理政

高　奇　主编

中华书局　齐鲁书社

图书在版编目(CIP)数据

传统文化与治国理政/高奇主编. —北京:中华书局,2018.12
(中华优秀传统文化大众化系列读物)
ISBN 978-7-101-12766-9

Ⅰ.传… Ⅱ.高… Ⅲ.中华文化–干部教育–学习参考资料
Ⅳ.K203

中国版本图书馆 CIP 数据核字(2017)第 202882 号

书　　名	传统文化与治国理政
主　　编	高　奇
丛 书 名	中华优秀传统文化大众化系列读物
责任编辑	傅　可
出版发行	中华书局
	(北京市丰台区太平桥西里 38 号　100073)
	http://www.zhbc.com.cn
	E-mail:zhbc@ zhbc.com.cn
印　　刷	北京瑞古冠中印刷厂
版　　次	2018 年 12 月北京第 1 版
	2018 年 12 月北京第 1 次印刷
规　　格	开本/710×1000 毫米　1/16
	印张 25¾　插页 2　字数 250 千字
印　　数	1-3000 册
国际书号	ISBN 978-7-101-12766-9
定　　价	88.00 元

目　录

绪言　续写中华传统文化精气神的新篇章

　　2013年，中华传统文化迎来了一个生机盎然的新时代。11月26日，习近平总书记来到曲阜，他意味深长地说："我这次来曲阜就是要发出一个信息：要大力弘扬中国传统文化。"[①] 习近平一行还在曲阜参观了庄严轩敞的孔府。现存的孔府始建于1377年，原是孔子嫡亲子孙世代居住的府邸。在以儒学为正统思想的中国传统社会，孔氏子孙受到历代统治者的重视，孔府也经明清两代多次扩建，现已成为占地二百余亩、楼轩厅堂四百六十余间的大型建筑群。随后，习总书记又来到孔子研究院，孔子研究院是1996年国务院特批的，集文献收藏、学术研究、人才培养、信息交流、博物展览为一体的专门儒学研究机构。在这里，习总书记与专家学者进行了亲切交谈，并饶有兴趣地翻看了孔子研究院的相关研究成果。

　　习总书记的曲阜之行，体现了党中央对中华传统文化的充分重视，以及对中华传统文化传承和创新的责任担当。中华传统文化虽然产生于农业社会，但它的优秀基因有超越时空的普遍性价值，是中华民族延续几千年的精神血脉；经过面向当代的创造性转化和创新性发展，完全可以成为有益于国家建设和个人修养的宝贵精神财富，我们有责任不遗

---

① 习近平：《大力弘扬中国传统文化》。见曹颖新：《给中国梦以传统文化的内在力量》，《学习时报》2014年12月1日。

余力地将其发扬光大。党的十八大以来,以习近平同志为核心的党中央,坚持以科学的态度对待中华传统文化,持续发掘和利用中华传统文化的丰富资源,充实中国特色社会主义理论体系这座大厦,创造性地构建了一系列具有中国传统韵味的治国理政思想与修身立德主张,形成了一系列具有中国特色、中国风格、中国气派的执政话语,使中国特色社会主义理论体系更加亮丽,更加贴近当代中国人生活的这块土地,更加适合中华民族的思维方式、表达方式和行为方式。

一、习总书记的中国风格、中国气派、中国情怀

习近平同志历来重视中华传统文化,他秉持着"择其善者而从之,其不善者而改之"(《论语·述而》)的辩证思维态度,对传统文化进行了"创造性转化、创新性发展"①。他善于运用古老的中国传统智慧审视中国现代所面对的治国理政问题,将中华优秀传统文化与马克思主义相结合,谱写了马克思主义中国化的新篇章,在治国理政、修身立德中形成了鲜明的中国风格、中国气派、中国情怀。

习近平同志的治国理政思想中蕴含着传统文化的智慧。他始终保持人民主体信念,秉持忧患意识,统筹全局,放眼世界,在世界风云激荡中思考中国问题,在中国改革开放大潮中思考世界格局。他用传统文化智慧阐释、说明、充实治国理政思想的例子比比皆是,我们择其要者说几个。

坚定的人民主体信念,展示出习近平同志治国理政思想的目的指向,体现了心系人民的大爱情怀。马克思主义政党的最鲜明特色,就是

---

① 习近平:《在纪念孔子诞辰2565周年国际学术研讨会暨国际儒学联合会第五届会员大会开幕会上的讲话》,《人民日报》2014年9月25日。

致力于实现最广大人民群众的最根本利益。这与传统文化中的民本思想存在相通性。习近平同志在讲话中多次提到，"治政之要在于安民，安民之道在于察其疾苦"①，"政之所兴在顺民心，政之所废在逆民心"（《管子·牧民》），以此提醒广大干部，无论在革命战争年代，还是在和平建设时期，都要与人民群众血肉相连、休戚相关，这是我们党最大的政治优势。各级领导干部要与人民群众祸福同在，喜乐同体，要对民间疾苦感同身受，尽心竭力解决人民群众关心的问题。习近平同志反复强调，各级领导干部要"去民之患，如除腹心之疾"②，只有将政权建立在百姓心坎之上，人民群众才会用生命捍卫它，使其屹立不倒，长盛不衰。

　　浓厚的忧患意识，体现了习近平同志治国理政思想的兢慎态度，以及心系国家和民族命运的自觉担当。自古以来，每一个太平盛世无不是居安思危、未雨绸缪的结果。习近平同志借鉴历代治国经验，在多次讲话中流露出深沉的忧患意识。《在中央新疆工作座谈会上的讲话》中，他引用了《周易》中的话说："安而不忘危，存而不忘亡，治而不忘乱。"提醒所有党员领导干部，中国目前已进入改革的深水区，社会一方面大踏步前进，另一方面一些矛盾也在激化。我们要不断提高治理能力，妥善解决各方面问题，中国这艘伟大的社会主义巨轮才能乘风破浪，一往无前。否则，"天下之患，最不可为者，名为治平无事，而其实有不测之忧。坐观其变而不为之所，则恐至于不可救"③。最危险的敌人往往不是敌国外患，而就在萧墙之内。逐渐积攒起来的骄惰散漫之气，会导致"千里之

----

① 万历十年（1582），张居正向明神宗上《请蠲逋通以安民生疏》，其中有"致理之要，惟在于安民，安民之道，在察其疾苦"。本句"治政之要在于安民，安民之道在于察其疾苦"，是对张居正一语的化用。

② ［北宋］苏辙：《上皇帝书》见《苏辙集》卷21。习近平同志在《摆脱贫困·干部的基本功——密切联系人民群众》等文中引用。

③ ［北宋］苏轼：《晁错论》，见《苏轼文集》卷4。习近平同志在《在新疆考察工作结束时的讲话》等文中引用。

堤，溃于蚁穴"①。这些无一不是中华民族几千年来对政治治理思考的结晶，值得当代借鉴。

宏大的全球格局，体现出习近平同志治国理政思想的纵横空间，体现了他胸怀天下的博大情怀。习近平同志明确指出，政治文化传统差异性客观存在，我们应当避免由于差异性的存在带来国家间的不信任，甚至阻碍国家间的合作。不同国情的国家相处要秉持"和而不同"的基本原则，"文明因交流而多彩，文明因互鉴而丰富"②。习近平同志在不同场合多次提到"万物并育而不相害，道并行而不相悖"③的道理。天地自然是最和谐的存在，它们的运行不是僵化齐一，而是千姿百态，差异性共存。这是自然万物的相处之道，同样也是全世界各民族不同政治文化传统的相处之道，"一花独放不是春，百花齐放春满园"④。这些饱含传统文化智慧的话语，道出了世界各民族和谐相处的基本行动原则。在对政治文化相互尊重的前提下，不同国家在经济上要互惠互利、共同进步。习近平同志引用《道德经》中的话说："既以为人，己愈有；既以与人，己愈多。"⑤世界是一个地球村，只有坚持双赢和多赢的合作原则，才能消除世界仍然存在的贫困问题及各种全球性问题，解决各国普遍存在的经济发展问题，迎来世界的共同繁荣。因此，"计利当计天下利"⑥，要避免零和思维，共铸人类命运共同体。

---

① 《韩非子·喻老》。习近平同志在《在河南省兰考县委常委扩大会议上的讲话》等文中引用。
② 习近平：《在联合国教科文组织总部的演讲》，《人民日报》2014年3月28日。
③ 《礼记·中庸》。习近平同志在《在中法建交五十周年纪念大会上的讲话》等文中引用。
④ 《古今贤文·合作篇》。习近平同志在《共同创造亚洲和世界的美好未来——在博鳌亚洲论坛2013年年会上的主旨演讲》等文中引用。
⑤ 《道德经》第八十一章。习近平同志在《永远做太平洋岛国人民的真诚朋友》等文中引用。
⑥ "计利当计天下利，求名应求万世名"是国民党元老于右任题赠蒋经国的一副对联。习近平同志在《携手建设中国－东盟命运共同体——在印度尼西亚国会的演讲》等文中引用。

习总书记以兢慎之心,怀大爱之情,观天下大势,引领中国梦的圆梦航向。在习近平同志治国理政的各种维度张成的一体化的宏阔舞台上,我们充满惊喜地看到了中华优秀传统文化如何从故纸堆跃然眼前,从历史走向今天。

> **专栏　习近平同志在治国理政方面常引用的中国古代名句**
>
> "治乱绳,不可急。"(《汉书·龚遂传》)——习近平同志在《摆脱贫困·从政杂谈》等文中引用
>
> "临大事而不乱。"(北宋·苏轼《苏轼文集》卷8《策略四》)——习近平同志在《摆脱贫困·从政杂谈》等文中引用
>
> "临利害之际而不失故常。"(北宋·苏轼《陈侗知陕州制》)——习近平同志在《摆脱贫困·从政杂谈》等文中引用
>
> "居安而念危,则终不危;操治而虑乱,则终不乱。"(北宋·宋祁《直言对》)——习近平同志在《摆脱贫困·同心同德 兴民兴邦》等文中引用
>
> "其身正,不令而行;其身不正,虽令不从。"(《论语·子路》)——习近平同志在《之江新语·要用人格魅力管好自己》等文中引用
>
> "为政以德,譬如北辰,居其所而众星共之。"(《论语·为政》)——习近平同志在《之江新语·多读书,修政德》等文中引用
>
> "不受虚言,不听浮术,不采华名,不兴伪事。"(东汉·荀悦《申鉴·俗嫌》)——习近平同志在《之江新语·不兴伪事兴务实》等文中引用
>
> "政如农功,日夜思之。"(《左传·襄公二十五年》)——习近平同志在《之江新语·为政者需要学与思》等文中引用

"强本而节用，则天不能贫。"（《荀子·天论》）——习近平同志在《之江新语·强本还须节用》等文中引用

"圣人无常心，以百姓之心为心。"（《道德经》第四十九章）——习近平同志在《之江新语·主仆关系不容颠倒》等文中引用

"为之于未有，治之于未乱。"（《道德经》第六十四章）——习近平同志在《在党的群众路线教育实践活动总结大会上的讲话》等文中引用

"子产治郑，民不能欺；子贱治单父，民不忍欺；西门豹治邺，民不敢欺。"（西汉·司马迁《史记·滑稽列传》）——习近平同志在《执政重在基层、工作倾斜基层、关爱传给基层》等文中引用

"治大国如烹小鲜。"（《道德经》第六十章）——习近平同志在《在接受金砖国家媒体联合采访时的讲话》等文中引用

"尚贤者，政之本也。"（《墨子·尚贤上》）——习近平同志在《在全国组织工作会议上的讲话》等文中引用

"治国者，圆不失规，方不失矩，本不失末，为政不失其道，万事可成，其功可保。"（三国蜀汉·诸葛亮《诸葛亮集》卷3《便宜十六策·治乱》）——习近平同志在《在党的十八届三中全会第二次全体会议上的讲话》等文中引用

"理国要道，实在于公平正直。"（唐·吴兢《贞观政要·公平》）——习近平同志在《在中央政法工作会议上的讲话》等文中引用

"为国不可以生事，亦不可以畏事。"（北宋·苏轼《因擒鬼章论西羌夏人事宜札子》）——习近平同志在《在省部级主要领导干部学习贯彻十八届三中全会精神　全面深化改革专题研讨班上的讲话》等文中引用

"治国犹如栽树，本根不摇则枝叶茂荣。"（唐·吴兢《贞观政要·政

体》）——习近平同志在《在省部级主要领导干部学习贯彻十八届三中全会精神　全面深化改革专题研讨班上的讲话》等文中引用

"政令时，则百姓一，贤良服。"（《荀子·王制》）——习近平同志在《在省部级主要领导干部学习贯彻十八届三中全会精神　全面深化改革专题研讨班上的讲话》等文中引用

"审度时宜，虑定而动，天下无不可为之事。"（明·张居正：《答宣大巡抚吴环洲策黄酋》）——习近平同志在《在省部级主要领导干部学习贯彻十八届三中全会精神　全面深化改革专题研讨班上的讲话》等文中引用

"国无常强，无常弱。奉法者强则国强，奉法者弱则国弱。"（《韩非子·有度》）——习近平同志在《在新疆考察工作结束时的讲话》等文中引用

"礼义廉耻，国之四维。四维不张，国乃灭亡。"（北宋·欧阳修《新五代史·冯道传》）——习近平同志在《在中央党校2008年春季学期第二批进修班暨师资班开学典礼上的讲话》等文中引用

"明者因时而变，知者随世而制。"（西汉·桓宽《盐铁论·忧边》）——习近平同志在《积极树立亚洲安全观，共创安全合作新局面》等文中引用

"以天下之目视，则无不见也；以天下之耳听，则无不闻也；以天下之心虑，则无不知也。"（《管子·九守》）——习近平同志在《在庆祝中国人民政治协商会议成立65周年大会上的讲话》等文中引用

习近平同志修身立德的主张同样闪烁着传统文化的智慧。他给各级领导干部提出了修身的具体要求。对于修养方法，习近平同志特别强调"三省吾身""博学笃行"；在道德层面，要求做到自强不息、清正廉

洁、公忠爱国。

"三省吾身"(《论语·学而》)是春秋时期孔子的弟子之一、儒家学派的重要代表人物曾子提出的,原意指的是君子要自我检点、自我审视,保证言行符合儒家的礼义道德规范。习近平同志在《在同中央办公厅各单位班子成员和干部职工代表座谈时的讲话》等文中多次提到这一方法,告诫各级领导干部,制度如果只靠外在强制力,执行时就会出现问题,一旦外在的强制力消失或弱化,制度就会名存实亡。基于此,自我反省就显得格外重要。通过多次反省自察,不仅可以在行动上及时纠偏,与制度保持一致,更会促使人不断将制度的深层价值观念内化下去。对制度有了深刻的内在认同,就有了自动运行的力量,这就为制度筑就了不被破坏的内在生命机制。

"博学笃行"①是儒家的一贯立场,要求以学促行,以行导学。对于领导干部而言,必须养成主动学习的习惯,然后是会学,最后是乐学。

其一,领导干部必须养成终身学习的习惯。领导干部是否读书,读什么书,不但影响着政府的执政能力,还影响着国家民族发展的大势与方向。为了讲清这一点,在中央党校建校80周年庆祝大会暨2013年春季学期开学典礼上的讲话中,习近平同志引用《荀子·大略》中的话说:"学者非必为仕,而仕者必如学。"中国社会发展一日千里,各级决策者如果不坚持不懈地学习,必然会跟不上时代的节奏和步伐,就会说外行话,办外行事,不仅于事业发展无所补益,反而会成为社会发展的阻碍力量。"学"对于各级领导干部而言是必不可少的,通过学习获得了新知,才能打开工作的新局面。

其二,学习也有方法规律可循。学习方法得当,可收到事半功倍之

---

① 语出《礼记·中庸》,原文为"博学之,审问之,慎思之,明辨之,笃行之"。

效。习近平同志多次在讲话中提到要将学与思结合起来,他在中央党校2009年春季学期第二批进修班开学典礼上,发表了《领导干部要爱读书读好书善读书》的讲话,提出"领导干部要同时防止学而不思和思而不学这两种现象",并引用《论语·为政》中的话说:"学而不思则罔,思而不学则殆。"正确的学习方式会开阔我们的视野,提供多维化的思维模式。学习必须建立在充分思考的基础上才能真正完成,因为单纯的记忆式学习,就如同吃进了食物而没有经过消化吸收一样,不会对我们起到滋养作用。我们必须经由思考,才能将学到的理论、观点、方法变成鲜活的、有生命力的、有意义的内容。没有经过思考转化的学习不会起到任何实际效果。学习离不开思考,同样,思考也离不开学习。只有多接触、多了解新事物,我们才能突破原有认知的局限性。对于领导干部而言,学习与思考的内容除了马克思主义的理论著作,还应该包括与自己工作领域有关的专业书籍,以及古今中外优秀的文化典籍。

其三,乐学才能长久。在中央党校建校80周年庆祝大会上,习近平同志引用了《论语·雍也》中的话:"知之者不如好之者,好之者不如乐之者。"当我们通过学思结合的方式,使知识不断积累丰富,思维能力不断提高,工作做出新成绩,我们就会乐此不疲,将学与思持续进行下去。

当然,学习本身不是目的,以学促行才能卓有实效。习近平同志提醒各级领导干部,要将学习的成果转化为切实的能力,主动进行主观世界的改造,积极推进对客观世界的改造。只有这样,学与思的成果才能得到检验。为说明这一道理,他引用了汉代刘向《说苑·政理》中的一段话:"耳闻之不如目见之,目见之不如足践之。"他还在中央党校2009年春季学期第二批进修班开学典礼上的讲话中,引用陆游教子诗中的一段,谆谆教导我们"纸上得来终觉浅,绝知此事要躬行"(《冬夜读书示子聿》),让学习与实践相互促进。

深受中国传统智慧的影响与启迪，习近平同志除了多次在不同场合提到"三省吾身"与"博学笃行"的自我成长模式外，还多次提到对共产党员的道德要求，其中包括：自强不息、清正廉洁、公忠爱国。

其一，共产党人、各级领导干部要有自强不息的精神。习近平同志在布鲁日欧洲学院的演讲中，用《周易》中的话提醒我们不能停止跋涉探索的脚步，"天行健，君子以自强不息"，要敢于担当，勇于作为。他在全国组织工作会议上的讲话中说，"为官避事平生耻"，这是由曾国藩《治心经·诚心篇》中的话化用而来，习近平借用此话强调各级党员领导干部要敢于承担责任，要敢于迎难而上。

其二，共产党人、各级领导干部要有清正廉洁的作风。对于廉政问题，习近平同志多次强调，干部清正廉洁作风的培养是执政的重要任务。他引用明清之际思想家顾炎武的话说："诚欲正朝廷以正百官，当以激浊扬清为第一义，而其本在于养廉。"（《亭林文集》卷1《与公肃甥书》）对于整肃贪腐，要防微杜渐，从小处抓起，尽量避免积重难返。他引用南朝宋范晔的话说："禁微则易，救末者难。"（《后汉书·桓荣丁鸿列传》）也就是说清廉作风的培养要从小事着手，才不至于铸成大错。而防止贪腐，消除内因是关键。他引用北宋苏轼《范增论》中的话表达自己的观点，"物必先腐，而后虫生"，要求党员领导干部坚定信仰，严格自律，俭以养廉。习近平同志在党员干部中大力提倡勤俭作风，他在十八届中央纪委第二次全体会议上引用唐代李商隐《咏史》诗说："历览前贤国与家，成由勤俭破由奢。"（《全唐诗》卷539）官员廉洁关系着国家前途，关系着民众福祉，必须养成廉洁光荣、贪墨可耻的风气。在河南省兰考县委常委扩大会议上的讲话中，他引用清代张伯行《禁止馈送檄》中的话说："一丝一粒，我之名节；一厘一毫，民之脂膏。宽一分，民受赐不止一分；取一文，我为人不值一文。谁云交际之常，廉耻实伤；倘非不义之财，此物何来？"

其三，共产党人、各级领导干部要有公忠爱国的情怀。习近平同志非常强调公私分明、先公后私、大公无私的高尚品质，他在十八届中央纪委第三次全体会议上的讲话中说："衡量党性强弱的根本尺子是公、私二字。"为了说明这一点，他引用了《二程集》中的一段话："一心可以丧邦，一心可以兴邦，只在公私之间尔。"（《二程集·河南程氏遗书》卷11）各级领导干部都掌握着公权力，如果不能公私分明，那么，必然导致公权私用的现象，长久下去，就会失去民心民意，后果非常可怕。各级党员领导干部要热爱人民、热爱党、热爱我们的社会主义国家。他曾引用陆游《病起书怀》中的句子告诫我们："位卑未敢忘忧国"，不论职位高低，爱国主义情怀不能丢。忠诚也应是共产党人应有的精神底色，在同中央办公厅各单位班子成员和干部职工代表座谈时的讲话中，习近平同志提到诸葛亮《兵要》中的一段话，"人之忠也，犹鱼之有渊"，强调忠诚的可贵。当然，在当代，所谓忠诚不是针对某个人的，而是要对党忠诚，对人民忠诚，对国家忠诚，这是共产党人的首要政治本色。

习近平同志不仅谆谆教导我们，他个人的言行也颇有古风。网络上广为流传着习近平同志一家人的合影，像我们每个普通的中国家庭一样，父慈子孝，夫妻恩爱。习近平同志有着浓厚的家庭观念，这与中华传统文化对家庭的重视一脉相承。习近平同志的日常言行中体现着深厚的传统文化精神。习近平同志的重要讲话和身体力行，为我们如何传承和弘扬中华传统文化,"从延续民族文化血脉中开拓前进"①指明了方向。

专栏　习近平同志在修身立德方面常引用的中国古代名句

"慧者心辩而不繁说,多力而不伐功,此以名誉扬天下。"(《墨子·修身》)——习近平同志在《摆脱贫困·从政杂谈》等文中引用

"非澹泊无以明志,非宁静无以致远。"(三国蜀汉·诸葛亮《诸葛亮集·文集》卷1《诫子书》)——习近平同志在《之江新语·做人做事要力戒浮躁》等文中引用

"天将降大任于是人也,必先苦其心志,劳其筋骨,饿其体肤,空乏其身,行拂乱其所为,所以动心忍性,曾益其所不能。"(《孟子·告子下》)——习近平同志在《之江新语·越是艰苦环境,越能磨炼干部品质》等文中引用

"上善若水,厚德载物。"(《道德经·第八章》《易传》)——习近平同志在《之江新语·在慈善中积累道德》等文中引用

"恻隐之心,仁之端也。"(《孟子·公孙丑上》)——习近平同志在《之江新语·在慈善中积累道德》等文中引用

"不患位之不尊,而患德之不崇。"(东汉·张衡《应间》)——习近平同志在《之江新语·做人与做官》等文中引用

"静而后能安,安而后能虑,虑而后能得。"(《礼记·大学》)——习近平同志在《之江新语·做人做事要力戒浮躁》等文中引用

---

① 习近平:《在纪念孔子诞辰2565周年国际学术研讨会暨国际儒学联合会第五届会员大会开幕会上的讲话》,《人民日报》2014年9月25日。

"富贵不能淫,贫贱不能移,威武不能屈。"(《孟子·滕文公下》)——习近平同志在《在中央党校建校80周年庆祝大会暨2013年春季学期开学典礼上的讲话》等文中引用

"吾日三省吾身。"(《论语·学而》)——习近平同志在《在党的群众路线教育实践活动工作会议上的讲话》等文中引用

"祸患常积于忽微,而智勇多困于所溺。"(北宋·欧阳修《新五代史·伶官传》)——习近平同志在《在党的群众路线教育实践活动工作会议上的讲话》等文中引用

"志之所趋,无远弗届,穷山距海,不能限也。志之所向,无坚不入,锐兵精甲,不能御也。"(清·金缨《格言联璧·学问》)——习近平同志在《着力培养选拔党和人民需要的好干部》等文中引用

"一命而偻,再命而伛,三命而俯。循墙而走,亦莫余敢侮。饘于是,鬻于是,以糊余口。"(《左传·昭公七年》)——习近平同志在《着力培养选拔党和人民需要的好干部》等文中引用

"与人不求备,检身若不及。"(《尚书·伊训》)——习近平同志在《着力培养选拔党和人民需要的好干部》等文中引用

"观于明镜,则疵瑕不滞于躯;听于直言,则过行不累乎身。"(汉末魏初·王粲《王粲集》卷3《仿连珠》)——习近平同志在《在河北参加省委班子专题民主生活会时的讲话》等文中引用

"君子喻于义。"(《论语·里仁》)——习近平同志在《青年要自觉践行社会主义核心价值观》等文中引用

"君子坦荡荡。"(《论语·述而》)——习近平同志在《青年要自觉践行社会主义核心价值观》等文中引用

"君子义以为质。"(《论语·卫灵公》)——习近平同志在《青年要

自觉践行社会主义核心价值观》等文中引用

"人而无信,不知其可也。"(《论语·为政》)——习近平同志在《青年要自觉践行社会主义核心价值观》等文中引用

"己所不欲,勿施于人。"(《论语·卫灵公》)——习近平同志在《青年要自觉践行社会主义核心价值观》等文中引用

"德者,本也。"(《礼记·大学》)——习近平同志在《青年要自觉践行社会主义核心价值观》等文中引用

"见善则迁,有过则改。"(《周易·益》)——习近平同志在《青年要自觉践行社会主义核心价值观》等文中引用

"见贤思齐焉,见不贤而内自省也。"(《论语·里仁》)——习近平同志在《从小积极培育和践行社会主义核心价值观——在北京市海淀区民族小学主持召开座谈会时的讲话》等文中引用

"一心可以丧邦,一心可以兴邦,只在公私之间尔。"(北宋·程颢、程颐《二程集·河南程氏遗书》)——习近平同志在《在十八届中央纪委第三次全体会议上的讲话》等文中引用

"见善如不及,见不善如探汤。"(《论语·季氏》)——习近平同志在《在十八届中央纪委第三次全体会议上的讲话》等文中引用

"莫见乎隐,莫显乎微,故君子慎其独也。"(《礼记·中庸》)——习近平同志在《之江新语·追求"慎独"的高境界》等文中引用

二、"四个讲清楚"与两种态度和四个自信

要做好传承和弘扬传统文化这一功课,就要做到"四个讲清楚"。2013年8月19日至20日,全国宣传思想工作会议在北京召开,习总书记

在会上做了重要讲话，涉及"四个讲清楚"的重要内容："宣传阐释中国特色，要讲清楚每个国家和民族的历史传统、文化积淀、基本国情不同，其发展道路必然有着自己的特色；讲清楚中华文化积淀着中华民族最深沉的精神追求，是中华民族生生不息、发展壮大的丰厚滋养；讲清楚中华优秀传统文化是中华民族的突出优势，是我们最深厚的文化软实力；讲清楚中国特色社会主义植根于中华文化沃土、反映中国人民意愿、适应中国和时代发展进步要求，有着深厚历史渊源和广泛现实基础。"①

从文字上分析，"四个讲清楚"包含四部分内容：其一，指出国家民族发展道路的一般规律。其二，在总括的意义上对中华文化予以定位，中华文化既包括传统文化，又包括当代中国文化。其三，着重指出中华优秀传统文化的作用。其四，指出中国的发展道路——中国特色社会主义道路的历史渊源和现实基础。"四个讲清楚"就是要把这四个大道理说明白，这也是我们编写这本书的一个主要目的，本书各个章节大都是围绕着"四个讲清楚"展开的。

当然，对"四个讲清楚"的理解仅从字面上分析是远远不够的，对"四个讲清楚"的深入解读要与现当代中国的独特国情相联系，要与中国独特的传统文化相联系，要以中国梦的历史追求为背景。中国要真正地腾飞起来，就如同飞机一样，需要起飞时提供助力的跑道，只有这样才能向着远方飞翔。对于中国历史和传统文化的反省与回顾、传承与创新就是中国梦起飞的助力跑道。中国梦一方面联结着历史，一方面联结着未来，只有将历史与未来贯通起来去思考，"四个讲清楚"才能够真正讲清楚。因此，对"四个讲清楚"的解读要以近代以来对"中国向何处去"的整体性思考为背景，将"四个讲清楚"置于中国道路选择的时代洪流中

① 《习近平谈治国理政》，外文出版社2014年版，第155—156页。

去考察,才能感悟到它们深邃的内涵。"中国向何处去"论争的核心问题可以归结为古今之争、中西之辩。其中关涉两个重要问题,一是如何定位中国历史与当代社会的关系,一是如何在中西文化的碰撞交流中定位中国文化的走向。以中国梦为目标,接续着近代以来中国向何处去的争论,概括地说,"四个讲清楚"体现了两种态度和四个自信,后者即道路自信、理论自信、制度自信和文化自信。

先说两种态度。一是要有对待中国历史和传统文化的科学态度。古今之争需要通过确立对中国历史的正确态度,才能作出对中国历史与中国当代社会关系的合理判断。评价传统中国社会和文化,避免以古非今或者以今非古的极端态度,离不开唯物史观和辩证思维。对中国传统社会,在批判的同时,还要给予科学的评价,如此当代中国社会才会有来路。"不忘历史才能开辟未来,善于继承才能善于创新"①。如果我们只看到中国传统社会封建腐朽的一面,而缺乏对历史文化发展的积极肯定,我们就犯了历史虚无主义与文化虚无主义的双重错误,将当代中国社会的发展置于历史文化荒漠之中。

二是要有对待西方社会和文化的科学态度。中西之辩的关键在于通过思考西方社会文化发展的利弊得失,为中国社会文化的发展提供有益的借鉴。要避免出现两种极端情况,既不能对自己的历史文化抱残守缺,也不能不加批判地一味接受西方文化。对中西文化都要持理性的分析态度,去其糟粕,取其精华。与西方相比,中国有"独特的文化传统,独特的历史命运,独特的基本国情,注定了我们必然要走适合自己特点的发展道路"②。只有在与西方的比较中明确了这"三个独特",中国文化才能在中西

---

① 习近平:《在纪念孔子诞辰2565周年国际学术研讨会暨国际儒学联合会第五届会员大会开幕会上的讲话》,《人民日报》2014年9月25日。
② 《习近平谈治国理政》,外文出版社2014年版,第156页。

文化的汇通中找到适合自己的生存空间，开启智慧的发展路径。

再说四个自信。道路自信、理论自信和制度自信体现在"四个讲清楚"的第一层面与第四层面。中国特色社会主义是马克思主义与中国实际相结合的产物，所谓中国实际包括社会存在和社会意识两方面，中华传统文化的现实状况当然也包含其中。"中国特色社会主义植根于中华文化沃土、反映中国人民意愿、适应中国和时代发展进步要求，有着深厚历史渊源和广泛现实基础"，因而，它的出现具备了历史和现实的必然性，我们对中国特色社会主义道路、理论和制度要有高度自信。悠久的历史传统和丰富的文化积淀对中国特色社会主义的滋养，是这种自信心的重要来源。习近平同志说："当代中国是历史中国的延续和发展，当代中国思想文化也是中国传统思想文化的传承和升华。"①举例来说，"小康""大同""和谐"是中国社会自古就有的社会理想，习近平同志曾说，全面建成小康社会中的"小康"这个概念，就出自《礼记·礼运》，是中华民族自古以来追求的理想社会状态。使用"小康"这个概念来确立中国的发展目标，既符合中国发展实际，也容易得到最广大人民群众的理解和支持。大同理想也出自《礼记·礼运》，古人对未来美好生活的期望正在新时代的中国逐渐变为现实。和谐理念也是古已有之，而中国特色社会主义赋予和谐理念崭新的时代内涵，反映了全国各族人民的根本追求，不但追求人与人之间关系的和谐，追求人与社会之间的和谐，也追求人与自然之间的和谐。对和谐的追求，体现在制度设计、利益分配、思想道德、社会关系等多个层面。中国社会发展到今天，已具备了使和谐理念充分实现的社会现实基础。

---

① 习近平：《在纪念孔子诞辰2565周年国际学术研讨会暨国际儒学联合会第五届会员大会开幕会上的讲话》，《人民日报》2014年9月25日。

这样的例子还可以举出很多很多。从本源上说，马克思主义与中华传统文化之间存在着各种各样的相似点。英国著名学者李约瑟（Joseph Needham，1900—1995）就说过："现代中国人如此热情地接受辩证唯物主义，有很多西方人觉得是不可思议的。他们想不明白，为什么这样一个古老的东方民族竟会如此毫不犹豫、满怀信心地接受一种初看起来完全是欧洲的思想体系。但是，在我想象中，中国的学者们自己却可能会这样说的，'真是妙极了！这不就像我们自己的永恒哲学和现代科学的结合吗？它终于回到我们身边来了'。……中国的知识分子之所以更愿意接受辩证唯物主义，是因为，从某种意义上说，这种哲学思想正是他们自己所产生的。"①在这里，李约瑟从西方人的视角提出了一个问题：为什么东方的中国人会热情地接受西方的辩证唯物主义？李约瑟认为，之所以会出现这种情况，是因为中国古代的朴素辩证思想与辩证唯物主义思想是相似的，因此更容易被中国人接受。如果把"李约瑟判断"的视角再放大一些，我们就会发现马克思主义与中华传统文化在社会理想、人生态度、价值追求等方面也存在一些相似点。深受中华传统文化熏陶的几代中国共产党人正是结合中国实际和时代要求将这些相似点不断放大，使马克思主义扎根于中华文化沃土而染上了"中国化"的色彩，诞生了具有中国特色、中国风格、中国气派的毛泽东思想和中国特色社会主义理论体系。中国共产党人敢于将马克思主义与中华传统文化做这样的结合，一是出于对马克思主义发展规律、社会主义发展规律和中国社会发展规律的认知和尊重，一是出于对有着五千多年连绵不断发展历程、使中华民族生生不息的博大精深的中华文化的高度自信。

---

① ［英］李约瑟：《四海之内：东方和西方的对话》，生活·读书·新知三联书店1987年版，第63、67页。

"四个讲清楚"中的第二个层面与第三个层面体现了文化自信。费孝通先生指出："生活在一定文化中的人对其文化有'自知之明'，并且对其发展历程和未来有充分的认识。"①对于本民族的文化认知要避免两种极端，一种是文化沙文主义的倾向，另一种是文化虚无主义的倾向。二者或者将自己的文化无上推崇，或者认为本民族的文化一无是处，这或者源于过分的文化自负，或者源于过分的文化自卑。这两种倾向都要避免。但在当下中国，我们要着力打破文化自卑，重树文化自信。

我们之所以有文化自信，是因为中国文化具有的长久生命力。梁漱溟先生说："历史上与中国文化若后若先之古代文化，如埃及、巴比伦、印度、波斯、希腊等，或已夭折，或已转易，或失其独立自主之民族生命。惟中国能以其自创之文化绵永其独立之民族生命，至于今日岿然独存。"②我们称之为"四大文明"的古印度文化、古埃及文化、古巴比伦文化都已经断绝了；只有中华文化一枝独秀，源远流长，是世界上唯一未曾中断的文明。我们之所以有文化自信，是因为中华文化具有世界性的影响。中华传统文化影响了世界历史进程，特别是对周边国家，比如日本、韩国、新加坡直到今天仍然受到儒家文化的深刻影响。我们之所以有文化自信还在于中华文化的独特性。2014年，习总书记在五四青年节与北京大学师生座谈时指出："中华文明绵延数千年，有其独特的价值体系。"③中华文化与西方文化相比，在世界观、人生观、价值观、认识论、方法论等诸多方面有区别。我们不能因为中华文化的独特性而否认它，中华文化恰恰因为与其他文化不同，才成为世界文化大家庭

---

① 费孝通：《文化自觉，和而不同——在"二十一世纪人类的生存与发展国际人类学学术研讨会"上的演讲》，《民俗研究》2000年第3期。
② 梁漱溟：《中国文化要义》，上海人民出版社2005年版，第7页。
③ 《习近平谈治国理政》，外文出版社2014年版，第170页。

中不可或缺的一员，对于维护世界文化生态的健康发展起着至关重要的作用。我们之所以有文化自信，还在于其有合理性的内核，如阴阳变化的宇宙观念，和而不同与中庸的处事原则，家国天下的情怀，富强统一的政治追求，等等，都对当今世界文化有补益之功。总之，中华传统文化在世界文化史上占据着重要位置，是世界文化大家庭中璀璨的花朵。

当然，我们并不否认中华文化有这样那样的缺陷。但是，这并不能构成我们全盘否定甚至抛弃自己民族文化的理由。中华民族伟大复兴离不开中国文化的复兴。纵观整个世界史，文化复兴往往是民族复兴的前奏，相反，民族精神的萎靡是一个民族衰落的前兆。殷鉴未远，民族文化复兴的工作一定要做，而且要做好。民族文化的复兴有两个取向，一是对内的返本开新，一是对外的交流融通。习近平同志说："只有交流互鉴，人类文明才能充满生机"①，要"不忘本来、吸收外来、面向未来"②。

三、中华传统文化的精气神

要做到"四个讲清楚"，就要把握中华传统文化的精气神。"四个讲清楚"贯穿着一个主题，即中华传统文化是我们民族的根和魂，我们不能丢掉，如果丢掉了这个根和魂，就割断了自己的精神命脉。丧失民族之根，我们就不能傲然矗立在大地上；丢失民族之魂，我们就不能保持本色、认清自己！

中华传统文化博大精深，其内容难以计数。我们要传承和弘扬优秀

---

① 《习近平致"鲁本斯、凡·戴克与佛兰德斯画派——列支敦士登王室珍藏展"开展的贺信》，《光明日报》2013年11月6日。
② 习近平：《在哲学社会科学工作座谈会上的讲话》，人民出版社2016年版，第16页。

传统文化,关键是抓住其精气神。中华传统文化的精气神是什么? 就是中华优秀传统文化中蕴含的智慧、善规良范和民族精神。智慧包括正确的世界观、历史观、人生观、价值观、审美观、方法、谋略等,善规良范包括美德、良法、气节、公平正义等,中华民族精神表现为以爱国主义为核心的团结统一、爱好和平、勤劳勇敢和自强不息的精神。

文化精气神与文化现象不同,文化现象指的是文化的具体表现形式,包括器物、社会制度、行为习惯、文化符号等;而文化精气神是文化现象中所蕴含的基本理念、基本思想、基本方法、基本价值、基本精神等。文化精气神是文化现象的内涵,文化现象是文化精气神的表现。

文化精气神包含的内容也十分丰富,它们的结晶或者内核就是文化的"魂",也就是一个文化体系中蕴含的最具积极意义的核心思想。"中国文化基本精神,是指代表中国文化发展的正确方向、体现中华民族蓬勃向上精神的那些主要的思想观念"[1]。习近平同志曾总结世界上一些有识之士的看法,对包括儒家在内的中华优秀传统文化中蕴含的思想娓娓道来,比如,关于道法自然、天人合一的思想,关于天下为公、大同世界的思想,关于自强不息、厚德载物的思想,关于以民为本、安民富民乐民的思想,关于为政以德、政者正也的思想,关于苟日新日日新又日新、革故鼎新、与时俱进的思想,关于脚踏实地、实事求是的思想,关于经世致用、知行合一、躬行实践的思想,关于集思广益、博施众利、群策群力的思想,关于仁者爱人、以德立人的思想,关于以诚待人、讲信修睦的思想,关于清廉从政、勤勉奉公的思想,关于俭约自守、力戒奢华的思想,关于中和、泰和、求同存异、和而不同、和谐相处的思想,关于安不忘危、存不忘亡、治不忘乱、居安思危的思想,等等。这些思想观念都是中华文化之"魂"

[1] 张岱年、方克立:《中国文化概论》(修订版),北京师范大学出版社2004年版,第286页。

的组成部分，是中华民族最基本的文化基因，是我们认清自己的独特标识。当然，文化的"魂"、文化的精气神与文化现象三层次之间和三者内部各要素之间都是相互联系在一起的，共同构成了文化系统的庞大体系。下面我们就本着"见一叶而知秋，窥一斑而知全豹"的旨趣，简单谈谈中华传统文化系统中的精气神。

中华传统文化特别强调动态稳定的整体统一观，这种观念使中国人能够以变化的眼光、中和的态度，较全面地看待周围事物，并善于处理部分与整体之间的关系。在中华传统文化的视域中，世界是一个统一性的整体，在这种整体思维模式之下，中华文化给我们呈现了一个恢宏广大、生生不息、不断流变的宇宙图景，中国人就是在这样一个宇宙图景下健动不已。惠施说："至大无外，谓之大一。"（《庄子·天下》）陆九渊说："四方上下曰宇，往古来今曰宙。"（《陆九渊集》卷二十二）宇宙广大无边，在空间上无边无际，在时间上无始无终。宇宙万物变动不居，生生不息。中国古代哲学曾用"道""一""太极"来表征宇宙的整体性存在状态。在这样的宇宙观念之下，局部性的存在都与整体宇宙相联结，也只有放在天地宇宙的整体视域中把握才能透显其真相。同理，局部性的问题也必须具有整体性思维才能真正解决。所以，中国哲学中强调，一花一世界，一叶一菩提，要培养从局部洞悉整体的能力和从整体鸟瞰局部的能力，只有达到"一是即皆是，一明即皆明"（《陆九渊集》卷三十五）的状态，才能真正地切入整体世界。这就是中国智慧的特征。

在整体统一的思维模式下，中华传统文化既强调以人为本，又追求天人和谐。中华文化以人本主义为特征，这与西方文化存在着非常大的区别。西方文化以"二希文化"为源头，所谓"二希文化"指的是希伯来文化和古希腊罗马文化。希伯来文化给西方带来了宗教信仰的神学维度,它强调神的存在和神的创化作用,认为经由虔诚的信仰能够触摸世界的真相。古希腊罗马文化给西方带来了科学理性主义传统,它重视对自然世界的探究,经由人类的理性,把握外部世界的规律。中华文化既不仅仅单纯关注外部客观世界,也与西方文化的神本主义传统相区分,它以人为中心建立自己的理论。中华文化的人本主义确立了人在天地自然之间的中心地位,认为人是万物之灵,天地之间人为贵,"人事为本,天道为末"(东汉·仲长统《昌言》),强调人要积极发挥主观能动性。

对和谐状态的追求是中华文化的另一特色,这同样与西方文化形成鲜明对比。西方文化注重对立与斗争,而中华文化更注重协调与统一。中华传统文化对和谐的追求总的来说包括两个层面的含义,既追求人与自然之间的和谐,又追求人与人之间关系的和谐。前者主要体现在"天人合一"的命题之中,讲究天与人之间、天的运行规则与人的行为规范之间、主观精神世界与客观世界之间的契合与沟通。而后者人与人之间的和谐是在"中庸"理念的指导下,以"礼"为规范性要求,以"万物并育而不相害"(《礼记·中庸》)的理想和谐境界为追求目标。

在整体统一的思维模式下,中华传统文化强调效法天地之德,提倡人们学习上天健动不已的精神,即便遭遇困苦挫折,也要不屈不挠。学习大地厚重广阔的胸怀,孜孜于修身立德,这样才能承载万物。正如《周易》中所言:"天行健,君子以自强不息","地势坤,君子以厚德载物"。在理想人格塑造方面,中华传统文化既倡导自强不息,又注重厚德载物。明清之际的大学问家王夫之指出,"不懈于动"是社会的基本运行准则和个人的基本行动准则。颜元也说:"一身动则一身强,一家动则一家强,一国动则一国强,天下动则天下强"(《颜习斋先生言行录》卷下),明确指出刚健进取是成就个人、强大家国的重要方式,反对饱食终日、无所用心的惰怠状态。值得注意的是，刚健进取并不是提倡盲动，也不是提倡行为走极端，不偏不倚、中正之道仍然是刚健行为的基本原则。《易传》提醒我们："刚健中正，纯粹精也。"刚健进取的目标是实现"仁道"，曾子说："士不可以不弘毅，任重而道远。仁以为己任，不亦重乎！死而后已，不亦远乎！"（《论语·泰伯》）君子以仁道精神在个人生命与社会有机体中的现实呈现为己任，持之以恒，终身以之。刚健进取的人生状态体现在不间断的学习和实践过程中。儒家的创始人孔子说，自己不是"生而知之者"（《论语·述而》），只不过"学而不厌"（《论语·述而》）而已。他还说："十室之邑，必有忠信如丘者焉，不如丘之好学也。"（《论语·公冶长》）在学习的基础上，不断地进行道德实践，最终积善成圣。刚健进取的社会人生呈现的状态是日新不已，就如《礼记·大学》所描述的"苟日新，日日新，又日新"。

在健动不已的文化生态氛围中，传统的历史观虽然有复古主义的喧嚣，但历史进化论仍然占据主流位置，主张今胜于古，认为历史的进步不是自动生成的，要通过革旧布新来完成。在所有流派中，法家最看重变革在推动历史进步中所起的作用。商鞅明确指出治国以变革为本，提出"治世不一道，便国不必法古"（《商君书·更法》）的治国理念。变革的基本原则是因时因事制宜，"当时而立法，因事而制礼"（《商君书·更法》），防止固执僵化、因循守旧。凡是打着"先王之政"的旗号拒绝任何革新的都是惰政，如韩非所言："今欲以先王之政，治当世之民，皆守株之类也。"（《韩非子·五蠹》）变革没有任何禁区，无论是法律制度、礼乐规范，还是衣服器械，均可因时制宜。《淮南子》一书中就提到过类似的观点："法与时变，礼与俗化，衣服器械各便其用，法度制令各因其宜。"（《氾论训》）只有这样，才能解决社会问题，促进社会发展。"穷则变，变则通,通则久"(《周易·系辞下》)。

中华传统文化强调道德人格的建构与完善,特别是儒家文化以崇德为精要。儒家对理想人格的所谓"内圣"设定,即以广义的仁爱精神为内容,具体的道德规范很多,包括仁、义、礼、智、信、恭、宽、敏、惠、孝、悌等。这些道德规范成为为人处事的重要准则、人格评判的主要依据、政权兴衰的关键因素。中华传统文化虽然也有人性本恶或者人性不善不恶的论点,但对人性善的坚持一直是中华传统文化的主流。儒家要求人们通过"忠恕之道""克己复礼"等方式追求道德人格的完善。中国传统社会的价值观也主要体现在道德人本主义观念之中,这种思想认为,人的价值建立在道德境界的提升以及和谐的社会家庭关系之中。儒家认为社会家庭关系的基本方面可概括为"五伦",指的是君臣关系、父子关系、兄弟关系、朋友关系、夫妻关系,《礼记·礼运》中说,"父慈子孝,兄良弟弟,夫义妇听,长惠幼顺,君仁臣忠",慈、孝、良、悌、义、仁、忠等构成五伦关系的道德准则,是为人的根本。

在中国传统社会,长期以来,以德治国一直是治国理政的主流观念,即便是法家也并不提倡单纯地实行法治。法家的重要代表人物商鞅明确指出,圣君"其治民有至要,故执赏罚以壹辅仁者,心之续也"(《商君书·靳令》),认为通过法律鼓励或者惩治不是最终目的,最终目的是推动社会实现仁德的理想。西汉公羊学派大师董仲舒将这种治国之道精确地概括为"德主刑辅",这个思想延续到清朝从未断绝。但是,换一个角度,传统中国也从来没有实行过单纯的以德治国,还要通过治世的良法对经济关系、政治关系、社会关系给予调整,以此维护统治,完成国家职能,调整社会秩序,实现良好的社会控制。北宋政治家王安石说:"立善法于天下,则天下治;立善法于一国,则一国治。"(王安石《周公》,

《宋文鉴》卷96）

　　长期以来，中国提倡良法善治，所谓良法应当具备以下特征：一是良法追求公平正义的价值原则，这是中国自古就有的立法传统。古代"法"字写作"灋"，中国历史上第一部字典——《说文解字》中解释说，"灋，刑也。平之如水，从水；廌，所以触不直者去之，从去"，体现了立法者对社会公正的维护。当然，由于历史的局限性，有着深厚宗法特质的中国古代社会不可能真正实现法律面前人人平等；但是，法律对公平的呼吁与追求仍然具有不可否认的历史进步意义。二是良法要与社会现实状况相符合。战国时期法家的重要代表人物韩非子说"法与时转则治，治与世宜则有功"（《韩非子·心度》)，明确指出法律是规范社会关系、调节社会秩序的有效工具。如果法律与现实国情、社情、民情不相吻合，就很难有治世之功。当然，法律条文并非多多益善。春秋时期的老子就意识到了这一点，他说："法令滋彰，盗贼多有。"（《道德经》第五十七章）法律过多往往导致诸多法律无法执行到位，反而会削弱统治者的威望，最终导致人们蔑视法律，甚至反感法律，不利于社会秩序的维护，甚至会引发一系列复杂的社会问题。

　　不论怎么说，中华文化的"魂"和精气神都体现在每个中国人鲜活的生命中。中国历史上从来不缺智慧人格，有通天地变化之道、明人事成败之要的姜子牙，有审时度势、韬光养晦的西伯姬昌，有明德配天、敬德保民的周公，有运筹帷幄、决胜千里的张良，有胸怀天下、多谋善断的诸葛亮……以上诸公秉大仁之心，为大义之行，表现出了经天纬地的创造才能！

　　中国历史上也从来不缺道德人格。文天祥在《正气歌》中一一列举，予以盛赞："在齐太史简，在晋董狐笔，在秦张良椎，在汉苏武节。为严将军头,为嵇侍中血,为张睢阳齿,为颜常山舌。或为辽东帽,清操厉冰雪。或为《出师表》,鬼神泣壮烈。或为渡江楫,慷慨吞胡羯。或为击贼笏,逆竖头破裂。"有正气凛然、秉笔直书的齐晋两国太史,有赤胆忠心的苏武,有宁死不降、拼死抵抗的严将军和嵇侍中,有品格高洁的管宁,有壮怀激烈的张睢阳、颜常山、祖逖、段秀实,有鞠躬尽瘁的诸葛孔明……这博大刚正的浩然正气千古永存!

中国历史上也从来不缺自然人格,把自然人格发挥得淋漓尽致的是魏晋士人,有雪夜访戴、"造门不前而返","乘兴而行,兴尽而返"(《世说新语·任诞》)的王子猷;有面对强敌泰然自若、谈笑间樯橹灰飞烟灭的风流宰相谢安;有痴迷书法、醉心山水、坦腹东床的王羲之;有在山川田园间安顿身心、不为五斗米折腰的陶渊明……他们均呈现出潇洒飘逸、风流倜傥的壮美人格!

总之,不论时空如何转换,岁月如何更迭,中华传统文化的精气神都永远流淌在中华儿女的血脉之中。

四、中国共产党人是优秀传统文化的传承者和弘扬者

"在带领中国人民进行革命、建设、改革的长期历史实践中,中国共产党人始终是中国优秀传统文化的忠实继承者和弘扬者,从孔夫子到孙中山,我们都注意汲取其中积极的养分。"在庄严的人民大会堂,2014年9月24日,国家主席习近平在出席纪念孔子诞辰2565周年国际学术研讨会暨国际儒学联合会第五届会员大会开幕会时说了这段话。改革开放后,不断提高孔子纪念活动的规格。1999年,时任中共中央政治局常委、全国政协主席李瑞环,在人民大会堂会见了"纪念孔子诞辰2550周年大

会"的中外专家学者。2004年和2009年，时任中共中央政治局常委、全国政协主席贾庆林分别出席了纪念孔子诞辰2555周年和2560周年大会并讲话。2014年的纪念活动是建国之后第一次由国家主席出席的孔子诞辰纪念大会。这一高规格的纪念活动，透显着中国共产党人对继承与发扬中华传统文化日益强烈的担当意识。习近平同志的重要讲话引发了与会者的强烈反响，在全国掀起了学习传承传统文化的热潮。

中国共产党人是中华优秀传统文化的忠实继承者和弘扬者。不仅习近平同志在治国理政过程中展现了中华优秀传统文化的精神底蕴，而且在他之前的几代中国共产党人也同样展现了中华优秀传统文化的精气神，习近平同志对中华优秀传统文化的继承、倡导和开新是对前几代中国共产党人继承和弘扬中华优秀传统文化的延续。

对于中华传统文化，毛泽东同志结合新民主主义革命与社会主义建设的历史背景给予了合理的定位。离开中华民族追求独立自主和富强民主的宏大历史背景，我们无法正确解读毛泽东同志对于传统文化的态度。毛泽东同志对传统文化的态度是在高扬马克思列宁主义思想的基本前提下确立的，是在接触、学习、比较、借鉴西方文明成果的过程中确立的。他对中华传统文化的态度很明确，就是批判继承，既反对以古非今，也反对与传统断裂，要求去其糟粕，取其精华。早在1940年1月，毛泽东同志在《新民主主义论》中就明确指出，民族性是新民主主义文化的重要特征之一。虽然传统文化有封建的糟粕存在，但是，认为传统文化一无是处，否认它可以作为新民主主义文化的重要文化要素存在的可能性，这种态度是对传统历史的粗暴割裂，是不可取的。毛泽东同志说："中国的长期封建社会中，创造了灿烂的古代文化。清理古代文化的发展过程，剔除其封建性的糟粕，吸收其民主性的精华，是发展民族新文化提高民族自信心的必要条件。"①这就是说，传统文化虽然产生于奴隶社会、封建社会，但是有超越历史生成背景的文化精华，可以在新的历史背景下转化为新民主主义文化的有益补充。

邓小平同志继承和发展了毛泽东同志的传统文化观，主张以辩证否定的态度理性对待传统文化，邓小平同志指出对待传统文化的八字方针为"继承、纠正、批判、发展"。邓小平同志认为，热爱传统文化也不应否认其中糟粕性内容的存在，对于封建迷信、绝对的平均主义等观念，都应当毫不犹豫地抛弃。基于此，他着力批判了封建专制主义在党内外的表现。而对于传统文化中的传世精华，他主张必须要承继下来，基本内容包括道德理想追求与道德人格的塑造，这是中华传统文化特别是儒家文化的核心要义。在对优秀传统文化全面继承的基础上，他格外强调爱国主义精神和艰苦奋斗意识的培养。邓小平同志认为对传统文化的继承要围绕中国特色社会主义建设的时代需要展开探究、进行思考，他指出，传统道德由于产生于小农经济时代，与现代中国有许多不相吻合之处，需要批判性继承。比如义利关系问题，针对"君子喻于义，小人喻于利"（《论语·里仁》）等类似观点，在邓小平同志看来，这割裂了义利之间的辩证关系。他认为在尊重人们的精神追求的同时，也不应贬低人们对合理的物质性利益的追求，强调"每个人都应该有他一定的物质利益"②。同时，在群己关系层面，纠正家国本位下对个人的贬低与压抑，强调尊重个人的人格与利益，以便生发出与中国特色的商品经济发展相适应的独立、自主、求新尚变、勇于竞争的新型人格。

以江泽民同志为核心的第三代中央领导集体继续重视传统文化的

---

① 《毛泽东选集》第2卷，人民出版社2009年版，第707—708页。
② 《邓小平文选》第2卷，人民出版社1994年版，第337页。

继承与弘扬，从这一时期江泽民同志的讲话来看，他继承和发展了前两代中央领导集体的传统文化观，比如，将传统文化的继承和发展放在马克思主义中国化的历史背景下，放在爱国主义的教育活动中，放在治国理政理念的借鉴中。他还把传统文化放在世界历史发展的风云变幻中予以重新定位，以世界视野审视传统文化对于中国的重要意义。他在1996年关于宣传思想战线的主要任务的报告中说："一个民族只有在努力发展经济的同时，保持和发扬自己的民族文化特色，才能真正自立于世界民族之林。"中华民族要想屹立于世界民族舞台，无论如何都不能放弃本民族的文化。江泽民同志认为，传统文化的继承与发扬是关系民族振兴的重要内容。一个国家民族的腾飞不仅意味着政治的独立、军事的强大、经济的发展，还意味着文化具有推陈出新的持久生命力。他强调说："我们能不能继承和发扬中华民族的优秀文化传统，吸收世界各国的优秀文化成果，建设有中国特色社会主义的文化，这是事关中华民族振兴的大问题，事关建设有中国特色社会主义事业取得全面胜利的大问题。"①缺少了文化的繁荣发展，无论哪个民族，都会由于人文精神的匮乏而丧失发展的后劲儿，最终陷于发展的困境之中。江泽民同志在党的十五大报告中说："有中国特色社会主义的文化，是凝聚和激励全国各族人民的重要力量，是综合国力的重要标志。它渊源于中华民族五千年文明史，又根植于有中国特色社会主义的实践。"对传统文化的继承发展被纳入到了国家文化建设的目标体系之中，这意味着我们对民族文化的继承发展具有了更高的自觉性。特别是"三个代表"重要思想提出后，对社会主义文化民族性的要求凸显出来，更增加了我们传承与弘扬传统文化

---

① 中共中央文献研究室编：《江泽民思想年编（1989—2008）》，中央文献出版社2010年版，第226页。

的使命感与责任感。

在对传统文化的继承与发展方面,以胡锦涛为总书记的党中央领导集体更加注重从国家发展的战略高度上定位传统文化。2005年2月,胡锦涛同志在省部级主要领导干部提高构建社会主义和谐社会能力专题研讨班上的讲话中指出:"我国历史上就产生过不少有关社会和谐的思想。比如,孔子说过'和为贵';墨子提出了'兼相爱'、'爱无差等'的理想社会方案;孟子描绘了'老吾老以及人之老,幼吾幼以及人之幼'的社会状态;《礼记·礼运》中描绘了'大道之行也,天下为公,……'这样一种理想社会。"对于建设和谐社会的必要性和合理性,不仅借鉴了马克思主义经典论述,中国古代不同流派对社会和谐的思索,历史上志士仁人对社会和谐的追求也值得我们借鉴。当然,由于历史文化条件的局限性,和谐社会的目标在传统社会无法实现,但这并不妨碍我们对这种传统理念的珍视。在这样的意义上,可以说对和谐社会的追求是马克思主义原理与中华传统文化优秀成分完美结合的产物。这说明继承传统文化不仅仅是必须接续的文化重任,而且它蕴含的丰富思想可以为当代中国的战略发展提供宝贵的文化资源。传统文化与当代中国社会发展现实相结合,会激发出鲜活的生命力。在党的十七大报告中,胡锦涛同志郑重地指出:"中华文化是中华民族生生不息、团结奋进的不竭动力。"对传统文化的继承与发展关系到社会主义核心价值体系的建构,关系到社会共同的理想信念和道德规范的打造,关系到国家文化软实力的提升,是中国特色社会主义文化建设的重要内容。

历史和现实证明,中国共产党具有高度的文化自觉和文化自信,在长期的治国理政实践和社会主义文化建设中,始终让中华传统文化的精气神在自身的血脉中流淌。尽管也走过弯路,但延续中华传统文化精气神的情怀始终没有改变。中华传统文化命脉从未断绝，一直贯穿下来，并且在马克思主义的指导下加以创造性转化和创新性发展。历经几代中国共产党人的不懈努力，到今天，以习近平同志为核心的党中央又把继承与弘扬传统文化的事业推到了新的高度，中国共产党逐步构建起具有中国特色、中国风格、中国气派的执政话语体系。

五、领导干部要用传统文化精气神充实自身

中华传统文化精气神要真正焕发生机，就不能只作为古董式的"死"文化存在，需要"道成肉身"，找到可以化育融合的文化生命载体。文化的生命载体可分为国家生命载体、社会生命载体和个体生命载体三种类型。从国家层面讲，中华传统文化精气神要在政权的运行中呈现出来，它不仅要体现在治国理政的理念与实践中，还要体现在社会主义文化强国建设中；从社会层面讲，中华传统文化精气神要在社会规范的运作中呈现出来，要在社会风气的改善中实现其价值；从个体角度讲，中华传统文化精气神要与每一个鲜活生命的生活实践相结合，特别是广大党员干部要带头学习运用，"内化于心，外化于行"，使中华传统文化精气神的正能量发扬光大。

首先，中华传统文化精气神能给各级领导干部的日常工作带来多方面的启迪和助益。例如，传统文化蕴含"以天下为己任"（《南史·孔休源传》）的责任意识，这种责任意识作为士阶层的精神象征，在传统文化中源远流长。战国时期的孟子说："乐以天下，忧以天下。"（《孟子·梁惠王下》）宋代的范仲淹在《岳阳楼记》中说："先天下之忧而忧，后天下之乐而乐。"北宋的大儒张载有句名言："为天地立心，为生民立命，为往

圣继绝学,为万世开太平。"(《宋元学案·横渠学案上》)这些都是传统文化"以天下为己任"的责任意识的生动写照。各级领导干部在从事管理、服务工作时,如果能时时秉持"以天下为己任"的责任意识,就会避免只从一个部门、一个地方的视角出发,而会在天下国家的整体视域下处理工作中的具体问题,不但思路更加开阔,处理问题的方式也会更加到位。各级领导干部如果能时时秉持"以天下为己任"的责任意识,就会格外重视百姓的需要,"衙斋卧听萧萧竹,疑是民间疾苦声"(清·郑板桥《潍县署中画竹呈年伯包大中丞括》),从而用心为民众谋福利;而只有尽心尽力为民众谋取福利,社会才会稳定,国家才会长治久安。

又如,传统文化蕴含"勤则不匮"的敬业精神,这种敬业精神告诉我们惜时如金的道理。孔子在《论语·子罕》中曾说"逝者如斯夫!不舍昼夜",感慨光阴如流水,一去不复返。在《爱日勉诸生》中石介写道,"白日如奔骥,少年不足恃。汲汲身未立,忽焉老将至",劝人们要珍惜时间,不要虚度光阴。各级领导干部在从事管理、服务工作时,如果时时感到光阴易逝,就会加倍努力,提高工作效率。传统文化告诉我们,要想秉持"勤则不匮"的敬业精神,就要与各种懈怠的思想行为做斗争。勤劳不仅仅指增加工作数量,更重要的是提高工作的质量。要想提高工作质量,就要勤于改革创新。程朱要求"做新民",朱熹在《四书章句集注》中明确指出,"新者,革其旧之谓也",强调只有进行创新性的尝试,才能与生生不息的宇宙精神相匹配。这就要求各级领导干部要勇于干事,勤于做事,避免因循守旧、为官不为的庸政、懒政、怠政的想法和行为。

再如,传统文化蕴含"澹泊明志"的廉洁追求,这种追求要从"知耻"开始。孔子提倡"行己有耻"(《论语·子路》),指出一个人只要对自己的言行抱有羞愧惕辱之心,就会自我端正、自我反省。人们在社会中求取"功名利禄"时,应当"知耻"。人们追求高质量的生活品质无可厚非,《论语·里仁》中说,"富与贵,是人之所欲也","贫与贱,是人之所恶也"。《论语·述而》中还说,"富而可求也,虽执鞭之士,吾亦为之"。人们对物质利益和社会地位的追求只要在合理的范围之内,都属于天性之自然,值得尊重。但是,这种求取如果超越了道义所允许的范围,就是可耻的。孔子有许多相关的论述,他说:"不义而富且贵,于我如浮云"(《论语·述而》),"邦无道,富且贵焉,耻也"(《论语·泰伯》),都包含了上面的含义。各级领导干部具有了廉耻意识后,就会将欲求保持在合理的范围之内,就会清淡明志,雅淡抒节,平淡处事,直道而行,为所当为,达到《论语·尧曰》中所言的"欲而不贪"的状态。

其次,中华传统文化精气神能给各级领导干部的日常学习带来多方面的启迪和助益。在儒家思想中,对应着"内圣外王"的人生理想,修身与致用是学习的两大重要目的。先是要求人们通过学习具备高尚的道德品质。德国汉学家罗哲海对此说得非常清晰:"儒家学说除了让道德行为者维持自尊、免于自惭形秽以及拥有心灵的快乐之外,并没有许诺任何个人报酬。"[①]然后再将学习中获得的仁道情怀、价值观念、处事原则推广出去,达到经世致用。二者相承互补、彼此滋养,共同构成传统士人人格的阴阳两极。

学习过程既离不开认知,也离不开践行,它们是成就道德品质的必要条件,无论缺少对伦理道德的思想认知,还是缺少切身践行,品质的生发都会背离应然状态。《论语·阳货》中说:"好仁不好学,其蔽也愚;好知不好学,其蔽也荡;好信不好学,其蔽也贼;好直不好学,其蔽也绞;好勇

---

① [德]罗哲海:《轴心时代的儒家伦理》,大象出版社2009年版,第246页。

不好学,其蔽也乱;好刚不好学,其蔽也狂。"儒家的认知性学习特指对儒家经典的理解记忆,它只是起点,学以践行才是学习的最终目的。荀子在《儒效》篇中明确指出:"学至于行之而止矣。"

关于践行的途径,儒家要求人们在懂得了伦理规范与道德要求之后,先在家庭生活中练习,再推广到社会领域进行练习。孔子云:"弟子入则孝,出则弟,谨而信,泛爱众,而亲仁。"(《论语·学而》)先在血缘亲情关系中练习孝悌之道,再将亲爱之情扩大出去,在社会上以仁爱精神为人处事。践行过程中要避免将学到的知识当作教条,僵化地运用到实践中去。儒家提醒我们要处理好"经"与"权"的关系,《孟子·离娄上》说过:"男女授受不亲,礼也。嫂溺,援之以手者,权也。"要将书本中的原则与实践的具体情境相结合,因地制宜、因时制宜地处理问题。

学习的效果如何,还要依靠实践检验。只有理论上的认知,没有落实到实践中去,这样的学习没有意义。《论语·子路》中说:"诵《诗》三百,授之以政,不达;使于四方,不能专对;虽多,亦奚以为?"要想取得好的学习效果,离不开充分调动学习者的主观能动性,那么,具备端正的学习态度就显得格外关键。其一,要勤思多问。学习的视野要开阔,学习的内容不仅来源于书本,也来源于身边的人,"三人行,必有我师焉"(《论语·述而》)。只要他人有独到的见解,不管对方的身份地位如何,都要虚心请教,"不耻下问"(《论语·公冶长》)。其二,要坚持不懈。孔子结合自己一生的学习体会,现身说法,"吾十有五而志于学,三十而立,四十而不惑,五十而知天命,六十而耳顺,七十而从心所欲,不逾矩"(《论语·为政》)。学习要想有所收获,切不可浅尝辄止,荀子提醒我们说"学不可以已"(《荀子·劝学》),告诫我们要养成终身学习的习惯。

最终,通过持之以恒的学习修为,幸福指数会得到大幅度提高。《论语》首章就说:"学而时习之,不亦说乎?"认知与践行过程是充满快乐的,因为在学习修为的过程中可以提高境界,实现人生的超越。例如,我们可以通过学习修为,超越现实的成败得失。《荀子·宥坐》中记载了孔子师徒被困于陈、蔡之间时,孔子的切身体会,"君子之学,非为通也;为穷而不困,忧而意不衰也"。为学有助于你在理想得不到实现时精神不困顿,身处忧患绝境时意志品质不衰退。我们也可以通过学习修为,超脱物质生活的困窘,在物质条件匮乏时,仍能拥有充满道义的快乐。孔子曾赞美他的弟子颜渊:"贤哉,回也! 一箪食,一瓢饮,在陋巷,人不堪其忧,回也不改其乐。"(《论语·雍也》)

对于各级领导干部而言,传统文化中关于学习的思想认识在诸多方面都可以直接加以运用。比如,勤思多问、坚持不懈的学习态度;再如,认知与践行相结合的方法等等。当然,我们的干部学习的目的是要投身于当下中国的社会主义现代化建设中,把自己负责的日常工作搞好。我们的干部学习的内容既包括马克思主义经典著作、中国化马克思主义经典著作,还包括中华传统文化名著在内的古今中外的其他哲学社会科学、文学艺术名著以及相关领域的专业书籍。我们所追求的也不仅仅是个人幸福指数的提升,更是中华民族伟大复兴的中国梦的实现。

再次,中华传统文化精气神能给各级领导干部的日常生活带来多方面的启迪和助益。在为人处事方面,传统文化带给我们诸多启示。传统文化要求我们以仁爱情怀对待万事万物。此种仁爱情怀的基本层面是人道主义的关怀,"民吾同胞,物吾与也"(《张载集·西铭》),要求我们以温暖的情怀对待生命中遇到的所有人。达到仁爱的重要途径就是"忠恕之道","忠"是以诚敬的态度端正自身,以庄重严肃的态度待人接物。"恕"是推己及人之道,"恕"说明人在需要层面有相通性,运用"恕道"可以从人己相通的视角,理解他人,接纳他人,成就他人。

传统文化还要求我们以中庸之道确定行动准则,不偏不倚,不走极端。自古以来,中国人就强调中庸之道是处理事务的基本态度。据《论语·尧曰》记载,上古的贤明君主尧强调在治理社会时要"允执其中"。据《尚书·酒诰》记载,商末周初的儒学奠基人周公告诫道:"尔克永观省,作稽中德。"中庸的基本态度是把握恰当的尺度,不说过头的话,不办过分的事,保证事物整体的和谐有序。君子一言一行都要恰如其分,"言有坛宇,行有防表"(《荀子·儒效》),说话有界限,行动有标准,所以才从容中道。"乱之所生也,则言语以为阶。君不密则失臣,臣不密则失身,几事不密则害成。"(《周易·系辞上》)说话一定要分析形势,看清对象,既不能过于急躁,也不能放弃交流。"未可与言而言","不观气色而言"(《荀子·劝学》),都失之于急躁;相反,"可与言而不言"(《荀子·劝学》),又走向了另外一个极端,人为放弃了沟通的可能性,均不可取。在处理人己关系时,儒家既不主张完全失去自我,如墨子般"摩顶放踵以利天下"的行为,也批判杨朱"拔一毛而利天下,不为也"的极端自私,要求在尊重自我的情感与利益的基础上,"利人"、"达人"。

当然,中庸并非让我们采取调和折中的态度面对问题,而是因事制宜,因人制宜,通权达变,以得当合宜的方式处理问题,最终形成"恭而不难,安而不舒,逊而不谄,宽而不纵,惠而不俭,直而不径"(《大戴礼记·曾子立事》)的君子人格。具备中庸之德的人对上级恭敬而不畏惧、谦逊而不谄媚,对下级宽厚而不放纵,态度安定而行动不迟缓,做事爽快但方法不简单直接,呈现出温润如玉的君子气象。

在生活方式方面,孔子提醒我们说:"游于艺。"(《论语·述而》)琴棋书画诗酒茶,是古代文人雅士修身养性的七件法宝,须臾不可离身。丰富多彩的文化艺术生活能起到增加生活情趣、怡养精神、提升境界的作用，是古代士人修养身心的重要方式。各级领导干部学习优秀传统文化，浸润其中，就会体会到高雅的精神享受，自觉抵制不良风气的侵蚀。人生中的许多快乐，只要有心就能发现。例如，清人张潮在《幽梦影》中说道："春听鸟声，夏听蝉声，秋听虫声，冬听雪声；白昼听棋声，月下听箫声，山中听松声，水际听欸乃声，方不虚生此耳。"美妙的声音无时无刻不萦绕在我们周围，只要懂得体验，生活处处美好。可见，生活情趣的获取并不依赖于雄厚的物质条件，生活条件艰苦时，人生仍有不少乐趣。我们应当避免因被物质条件所限，而放弃了对美好生活的追求。再如，唐代大诗人杜甫在《江村》一诗中描写了自己的悠闲生活："老妻画纸为棋局，稚子敲针作钓钩。"他描写了一家人其乐融融的日常生活画卷，杜甫夫妻因陋就简，画纸为棋盘，夫妻从容对弈，幼子在身边敲针作钩，准备去钓鱼。可见，即便物质生活不富足，生活仍能怡然自乐。当然，物质生活富足为享受生活创造了更好的条件，但要防止陷入"享乐主义和奢靡之风"中。丰富多彩的文体活动有益于身心健康，各级领导干部如果在繁忙的事务之余，拿出一些时间多参加业余文化生活，就会强健体魄，振奋精神，陶冶情操，全力以赴地投入新时代中国特色社会主义建设的伟大事业之中。

中华传统文化可以说是一种生活文化或者生命文化，它不是以外在堆砌的抽象理论形态存在，它的真谛显现于生活实践过程之中，它不离现实世界又超越现实世界，塑造着文化人格、道德人格与艺术人格，形成真、善、美的文化世界和价值世界。无论什么身份的人，只要浸润其中，就会滋养人文慧命。当然，传统文化作为一个古代流传下来的庞大而复杂的体系，在当代社会对其运用与进行创造性转化和创新性发展的过程中会遇到诸多问题，需要我们做出多方面的努力去解决。

当代中国最伟大的实践就是中国特色社会主义实践,中华优秀传统文化只有有机融入到中国特色社会主义发展的道路中,它的精气神的正能量才能得到最大释放。中华优秀传统文化与中国特色社会主义的融合具有必然性。传统文化赋予中国特色社会主义实践民族性特征,使其更容易与中国人的深层民族性相契合,更适应中国的水土,更能增强中国特色社会主义的感召力。我们要在传承和创新中华优秀传统文化的过程中,推进中国特色社会主义文化建设,使马克思主义的立场、观点和方法在中国大地更好地扎根和传播,使马克思主义中国化的道路越走越宽广。中国特色社会主义实践赋予传统文化时代性特征,使它脱离游魂状态,重新展现出现实生命力。社会主义救中国,社会主义也传承和弘扬中华优秀传统文化;中国特色社会主义发展中国,也能创造性转化和创新性发展中华优秀传统文化。2013年8月19日,习近平总书记在全国宣传思想工作会议上坚定地指出:"中华民族创造了源远流长的中华文化,中华民族也一定能够创造出中华文化新的辉煌。"①

---

① 《习近平谈治国理政》,外文出版社2014年版,第156页。

第一章　文化与中华优秀传统文化

中华民族是世界上最伟大的民族之一,中华文化是人类文化的重要组成部分。中华民族是中华文化的主体,中华文化蕴含着中华民族生存和发展的文化基因,承载着中华民族的精神标识,提供着中华民族发展壮大和伟大复兴的源源不断的精神动力。然而,自近代以来,在西方工业化和世界现代化的进程中,在经济全球化的扩张与中国社会转型所构成的历史和时代背景下,关于中华传统文化的性质、功能等问题,成为中国官员、学者和大众最为纠结的一件事情。围绕中华传统文化的性质、功能、发展趋势、命运等问题,产生了长期的、激烈的争论,提出过多种多样的看法和观点。有的坚持历史复古主义和儒学复兴主义的态度,如"中体西用"论;有的坚持历史虚无主义和文化虚无主义的态度,如"全盘西化"论;更多的人坚持综合创新的立场和态度,如"综合创新"论、"文化自觉"论、"马魂、中体、西用"论等等。"什么是中华传统文化,如何对待中华传统文化"是我们必须回答的一个有关中华传统文化的基本问题。围绕着这一问题,还会引出什么是中华优秀传统文化、中华传统文化是如何发展演变的、我们为什么还需要中华优秀传统文化、如何传承和弘扬中华优秀传统文化等一系列子问题。如何认识和对待我们自己创造的与我们休戚相关的传统文化,习近平总书记提出了"四个讲清楚"。在本书中,我们将依据习近平总书记系列重要讲话精神,综合学术界的研究成果,对以上这些问题分别作答。

一、什么是文化

文化是人类生存和发展的基本方式。人是依据文化而分化,又是通过文化而结合的。文化具有丰富多彩的样式,不同的民族和国家通过创造的独特文化区别开来,而文化又通过民族和国家获得展示与传承。文化塑造着人们的生活样式,是民族的血脉和精神家园。

在英语中,文化即"culture",它来源于拉丁词,是从耕作的语义中引申出来的。从历史上看,人们对"文化"含义的理解丰富多样。1952年,有两位美国学者克鲁伯和克拉克洪在一本叫《文化概念和定义的批评评述》的书中对许多人文领域的研究成果加以综合和归纳,给出了多种关于"文化"的界说。在众多的"文化"定义中,英国人类学家爱德华·泰勒在1871年写的《原始文化》一书中为"文化"所下的定义比较具有代表性。泰勒认为,文化是包括全部的知识、信仰、艺术、道德、法律、风俗以及作为社会成员的人所掌握和接受的任何其他的才能和习惯的一个"复合体"①。 1982年,联合国教科文组织召开第二次文化政策世界会议,大会把文化定义为"有特色的各种特征的全部集合物,无论是精神的还是物质的,理智的还是感情的,它们表现一个社会或社会团体。除了艺术和文字,文化包括生活方式、人权、价值体系、传统和信仰"②。总体来

---

① [英]爱德华·泰勒:《原始文化》,广西师范大学出版社2005年版,第1页。
② [加]D.保罗·谢弗:《文化引导未来》,社会科学文献出版社2008年版,第34页。

看,西方的代表性观点比较倾向于文化的复合性、系统性以及成果的丰富性和积极性。

在中华传统文化里,文化又是什么意思呢? 早在《易经》中,就对文化有明确的观点和界定。《周易·贲卦·象传》写道:"刚柔交错,天文也。文明以止,人文也。观乎天文,以察时变;观乎人文,以化成天下。"这里的"文",指的就是"天道"(自然规律)和"人道"(社会人伦)。"文"的本义是指物品色彩交错的纹理。东汉许慎的《说文解字》认为,"文,错画也,象交文",即指此义。"文"的引申义十分丰富。一是指包括语言文字在内的象征符号、文物典籍和礼乐制度。在《论语·子罕》中,子曰:"文王既没,文不在兹乎?""文"即为此义。二是指具有伦理意义的人为修养。如《尚书·舜典》疏曰:"经天纬地曰文。"《论语·雍也》中说"质胜文则野,文胜质则史,文质彬彬,然后君子"。三是指美、善、德行之义。如《礼记·乐记》中所说的"礼减而进,以进为文"。郑玄注释为,"文犹美也,善也"。《尚书·大禹谟》也有记载,认为"文命敷于四海,祗承于帝"。"化"的本义是改易、生成、造化。如《周易·系辞下》云:"男女构精,万物化生。"《黄帝内经·素问》记载说,"化不可代,时不可违"。《礼记·中庸》认为,"可以赞天地之化育"。概括地说,"化",就是指物和事的改变,也含有教行迁善的"教化、教育"之义。

"文"与"化"合用,最早见于西汉刘向的《说苑·指武》,书中说:"圣人之治天下也,先文德而后武力。凡武之兴,为不服也。文化不改,然后加诛。夫下愚不移,纯德之所不能化,而后武力加焉。"这里的"文化",是指依据礼乐典章制度来教化臣民。晋人王融在《三月三日曲水诗序》中也说:"设神理以景俗,敷文化以柔远。"这里的"文化"是指道德教化。可见在中国古代文化典籍中,"文化"有以文化人、以文育人的含义，与当今"文化"所指已十分接近。中国近代维新派代表人物梁启超在其著作《什么是文化》中认为，文化乃是人类心能所开积出来的有价值的共业①。也就是说，文化是人类心智所开发积累起来的所有成就。梁漱溟则给出了另一种理解："文化并非别的，乃是人类生活的样法。"②胡适也认为："文化是一种文明所形成的生活的方式。"③

中西方关于"什么是文化"的观点和看法不尽相同，但综合起来可以概括为"两分"说（物质文化和精神文化）、"三层次"说（物质文化、制度文化、精神文化）、"四层次"说（物态文化、制度文化、行为文化和心态文化）以及"六大子系统"说（包括物质层面的文化、社会关系文化、精神层面的文化、艺术文化、语言符号和风俗习惯）几种观点。至于文化的具体内涵，不同观点自然也不尽相同。以文化的"三层次"说为例，其各层含义依次为：物质文化指的是人们在实践中所创造的丰富多样的物质成果，如工具、住所、服饰、日常用品等，具有显性的特点；制度文化和精神文化，分别指政治制度、经济制度、家庭制度等以及思维方式、宗教信仰、审美情趣等，具有隐性的特点。再以文化的"四层次"说为例，其各层含义依次为：物态文化层是指人们的物质生产活动以及所创造的物质产品的总和；制度文化层由人类建立的各种社会规范构成，包括政治和法律制度、经济制度、婚姻制度、家族制度及其各种组织制度等；行为文化层是形成于日常生活中，以民风民俗形态出现的具有鲜明民族和地域特色的文化；心态文化层包括人们的价值观念、审美情趣和思维方式等，它们是文化的核心内容。

总体来看，文化是包括物质文化、制度文化和精神文化在内的复杂

---

① 参见易鑫鼎编：《梁启超选集》上卷，中国文联出版社2006年版，第494页。
② 梁漱溟：《东西方文化及其哲学》，商务印书馆1999年版，第60页。
③ 《胡适全集》第3卷，安徽教育出版社2003年版，第2页。

集合体,是指被世代所传承的、一定民族和国家的历史及人们在生活中所形成的行为规范、思维方式、价值观念、风土人情、生活方式和习俗、文学艺术,等等。正像《辞海》从广义和狭义出发所解释的那样:文化,从广义来说,指人类社会历史实践过程中所创造的物质财富和精神财富的总和。从狭义来说,指社会的意识形态,以及与之相适应的制度和组织机构。本书所讲的文化主要指狭义文化。

二、文化的属性和功能

文化的内涵是由人们对文化的界定、文化的属性和文化的功能所构成的。文化的界定上面已经述及,那么,文化的属性和功能又是什么呢?

文化的属性即文化的特征,包括很多方面,如民族性、阶级性、传承性、变异性、时代性、共享性、价值性、商品属性、主体性、超个人性、符号性、稳定性,等等。以下就几个重要属性加以说明。

文化具有民族性。我们知道,某种文化是由生活在一定区域的某个民族在长期的实践活动中创造出来的,因而带有鲜明的特色和个性,这就是文化的民族性,也是一个民族区别于另一个民族的标识。世界文化实际上就是由各个具体的民族文化组成的,"越是民族的,就越是世界的"。

文化具有阶级性。在阶级社会中,作为社会意识形态的文化,是为维护统治阶级的利益服务的,是统治阶级进行统治的精神工具,反映了统治阶级的意志,因而具有阶级性。我们知道,社会意识是社会存在的反映,属于上层建筑的社会意识形式即社会意识形态,具有鲜明的阶级性,如政治法律思想、道德、宗教、哲学、文学艺术等大部分人文社会科学。而非上层建筑的社会意识形式，不具有阶级性，如各种自然科学、技术科学以及思维科学、管理科学中的某些学问等。这两种社会意识形式都是文化，其阶级属性要进行科学具体的分析。

文化具有时代性。一种文化的产生都有其客观条件和主观条件，都有其深刻的社会时代背景，都是在不同时代依不同的实践条件和社会需要而被创造出来的，是时代精神的反映，因而具有鲜明的时代特征。符合时代潮流，能推动生产力发展和社会经济进步，满足广大人民群众需要的文化，就是先进文化。当然，原来先进的现在不一定先进，现在先进的将来不一定先进。一个民族要保持文化的先进性，就要随着时代、现实、社会和实践的发展，在扬弃和借鉴中不断调整和创新文化的内容和形式。每个民族都要与时俱进，否则，就会落后，就会被淘汰。

文化具有商品属性。文化是一种复杂的精神劳动产品，能够满足文化消费者认识、教化、审美、娱乐等方面的需要，文化产品具有价值和使用价值，它可以以商品的形式在市场上流通交换，满足社会的文化需要。现在，根据市场机制从事文化生产和文化服务的文化企业如雨后春笋般兴起，文化产业的发展势头越来越大。要充分发挥文化产业在转变经济发展方式中的作用，使之成为新的经济增长点和国民经济支柱型产业。

文化具有共享属性。不同于物体和能量的唯一性和守恒性，文化可通过复制、传播、交流而共有，正如萧伯纳所说："倘若你有一个苹果，我也有一个苹果，而我们彼此交换这些苹果，那么你和我仍然各有一个苹果；但是，倘若你有一个思想，我也有一个思想，而我们彼此交流这些思想，那么我们每个人将有两种思想。"政府相关部门和公益性社会组织要充分利用文化的共享属性大力发展文化事业，开发、提供丰富多彩的公共文化产品与公共文化服务，以满足公民基本的文化生活需要，保障公民文化权利,使文化成果惠及全体人民。

文化具有相对独立性。文化一旦形成,就会薪火相传,按照自身的发展逻辑稳定地延续下去,没有文化的延续和继承,就没有文化的积累和民族标识的保持,此即文化的传承性。随着时间的推移、社会实践的发展和时代的不断进步,文化的内容和形式也会不断发生变化,有时候出现小的变异,有时候出现大的变异,但文化的核心内容在一定的变异幅度内是不容易改变的,具有相对的稳定性。文化在不断变迁的过程中,其各组成部分变迁的速度并不一致,比如物质文化变迁的速度通常快于非物质文化变迁的速度。文化变迁具有不平衡性,有的超前,有的滞后。这些都体现了文化的变异性、稳定性。

当然,文化的这些属性只是从不同方面、不同角度所做的一个概括说明,并不是每一种具体文化形态都具有这些属性。在同一时空环境中,它可以具有几种属性;在不同的时空环境中,它可以呈现不同的属性。哪一种文化作品具有哪些属性要具体情况具体分析,如政治法律思想具有阶级性,自然科学理论、形式逻辑就没有阶级性;一场商演可以带来很好的经济效益,而群众的自娱自乐可以产生很好的社会效益。

在漫长的历史发展过程中,文化呈现出许多功能。首先,具有延续文明的功能。文化是人类创造历史的产物,人类在社会实践中获得的成果都是以文化的形态保存下来,不论是精神文化,还是制度文化、物质文化、行为文化都包含着人们在认识世界和改造世界的过程中所形成的知识、经验和观念,通过口耳相传、行为模仿和更广泛的教育活动,文化中所包含的各种信息就从上一代传递给下一代,这样,后代就能在前代所获得的知识和经验的基础上去进行新的发现和创造,从而推动人类文明的进步。文化是历史的纽带,其中蕴含着历史的基因和密码,能够起到历史传承与延续知识和记忆的作用,从而维持了人类文明和社会历史的持续发展。

其次,文化对经济和政治的反作用。由于文化是由一定的社会存在所决定并反映和反作用于社会存在的社会意识,因此,文化的功能就表现在社会存在与社会意识之间以及社会意识内部各要素之间的相互作用中。从文化与经济和政治的关系来看,作为意识层面的文化是对经济和政治的反映,同时又反作用于一定的政治和经济。文化是在社会实践中形成和积累的成果,产生于一定的经济和政治环境,并由该环境中的经济和政治条件所决定和制约。文化既有古今之别、地域之异、民族和阶级之分,也有先进与落后之重大差异。因而,不同性质的文化就会对一定的政治和经济活动产生迥然不同的作用和影响。先进的文化会促进社会政治和经济的发展,而落后的文化则会阻碍社会和历史的进步。随着社会的发展、历史的进步,文化与经济和政治的关系在当今时代呈现出新的特点和新的发展趋势。文化与经济和政治三者日趋渗透和交融,在经济全球化的驱动下,呈现出经济文化化、文化经济化,经济、政治、文化一体化发展的态势。

再次,文化具有化人的作用,是人的社会化的媒介。从文化与人的生活实践的互动关系来看,文化是人所创造的,又反过来影响人、熏陶人和塑造人。在生活中,一个人的饮食起居和待人接物,他们的世界观、人生观和价值观,无不受到一定文化的影响,无一不是特定文化熏陶的结果。所以,文化深深地影响和制约着人们的行为方式、交往方式和生活方式,影响和制约着人们的心理情感、思维方式及价值观念的形成和变化,对人们的认识活动和实践活动产生着影响。文化对人的影响,究其实质就是人的社会化活动和过程,一个人的社会生活本身就是持续不断、无声无息地接受文化影响,由"自然人"变成"文化人"的过程。先辈的经验引导和谆谆教诲,无不在自觉或不自觉地传承和传播着特定的文化信息和文化观念。文化的主要功能就在于陶冶人和塑造人。

第四,社会整合与调控作用。文化作为一种社会柔性机制和无形资本,潜藏着教育教化的因素,发挥着价值引导的功能。社会功能学派代表人物帕森斯认为,社会体系的整合很大程度上依赖于共享价值理念及其文化系统。在"社会运行系统"中,第一层次就是"文化系统",诸如社会法律、道德规范、宗教信仰、风俗习惯、文学艺术、价值理念、科学技术以及相关表意符号等,其中价值模式最为核心。价值理念和价值模式是文化系统的核心,为社会制度和规则秩序提供合法性依据,是社会心态和社会共识的基础,也是社会的"最大公约数"。正是社会成员认同并受其影响的共同价值观,才能产生一种强有力的凝聚力,从而将社会成员整合在一起。法国哲学家葛兰西曾将意识形态的凝聚作用比作"水泥",起着整合与统一的作用。"文化系统"还可以通过社会舆论的方式、评价的方式,通过社会的褒扬和惩戒,对人的观念和行为发挥制约功能,进而起到规范个体行为和维护社会秩序的作用,以调控社会的有序运行。从中华优秀传统文化中汲取价值共识资源和营养,是中国文化建设的重要内容,是中华民族精神家园建构的重要途径,是当代中国社会共识形成的基础。所以,传承中华优秀传统文化,是为社会整合与价值重塑提供蕴育资源的重要途径。

文化的功能和作用呈现出复杂性和整体性的状态。除了上面所说的之外,文化还有多种其他具体功能,例如,文化具有提高人们科学文化素质和思想道德素质的功能;文化可以为人们的行动提供价值方向和选择意向,从而通过共享的方式发挥导向作用;文化具有娱乐功能,能丰富人们的精神生活;文化本身具有经济功能,能产生巨大的经济效益;等等。正是文化的这些功能保证了人类社会健康、和谐有序运行和可持续发展,给民族生生不息带来持久动力。

三、文明及其与文化的异同

在英语里,文明是"civilization"一词。人们对文明含义的理解也不尽相同。德国一些学者对"文明"的含义有广义和狭义的不同理解。他们认为,广义文明指的是人们的良好生活方式和风尚,狭义文明指的是随着物质技术的发展而逐步完善起来的物质社会状态①。 在日本学者福泽谕吉看来,"文明的涵义,既可以作广义讲,又可以作狭义解释。若按狭义来说,就是单纯地以人力增加人类的物质需要或增多衣食住的外表装饰。若按广义解释,那就不仅在于追求衣食住的享受,而且要励智修德,把人类提高到高尚的境界"②。英国历史学家对文明有自己的理解。在汤因比看来,文明是一个整体,各个局部彼此相依为命,互相发生牵制作用。在这个整体里,"经济的、政治的和文化的因素都保持着一种非常美好的平衡关系"③。美国学者威尔·杜兰特认为,"文明是增进文化创造的社会秩序",并从四个方面界定了文明的含义,文明"包含了四大因素:经济的供应、政治的组织、伦理的传统及对知识与艺术的追求"④。奥地利学者弗洛伊德则认为,文明"意指人类对自然之防卫及人际关系之调整所累积而造成的结果、制度等的总和"⑤,等等。从上述代表

---

① 　参见许启贤主编:《世界文明论研究》,山东人民出版社2001年版,第331页。
② 　[日]福泽谕吉:《文明论概略》,商务印书馆2009年版,第32页。
③ 　[英]汤因比:《历史研究》下册,上海人民出版社1964年版,第463页。
④ 　[美]威尔·杜兰特:《世界文明史·东方的遗产》,天地出版社2017年版,第3页。
⑤ 　[奥]弗洛伊德:《图腾与禁忌》,中国民间文艺出版社1986年版,第11页。

性观点可以概括出，在西方语境里，文明指的是人们一定的生活方式和能力，意味着先进的社会和文化发展状态，以及到达这一状态的过程，其具体内容包括民族的观念意识、技术发展水准、礼仪表达规范、宗教思想情感、风俗习惯以及科学知识的发展，等等。

中华文明是世界上的代表性文明类型。早在古代，中华民族的先人就对文明有了自己的看法，并以特有的方式在生活中创造着自己的文明历史。中华传统文化是这样诠释"文明"的：一是指文采、光明，与"质朴"相对，如《周易·乾卦·文言》曰："见龙在田，天下文明。"二是指文德辉耀，如《尚书·舜典》曰："浚哲文明，温恭允塞。"孔颖达疏："经纬天地曰文，照临四方曰明。""文明"表示文德辉煌之意。三是指文治教化。四是指文教昌明，如汉焦赣《易林·节之颐》曰："文明之世，销锋铸镝。"五是指明察，《周易·明夷》曰："内文明而外柔顺，以蒙大难，文王以之。"

马克思主义理论是在人类文明的大道上产生的。马克思和恩格斯提出了科学的文明理论，确立了科学的文明观。在他们看来，"文明"指的是与人类的蒙昧状态和野蛮状态相对的生存状态。马克思的观点是，"当文明一开始的时候，生产就开始建立在级别、等级和阶级的对抗上。没有对抗就没有进步。这是文明直到今天所遵循的规律"[①]。恩格斯认为，文明的特质不是神秘之物或上帝的赐予，而是人类在长期的生活实践活动中创造的成果。这表明，文明是人类在改造世界的实践活动中积累而成的，是同阶级斗争分不开的。文明是人类所创造的财富的总和，是社会各方面进步的总和。

总体来说，文明分为广义与狭义两个层面。广义层面的文明，是指

---

① 《马克思恩格斯全集》第4卷，人民出版社1958年版，第104页。

人类所创造的积极成果、良好的生活方式和精神风尚,包括物质文明、政治文明和精神文明。狭义层面的文明,指的是与野蛮状态相对的、以人的理性为核心和基础的社会体系和社会状态。物质文明指的是人类改造自然界的物质成果,构成政治文明和精神文明的物质基础。政治文明指的是人类社会进步的政治生活状态和成果,包括与政治相关的传统、结构、活动、制度等。精神文明则是指在物质文明和政治文明基础上形成的精神成果总和,包括科学文化、思想道德,为物质文明和政治文明的发展提供思想保证、精神动力及智力支持。人类所创造的文明成果是活的、动态的、发展的。文明本身就意味着人类生命历程的丰富、深化和进步。随着历史和时代的不断推进,随着人类由必然迈向自由和未来,文明的内涵将不断拓宽,文明的水平在不断提高。

上文分别就文明和文化进行了简要的分析和解释,那么,文明与文化有什么区别和联系呢?下面我们再对二者的区别和联系作概括性的比较。从区别上看,文明与文化的性质存在差异。文明是侧重于与自然状态和原始野蛮状态相对而言的,是同无知和愚昧相对立的人的规定性,标志着人类的开化状态和进步程度。文化则侧重于人的社会化活动、过程和成果。文明与文化的成果所指也存在差异。文明主要是指人类活动的积极成果,文化则包括人类的活动方式、手段和成果的总和,其中既有积极成果,也有消极成果。从发生的角度来看,文化是人类与生俱来的,当人类用劳动改造自然并创造了自己时,人类就创造了文化。在长达数百万年的原始社会时期,人类就创造了从物质到精神各个层面的文化,统称为原始文化。文明的出现要晚于文化,城市的出现、文字的发明和使用是文明不容忽视的标志。从联系上看,文明与文化都包含于人类生活实践中,二者是相辅相成的关系,是分不开的整体。从社会发展和历史进步的维度看,文明和文化在历史进程中是具体的、一致的。

　　总之,文化侧重于行为、方式、样态,文明侧重于目的、目标、追求。文化指向文明、期待文明,文明引导文化、推进文化。文化不但创造、创新,更应带来光明。文化和文明,应"志于道,据于德,依于仁,游于艺"(《论语·述而》)。文化和文明,应"兴于诗,立于礼,成于乐"(《论语·泰伯》)。当代世界的文明和文化正处于大变化和大发展状态,世界的多极化、经济和文化的全球化持续深入发展,科学技术的创新日趋加速,全球范围内的思想文化交流交融交锋日趋频繁而复杂。文化的内容日益丰富,文化的功能日益增强,文化的影响不断深化。在这样的背景下,我们要更加重视中华优秀传统文化宝贵资源的发掘和弘扬。

四、西方学者关于文化和文明的一些观点

　　对人类文化和文明的研究是学术界关注的重点,对此,我们先介绍西方几个有代表性的理论和观点。

　　一个是德国著名哲学家雅斯贝尔斯(1883—1969)的文明轴心期理论。1949年,他撰写了一本叫《历史的起源与目标》的著作,提出人类发展经历了四个不同阶段的观点,即史前、古代文明、轴心期、科学技术时代,认为公元前800年至前200年之间,尤其是公元前600年至前300年间是人类文明的"轴心时代",出现了中国、西方和印度等地区的文明"突破现象",这是人类精神觉醒的时代。雅斯贝尔斯的这一理论被称为文明的"轴心期"理论。因雅斯贝尔斯的这一理论突破了西方中心论,长期以来受到西方学术界的冷遇。

　　一个是英国著名历史学家汤因比(1889—1975)的文明史观理论。

他的历史学巨著《历史研究》体现着他对历史研究的独特贡献。汤因比认为,人类各文明的存在和发展具有基本的规律,文明兴衰的基本原因是挑战和应战。任何类型的文明都经历起源、生长、衰落、解体和死亡5个发展阶段,文明和文明之间具有一定的历史继承性或称为"亲属关系",这种继承关系如同人的生命延续一样,每一个文明或者是"母体",或者是"子体",或者既是"母体"又是"子体",但这种历史继承模式并不排斥它们之间的可比性。在哲学意义上,所有文明社会都是同时代的,是等价的。从这些界定出发,汤因比把6000年人类历史中的多样文明划分为26个文明类型。

一个是塞缪尔·亨廷顿的文明冲突论。塞缪尔·亨廷顿是美国当代政治学家,1993年,他发表了《文明的冲突》一文。此后,他又在该文基础上不断扩充,于1996年出版了《文明的冲突与世界秩序的重建》一书。亨廷顿从宗教的维度出发,将世界文明区分为基督教文明、伊斯兰教文明、儒教文明、东正教文明、印度教文明、拉美文明、日本文明和非洲文明等8种文明。他认为,随着冷战时代的结束,国家间的冲突将不再是政治意识形态之间的冲突、社会主义与资本主义之间的冲突,甚至也不再是经济利益的冲突,而将是不同文明间的冲突。文明冲突将会发生在西方和非西方之间,特别是西方与东方之间。全球政治将会受到文明冲突的影响,甚至未来战争也会由此引起。亨廷顿的文明冲突论在世界上产生了极大的、复杂的影响。尤其是他提及的伊斯兰教文明将与儒教文明联手对抗西方基督教文明的观点,更是被视为"西方中心论"的典型表现。实际上,亨廷顿的理论和观点是不符合现实情况的,也是违背社会和谐发展和人类文明进步规律的。这是一种典型的形而上学思维方式在文明观和文化观上的表现。他没有认识到,正是文明和文化的多样性才使得人类社会和人类文明丰富多彩和生生不息。与亨廷顿的"文明冲突"理论和观点在精神实质上一致的是美国的另一位学者弗朗西斯·福山的"历史终结"理论。在他看来,历史需要有一个"终结"。他所谓的"历史终结"实际上指的是其他文明被西方文明(美国文明)所控制甚至替代。在他看来,苏联解体和东欧剧变就意味着西方文明和西方文化优于或胜于非西方文明和文化,西方意识形态击败了其他意识形态,这样人类就只剩下西方的自由民主制度了,不会再有比它更完美的制度,历史的发展就此终结了。福山的理论和观点直接显示了美国价值观和意识形态霸权主义。

再一个是文明共存论。德国政治学家哈拉尔德·米勒和美国学者斯塔夫里阿诺斯大体上就持这种观点。米勒是德国的政治学家,他从文化视角思考和研究历史,在《文明的共存——对塞缪尔·亨廷顿"文明冲突论"的批判》中,比较集中地批驳了亨廷顿的文明冲突论。在米勒看来,全球化进程中的文明和文化多样性是合乎世界历史和人类文明发展规律的,多元文明不仅不是对立的关系,而且是可以共存的,在处理复杂多变的国际关系时,应通过双边或多边谈判和对话来解决问题。正因为多元文化存在差异,才推动着不同文明的交流合作。斯塔夫里阿诺斯也基本上持文明共存论。《全球通史》是他的代表性著作,集中体现了这一观点。他将整个世界看作是一个不可分割的有机统一体,从全球角度来考察各地区文明的产生和发展。他把研究的重点放在了人类历史事件之间的关联和影响上,从中揭示历史事件之间的相互作用及其对社会进步和历史变迁所产生的影响。

显然,文明共存论与文明冲突论是两种对立的理论,还有两种关于文化的对立的理论,一个叫文化相对主义,另一个叫文化普遍主义。从文化相对主义的立场和观点来看,由于不同的文化和文明蕴涵着不同的观念,具有不同的风格,因而文化和文明只具有相对性,不具有普遍性和共同性。以此为据,文化相对主义一般主张守护民族文化的独特风格而拒斥外来文化,拒斥文化交流。持此种文化和文明观点的多是发展中国家或者较为落后的民族国家。而文化普遍主义则多从绝对主义和普世价值出发,推行文化霸权主义,从价值观念、生活风俗、信息技术等多层面多方面进行新文化殖民主义。持此种立场和观点的多是西方发达国家。他们凭借高度发达的科学技术,凭借经济分工和市场优势,凭借所谓的优越生活方式,营造和推销多种"时尚",用以推行文化和文明殖民。文化普遍主义与文化相对主义集中表现为文化和文明的普遍与特殊问题、普世价值与地方价值、文化的单一性与文化的多样性、西方中心论与文化多元论之间的对立和分歧。

实际上,世界文明的多样性自古就是存在的,我们应该尊重文化的多样性。任何文明,哪怕是先进的强大的文明和文化,也不可能离开其他文明和文化而单独存在。

五、马克思主义关于文化和文明多样性的思想

马克思(1818—1883)、恩格斯(1820—1895)非常关注世界文化和文明问题的研究。虽然他们没有关于世界文明多样性问题的直接表述,但在他们的相关问题研究中却包含着关于世界文明多样性思想的内容。马克思和恩格斯从唯物史观的立场和观点出发,提出了科学的世界历史理论(包括世界文学理论),指出人类历史是从"民族历史"的封闭自守状态走向"世界历史"的普遍交往状态。据此,他们放眼世界,批判

了各式各样的民族中心主义,指出狭隘的民族中心主义只会使该民族失去生命力,也会阻碍世界文明的发展进步。对此,马克思曾非常形象地说:"你们赞美大自然令人赏心悦目的千姿百态和无穷无尽的丰富宝藏,你们并不要求玫瑰花散发出和紫罗兰一样的芳香,但你们为什么却要求世界上最丰富的东西——精神只能有一种存在形式呢?"①世界文明是多元共存的,每一种文明都是独一无二的。人类文明是在生产实践过程中形成和发展的,由于各民族生产力发展水平不同,就使文明呈现出不同的特点。不同民族、国家通过文明之间的相互交流和交融,推动着人类文明的发展。正像马克思和恩格斯在《共产党宣言》中指出的那样:"资产阶级,由于开拓了世界市场,使一切国家的生产和消费都成为世界性的了。……新的工业的建立已经成为一切文明民族的生命攸关的问题;……过去那种地方的和民族的自给自足和闭关自守状态,被各民族的各方面的互相往来和各方面的互相依赖所代替了。……各民族的精神产品成了公共的财产。民族的片面性和局限性日益成为不可能,于是由许多民族的和地方的文学形成了一种世界的文学。"②马克思和恩格斯认为每个民族的文明都应受到尊重,殖民侵略不是在传播文明,而是在毁灭文明,必须受到谴责。

列宁(1870—1924)关于文化的论述很丰富,其中也涉及到了文化多样性的内容。他指出,不同民族在其形成和发展的过程中创造了不同的民族文化,要把握和处理好民族文化的国际性与民族性的关系、"中心民族"文化与"边缘民族"文化的关系。他认为,在文化日益国际化的背景下,民族文化势必走向国际文化。俄国社会民主工党的"旗帜上写的

① 《马克思恩格斯全集》第1卷,人民出版社1995年版,第111页。
② 《马克思恩格斯文集》第2卷,人民出版社2009年版,见第35页注释:"文学"一词德文是"Literatur",这里泛指科学、艺术、哲学、政治等方面的著作。

不是'民族文化',而是各民族共同的(国际的)文化"①。国际文化是彻底的民主主义和社会主义的国际主义文化,也就是把民主主义和社会主义思想灌输到广大群众中去,在同资产阶级文化相斗争的过程中建成全世界民主主义的国际文化。列宁指出,文化具有继承性,每个社会的文化都是在继承和批判以往人类一切优秀成果的基础上形成的。俄国在经济、文化上比西欧、北美落后,进行社会主义建设、无产阶级文化建设需要利用和借鉴人类有史以来的优秀文化成果,尤其是欧美这些现代国家的优秀文化成果为其所用。对待资本主义要有一分为二的科学态度,在批判资本主义制度的同时,要吸收和利用资本主义先进的科技成果、管理经验和文化遗产,以便用最快的速度来发展社会主义文化。列宁强调:"只有了解人类创造的一切财富以丰富自己的头脑,才能成为共产主义者。"②

　　毛泽东(1893—1976)继承和发展了马克思列宁主义关于文化和文明多样性的思想,并运用于中国革命和建设的实践中。早在新民主主义时期,他就指出,新民主主义文化是民族的,"它同一切别的民族的社会主义文化和新民主主义文化相联合,建立互相吸收和互相发展的关系,共同形成世界的新文化。……中国应该大量吸收外国的进步文化,作为自己文化食粮的原料"③。在毛泽东看来,不同文化要相互借鉴,学习异族文化应立足中国"这个地盘",只有利用世界文化才能更好地发展民族文化。所以,中国共产党人必须走出"文化中心主义"和"文化封闭主义"的误区。1953年2月,毛泽东在全国政协一届四次会议闭幕会上说:"我们这个民族,从来就是接受外国的先进经验和优秀文化的","从来不拒

① 《列宁全集》第24卷,人民出版社1990年版,第248页。
② 《列宁全集》第39卷,人民出版社1986年版,第299页。
③ 《毛泽东选集》第2卷,人民出版社1991年版,第706页。

绝接受别的民族的优良传统。"①他还提出"向外国学习"的口号。至于如何向外国学习，毛泽东后来在《论十大关系》中说："我们的方针是，一切民族、一切国家的长处都要学，政治、经济、科学、技术、文学、艺术的一切真正好的东西都要学。但是，必须有分析有批判地学，不能盲目地学，不能一切照抄，机械搬用。"②毛泽东提出的"百花齐放，百家争鸣"的文化建设方针、"古为今用，洋为中用"的文化建设主张、在对外交往上"求同存异"的原则，就内在地包含着尊重文化多样性和文明多样性的科学态度。

邓小平（1904—1997）继承、运用和发展了马克思主义文化和文明多样性的思想，并把它运用到对时代的判断和把握之中，从而开创了改革开放的大好局面。冷战结束后，和平与发展已经成为时代的主题，时代的一个显著特征就是世界文明的多样性，这种多样性构成了世界多极化的重要形式和内容。基于对世界局势的科学判断，邓小平指出，我们不能关起门来搞建设，必须进行改革开放，我国的发展离不开世界。他说："社会主义要赢得与资本主义相比较的优势，就必须大胆吸收和借鉴人类社会创造的一切文明成果，吸收和借鉴当今世界各国包括资本主义发达国家的一切反映现代社会化生产规律的先进经营方式、管理方法。"③他强调，建设中国特色社会主义的文化和教育，一定要面向现代化、面向世界、面向未来，必须在继承和发扬民族优秀传统文化的基础上，充分吸收和利用外国的优秀文明成果。至于如何吸收和利用外国的优秀文明成果，邓小平是这样说的："属于文化领域的东西，一定要用马

---

① 《毛泽东文集》第6卷，人民出版社1999年版，第264页。
② 《毛泽东文集》第7卷，人民出版社1999年版，第41页。
③ 《邓小平文选》第3卷，人民出版社1993年版，第373页。

克思主义对它们的思想内容和表现方法进行分析、鉴别和批判。"①在祖国统一大业问题上,邓小平提出了"一国两制"的科学理论和设想。

江泽民(1926—)关于世界多样性思想也是对马克思主义文化和文明多样性思想的运用和发展。1995年,江泽民在纪念联合国成立50周年大会上说:"大家只有彼此尊重、求同存异、和睦相处、互相促进,才能创造百花争妍、万紫千红的世界。没有多样化,就不成其为世界;没有多样化,也不成其为联合国。不承认、不尊重世界多样性,企图建立清一色的一统天下,是必定要碰壁的。"②世界人民在几千年的历史长河中创造了丰富多彩的文明,文明之间的交流、融合推动着人类文明的进步,文明多样性是人类社会的基本特征。在庆祝中国共产党成立八十周年大会上,江泽民明确指出:"世界是丰富多彩的。各国文明的多样性,是人类社会的基本特征,也是人类文明进步的动力。应尊重各国的历史文化、社会制度和发展模式,承认世界多样性的现实。世界各种文明和社会制度,应长期共存,在竞争比较中取长补短,在求同存异中共同发展。"③世界存在的多元文明都各有长处,只有加强不同文明之间的交流对话,才能在交流对话中消解矛盾和冲突。在国际交往中,中国人民坚持平等、民主的原则,不歧视任何文明,从而推动了不同文明的交汇、融合和世界进步。

胡锦涛(1942—)对马克思主义的世界文明多样性思想也作了进一步发展和创新。2005年4月,胡锦涛在亚非峰会上发表演讲时指出,要倡导开放包容精神,尊重文明、宗教、价值观的多样性,推动不同文明友好相处、平等对话、繁荣发展,共同构建一个和谐世界。2005年9月,胡锦

① 《邓小平文选》第3卷,人民出版社1993年版,第44页。
② 《江泽民文选》第1卷,人民出版社2006年版,第480页。
③ 《江泽民文选》第3卷,人民出版社2006年版,第298页。

涛在联合国成立60周年首脑会议上,系统阐发了"和谐世界"的思想。2006年4月,胡锦涛在耶鲁大学演讲时指出:"一个音符无法表达出优美的旋律,一种颜色难以描绘出多彩的画卷。世界是一座丰富多彩的艺术殿堂,各国人民创造的独特文化都是这座殿堂里的瑰宝。……人类历史发展的过程,就是各种文明不断交流、融合、创新的过程。……文明多样性是人类社会的客观现实,是当今世界的基本特征,也是人类进步的重要动力。……意识形态、社会制度、发展模式的差异不应成为人类文明交流的障碍,更不能成为相互对抗的理由。我们应该积极维护世界多样性,推动不同文明的对话和交融,相互借鉴而不是相互排斥,使人类更加和睦幸福,让世界更加丰富多彩。"①中国政府在文化上反对民族中心主义,不歧视别国的文化。中华民族和中国共产党本着各民族国家平等的原则,包容互鉴,取长补短,实现共同发展和繁荣。和谐世界思想是从世界文明多样性思想发展而来的。

当今时代的世界,各民族、国家和群体、个体之间的交往呈现出愈来愈强烈的迅时性、关联性、互动性和开放性。随着全球化、网络化和信息化的快速发展,文化内容、文化性质、文化功能、文化手段、文化矛盾等呈现出不断复杂化的态势。正是在这一背景下,习近平(1953——)进一步发展了马克思主义的世界文明多样性思想。他指出,每个国家和民族的文明都有自己的本色、长处、优点,我们应维护和尊重各国各民族文明,相互交流、相互学习、相互借鉴,求同存异、取长补短,文明因交流而多彩,文明因互鉴而丰富②。 2014年3月27日,习近平到访位于巴黎的联合国教科文组织总部,他在演讲时指出:文明交流与互鉴是推动人类文明进

---

① 胡锦涛:《在美国耶鲁大学的演讲》,《人民日报》2006年4月23日。
② 习近平:《在纪念孔子诞辰2565周年国际学术研讨会暨国际儒学联合会第五届会员大会开幕上的讲话》,《人民日报》2014年9月25日。

步和世界和平发展的重要动力。文明是多彩的,人类文明因多样才有交流互鉴的价值。文明是平等的,人类文明因平等才有交流互鉴的前提。文明是包容的,人类文明因包容才有交流互鉴的动力。只有交流互鉴,一种文明才能充满生命力。只要秉持包容精神,就不存在什么"文明冲突",就可以实现文明和谐。他还借用了中国的一首古诗"一花独放不是春,百花齐放春满园",来比喻世界文明多样性。习主席的演讲引起了国际社会的广泛关注,"这是中国领导人第一次在联合国讲坛上,全面阐述对世界文明传播与发展规律的深刻认识;第一次系统提出文明的交流与互鉴是增进各国人民友谊的桥梁、推动人类社会进步的动力、维护世界和平的纽带"①。习近平关于文明的新论述被一些学者称为是中国新的文明观。习近平不仅是世界文明多样性思想的积极倡导者,还是这一思想的积极践行者,他提出不同文明国家要携手共建"一带一路",加强交流对话、合作共赢、同舟共济,共同打造人类命运共同体。

当今世界,人类在物质文明和精神文明方面都取得了巨大进步,但同时也面临着许多难题和挑战。解决这些难题,考验着人类的智慧和力量。而中华传统文化所具有的和而不同、有容乃大、天下关怀的精神、理念和智慧将会为这些难题的解决提供有益的启示。"物之不齐,物之情也。"(《孟子·滕文公上》)"独学而无友,则孤陋而寡闻。"(《礼记·学记》)在全球一体化的发展态势下,不同文明只有取长补短,才能促进世界的和平与发展,让世界变得更加美丽。

---

① 娄晓琪:《"文明交流互鉴"深刻影响世界》,《人民日报》(海外版)2016年3月28日。

六、中华传统文化与现代文化

首先我们了解一下什么是传统文化。所谓传统文化,一般是指由不同国家民族的文化传承和演化而汇集成的,反映一个民族精神特质和风貌的生活样式,是一个民族历史上的各种思想文化和观念形态的总和。传统文化是古代历史上的产物,但对当代还会产生影响。一般来说,传统文化既具有正向功能,也具有负向功能。传统文化在现实中起着积极与消极的双重作用。如"父为子纲,君为臣纲,夫为妻纲"的封建意识形态,"别尊卑,明贵贱"的封建等级制度,"礼不下庶人,刑不上大夫"的封建特权思想,"天不变,道亦不变"的因循守旧、反对进取与变革的形而上学思想等,都对中国社会的发展起过极大的阻碍作用。

中华传统文化是中华民族在古代历史上创造的,反映中华民族精神特质和生活风貌的民族文化,它包括中华民族世世代代所继承发展的各种文化成果。

从中华传统文化的内容来看,它所包含的内容非常丰富。在思想文化方面,有提倡"仁者爱人"(《孟子·离娄下》)、主张"礼、乐、仁、义、中庸"的儒家文化,有提出"道法自然"(《道德经·第二十五章》)、倡导"清虚以自守,卑弱以自持"(《汉书·艺文志》)的道家文化,有提倡"兼爱、非攻、天志、明鬼"、要求"摩顶放踵利天下"(《孟子·尽心上》)的墨家文化,有主张用"法、术、势"治理天下、深信"威势之可以禁暴"(《韩非子·显学》)的法家文化,还有关注阴阳变换流转、以"金、木、水、火、土"五行之生克解释宇宙万物与社会人生的阴阳五行文化,还有佛教思想、道教思想、玄学、理学,等等。在制度文化方面,有分封制、礼仪制度、郡县制、三省六部制、科举制等等,形成了以君主专制为核心,以血缘亲情为纽带,以家国一体为基础,维护君臣父子等级差异关系,通过科举取士选拔人才的庞大的社会规范体系。在科学技术方面,古代中国在天文历法、数学、物理学、地理学、生物学、农学、中医中药,以及水利、纺织、冶炼、制瓷、制糖、造纸、印刷、造船、建筑、火药、食品等技术方面都颇有成就,处于世界的前列,特别是造纸术、印刷术、火药、指南针四大发明享誉世界。在文学方面,中国传统文学高峰迭起、异彩纷呈,有源之天籁、成于自然、回旋跌宕、含蓄委婉的《诗经》,有想象力瑰丽奇幻、文辞华美艳丽的《楚辞》,也有文如锦绣、恢宏壮丽的汉赋,朗朗上口、韵味无穷、意境悠长的唐诗,还有或柔婉清丽或雄浑豪放的宋词,及至元明清,元曲、小说蔚为大观,更接地气。流派之丰,成果之硕,令人叹为观止。在艺术方面,同样门类众多,主要包括国画、书法、中国古代雕塑、中国古代音乐、中国古代舞蹈等,它们道法自然、心师造化、遗貌取神、味象观道,体现了中国艺术独特的审美情趣。当然,中华传统文化的内容还包括道德、法律、风俗习惯等。

从中华传统文化的形式来看,它所呈现的形式异常精彩。人类生活在一个符号化的世界中,对文化的传承是经由符号系统进行的。符号是文化传播的代码,是文化传递的媒介和载体,而符号系统本身也是文化的形式。先说说语言文字。中国56个民族使用的语言分属五大语系,其中的汉语(又称华语、中国话、中文等)属于汉藏语系,现至少有15亿使用者。汉语包含口语和书面语两部分,古代书面语是文言文,现代书面语是白话文。汉语又有标准语和方言之分,一般所指的汉语是普通话。汉语的书写文字是汉字(又称中国字、方块字等),中国周边的一些国家,如日本、朝鲜、越南等都曾用汉字来记录它们的语言,在很长时期充当着东亚地区文化交流的角色,形成了一个汉字文化圈。汉字是世界上最古老的文字之一,也是上古时期各古老文字中唯一传承至今、连续使用时间最长的文字,它从原始形态经历了甲骨文、金文、篆书、隶书、草书、楷书、行书等几千年的漫长演变,现在普遍使用的是楷书。在演变中,汉字逐渐由图形变为笔画,由繁化简,数量也不断增加,《康熙字典》有4万多个字,今人编的《中华字海》有8万多个字,我们日常使用的汉字只有几千个。汉字的构造原理包括象形、指事、会意、形声、转注、假借,又称"六书"。汉字是意音文字,具有形、音、义统一,形体优美,易辨识,直观达意,易记易懂,信息量大,超方言等特点,从而使其在世界文字体系中具有独一无二的地位,是中华传统文化的瑰宝,被一些人称为中国古代第五大发明。"文以载道",汉语作为中华文化的重要载体,促进了中华文化的传播与发展,是中华传统文化的重要组成部分。

再说工具物品。中国古代的器物展现着传统文化的丰富内涵,如器具、服装、建筑等的形制、大小和数量要体现人物的身份和地位,"藏礼于器"说的就是这个道理。重要物品的设计要讲究"天人合一",将实用价值与文化价值很好地结合在一起,以体现传统道德观念、传统审美特色、传统信仰系统。中国传统社会给我们留下了许多精美器具、建筑遗迹等,它们得"天时、地气、材美、工巧"(《周礼·考工记》),反映出传统社会精致的文化理念和精湛的工艺水平。

还有思维形式。中国传统的思维方式主要是以主体思维为归依,以整体思维模式为框架的直觉性的意象思维。整体思维框架是传统文化与西方理性分析哲学最显著的区别,要求将对象放在整体的背景下解读,解读其与整体的关系,解读其在整体中占有的位置,解读对象与对象之间的相互关联,这种思维方式在《周易》中被描述为"观其会通"。直觉思维是一种典型的传统思维形式,是非理性思维方式的一种。直觉思维方式通过意象思维的具体形式实现自身,在蒙培元等著的《中国传统哲学思维方式》一书中,将意象思维的具体类型分为符号意象思维方式、玄想意象思维方式、审美意象思维方式,得到了许多学者的认同。当然,中华传统文化的形式还有很多,像传统礼仪、人际交往行为等。

从中华传统文化的地域范围来看,中华传统文化属于多民族文化,它是由以汉族为主,聚居在中国大地上的各少数民族共同创造的文化。俗话说,一方水土养一方人,而一方人又创造一方文化。中国地大物博,自然环境复杂多样,生活环境丰富多彩。从南方水乡稻田到北方草原林海,从东方平原农田到西方山地雪域,生活在不同区域的民族由于居住的自然环境不同、生产方式不同、生活方式不同,而形成了各具特色的文化。从地域上看,有中原文化、关东文化、燕赵文化、三晋文化、三秦文化、齐鲁文化、徽文化、吴越文化、荆楚文化、赣文化、湖湘文化、闽文化、客家文化、粤文化、巴蜀文化、云贵文化、青藏文化、西域文化,等等。地域文化内部也存在差异,如齐鲁文化又可分为齐文化、鲁文化,齐文化尚功利、求革新,鲁文化重伦理、守传统。这些地域文化都是生活在这些区域的人民在一定的历史阶段创造的特征鲜明的文化,它们会随着历史的发展、社会的变迁和环境的变化而发生变化,许多内容都被传承下来,直到今天还在发挥作用。从业态上看,有渔猎文化、采集文化、游牧文化、农耕文化、商业文化、手工业文化等等,这些文化之间不仅有生产方式上的差异,而且有与之相适应的社会制度、思想信念、价值观念、宗教信仰、风俗习惯上的不同,既反映了中华文明演进的历程,又体现了中华文明在空间分布上的多样性。从民族上看,56个民族都有自己的文化传统,伴随着民族融合的历史过程,各民族文化相互碰撞、相互交融,形成了既保持着民族文化特异性,同时各民族又基本认同的包括共同理想信念、共同价值观念、共同道德规范、共同审美趣味的中华传统文化。传统文化不仅在中华民族的疆域内传播，而且还影响东亚、东南亚诸国，日本、朝鲜、越南等国家就深受中国文化的影响。中华传统文化对欧洲的国家也产生了一系列深刻的影响。由于中华文化超凡的包容性和会通精神，它在不断影响其他国家文化的同时，也不断吸纳异国文化，在动态发展中展现出强大的生命力。

从中华传统文化的时间跨度上来看，它萌芽于旧石器时代晚期，起源于夏商西周时期，一直发展延续到鸦片战争前夕，走过了五千多年漫长的历史行程。中间经历了春秋战国的百家争鸣、秦汉时期的文化转型、魏晋南北朝的第二次百花齐放、大唐文化的繁荣昌明、宋朝文化的精致内敛，一直到明清文化的集大成，形成了以儒家文化为主，法、道、墨、释、名、兵、农、阴阳、商、杂各流派共存的盛大文化景观。不同时期的文化各有特色，商代的文化崇尚鬼神之说，周代转而围绕"敬德保民"展开自己的文化，崇尚道德价值，发掘人文精神。春秋战国时期，各流派纷纷著书立说，异彩纷呈，被称为中国文化的轴心时代。汉代独尊儒术，确立了儒家的主流文化地位。魏晋南北朝时期，儒家文化一统的局面被打破，诸子学派重新恢复，形成了第二个百家争鸣。盛唐时期的文学、书画、佛学、史学等都鼎盛一时，绚烂异常。宋明时期，文化开始内敛，宋明理学在注重道德自觉与道德人格建构方面功不可没，却由于极端化发展，形成了对人性的禁锢与伤害。明末直到清朝末年，是中华传统文化的收关之时，此时，文学、学术、图书编纂均总历代文化之要，走向了发展的高峰。同时，由于专制制度的压抑，在传统文化格局内部形成了对它的反思批判。伴随着中国社会走入多灾多难的近代史，中华传统文化也走向了反思、重构的历史关口，在阵痛中走向重生。

中华传统文化具有中华民族自己的鲜明特色和精神气质,它历史悠久、绵延不断、博大精深。总体来看,中华传统文化的基本理念和精神是:崇尚道德和厚德载物,倡导刚健有为和自强不息,主张天人合一的和合精神,注重以仁爱为基础的民本精神和礼治精神。从历史时代性质上来看,中华传统文化是以个体农业经济和儒家宗法制度为基础来构建社会秩序的文化体系。从内容和流派上来看,中华传统文化以儒家文化为核心,同时,道家文化、佛教文化等也是中华传统文化的重要组成部分。中华传统文化所蕴含的精神理念、思维方式、价值观念、行为准则具有鲜明的中国气质、品质和风格。中华传统文化既具有传统性和传承性,又具有鲜活的现实性、变异性,它强烈地影响着今天的中国人,成为我们进行创造性转化和创新性发展的历史根据和现实基础。

与传统文化、中华传统文化相对应的是现代文化、中国现代文化,下面我们简要介绍一下。现代文化最早是在欧美国家的近现代化过程中产生和形成的,主要的文化事件有文艺复兴运动、宗教改革和启蒙运动,伴随着资产阶级革命、工业革命的发生以及欧美列强在世界范围推行的殖民运动,西方现代文化获得发展。总体来看,西方现代文化的基本精神理念是理性主义精神、科学主义精神、民主法治精神、个人主义和功利主义等等,是以工业化、市场化为基础,追求自由平等、民主法制,崇尚科学技术的文化体系。自上世纪初以来,兴起了一种与官方的主流文化、学界的精英文化等并驾齐驱的大众文化。它以现代工业社会为背景,以文化产业为特征,以大众传播媒介为手段,以市场经济为导向,以市民大众为对象,主要包括通俗小说、大众报刊、影视文化、流行音乐、动漫、商业戏剧、时尚文化、饮食文化、广告文化、街头艺术、网络文化、网络游戏和手机游戏等。大众文化的特点是个体性、时尚性、消费性、娱乐性、通俗性、平面化、复制化、商品化、信息化等。

中国的现代文化是在西方现代文化的催发下产生的。中国的现代文化具有后发性和外源性等特点。中国的现代化、现代文明和现代文化的产生和发展经历了一个曲折复杂的过程。中国的现代化、现代文明和现代文化源于三个方面的资源。这三个方面的资源是自西方传入的现代文化或称"西学东渐"、马克思主义的思想文化、中华传统文化里自生的具有现代性的精神和文化元素。中华传统文化向现代文化的转化正是在经历了一个多世纪的反对封建主义、反对殖民主义和反对帝国主义的斗争中进行的,一开始受到了西方现代文化精神,特别是"德先生"(民主)和"赛先生"(科学)的影响。"十月革命一声炮响,给我们送来了马克思列宁主义。""五四"新文化运动又进一步推动了马克思主义在中国的传播。自此以后,新诞生的中国共产党领导中国人民开始了探索和建设新民主主义文化的伟大工程。1949年10月1日新中国成立后,中国共产党又领导中国人民走上了探索和建设社会主义文化的征程。改革开放以来,中国共产党领导中国人民正在建设中国特色社会主义文化的道路上奋勇前进。

专栏 "国学热"与文化自觉、文化自信和文化自强

在中国,"国学"是一个存在较多争议的概念和名称,围绕"国学"含义和价值的论争持续了一个多世纪。即使是今天,关于"国学"的理解仍然未能完全达成一致。依据研究对象,有人将国学概念大体归纳为六类,即儒家经典之学说(经学说)、固有学术思想说(思想说)、经史子集之学说(旧学说)、一切历史文化说(国故说)、中华民族之学说(大

国学说）、学术文化整体说（新国学说）等。国学大师张岱年先生认为，"国学"就是一国的系统而专门的学问。方立天先生认为，"国学"概念不是僵化的，而是开放的，"国学"是指中国从古至今的学术，包括近现代的中国化马克思主义①。王杰等一些学者在梳理国学发展史后认为，自上世纪初，中国出现过四次国学热。第一次是在20世纪二三十年代，是围绕着西化派、全盘西化论者与东方文化派、中国本位文化论者之间的论战而出现的，后一方竭力捍卫传统文化的内在价值，呼吁人们不要对传统文化全面否定。各个流派的学者各抒己见，展开了激烈的论争。第二次国学热发生在20世纪七八十年代，这一次的国学热围绕着为孔子正名的主题展开。在全国范围内，召开了多次学术研讨会，并成立了中国孔子基金会、中华孔子学会及国际儒学研究联合会等多个机构，国学伴随着改革开放的春风与经济一同复苏起来。第三次国学热发生在20世纪九十年代，主要在高校内部展开。学者们面对社会上道德底线的失守、价值观的混乱、严重的功利主义倾向等问题，开始向传统文化寻求答案。第四次国学热发生在本世纪初，这次的国学热与前几次截然不同，社会基础雄厚，从官方到高校，从学术界到普通市民，都普遍地参与进来，人们开始尝试着用国学沉静身心，濡养心灵。每一次"国学热"的主题和内容都有所不同，但热议的对象和内容都是围绕着传统文化。

在"国学热"的氛围中，人们对传统文化进行了更为深入的思考和讨论。1997年，我国著名社会学家费孝通先生提出了"文化自觉"的观点，并在1998年北京大学一百周年校庆时，提出了"各美其美，美人之美，美

---

① 方立天：《仰望崇高——方立天自选集》，首都师范大学出版社2009年版，第436—437页。

美与共，天下大同"①的著名"十六字"观点。费孝通先生对于传统文化的态度发人深省，他认为，要明白自己文化的来历，要有自知之明，要自我反省；只有做到正确反省，才能更好地建设自己民族和国家的文化。当代中国对待传统文化必须经过文化反省和文化自觉的艰巨过程，才能在世界多元文化格局中确立自己的文化位置。他基于"和而不同"的哲学观念，认为在当今多元文化浪潮的背景下，我们对于传统文化必须保持继承发扬的基本态度，才能在文化上自立于世界，才能对其他文化取长补短，共同建立一个各种文化和平共处、各展所长、联手发展的基本秩序。2010年，《红旗文稿》第15、16、17期连续发表了云杉同志的宏篇力作《文化自觉　文化自信　文化自强——对繁荣发展中国特色社会主义文化的思考》，"文化自觉"、"文化自信"、"文化自强"很快成为社会各界关注的热点，并得到高度重视与普遍认同。

"国学热"催醒了我们的文化自觉，也坚定了我们的文化自信。我国著名学者季羡林先生关于文化有"河东河西说"，从一个方面展现出季羡林先生对民族文化的自信。2011年10月，党的第十七届六中全会通过的《中共中央关于深化文化体制改革　推动社会主义文化大发展大繁荣若干重大问题的决定》，就提出了文化自信。党的十八大以来，以习近平同志为核心的党中央，更加高度重视文化的地位、文化软实力和文化自信。习近平总书记在多个场合强调中华民族要坚定我们的文化自信，指出我们要坚定中国特色社会主义道路自信、理论自信、制度自信，说到底是要坚持文化自信。文化自信是更基础、更广泛、更深厚的自信。"文化自信"成为继"道路自信、理论自信和制度自信"之后的"第四个自信"，

---

① 费孝通：《反思·对话·文化自觉》，载《费孝通文集》第14卷，群言出版社1999年版，第166页。

彰显出了中国共产党人的文化自觉和文化自信,从而也使"四个自信"成为一个紧密联系、不可分割的有机整体。我们的文化自信来源于五千多年的悠久文明,来源于指导中国革命、建设和改革走向成功的革命传统文化和社会主义先进文化。

近代以来,关于传统文化的争论和论战,其实质是对中国社会向何处去的追问,是中国如何实现现代化的问题,这些争论和论战呈现出鲜明的思想轨迹和时代特征。我们必须用马克思主义的立场、观点和方法,对国学进行科学的分析,不能孤立地就国学论国学,把它看作是超阶级、超时空的东西。既要研究传统文化,又必须弘扬时代精神,科学对待"国学热",防止"国学"政治化、商业化等不良倾向的出现。我们只有着眼于人类文明发展的规律和态势,才能够真正科学地对待国学和传统文化,才能够更好地传承和弘扬中华传统文化,才能够卓有成效地建设中华民族共有的精神家园。

文化自觉和文化自信,要坚持以文化创新为核心,以实现文化自强为任务。从整个世界文化发展的总体态势来看,文化的内涵越来越丰富,形式越来越多样,文化越来越成为综合国力和软实力的内核,文化的作用也越来越大。中华民族五千多年的悠久历史积累了丰富的文化资源,建设中国特色社会主义文化强国离不开传承和弘扬、转化和创新中华优秀传统文化。在建设文化强国的征程中,我们必须坚定文化自信,进一步增强和提升中华民族和中国人民屹立于世界民族之林的伟大信心,提升中国共产党人用中国理论解决中国问题的底气,紧跟时代发展的步伐,以历史的眼光、开放的意识、平和的心态、宽容的精神,创造既具有民族优良传统又具有鲜明时代精神的文化,既立足中国大地又面向世界的文化,既正视国情现实又放眼未来的中国特色社会主义文化。

七、什么是中华优秀传统文化

每一个民族和国家的文化,总是通过继承与创新的方式向前发展的。那么,何谓优秀传统文化? 断定优秀文化的依据是什么? 对于这些问题的回答,我们应以马克思主义文化理论为依据,坚持文化的民族性与世界性、传统性与时代性、科学性与进步性的辩证统一,以能否促进生产力的发展和社会进步、人民幸福、文明发展和历史前进为依据。

首先,要从是否符合人类历史发展的客观规律和必然趋势来确定文化的性质。文化具有时代性、历史性、稳定性、滞后性。进步文化与落后文化是相对于历史和社会发展而言的,要历史地、科学地分析文化的进步与落后之别、高雅与庸俗之异。其次,要从传统文化的整体和层次中区分出不同性质的文化元素。文化是一个具有多层次、多要素的复杂系统,每一层次和要素都具有相对独立性。一种文化整体上是落后的,但其中对我们有益的要素仍值得我们挖掘。再次,要从文化的不同性质和状况判断文化的作用方向与功能大小。从质的角度看,文化的力量有优劣与好坏之分。进步的、健康的文化会促进个人和社会的发展,落后的、腐朽的文化则会阻碍个人和社会的发展。从量的角度看,文化的力量有大小和高低之别。在人类文化的流变长河里,优秀文化与腐朽文化、进步文化与落后文化、高雅文化与庸俗文化,相伴而生、如影随形、相生相克,它们共同构成了缤纷繁盛的文化史。因此,对待传统文化,要以唯物史观为指导,充分考虑它们当时所处的历史环境,用科学的态度和辩证的方法加以分析和研究,区分其中的精华和糟粕,而不能以现代人的眼光苛求古代文化,对其采取简单归类和肯定或否定的态度。

中华优秀传统文化就是中华民族在不同时代所创造的有利于生产

力发展和社会进步,有益于广大人民群众物质生活与精神生活,具有鲜明民族特色的文化。每个时代都有自己的优秀文化,中华优秀传统文化是过去每个时代优秀文化的总和。当然,在一个时代优秀的文化,在另一个时代不一定优秀,原来优秀的,现在不一定优秀。那些在古代优秀,并且对现在仍有正向作用和影响的文化,就是传统文化中的精华。对历史上的优秀传统文化,我们要保护好、利用好,并传之于后代。对那些有当代价值的文化精华,我们要积极汲取营养,并将其融入到繁荣和发展社会主义文化事业和文化产业的各项工作和活动中。

中华优秀传统文化在漫长的发展历程中不仅对中国社会的发展和历史的进步发挥了巨大的推动作用,而且对世界文明,特别是对东亚和东南亚一些国家和民族文化的形成、文化品格的塑造产生了深刻的影响,而中华优秀传统文化与时俱进的品质使其具有非凡的自我演化和适应能力,无论遭遇如何,都一直延续着中华民族的文化命脉,给华夏子孙留下了大量的文化遗产。中华优秀传统文化积淀下来的优质资源非常丰富,有物质和非物质之分。物质文化遗产指的是看得见摸得着的"有形文化遗产",放眼中华大地,傲世的万里长城、雄伟的故宫以及陈列其中的无价文物、举世闻名的佛教石窟、精致的苏州古典园林、精美的绘画作品等等,列入世界物质文化遗产名录的就多达几十项,中华物质文化遗产之丰富令世人惊叹!非物质文化遗产指的是非物质形态存在的文化,如口头传说、知识体系和技能、表演艺术、节日庆典、民俗礼仪、手工技艺等。收录于世界非物质文化遗产名录中的有昆曲、古琴艺术、书法、篆刻、剪纸、端午节、妈祖信仰、京剧、中医针灸等,这些文化形态所具有的文化内涵之精妙令人敬佩!不论是物质的还是非物质的文化遗产,也不管种类、形式、熟悉度如何,它们都是中华优秀传统文化的精华,都体现了中华传统文化的精气神。中华传统文化之所以生生不息,就在于文化形式背后的精气神。

总之,中华优秀传统文化的内容非常丰富,包括优秀的思想、理念和智慧,传统美德和善行善为,良法良规,古代形成的民族精神,优秀的制度、管理方式和经营之道,优秀的育人之道与教育之法,优秀的科技成就、先进的生产方式、工艺及物质成果,优秀的文学艺术,保民卫国之法和强身健体之技,良风良俗和科学合理的生活方式,等等。中华优秀传统文化是一笔巨大的物质财富和精神财富,是一个挖掘不尽的文化宝藏,是一个可资利用的优质文化资源。今天,我们传承和弘扬中华优秀传统文化,最重要的是掌握其中的讲仁爱、重民本、守诚信、崇正义、尚和合、求大同等核心思想理念,自强不息、敬业乐群、扶危济困、见义勇为、孝老爱亲等中华传统美德,重人趋实、知行合一、修身养性、求同存异、文以载道、以文化人、中和守正等中华人文精神。

中华优秀传统文化的基本内核可以概括为以下几个方面:

一是中国传统的朴素唯物辩证的世界观和方法论。从宇宙论角度来看,中国传统哲学主张"万物一体"论,即认为世界是万物相互关联的有机体,万物之间相互依赖、相互摄涵、相互感应,形成了广大贯通的统一体。从本体论角度来看,一些哲学家形成并坚持朴素唯物主义和无神论。如孔子所言:"未知生,焉知死?"王充的《论衡》则以"疾虚妄"为宗旨,批判了种种迷信,对唯物论做出了贡献。范缜提出了"形为质而神为用"的观点,张载提出了"太虚即气"、"凡象皆气"的观点。明代的罗钦顺、王廷相,明清之际的王夫之都继承和发展了这种朴素唯物主义和无神论的思想传统。从辩证法角度来看,如《道德经》、《周易》、《孙子兵法》中蕴含着深刻的辩证思想,其中的变易之学成为中国传统辩证思想的重要源泉。

二是中国传统的重德重民价值观和态度。重德是中华传统文化最大的特点，如《尚书》提出了"皇天无亲，惟德是辅"的重德思想。这种重德的文化传统和思想特点，首先表现为仁爱观念，从根本上说，"仁"就是道德的自觉。"仁者爱人"是中华民族价值追求的根基。孔子有"泛爱众而亲仁"的思想，孟子有"亲亲而仁民，仁民而爱物"的思想，张载还提出"民胞物与"的思想。其次表现为民本观念。《尚书》中有"民惟邦本，本固邦宁"的思想，《孟子》说"民为贵，社稷次之，君为轻"，等等。中华文化有着以民为本的传统，历来强调利民、养民、惠民、富民。

三是中华传统文化重视知行合一和经世致用的品质。中华传统文化大都倡导"行胜于言"。如《论语·学而》第一句话是："子曰：学而时习之，不亦说乎？"在孔子看来，躬行实践，将所学到的理论用于实际行动，十分必要。《礼记·大学》系统而深刻地强调了学习、践行和创新的意义，其总精神即是要通过格正外物、诚正内心，以达到修己、新民、治平天下邦国的目的。荀子认为："知之不若行之，学至于行而止矣。"儒学强调"入世"，具有强烈的经世传统。明清之际的思想家顾炎武等人倡导"经世致用"之学，主张把"读万卷书"与"行万里路"结合起来，认为做学问要关注社会现实，以治理世事、解决社会问题为要务，体现了中国知识分子求实、务实的思想特点。《礼记·大学》告诉我们，务实的基本逻辑是"古之欲明明德于天下者先治其国，欲治其国者先齐其家，欲齐其家者先修其身，欲修其身者先正其心，欲正其心者先诚其意，欲诚其意者先致其知，致知在格物"。古代读书人有着"先天下之忧而忧，后天下之乐而乐"、"以天下为己任"的高尚品格和博大胸怀。

四是中华传统文化崇尚心性修养和自强不息的品格。"善学者必有其志"，是中华文化又一重要观念和特征。如儒家以学习自新为立身之本。《周易·乾卦》提出"天行健，君子以自强不息"，要求我们发扬"飞龙在天"的阳刚精神，无论在德行修为还是在外在事功层面，都要刚健有为，积极进取，永不止歇。孔子"知其不可而为之"的坚毅，孟子"富贵不能淫，贫贱不能移，威武不能屈"的气概，反映和构建了中华民族的自强品格，也正是这种品格赋予了中华民族坚韧的性情，不管艰难险阻永不放弃。孔子主张君子应"不患人之不己知，患其不能也"（《论语·宪问》），强调人应当立足自身，脚踏实地，注重道德修养、才干养成，务必做到德才兼备，名实相符，不求虚名，不务浮名，明确了个人自觉自律在人格发展中的重要地位。南宋理学家朱熹认为，诚意、正心是明德的必经途径，是修身不可缺少的重要环节。古人都把追求仁德放在首位，所谓"太上有立德，其次有立功，其次有立言，虽久不废，此之谓不朽"（《左传·襄公二十四年》）。在心性修养的过程中，要有经历艰辛苦难的心理准备，孔子曰："志士仁人，无求生以害仁，有杀身以成仁。"（《论语·卫灵公》）孟子说："天将降大任于是人也，必先苦其心志，劳其筋骨，饿其体肤，空乏其身，行拂乱其所为，所以动心忍性，曾益其所不能。……入则无法家拂士，出则无敌国外患者，国恒亡。然后知生于忧患而死于安乐也。"（《孟子·告子下》）只有如此，才能立德于内，立言、立功于外。

五是中华传统文化含有厚德载物和生生不息的品性。"厚德载物"出自《周易·坤卦》："地势坤，君子以厚德载物。"是说应以深厚的德泽育人利物。如中华文化具有包容性，儒家主张"和为贵"、"和而不同"、"以德服人"、"强不执弱"、"富不侮贫"，反对"以力服人"，主张"协和万邦"。中华文化具有强大的内聚力和兼容性，有容乃大是中华文明绵延不绝的精神基因。中国古代哲学家认为，天地以"生"为道，"生"是宇宙的根本规律。如《易传》说："天地之大德曰生"，"生生之谓易"。而儒家、道家、墨家等均主张"和则生"的观点。《礼记·中庸》说："致中和，天地位焉，万物育焉。"《荀子·天论》说："万物各得其和以生。"周敦颐说："天以阳生万物，以阴成万物。生，仁也；成，义也。"程颐说："生之性便是仁。"朱熹说："仁是天地之生气。"人与天地万物一体，都属于一个大生命世界。和则生，同则绝，和而不同，生生不息，这既是万物发展的法则，也是文化发展所需的条件。中华文化历经数千年的演进发展，绵延不绝，总是充满着生机和活力，"和而不同"的精神和品性是其重要原因和机理。

六是中华传统文化中的创新精神。中华传统文化是比较强调创新的，商朝的开国君主成汤将"苟日新，日日新，又日新"刻在澡盆上，激励自己要每天除旧更新。《诗经》中也有"周虽旧邦，其命维新"的诗句。传统文化倡导"日新之谓盛德"（《周易·系辞上》），主张每个人德行日新，识见日进，整个社会除旧布新，处处生机盎然。这种观点来源于对天地之德的效法，传统的中国人敏锐地发现，我们身处的大宇宙处于不曾止歇的流变之中，宇宙巍峨万象，气象万千，千变万化，莫知其极。没有事物会永远静止停歇，就如庄子所说："物之生也，若骤若驰，无动而不变，无时而不移。"（《庄子·秋水》）人们自然应当对接宇宙生物变化的日新精神，"因时而异，与时偕行"，不断地在德性修为方面、在知识积累方面改变自身，发展自身，蓬勃生长。对于社会这个大机体也一样，要不拘泥于旧制，"革故鼎新"，因为这是社会不容移易的规律，而"穷则变，变则通，通则久"（《周易·系辞下》）。康有为说："夫物新则壮，旧则老；新则鲜，旧则腐；新则活，旧则板；新则通，旧则滞，物之理也。"（《上清帝第六书》）在中国历史长河中，不知出现了多少改革家、发明家、创新家，都体现了中华传统文化中的这种创新精神。

七是中华传统文化对历史大道和社会理想的高尚追求。"大同"社会的理想见于《礼记·礼运》的"大同篇"："大道之行也，天下为公。选贤与能，讲信修睦。故人不独亲其亲，不独子其子，使老有所终，壮有所用，幼有所长，矜寡孤独废疾者皆有所养。男有分，女有归。货恶其弃于地也，不必藏于己；力恶其不出于身也，不必为己。是故谋闭而不兴，盗窃乱贼而不作，故外户而不闭。是谓大同。""大同"理想，不但继承了早期儒家思想，而且在不少地方也继承了墨家的"选贤举能"和"尚贤"思想，既显示了中华传统文化注重"仁人"的高尚道德境界，又显示了所追求的社会政治理想，而这正是以儒家为主体的中华传统文化所向往的美好境界。

"中华文明绵延数千年，有其独特的价值体系。中华优秀传统文化已经成为中华民族的基因，植根在中国人内心，潜移默化影响着中国人的思想方式和行为方式。"[1]中华优秀传统文化中蕴含着博大精深、跨越时空和历久弥新的人类共有的精神财富，"像这样的思想和理念，不论过去还是现在，都有其鲜明的民族特色，都有其永不褪色的时代价值"[2]。中华文化代表着中华民族独特的精神标识、价值关怀和理想追求，它滋养了一代又一代炎黄子孙的精神世界，也是今天我们民族凝聚力和创造力的重要源泉。中华优秀传统文化是中华民族的"根"和"魂"，是中华民族一脉相承、延续至今、保持顽强生命力和不断发展的精神基因，是中华民族最深厚的文化软实力，是人类文明的伟大成果。我们必须保存好、传承好、弘扬好这份独特资源。

---

[1] 习近平：《青年要自觉践行社会主义核心价值观——在北京大学师生座谈会上的讲话》，《人民日报》2014年5月5日。
[2] 习近平：《青年要自觉践行社会主义核心价值观——在北京大学师生座谈会上的讲话》，《人民日报》2014年5月5日。

专栏 我国的世界文化遗产名录

在世界范围内,面对历史文化遗产和自然遗产由于各种原因遭到严重破坏的局面,1972年10月17至11月21日,在巴黎召开的联合国教科文组织第17届全体会议上通过了《保护世界文化和自然遗产公约》(简称《世界遗产公约》)。该公约将世界性遗产分为文化遗产、自然遗产、文化与自然双重遗产三种类型,其中文化遗产主要包括历史文物、历史建筑(群)和人类文化遗址,自然遗产主要包括特定的自然面貌、动植物生境区、天然名胜等。该公约的缔结引发了国际社会对历史文化遗产保护的充分重视。后又将文化景观列入世界遗产范围。1998年又通过了设立非物质文化遗产评选的决定。

中国非常重视文物保护工作,中国人民代表大会常务委员会第二十五次会议于1982年11月19日通过了《中华人民共和国文物保护法》,后来经过多次修订,目前实行的是2015年的修订版。中国于1985年12月12日正式成为《世界遗产公约》缔约国,并于2002年发布了《关于加强和改善世界遗产保护管理工作的意见》,与国际社会联手加大力度进行我国境内的历史文化遗产保护工作。我国入选世界遗产名录的数量位于世界前列,这些世界物质文化遗产和非物质文化遗产都是中华优秀传统文化中的瑰宝。

我国入选世界物质文化遗产(包括文化与自然双重遗产)名录的有:

泰山(泰山、岱庙、灵岩寺)、敦煌莫高窟、周口店北京人遗址、长城、秦始皇陵及兵马俑、北京故宫、沈阳故宫、黄山、武当山古建筑群、曲阜的"三孔"(孔庙、孔府及孔林)、承德避暑山庄及周围寺庙、西藏布达拉宫(大昭寺、罗布林卡)、四川峨眉山—乐山风景名胜区、庐山风景名胜区(文化景观)、苏州古典园林、山西平遥古城、云南丽江古城、北京天坛、颐和园、武夷山、重庆大足石刻、安徽古村落（西递、宏村）、明清皇家陵寝（湖北钟祥市明显陵、河北遵化市清东陵、河北易县清西陵、江苏南京市明孝陵、北京昌平区明十三陵、辽宁沈阳市盛京三陵）、洛阳龙门石窟、四川青城山和都江堰、云冈石窟、吉林高句丽王城（包括王陵及贵族墓葬）、澳门历史城区、安阳殷墟、开平碉楼与古村落、福建土楼、山西五台山（文化景观）、嵩山"天地之中"古建筑群（文化景观）、杭州西湖（文化景观）、元上都遗址、红河哈尼梯田（文化景观），等等。

我国入选世界非物质文化遗产名录的有：

昆曲、古琴艺术、新疆维吾尔木卡姆艺术、蒙古族长调民歌、蚕桑丝织技艺、福建南音、南京云锦、安徽宣纸、贵州侗族大歌、广东粤剧、《格萨尔》史诗、浙江龙泉青瓷、青海热贡艺术、藏戏、新疆《玛纳斯》、蒙古族呼麦、甘肃花儿、西安鼓乐、朝鲜族农乐舞、书法、篆刻、剪纸、雕版印刷、传统木结构营造技艺、端午节、妈祖信俗、京剧、中医针灸、皮影戏、珠算、二十四节气、羌年、黎族传统纺染织绣技艺、中国木拱桥传统营造技艺、新疆的麦西热甫、福建的中国水密隔舱福船制造技艺、中国活字印刷术、赫哲族伊玛堪说唱，等等。

第二章　中华传统文化的发展历程

　　文化是人类与生俱来的,当人类用劳动改造自然界并创造了自己时,人类就创造了文化。在漫长的原始社会时期,人类就开始创造从物质到精神各个层面的文化,并孕育出了最早的四大文明。与古埃及文明、古巴比伦文明和古印度文明相比,中华文明是唯一没有中断的文明,一直延续发展到今天。习近平同志指出:"中国传统文化,尤其是作为其核心的思想文化的形成和发展,大体经历了中国先秦诸子百家争鸣、两汉经学兴盛、魏晋南北朝玄学流行、隋唐儒释道并立、宋明理学发展等几个历史时期。……文以载道,文以化人。当代中国是历史中国的延续和发展,当代中国思想文化也是中国传统思想文化的传承和升华,要认识今天的中国、今天的中国人,就要深入了解中国的文化血脉,准确把握滋养中国人的文化土壤。"[①]

一、中华文明的曙光

　　我们通常所说的"中华文明五千年",是把黄帝和炎帝时期作为中国

---

① 习近平:《在纪念孔子诞辰2565周年国际学术研讨会暨国际儒学联合会第五届会员大会开幕会上的讲话》,《人民日报》2014年9月25日。

历史的开端来计算的。经过中国考古界几代人的努力,中华文明起源的神秘面纱正在被一层层揭开,而露出其丰富多彩的面貌。

距今二三百万年至一万多年前,是考古学上的旧石器时代。旧石器时代相当于人类的童年时期,只不过,这个童年太过漫长,迄今,人类的童年占去了人类演进史99%的时间。旧石器时代虽然漫长,但却实现了进化史上的关键突破,人类实现了从早期猿人(能人)到晚期猿人(直立人),再到早期智人(古人)、晚期智人(新人)的转变,进一步发展成为现代人。考古发现的中国猿人有巫山猿人、元谋猿人、蓝田猿人、北京猿人等,他们生活在距今二百多万年至二十多万年之间的旧石器时代早期。考古发现的中国早期智人有马坝人、丁村人、大荔人、许家窑人、长阳人等,他们生活于距今二十多万年至四五万年前的旧石器时代中期。考古发现的中国晚期智人有河套人、柳江人、山顶洞人、资阳人等,他们生活于距今四五万年前至约一万年前的旧石器时代晚期。在漫长的旧石器时代,古代人类从打制粗糙的石器,到制造钻孔工具;从会用天然火,到人工取火;从居于洞穴,到搭盖住所,改造自然的能力发生了质的飞跃。

距今一万年前至五千年左右,进入到新石器时代,即从以打制石器为主的时代发展到以磨制石器为主的时代。此时的人类已发展为现代人,他们学会烧制陶器,开始驯养禽畜,种植作物,出现了农业和养畜业。生产的进步导致了社会关系的变化,这都为文明社会的产生创造了条件。关于文明形成的标志,目前有三要素、四要素、五要素等多种说法。19世纪,恩格斯曾从生产力、生产关系、上层建筑、文化等方面论述过文明形成的情况。文明的形成离不开社会分工和工业的发展,离不开私有制的确立和阶级的形成,离不开国家和城市的形成和发展,离不开文字及文学、艺术的形成和发展。在李学勤主编的《中国古代文明与国家形成研究》一书中,对中华文明起源及国家形成进行了细致的探讨,并将其划分为三大阶段:大体平等的农耕聚落形态阶段,包括前7100—前5000年的彭头山、磁山、裴李岗、老官台、河姆渡文化和前5000—前4000年的半坡、姜寨文化;初步分化和不平等的中心聚落形态阶段,包括前3500—前3000年间的仰韶后期、红山后期、大汶口后期、屈家岭文化前期、崧泽文化和良渚早期等;都邑国家形态阶段,即前3000—前2000年的夏王朝之前的方国崛起时期,大体上相当于考古学习惯上所称的龙山时代和古史传说中的颛顼、尧、舜、禹时期①。

关于中华文明的起源问题,学术界曾经流行着多种观点。瑞典考古学家安特生的所谓"中华文化西来说"认为中华文化是从西方传来的。1921年,安特生开始发掘研究仰韶文化遗址,在追溯仰韶文化的源头时,他提出了仰韶文化是从中亚以至欧洲传入的观点。傅斯年曾在《夷夏东西说》中认为中国东西部属于不同的文化系统,即所谓"东西二元对立说"。"一元说"则是指中原地区的文化向四方发展,最终奠定了中华文明的基础。而"多元说"则认为中国史前文化既不是外来的,也不是从国内某一个中心向外扩散的,是在各区域发展的基础上通过彼此间直接交流或间接影响而逐步发展为中华文明。考古学家苏秉琦早在20世纪70年代就提出了"区系类型理论",将考古学文化分为六大区系,即以燕山南北长城地带为重心的北方,以山东为中心的东方,以关中(陕西)、晋南、豫西为中心的中原,以环太湖为中心的东南部,以环洞庭湖与四川盆地为中心的西南部,以鄱阳湖—珠江三角洲一线为中轴的南方②。

中华文明的形成不仅是多个地区文化融合的过程,同时也是一个

---

① 李学勤:《中国古代文明与国家形成研究》,云南人民出版社1997年版,第14—15页。
② 苏秉琦:《中国文明起源新探》,生活·读书·新知三联书店1999年版,第35—37页。

民族融合和发展的过程。一些学者认为中华民族的远祖可分为华夏、东夷、苗蛮三大集团。华夏集团以黄土高原为文化发源地,主要活动于黄河中下游地区,传说中的炎帝、黄帝、颛顼、帝喾以及夏、商、周的始祖都属于这个集团,属于考古学上的仰韶文化和龙山文化分布区。东夷集团主要活动于黄河下游一带,即今天的山东、河南东南部及安徽中部,传说中的太昊、少昊以及与黄帝恶战的蚩尤、凿井的伯益、射日的后羿都属于这个集团,属于考古学上的大汶口文化、龙山文化及青莲岗文化江北类型分布区。苗蛮集团主要活动于中南部,也就是今天的湖北、湖南、江西一带,传说中的伏羲、女娲以及三苗等都属于这个集团,属于考古学上的大溪文化、屈家岭文化分布区。

随着生产力的发展,血缘关系逐渐被地域关系所取代,各氏族部落为了自己的利益,不断诉诸武力争战。姬姓的黄帝部落和姜姓的炎帝部落大战于阪泉之野,炎帝部落战败后并入黄帝部落,形成联盟。此后,他们又与东夷集团的部落首领蚩尤大战于涿鹿,取胜后组成了更大的华夏联盟。之后,华夏集团经尧、舜、禹几代努力,征服了苗蛮集团,把华夏文化传播到两湖三湘之地。到了公元前21世纪,在黄河中下游华夏集团的后裔建立了夏朝。华夏集团的胜利巩固了其在中华民族及多元文化中的主导地位,经过长期的相互交流与碰撞,逐渐融合形成了多元一体的中华文明。“华夏”一词也就成为中国的古称和中国大地的代称,“黄帝”也被奉为中华民族的人文始祖,其后代就称为炎黄子孙。

在物质文化发展的同时,我们的祖先也逐步有了自我意识,开始形成原始的观念文化,原始宗教和原始艺术开始出现。原始宗教的形式很多,比如有自然崇拜、动植物崇拜、鬼魂崇拜、祖先崇拜、图腾崇拜、偶像崇拜等等,但是归纳起来又无外乎两大类:一类是直接崇拜,将大自然作为崇拜对象;另一类是幻想崇拜,即以幻想而来的神秘力量作为崇拜对象。在原始宗教中比较典型的是自然崇拜、生殖—祖先崇拜和图腾崇拜三种形式。

古时的人类认知能力极为有限,无法解释无常的自然现象,面对风、雨、雷、电等强大的自然力量,他们束手无策,对自然充满了敬畏,认为这些变幻莫测的自然现象背后都有神灵支配,万物有灵的观念就产生了。在这个过程中,早期的人们想象出各种人格化的自然神灵,对他们顶礼膜拜,祈求他们为自己赐福祛灾,自然崇拜就出现了。例如,山东日照天台山就有许多太阳崇拜的遗迹,广西宁明花山岩画表现了崇日仪式。

我们的祖先对自身繁衍的渴望是生殖崇拜的根源。东北红山文化遗址出土的陶塑女神像,高腹丰臀,乳房硕大,形如孕妇,展示了人们对生命的崇拜。另外,在一些新石器时代遗址中对石祖、陶祖的崇拜,也都突显了对生殖崇拜的情感。不仅如此,对于创造生命的祖先,我们的先民也表达了高度的敬意。

"图腾"一词源自印第安人鄂吉布瓦氏族的方言,意即他的亲族。原始人往往相信自己的氏族与某种动物或植物之间有特殊的亲密关系,于是就把它们作为氏族崇拜的对象。图腾可以是动物、植物,也可以是无生物,图腾虽有多种来源,但仍以动物类图腾居多。原始社会的一些陶器纹饰就反映了图腾崇拜的背景,在已出土的实物中,仰韶文化的半坡类型和庙底沟类型,就分别属于以鱼和鸟为图腾的氏族部落,马家坝文化则属于以鸟和蛙为图腾的氏族部落。从《诗经·商颂》中"天命玄鸟,降而生商"一句,就可看出玄鸟是古代商族的图腾。图腾不仅有鱼、鸟、蛙等实际存在的动物,还有人们创造出来的形象,如龙、凤等。闻一多等学者的研究表明,龙是以蛇图腾为蓝本,吸收融合了马的头、鹿的角、鱼的鳞、虎的掌等其他图腾的特点,形成的新图腾,这反映了当时各部落大融合的历史过程。

与此同时,原始艺术也开始萌生发展。美国人类学家博厄斯说:"据我们所知,世界上任何民族,不论其生活多么艰难,都不会把全部时间和精力用于食宿上。生活条件较丰实的民族,也不会把时间完全用于生产或终日无所事事,即使最贫穷的部落也会生产出自己的工艺品,从中得到美的享受,自然资源丰富的部落则能有充裕的精力用以创造优美的作品。"[1]例如,在山顶洞遗址中发掘出了大量的装饰品,有小石珠、兽牙、贝壳、鱼骨等,制作方式以穿孔为主。山顶洞人还用赤铁矿粉末给装饰品染色,使其更加鲜艳美观。半坡文化遗址发掘出的陶制头像,虽不精致,但仔细观察会发现,耳垂部位有穿孔,这一细节反映了当时人们所具有的审美观念。

我们的祖先还按照实用和美观的原则在器物上刻画一些纹饰。如山顶洞人就在磨光的鹿角和鸟骨上刻有线痕。新石器时代陶器上的装饰纹样更是多种多样,有几何形纹样、植物纹样、动物形纹样等,如河姆渡遗址出土的陶器上刻画有四叶形和枝叶形纹,仰韶文化的鱼纹、鸟纹、鹿纹和壁虎纹,以及西安半坡出土的兽形器把纽、河南庙底沟出土的鸟头、黄河中下游大汶口文化的鸟形陶等,无不形象生动逼真,显示出较高的艺术观察力和表达力。

二、夏商西周时期:文明奠基

作为中华文明最早阶段的夏朝始于公元前21世纪,商朝是夏朝灭亡

---

[1] [美]弗朗兹·博厄斯:《原始艺术》,上海文艺出版社1989年版,第1页。

之后代之而起的新王朝,西周又是继商朝灭亡后而起的又一新王朝。三个朝代的文化传承,正如孔子所言"殷(商)因于夏礼,所损益,可知也;周因于殷礼,所损益,可知也"(《论语·为政》)。三个朝代文化的成就为后世文明的发展奠定了基础,为后代所敬仰,并被尊称为"三代",尤其是这三代的政治制度、思想道德、礼乐文化更是被奉为圭臬。

关于夏朝的建立者,一种观点认为是禹。如《史记·夏本纪》是从"夏禹"开始讲起的,并且关于禹的事迹占《夏本纪》内容的80%左右。一种观点认为是启,其依据是在文献记载中禹是通过禅让制来继位和传位的,而在启之后才形成真正的王位世袭制,"公天下"的观念被"家天下"所取代,因此从这个意义上说,夏朝的建立者应是启。

如果从禹开始的话,夏王朝共历经14代17王。根据夏商周断代工程的研究成果,夏王朝的起讫年代为前2070年至前1600年。1959年,河南偃师二里头遗址开始发掘,出土了大量文物,后将以此为代表的一类考古学文化命名为"二里头文化"。二里头遗址和二里头文化被公认为是夏王朝时期的遗存。该文化遗址分布范围很广,西起陕西东部,东至河南东部,北抵山西南部,南到湖北北部,形成了一个覆盖广大地域文化分布圈,其中以豫西和晋南所见遗址最为密集。从二里头文化遗址发现来看,夏朝的社会分层非常明显,主要体现在大小不一的宫殿式建筑与地面式建筑和半地穴式房屋上。社会等级差别还反映在当时的墓葬中,有些墓葬的随葬品非常丰富,有青铜器、兵器、玉器等,但有些则无任何随葬器物,墓坑也非常狭小,仅能容身。由此可以看出夏朝的社会等级非常分明。在夏朝,青铜器的使用功能发生了重要变化,反映身份等级的礼器和用于战争的兵器已经超越了作为日常生活用品的范畴,更多地被用作维护社会等级和秩序的工具。一些在礼仪活动中起着重要作用的陶礼器,如爵、觚、盉等,几乎遍及二里头文化分布圈。夏朝的文化艺术业已成型。在音乐方面,二里头文化遗址出土的石磬、铜铃、陶埙和陶鼓模型就属于乐器。相传,夏朝流行韶乐,后来孔子在齐国听到了韶乐,因沉浸在"尽善尽美"的乐声中,竟"三月不知肉味"。夏朝也有自己的崇尚与信仰,如《礼记·檀弓上》有"夏后氏尚黑,大事敛用昏,戎事乘骊,牲用玄"语,说的就是夏朝人以黑色为贵,丧事在昏黑的夜晚进行,征战乘驾黑色的战马,祭献用黑色的牺牲。夏人还掌握了一些水利灌溉技术,种植粟、稻、麦、菽、瓜等农作物。相传夏朝已有了历法,据说后人整理的《夏小正》,就是夏人的历法,因其比较符合实际,孔子还主张"行夏之时"。我们现在用的农历基本上就是由夏历发展而来的。夏文明与后来的商周文明一道,确立了以礼乐文化为特征的中华文明的基本面貌,构成了中华文明发展的主流。

关于商朝的建立,其历史可以追溯到商族。商族原是夏朝东部一个以玄鸟也就是燕子为图腾的部落,简狄是商族传说中的始祖母,契则是商族的始祖,曾经与禹共过事,活动地区在今天的河南东部、山东西部、河北南部等地。从契至汤,传了14代。汤担任首领后,任命伊尹为谋臣,大力改革,出现政治清明、国力强盛的景象,后被夏王桀封为东方诸侯之长,号称"为夏方伯,得专征伐"。经过数次征战后,商汤的势力大增,甚至可以与夏相匹敌。而此时,夏王桀却残暴无道,政治黑暗,民怨沸腾。商汤乘机出兵,夏桀大败,夏朝灭亡。大约公元前1600年,商朝正式建立。由于政治动乱和水患,商朝前期多次迁都,大约公元前1300年,第20代商王盘庚进行了一次具有时代意义的迁都,都邑从奄(今山东曲阜)迁到殷(今河南安阳)。在长期定都等有利条件影响下,商朝的文明水平有了极大的提高。

1899年，国子监祭酒金石学家王懿荣因病购药而发现了"龙骨"上的甲骨文。此后，罗振玉在追寻"龙骨"的过程中认识到河南安阳的小屯村就是文献上所说的殷墟。1917年，王国维通过对甲骨文进行研究，进一步证实小屯就是盘庚迁殷后的都城。20世纪20年代后期开始了对殷墟的发掘工作，中间经过几十次的科学发掘，出土了宫殿宗庙遗址、王陵遗址、洹北商城、聚落遗址、家族墓地、铸铜遗址、手工作坊以及大量的青铜器、玉器、陶器、石器、骨器等文物，充分展现了商代辉煌灿烂的青铜文明，并确立了商朝作为第一个有文字可考的信史的地位，殷墟也成了被考古证实的中国历史上第一个都城遗址。甲骨文就是我们现在所使用的汉字的前身，是世界三大最古老文字体系之一，殷墟出土的15万片有字甲骨被称为中国古代乃至人类最早的"档案库"。

殷人尚未摆脱原始思维的束缚，鬼神观念较重。在殷人观念中，地位最高的神是"帝"或"上帝"。"帝"不仅掌管风雨等自然现象，而且还主宰着人间的一切事物，包括祸福与命运。殷人为了获知上帝的意志，按神的意旨行事，遇事常以龟甲占卜来预测吉凶祸福，并作为决策与选择的根据。商王具有双重职能，既是政治上的最高统治者，也是最高祭司。甲骨文大部分是占卜的记录，称卜辞。随着生产实践和社会实践的不断发展，人们的体力和智力水平也在不断提高，崇拜神的观念逐渐开始淡薄。同时，在征服自然和改造社会的过程中，人们开始认为道德、知识、技术等因素都可能影响天的意志。于是，在商周之际的社会大变动之中，以神为本的文化开始向以人为本的文化过渡，殷商时代的尊神事鬼的巫觋精神开始向周代的尊礼敬德的宗法精神转化。

专栏　青铜器

早在夏代就有了青铜器,中国自此进入青铜时代。中国的青铜器数量大、类型多、形制纹饰精美,在中国文明史乃至世界文明史上占有重要地位。中国青铜器历经商周达到顶峰,后随着秦汉时期铁器、瓷器、漆器的普遍使用而逐渐衰落。

殷墟出土了四五千件青铜器,包括炊器、食器、酒器、水器、兵器、工具、生活用具、乐器、装饰艺术品等,炊器有鼎、鬲、甗等,食器有簋等,酒器有爵、觚、角、罍、尊、卣、瓿等,水器有盘等,兵器有戈、矛、钺、刀、镞等,工具有斧、铲、锛、凿、锯等,生活用具有铜镜、漏、勺、箸等,乐器有铙、铃、钲等,装饰艺术品有人面具、铜虎、铜牛等。商代饮酒之风盛行,酒器占有相当大的数量。青铜器上的花纹有雷纹、饕餮纹、涡纹、龙纹、鱼纹、蝉纹、鸟纹、蚕纹等,有的还铸刻铭文,反映了商人的生活情况、宗教情感和审美观念。出于祭祀和维护等级秩序的需要,多种类型的青铜器,像炊器、食器、酒器、水器、乐器等在使用过程中具有了礼器(或称彝器)的功能,"藏礼于器"的礼制使青铜礼器特别发达,这是中国青铜文明的一大特色。

现存世上的最大青铜器是1939年在殷墟出土的司母戊大方鼎,高133厘米、长110厘米、宽78厘米、重832.84公斤,长方形腹,有两个立耳、四个圆柱足,腹部周缘饰盘龙纹和饕餮纹,以云雷纹为地,耳廓有虎咬人头纹,足上有蝉纹。腹内壁铸有铭文"司(或释后)母戊"三字,是商王为祭祀其母戊而作。该重型礼器采用先进的分铸法铸成,形体巨大,结构复杂,制作精美,气势恢宏,是商后期青铜器的巅峰之作,享有"镇国之宝"的美誉。

青铜器的用处:

鼎——炊器,相当于现在的锅,用于煮或盛鱼、肉。

鬲——炊器,似鼎而空足,便于加热。

甗——炊器,相当于现在的蒸锅。下部为鬲,置水;上部为甑,放食物。下举火煮水,蒸气上升,蒸熟食物。汉晋以后鬲足就没有了,称为釜。

簋——盛食器,相当于现在的大碗,用来盛黍、稷、稻、粱等。

簠——盛食器,口大而长方,以别于簋,有盖,用来盛稻、粱等。

盨——盛食器,椭圆形,敛口,有盖,用来盛黍、稷、稻、粱等。

敦——盛食器,圆腹,两环耳,三短足,有盖。器与盖上下内外皆圆,合之为一圆器,分之为两个半圆形器,俗称"西瓜敦",用来盛黍、稷、稻、粱等。

豆——盛食器,用于盛放肉、菜、汤、羹等食物。

匕——取食器,挹取食物的匙子。

爵——饮酒器,相当于现在的酒杯。

角——饮酒器,似爵,但无两柱,两端都是尾。

斝——温酒器,似爵,口圆,容量大。

觚——饮酒器,呈喇叭状,细长身。

觯——饮酒器,形状似小瓶。

尊——大中型盛酒器。

觥——盛酒或饮酒器,前有宽流,后有把手。

卣——盛酒器,形似壶,有盖和提梁,用于盛香酒。

盉——盛酒器或调和酒、水的器具。深腹、圆口,有盖,前有流,后有把手。

方彝——盛酒器。

勺——用途是从盛酒器中取酒,然后再注入饮酒或温酒器中。

罍——盛酒或盛水器。

壶——盛酒或盛水器。

瓿——盛酒器,形似罍。

樽——盛酒或温酒器。

盘——盛水器。

匜——注水器。

鉴——大型盛水器。由盛水引申为镜子之用。

　　商朝后期,尤其是商纣王统治时期的阶级矛盾日益尖锐,而周族的西伯侯姬昌(即周文王)勤于政事,励精图治,重德治,讲中道,演《周易》,倡导"笃仁、敬老、慈少、礼下贤者"的社会风气,他任用姜尚等人,整顿政治和军事,使周国的国力日渐强大,形成了"三分天下有其二"的形势。孔子非常推崇周文王,儒家把周文王当成一个"内圣外王"的典型人物加以颂扬,使其完美的形象影响了后世两千多年。公元前1046年,周武王率兵在牧野与商军展开决战,商军中的奴隶阵前倒戈,商朝灭亡,周朝建立。

　　由于周朝是从偏处一隅的小邦于朝夕之间就推翻了曾经强盛显赫的商王朝,所以,如何避免重蹈殷商的覆辙,成为摆在周初政治家们面前的重大课题。"殷鉴不远,在夏后之世。"周公总结了商朝灭亡的历史教训,认为其根本的原因在于商王失德滥刑。为了周朝的长治久安,周公提出了"明德慎罚",即实行德政的政治纲领,并且要求统治者"无于水监,当于民监"(《尚书·酒诰》),提出了为政治国要以人为本的观念,使得人的价值在中国历史上第一次在理论上得到论证。商人迷信鬼神,凡事必卜,甚至认为上帝无条件地保佑自己。周人用"天"的称呼代替上帝,把周王看成是天子。天子虽是天神的代理人,但他要受到天神的监督,天子只有"敬天保民"、"以德配天",以民心为镜子,"顺乎天而应乎人",才能得到上天的保佑。中华传统文化中的德治、民本思想及忧患意识皆源于此。

周朝还进行了文化维新,确立了宗法分封制和礼制。这些强调伦常秩序、注重血缘关系的基本原则和精神深深地影响着中华民族的民族意识和民族性格的形成,中国的传统文化也打上了宗法文化的印记。据《荀子·儒效》记载,武王去世后,周公"兼制天下,立七十一国,姬姓独居五十三人"。也就是说,周公分封了70多个小国,其中姬姓就占了50多个。对于统治者而言,面对如此众多的分封国,有的甚至与都城相距千里,怎样才能有效地对其实行统治,并使国家在和谐有序中发展呢?一是在分邦建国的基础上确立了一整套以姬姓为中心的宗法制度,实行嫡长子继承制,其余诸子孙分封到各地去做诸侯、卿大夫、士,彼此之间既是政治关系,又是血缘关系。姬姓贵族与异姓贵族之间则通过婚姻结成甥舅关系,从而构成上至王、下至士,小宗服从大宗的等级从属关系。二是"制礼作乐",制定了一整套有关"礼"、"乐"的制度。"礼"与"乐"分工合作,"礼"负责区分等级,"乐"负责维护团结与和谐,两者相辅相成,达到规范统治秩序的目的。

"夫礼者,所以定亲疏,决嫌疑,别同异,明是非也。"(《礼记·曲礼上》)周礼名目繁多,大凡有关祭祀(吉礼)、丧葬(凶礼)、饮宴嫁娶(嘉礼)、出兵征伐(军礼)、朝聘往来(宾礼)都规定了一套固定的礼节和仪式,按照尊卑、亲疏、贵贱、长幼的差别,定出每一等人的权利、义务和行为规范。在举行各种仪式活动时,要根据礼制选用不同的礼乐器物来表明人物的身份,以体现其社会地位的差异。例如,据"三礼"等文献记载,鼎的大小与数量是主人地位高低的重要标识,鼎的使用按等级有严格的规定，天子用九鼎八簋，诸侯用七鼎六簋，大夫用五鼎四簋，士用三鼎二簋，这就是所谓的用鼎制度。再如，丧葬礼仪也体现了贵族之间的宗法关系和等级关系。周代为维护贵族之间的血缘宗法关系，死后实行聚族而葬的"族坟墓"制度，其中又有"公墓"和"邦墓"之分，前者是以国君为首的贵族墓地，后者则是平民的墓地。在周代丧葬制度中，还通过棺椁制度体现墓主的身份等级，天子为五棺二椁，诸侯为四棺一椁或三棺两椁，大夫为两棺一椁，士为一棺一椁。

不同身份的人在不同场合，不仅礼仪有别，所用的音乐也不一样，不能僭越违礼。祀天神时，"乃奏黄钟，歌大吕，舞《云门》"；祭地祇时，"乃奏大蔟，歌应钟，舞《咸池》"（《周礼·春官》）。当国君相遇时，乐用大雅《文王》，而招待使臣时，乐用小雅《鹿鸣》、《皇皇者华》等。为天子演出时，乐队要排成东西南北四面，歌舞队要八行八列共六十四人，称"八佾"；为诸侯演出时，乐队排成三面，歌舞用"六佾"三十六人；为大夫演出时，乐队排成两面，歌舞用"四佾"十六人；为士演出时，乐队只排成一面，歌舞用"二佾"四人。通过建立礼乐制度来规范社会成员的身份和等级，明确其在社会中的地位，以及所对应的权利和义务，以维护差异有别的社会秩序，是周朝的一大创造。礼乐制度是中华传统文化的主要标识之一，中国的礼文化形成于西周。

周朝有所谓的采诗、献诗制度，周天子为了了解各国风土人情，会派出专门官员到各地采集民歌民谣，诸侯公卿士也要向上献诗，经过几百年的积累和整理，大约在春秋中叶形成了中国最早的诗歌总集——《诗》（《诗经》）。《诗经》中的作品原是供演唱用的，春秋后期，新声兴起，古乐逐渐失传，这些乐歌就仅剩300多篇歌词了。《诗经》中的"风"就是十五个地区流行的民间歌谣，十五国风中，描写劳动和爱情婚姻生活的诗歌占了相当大的比重。《诗经》的第一篇《周南·关雎》就是一首男女恋歌,开启了中国爱情文学的先河。《诗经》中的"雅"是相对于地方土乐而言的京畿音乐"正"声,大多是朝会宴享的歌曲,风格庄重典雅,分为《大雅》和《小雅》。《诗经》中的"颂"诗大多是统治者祭祀鬼神、赞美祖先功德的乐歌。中国诗歌源远流长,而这个"诗歌王国"的重要源头就是《诗经》。

中国还有一部"上古之书",即《书》(《尚书》或《书经》),是中国上古历史文献的汇编,其中的《虞书》和《夏书》追述唐尧、虞舜、夏禹时代的社会政治活动,是春秋战国时人的作品。而《商书》的部分和《周书》的大部基本上是当时的文献。《夏书》中的《甘誓》和《周书》中的《洪范》还分别提到和论述了五行观念。五行是指水、火、木、金、土,至春秋战国发展为五行相生相胜说。另一部重要的著作是《周易》,这是一部源于占筮的书。在古代,卜筮是国之大事,据传有三易之法,一曰《连山》,二曰《归藏》,三曰《周易》,前两种亡佚,传世者仅为《周易》。旧说伏羲画八卦,周文王重卦,文王、周公作卦爻辞,孔子作"十翼"(《易传》)。近人研究认为《周易》是在漫长的历史岁月中,经由多人创作、整理而成的,解释经文的《易传》是春秋战国时期的作品,后经与传合在一起,成为一部影响深远的著作。

三、春秋战国时期:"轴心时代"百家争鸣

从公元前770年周平王东迁洛邑,到公元前221年秦始皇统一中国,整整550年时间,是中国历史上的"春秋战国时代",这是一个政治、经济、文化结构重新调整的时期,也是一个思想繁荣、百家争鸣的时期。

按德国哲学家雅斯贝尔斯所说,在前800年至前200年之间,尤其是前600年至前300年间的"轴心时代",中国文明、印度文明和西方文明在这段时间都不约而同地发生了一次根本性变革,从而导致了世界三大宗教即儒教、佛教和基督教的产生。他认为"轴心时代"是人类文明史进程中非常关键的阶段,是人类智慧突现时期,直到今天仍然是我们重要的精神资源。

在"轴心时代",中华文明发生了怎样的变革呢? 春秋时期,周王朝"礼崩乐坏",旧的政治秩序瓦解,私学和士人兴起,各种不同的思想和主张在相互批评中不断走向融合,创造了"百家争鸣"的局面。西汉时期史学家司马谈在《论六家要旨》中曾列举阴阳、儒、墨、名、法、道德六家,这"六家"的理论都是来自于对当时社会问题的思考与解答,它们看问题的视角有所不同,解决问题的方法也有所区别,甚至还相互批评与攻击,但正是这种激烈的碰撞造就了文化的繁荣。

以孔子(前551—前479)为代表的儒家极为关注政治和社会秩序。面对春秋末期的礼崩乐坏,孔子注重用内在的"仁"来充实和改造外在的"礼",并将"仁"解释为人性之中的爱人之心和忠恕之道。继孔子之后,战国中期的孟子(前372—前289)则进一步将人生来具有的"善"作为人安身立命之本,并且强调向内发掘仁义礼智等善端是实现人生价值和社会理想的基本根据,从而将周代尊礼敬德的宗法精神改造成儒家内在自觉的伦理精神,开创了一条道德内敛的进路。儒家注重从人的道德修养入手,由内向外去追求,通过"修齐治平"之道,最终实现"内圣外王"的大同理想,实现天人合一的人生目的。孔子和孟子的思想分别体现在《论语》和《孟子》中,后世孔、孟并称,他们的思想被称为孔孟之道。儒家的另一位代表人物是战国末期的荀子(约前313—前238),他曾三次出任齐国稷下学宫的祭酒。与孟子的性善说相反,荀子主张性恶论,认为人的本性是恶的,而善性是人为的,要用礼义和法度对人加以教化和赏罚,才能使之向善的方面转化。他主张天人相分,认为自然规律不以人的意志为转移,"天道有常,不为尧存,不为桀亡",提倡今胜于昔的"法后王"历史观。他批判地总结了先秦各家学说,成为百家之学的集大成者,他的思想体现在《荀子》一书中。韩非、李斯等人都是荀子的弟子。

道家的创立者是老子,他是与孔子同时而略早的一个史官,据说孔子曾向老子请教过关于"礼"的问题。后来,老子辞官西去,做了隐士。老子的思想主要体现在《道德经》一书中,这也是道家学派最重要的一部经典。道家学派的另一位代表人物是庄子(约前369—前286),曾被后世称为南华真人。他的著作是《庄子》,也是道家学派的一部根源性典籍。老子倡导内敛,主张以退为进,而庄子则倡导个性张扬,追求无拘无束的精神逍遥。道家最根本的精神就是道法自然,顺应万物,"以虚无为本,以因循为用",利用事物和百姓的天性达到治国目的。道家极为关注个体生命的体验,超然名利之外而重视生命的价值。庄子与老子的思想虽有差别,但仍是一脉相承的,老子和庄子的思想被后世称为"老庄哲学"。

与儒家一起被称为"世之显学"的是墨家,墨家成为显学,在很大程度上得益于由墨者组成的墨家团体的存在和延续。墨家的代表人物是墨子(约前468—前376),名翟,鲁国人。他博学多才,擅长守城技术和器具制作,与当时的鲁班齐名。墨家学派思想的核心是兼爱和非攻,兼爱即天下人平等地友爱。墨子提倡的兼爱,不分等级、亲疏,不同于儒家的有血缘亲疏与远近差别的仁爱。墨家在讲友爱的同时,也重视获利,即"兼相爱,交相利",与儒家"君子耻言利"的思想不同。非攻即反对一切形式的战争。墨家反对战争是因为战争破坏了生产,给人民生活带来了灾难,这也不同于孔子因维护周天子统治而反对诸侯国战争的立场。墨家还主张"尚力"和"节用",看重物质生产,同时也提倡节约,以满足生存基本需要为用度标准,这也反映了小生产者和小私有者的思想要求。墨家的思想主要体现在《墨子》一书中。

法家是在战国时期变法运动的基础上发展起来的一个学派,其早期代表人物有商鞅(约前390—前338)、申不害(前385—前337)和慎到(约前390—前315)等,商鞅重"法",申不害重"术",慎到重"势"。战国末期的韩非(约前280—前233)提出把法、术、势三者结合起来以治理国家的主张,成为法家思想的集大成者,代表作是《韩非子》一书。法家的核心思想是法,强调治国应以法为基础,法要公布于天下,让百姓了解和遵守。只有让百姓对法律望而畏之,才能达到富国理乱的目的。法之外还要有术,即策略、权术和手段,主要用于处理君臣关系。另外还要有势,即位置、权势带给人的力量。法家在治国方略上主张严刑峻法,在文化政策上则实行文化专制主义。法家的思想在秦帝国建立过程中曾发挥了重要的作用。

名家又称"形名之家"或辩者,是战国中期出现的一个学派,它主要是通过对名词、概念本身的分析来讨论形名关系,如惠施(约前370—前310)主张用"名"的相对性来论证形名之同;公孙龙(约前320—约前250)的"白马非马"则强调了形名之异。名家的出现对于古代中国概念与逻辑思维的发展,起到了积极和重要的推动作用。

阴阳家是一个以阴阳和五行观念为核心建立起来的学派,其代表人物是战国时期的邹衍(约前305—前240)。阴阳家将阴阳观念和五行观念结合起来说明和解释世界。例如,他们认为阴阳双方互为消长,阴盛则阳衰,阳盛则阴衰,这是万事万物运动、变化、发展的终极原因和基本方式。阴阳家主张人事的顺序应与自然的秩序相一致,如春夏为阳,秋冬为阴;阳为生长,阴为收藏;生长为德,收藏为刑,这就是自然的秩序。那么人也应该遵循这一秩序,如果人事的秩序与自然的秩序相合,就会有福,否则将会有祸。另外,阴阳家还试图用五行相胜的关系来说明历史,即五德终始说,"五德"就是土德、木德、金德、火德、水德,"终始"就是从土德到水德,再从水德回到土德,终则又始,历史就是按照五德终始的次序演变的。新王朝快要兴起的时候必有天意符瑞出现,认识到符的含义的将兴帝王,便成为受命者。邹衍认为,虞土、夏木、殷金、周火依次相胜,代火者必将为水。这种神秘主义的天人感应论在当时影响很大。秦朝统治者就自以为得到"水德",并制定了一套水德制度。历代帝王都自称"奉天承运皇帝",就是宣称自己奉了天意,承接了某种"德"。这一学派试图用阴阳五行为框架来解释世界和历史,寻找其中的规律,对于古代抽象思维的发展起了重要的作用。

除了司马谈提到的六家外,还有其他家,如兵家,专研行军打仗、攻城略地之法,并著兵书传世。著名兵家代表是齐国的孙武、孙膑、司马穰苴和魏国的吴起,这也是司马迁在《史记》中专门写有列传的四人。其中孙武的《孙子兵法》共十三篇,是中国古代兵书中的杰出代表,对战争现象的分析非常深刻。另外还有一家是以博采各家之说见长,被称为"兼儒墨,合名法"、"于百家之道无不贯通"的杂家,其代表人物是战国时期商鞅门客尸佼、秦国丞相吕不韦等,代表作分别是《尸子》、《吕氏春秋》等。西汉末刘向编订的《战国策》详细记录了战国(该词源于此书名)时期纵横家的游说言论、政治主张和外交策略,展示了一群纵横家、义士勇士的人生风采和精神风貌,既是一部国别史,也是一部历史散文集。

春秋战国时期，其他文化领域也取得了耀眼的成就。中国自古就有重史的传统，朝廷置史官，"左史记言，右史记事，事为《春秋》，言为《尚书》"。"春秋"一词取自春夏秋冬四季，是各诸侯国编年国史的通称，墨子曾说见过百国《春秋》，后来只有鲁国的《春秋》比较完整地传留下来。所以，《春秋》也就成了鲁国史书的专名。孔子对《春秋》做过删改和修订，对《诗》、《书》、《易》等做过加工整理，他晚年读《易》，韦编三绝，这些古代文化典籍正是借助于儒家师徒的传授而流传下来。围绕着《春秋》一书，春秋末期的鲁国史官左丘明（还有他说）、战国齐人公羊高、战国鲁人榖梁赤分别加以充实、阐释，写出了《春秋左氏传》（简称《左传》）、《春秋公羊传》（简称《公羊传》）和《春秋榖梁传》（简称《榖梁传》）。中国最早的国别史《国语》，相传也是左丘明撰写的。

　　《诗经》之后的另一座文学高峰是《楚辞》，代表人物是中国第一位伟大的浪漫主义爱国诗人屈原（约前340—前278），代表作有《离骚》、《九歌》、《天问》、《九章》等。因《离骚》开启了新诗风，后人就把楚辞这种文体称为"骚体"，文学史上常以"风"、"骚"并称。"风"指的是《诗经》中的《国风》。

　　春秋战国时期的科学技术、手工艺术也成就斐然。工匠祖师鲁班（前507—前444）、中医祖师扁鹊（约前407—前310）、水利专家李冰（约前280—前220）等都在各自领域开创了能传之后世的规范，《考工记》是一部手工业"百科全书"，《山海经》和《禹贡》是两部重要的地理学著作，《黄帝内经》则为中医的发展奠定了理论基础。

四、秦汉时期：多元走向一统，儒学独尊

公元前221年，秦王嬴政结束了春秋战国以来五百多年诸侯分裂割据的局面，建立起中国历史上第一个统一的多民族的中央集权制国家——秦朝。秦朝国祚短暂，历经两任皇帝便被推翻了。公元前202年，刘邦建立汉朝，史称西汉。公元25年，刘秀称帝，建立东汉。大汉王朝成为继秦朝之后中国历史上又一个统一的封建王朝。秦汉王朝统治时期是中华文明发展史上的一个重要时期，这一时期，正处于上升阶段的新兴地主阶级生机勃勃，雄姿英发，使秦汉王朝具有恢宏的气势。

秦汉时期确立了中国两千多年政治、经济、军事、教育等各种封建制度的基本模式：在政治制度上，推行郡县制和官僚制，确立了封建专制主义中央集权的政治体制，奠定了此后历代封建王朝所实行的政治制度的基础；在经济制度上，确立了封建土地私有制，由此奠定了地主阶级统治的经济基础；在军事制度上，实行征兵制，全国成年男子要服兵役，组建多军种的庞大军队；在教育制度上，建立起官学与私学并行的制度；等等。秦汉时期在建立统一帝国的同时，还统一了文字、度量衡、货币、文化心理以至思想，即所谓"车同轨，书同文，行同伦"。

汉初统治者亲身经历了秦由盛而亡的巨大变化，震惊和感叹之余时常讨论如何避免重蹈覆辙的良方。刘邦的大臣陆贾说，马上得天下，不能马上治天下，只有文武并用，才是长久之策。为此他还总结秦王朝迅速灭亡的经验教训，撰成《新语》一书，要求统治者效法先圣，广行仁义，反对穷兵黩武和严刑峻法，提倡"无为而治"。秦亡汉兴，经"焚书坑儒"后已沉寂的诸子学说又活跃起来，都想在思想界取得一席之地。吕后、惠帝、文帝、景帝大都信奉黄老之学，采取与民休养生息、无为而治之

策。曹参继萧何为相后，凡事都按萧何立下的规矩办，"萧规曹随"，自己不拿什么主意，却也做出了很好的政绩。

汉初几十年的"无为而治"确实对政治稳定和经济发展起了重要作用，但是随着国力强盛以及中央集权的强化，黄老之学已不再适合统治者的需要了，选用什么新的指导思想便被提上了议事日程。公元前134年，汉武帝下令召集天下贤良博学之士来到都城商讨治国良策，年轻时因勤奋好学而留下"三年不窥园"美名的儒者董仲舒（前179—前104）进献著名的"天人三策"，汉武帝采纳了他的建议，"罢黜百家，独尊儒术"。在经过秦朝至汉朝前期的探索、调适与磨合之后，大一统帝国的集权体制终于找到一种与之相契合的意识形态，那就是发端于轴心时代而又吸纳了道、法诸家的儒家思想。儒家思想开始在意识形态领域占据主导地位，儒家学说成为中国封建统治的正统思想。可以看出，"汉家制度"实际上是儒法并用，或"阳儒阴法"，或"外儒内法"，这种德刑兼顾、刚柔相济的统治策略为后代封建王朝所采用。

在汉代统治集团倡导的独尊氛围中，儒家思想日益被经学化和神学化。因儒学被"定于一尊"，儒家的5部典籍《诗》、《书》、《礼》、《易》、《春秋》（原为6部，《乐》亡佚）也被尊为"五经"，"经"即"常道"，也就是永恒不变的道理。"五经"获得官方地位，并设立了五经博士，也就是对某一部经书有专门研究的学者，董仲舒被立为《春秋》博士。汉武帝还在长安兴办太学，把"五经"作为教学内容，由五经博士负责授课。东汉时，又增加了《论语》和《孝经》，所以又称"七经"。朝廷还推行"以经取士"的官员选拔制度，使得传经之学和注经之学成为学术研究探讨的热点，成为官方哲学——经学。

专栏　儒家三礼

关于"礼"的书有三部,即《仪礼》、《礼记》和《周礼》。《仪礼》(《礼》)专讲各种礼仪的细节,《周礼》(《周官》)主要讲官制,《礼记》是对礼仪、礼制、礼义的解释、说明和补充。西汉时戴德、戴圣叔侄在讲"礼"时,曾从秦汉前的各种礼仪论著中辑录了两个选集,即85篇的《大戴礼记》和49篇的《小戴礼记》。前者流传不广,后者由于郑玄为之作了出色的注而流行于世,一般称为《礼记》。《礼记》内容十分丰富,涉及政治、哲学、教育、伦理、宗教等各个方面,是一部儒家思想的资料汇编。

《礼记》中的《礼运》一篇提出了"天下为公"的"大同"社会理想,后世的洪秀全、康有为、孙中山等人都曾受到"大同"思想的启迪。《学记》一篇讲的是儒家的教育理论。《中庸》讲中庸之道,指出做人做事要适中、守度、得当,不偏不倚,不走极端,不越位、缺位,相传为孔子之孙子思所作。《大学》一篇着重阐述了个人道德修养与社会治乱的关系,把明明德、亲民、止于至善作为道德修养的目标,并提出实现目标的八个步骤,即格物、致知、诚意、正心、修身、齐家、治国、平天下,"三纲领八条目"是封建政治伦理哲学的重要内容,反映了儒家思想突出的伦理性和人文色彩,相传为孔子的弟子曾参所作。南宋大儒朱熹把《大学》、《中庸》与《论语》、《孟子》合编注释,称为"四书",从此"四书"成为儒家经典,是官定的教科书和科举考试的必读书。

除将儒学经学化之外,儒学还被神学化。董仲舒倡导"天人感应"和"君权天授"。所谓"天人感应"是指人与天不是彼此孤立的,天是宇宙的最高主宰,人世间的一切都是天意的安排,帝王是天意的代理者,要顺从天意,顺从天意则天降瑞祥,天下太平;违背天意则天降灾祸,天下大乱。"君权天授"是指"天子受命于天，天下受命于天子"（《春秋繁露·为人者天》），这为皇权的正当性提供了合法"证明"。按此逻辑，董仲舒指出"君为臣纲"、"父为子纲"、"夫为妻纲"是出于天意，三纲五常的伦理规范是神圣不可侵犯的。董仲舒将儒学神学化的做法，在意识形态层面论证了皇权统治的合法性，巩固了封建统治的思想基础，同时，也深刻影响了中国人的伦理观念。

秦、汉大帝国的恢弘气势成就了文化的辉煌。帝王们大兴土木，建造了与庞大帝国相称的宏大宫殿、陵墓、离宫别馆、林苑、长城、驰道、人工运河等，装饰这些建筑的塑像、雕刻、壁画、帛画、漆画、画像石、画像砖显示了秦汉艺术的高超水平和兴盛状况。而歌颂汉王朝的文治武功，描写大帝国繁华景象的大赋，极尽铺陈之能事，文笔飞扬，辞藻华丽，显示了大一统王朝的声威和气派。比较著名的赋体高手有枚乘、司马相如、东方朔、扬雄、班固、张衡、赵壹、蔡邕等。史学家也生逢其时，司马迁（前145—约前90）写出了中国第一部纪传体通史——《史记》，从黄帝一直到汉武帝，洋洋洒洒写了三千多年的历史，其体例为后世史家所承袭。鲁迅称赞《史记》为"史家之绝唱，无韵之《离骚》"。东汉班固（32—92）一家善治史，他写出了中国第一部纪传体断代史——《汉书》。汉代的诗歌给诗坛带来了清新的空气，除了源自民歌民谣的乐府诗歌外，还兴起了文人创作的五言诗，代表作是《古诗十九首》。随着五言诗的兴盛，四言诗趋于没落。秦汉也出现了一些新书体，李斯等人为统一文字创制了小篆，程邈等人又对小篆进行简约改制，创造出隶书。对隶书的快速连写就是章草，汉代"临池学书"的张芝善草书，被称为"草圣"。

东汉时期出现了一批重大科技成果，《九章算术》是中国现存最早的一部数学著作，几乎涉及到初等数学的大部分内容，奠定了中国古代数学重实际应用的传统和重代数的特色。蔡伦（？—121）改进造纸工艺，使纸取代竹木简成为价廉便利的书写材料。氾胜之写出了中国现存最早的一部农书《氾胜之书》。张衡（78—139）发明了世界上第一台地动仪。《神农本草经》总结了战国以来的药物知识，是中国现存最早的药物学专著。曾任长沙太守、坐在大堂上为百姓看病的"坐堂医生"张仲景写成了《伤寒杂病论》这部医学名著，全面阐述了中医理论和治病原则，为中医辨证论治奠定了基础，被后人尊称为"医圣"。王充（27—约97）的《论衡》一书则把元气一元论唯物主义哲学发展到一个新的阶段，其思想被后来的范缜、张载、王夫之、戴震等人所继承和发展。

佛教大约在西汉末年、东汉初年传到中国。佛教创始人为古印度迦毗罗卫国（在今天尼泊尔境内）净饭王之子乔达摩·悉达多（约前565—前486年），通常称他为释迦牟尼，意思是"释迦族的圣人"。门徒称他为"佛"或"佛陀"，即"觉悟者"。佛教的基本教义是"四谛"，认为人生经历的生、老、病、死等一切皆苦（苦谛），而苦的根源在于欲望（集谛），只有消灭一切欲望，才能灭尽苦因，进入没有烦恼痛苦、超脱生死轮回的寂静而圆满的涅槃境界（灭谛），而要消灭欲望，必须修行，修行要实行戒律和八正道（道谛）。东汉明帝时曾派蔡愔等人到西域求取佛法，请来僧人迦叶摩腾和竺法兰，还用白马驮来了佛经。明帝还在洛阳为他们建了寺院，让他们翻译经典。该寺院以驮经文的"白马"命名，是中国第一座佛教寺院。东汉后期，安息僧人安世高、大月氏僧人支娄迦谶相继来到洛阳，翻译佛经多种，佛教的影响日益扩大。佛教经典分经、律、论三部分，称为"三藏"。

道教是中国土生土长的宗教，它源于中国古代的鬼神崇拜、神仙方术、谶纬神学、黄老思想，后由信奉老子的黄老道与信仰神仙的方仙道合流，于东汉中叶形成。道教以"道"为最高信仰，认为万物是由道化生创造的，老子是"道"的化身，称为太上老君。道教认为只要认真修炼就可得道，就可长生不死成为神仙。不同道派修炼方术各有侧重，如通过炼丹以求长生成仙的称丹鼎派，通过符咒驱鬼治病、祈福禳灾的称符箓派。东汉后期，政治腐败，民不聊生。信奉黄老道的张角（？—184）以《太平经》为经典创立太平道。他一边用符水咒语为人治病，一边传教，信徒达数十万。184年，张角领导黄巾军举行声势浩大的起义，沉重打击了东汉政权。张陵（34—156）则在四川鹤鸣山创立五斗米道，奉老子为教主，以《道德经》为经典。因道徒尊张陵为天师，又称天师道。东汉末，张陵之孙第三代天师张鲁割据汉中建立了政教合一的政权，后降曹操，天师道由此在北方得以发展。道教经典有《正统道藏》《万历续道藏》《道藏辑要》等。

秦汉时期建立在统一国家基础上的中华文明还开始了对世界文明产生影响的进程。公元前138年，汉武帝以联络大月氏共同抗击匈奴为由派遣张骞出使西域，在历时十余年的艰苦磨难之后，一条通往中亚、西亚甚至欧洲的通途建立起来，这就是19世纪70年代被德国地理学家李希霍芬命名的"丝绸之路"。经由丝绸之路，中国的丝织品、麻织品、漆器、铁器等商品和冶铁技术、水利灌溉技术等都不断地传入中亚、西亚、南亚甚至欧洲，对上述地区的文明进程产生了重要影响。中华文明还通过海上、陆上通道向东、向南传播至朝鲜、日本、越南等国，形成了"汉字文化圈"。同时，来自西域的音乐、芝麻、葡萄、马匹等，来自两河流域的鸵鸟、狮子等，来自印度河流域的佛教以至罗马地区的文明元素也不断传入中国，为中华文明的发展注入了新的活力。

五、魏晋南北朝：乱世中的文化多元

从220年曹丕废汉献帝自立为魏文帝起，至589年隋文帝灭陈国止，中国历史进入了三国魏晋南北朝的分裂时期。在这一时期，战乱与割据打破了秦汉帝国一元化政治与集权式的体制，独尊儒术的文化模式瓦解，呈现出文化多元发展的活跃局面，具体表现在哲学、宗教、文学艺术等多个方面。

在哲学方面，魏晋玄学是对两汉经学的一场革命，它以《老子》、《庄子》、《周易》即"三玄"为本，解经求义，阐明宇宙、社会和人生之道。魏晋玄学跳出了经学家们皓首穷经的繁琐考证和经验直观，运用义理分析和抽象思辨，围绕着"有"与"无"、"本"与"末"、"言"与"意"、"一"与"多"及"自然"与"名教"等问题进行了哲学探讨。魏晋玄学在理性的尺度下，用全新的视角去重新审视自然界、人类社会和人本身，使人和自然展示出独立的价值和意义。当时变幻莫测的政治环境和异常残酷的夺权斗争，使文人多远离官场，崇尚自然。他们热衷于玄学清谈，或任性放达，以酒自醉；或徜徉山水，自乐忘返。这样的政治环境使玄学迅速蔓延，终于形成魏晋玄风。

魏晋玄学的兴起使老庄思想广泛渗透到中华文化的各个方面，也塑造了魏晋士人的品格，以致影响了中国文人的价值观念和人生态度，平添了中国文人玄、远、清、虚的生活情趣以及轻人事、任自然的人格追求。玄学的发展大致经过了正始玄学、竹林玄学和元康玄学三个时期，代表人物有王弼、嵇康、裴𫖯、向秀、郭象等。尽管玄学虚无玄远、高深莫测，但是它所提供的概念和抽象的思辨方式无疑为中国人理解西来的佛教打开了一扇窗，许多高僧为使中国人理解佛理，就用玄学本无的观点去解释佛教的"性空"，东晋以后玄学便与佛学合流了。同时，玄学也进一步与道教融合在一起。

在宗教方面，汉代开辟的丝绸之路在魏晋南北朝时期成为一条"佛教之路"。魏晋时期，不仅有像法显一样的大批中国僧人踏上西行求法的征程，还有一些西域和印度的高僧，像支谦、昙柯迦罗、竺法护、佛图澄、鸠摩罗什等，也纷纷来华译经传教，通过中外僧侣的共同努力，佛教典籍被大量译出。与此同时，佛教中国化也取得了重大成果，一是译经讲经更加适合中国人的思维方式和表达习惯，一是产生了一门用玄学阐发佛教《般若经》义理、用《般若经》阐发玄学义理的学问——般若学。《般若经》全名为《大般若波罗蜜多经》，是"通过智慧到达彼岸"的意思。《般若经》着重论证现实世界是虚幻不实的假象，要人们认识一个"空"字。但是如何解空却存在很大争议。名僧、名士就用不同的玄学观点（贵无、崇有等）去解释般若空观，从而形成了"六家七宗"，代表高僧有道安、支道林等。佛玄逐渐合流，名僧也与名士交往，一起谈玄论理。鸠摩罗什四大弟子之一僧肇后来作《肇论》，对般若学各派作出了总结，使般若性空理论达到了很高水平。南北朝时期，由于统治者的积极扶植，佛教出现空前繁荣的局面。"皇帝菩萨"梁武帝甚至脱下黄袍，四次舍身同泰寺做寺奴。佛教在与中华文化的交融中扎下根来，并走上独立发展的道路，开始孕育、形成不同派别，主要有三论师、四论师、涅槃师、毗昙师、成实师、地论师、摄论师、净土师、律学、禅宗等，代表高僧有道生、道安、慧远、菩提达摩等。这些佛教学派已具备了宗派的雏形，为隋唐时期佛教宗派的形成奠定了思想基础。随着佛教在中国的传播，石窟建筑也先后在中国的新疆、西北、中原、南方等地区出现。在西晋至南朝的二百多年时间里，佛教在中国大为流行，出现了唐朝诗人杜牧笔下的"南朝四百八十寺,多少楼台烟雨中"的景象。

魏晋南北朝时期,道教内部逐渐分化,一部分仍在民间流行,一部分在统治者的扶植利用下,与儒家名教、玄学和佛教结合,逐步向上层发展,成为教义教规和组织形式日渐成熟的官方宗教。魏晋时期以炼丹闻名的葛洪引玄入道,强调儒道双修,是丹鼎派神学体系的奠基人,并使丹鼎派适合统治者的需要而成为上层道教。到了南北朝时期,寇谦之用儒家的道德礼法和佛教教义来改造、充实天师道,通过改革和整顿,使北朝的天师道得到统治者的支持,成为官方正统宗教。而在南朝,陆修静通过充实道教教义,修订道教教规,变革道教的组织形式,使南朝天师道适合门阀士族的需要并从民间宗教发展为官方宗教。陆修静的再传弟子陶弘景是南朝齐梁间著名的道教思想家、炼丹家、医药学家,道教茅山宗的创立者。他佛、道双修,在茅山道观中建有佛、道二堂,隔日朝礼。他引儒入道,主张儒、佛、道三教合流。陶弘景虽隐居山中不出,但又不忘儒家的佐世思想,仍关注世事,朝廷每逢大事,梁武帝便派人前去咨询,时人称他为"山中宰相"。

在文学方面更是百花齐放,有直面现实人生、抒写壮烈情怀的,以"三曹"、"七子"和蔡文姬为代表的建安诗歌,有竹林七贤放达不拘、超凡脱俗的才情抒发,有追求辞藻华美、注重声律和对仗的太康诗人和元嘉派诗人,有谈玄说理的玄言诗,有陶渊明的田园诗,有谢灵运的山水诗,还有亡国之君陈后主的宫体诗,而永明诗人创造的讲究声律和对偶的新体诗则为格律诗的成熟及唐代诗歌的辉煌奠定了基础。在文学理论方面,也诞生了开创性的成果,曹丕写出了第一篇文学批评专论《典论·论文》,刘勰写出了第一部系统的文学理论专著《文心雕龙》,钟嵘写出了第一部系统评论诗歌的专著《诗品》。当然还有一部为后人称道的家训需要提一提,这就是颜之推写的《颜氏家训》,他用儒家思想阐述立身处世、持家治业之道,用家常话说家常事,对后世影响很大。在艺术方面,也是百花竞放,钟繇的楷书,王羲之的行书,曹不兴、卫协师徒的道释人物画,顾恺之的人物画,张僧繇的"张家样",曹仲达的"曹家样",宗炳、王微的山水画都开启了一个新范式。来自西域的龟兹乐、西凉乐、疏勒乐、安国乐、康国乐等在中原也很流行。

魏晋南北朝时期,私家修史之风盛行,史书成果蔚为大观。其中的《三国志》《后汉书》《宋书》《南齐书》《魏书》被后世列入"二十四史"。在科学技术方面,华佗使用了全身麻醉术,刘徽完成了《九章算术注》,祖冲之将圆周率推算到小数点后七位数字,郦道元完成了《水经注》,贾思勰写出了《齐民要术》,王叔和编纂了《脉经》,皇甫谧著成了《黄帝三部针灸甲乙经》,马钧发明了新式织绫机(提花机)、龙骨水车等,这在当时世界上都是首屈一指的成就。

魏晋南北朝时期,由儒家独尊转变成儒、释、道并存发展,儒、释、道鼎立局面基本形成。儒学与玄学、道教与佛教,二学二教之间相互冲突、相互整合,形成了一个思想激烈碰撞的时代,论争此起彼伏,发生过老子化胡之争、沙门不敬王之争、白黑论之争、夷夏论之争等规模很大的争论。当然,三家在论争中也取长补短,在摩擦中逐步适应对方,从而形成了中华民族多元互补的文化模式。儒、释、道三家成为中国古代文明的三大支柱。

六、隋唐时期:文化兼容并蓄

581年,隋国公杨坚逼迫周静帝退位,自立为皇帝,建立隋朝,定都长安。589年,隋文帝派次子杨广率军灭陈,结束了魏晋南北朝的动荡与分裂,重新统一了中国。继隋之后的是唐朝,从618年唐高祖李渊始,至907年朱温篡唐、唐朝覆亡止,唐朝又成为中国历史上公认的最强盛的王朝之一。隋朝统治时间虽短,但却创制了被以后各朝所沿袭的制度,如三省六部制、科举制等,还开凿了贯通南北、连接五大水系的京杭大运河。唐初,唐太宗李世民与臣僚谋士们分析总结朝代兴亡的经验教训,探讨长治久安之道,重民爱才,务实求治,重视生产,省刑慎罚,广开言路,礼贤下士,从谏如流,从而出现了"贞观之治"的局面。唐朝史学家吴兢撰写的《贞观政要》就是对"贞观之治"的真实记录。隋唐时期,中国疆域辽阔、交通发达、民族融合,儒、释、道各种思想交汇,南北思想文化趋于统一,文学艺术呈现出空前繁荣的景象。中华文明在包容中发展,在传播中得到了升华。

隋唐时期以其强大的经济实力为后盾,采取了开明包容的文化政策。英国学者威尔斯在其《世界简史》中曾说:当西方人的心灵处于蒙昧黑暗之中时,中国人的思想却是开放的,兼收并蓄而好探求的。隋唐时期,儒释道三教并行。一方面,统治者十分重视儒学经典的整理工作,唐太宗诏令颜师古考定"五经",令孔子的三十二世孙孔颖达等人编撰《五经正义》,作为传经和科举考试的官方定本,以确立儒家思想的主导地位。到了中唐,韩愈提出了儒学的道统说,以复兴儒学。另一方面,李唐王朝以老子后裔自居,积极扶持道教,道教在唐朝空前盛行,唐玄宗曾亲自注释《道德经》并颁示天下,杨贵妃还做过女道士。佛教的发展更是盛况空前,隋唐之际形成的影响较大的宗派有三论宗(吉藏创立)、天台宗(智顗创立)、三阶宗(信行创立),唐朝盛行的宗派有唯识宗(玄奘创立)、律宗(道宣创立)、华严宗(法藏创立)、净土宗(善导创立)、密宗(善无畏、金刚智、不空创立）、禅宗（神秀创立北派，惠能创立南派）等，这些宗派都不同程度地反映了佛教中国化的过程，体现了中国佛教的特色。

唐朝还以开放的姿态积极吸纳域外文明，天文历法、医学、音乐、舞蹈等等，以及各种宗教，如祆教、摩尼教、景教、伊斯兰教等，都曾经在中华大地上留下了印记。唐太宗时在隋九部乐的基础上设立燕乐十部乐，其中大部分来自境内少数民族和国外，在宫廷宴享时从头到尾地奏一遍。能够代表大唐气象的艺术作品莫过于燕乐大曲了，它是一种集器乐、歌唱和舞蹈于一体的综合性艺术形式。初唐有名的燕乐大曲是《秦王破阵乐》，唐代最著名的燕乐大曲是唐玄宗作的《霓裳羽衣曲》。唐玄宗是有名的音乐皇帝，他精通音乐，既能作曲，又精于演奏，还是一位指挥高手。他的宠妃杨贵妃也通音律，善歌舞，善跳《霓裳羽衣舞》，唐玄宗常让她表演自己编的乐舞，还亲自操鼓击节为她伴奏。唐玄宗改革音乐制度，扩充教坊，设立梨园，并且亲自参与培养音乐舞蹈表演人才。开元天宝年间，大唐的辉煌气象达到极盛，到处歌舞升平。西京长安、东京洛阳等大都市到处都有来自各国、各地跳软舞、健舞的高手，演奏各种乐器的高手以及有名的歌手，俗讲、散乐（百戏）盛行，当玄宗举行大型歌舞会演而压不住场的时候，就会让许和子、念奴高歌一曲。然而过于沉醉于乐舞曲中的唐明皇最终被安史之乱的战鼓声惊破了！

隋唐时期的南北整合和中外贯通，极大地显示出中华文明的开放、包容和创造精神，在其他文化领域中展现出来的恢弘博大的气象也成为那个时代精神的集中体现。诗歌创作在唐代空前活跃，仅《全唐诗》（康熙年间编）中就收录唐诗48900多首，涉及2200多位诗人。作诗的人上至帝王公卿，下至布衣百姓，旁及僧侣道士，几乎遍及各个社会阶层，著名的诗人层出不穷，初唐诗坛上有"四杰"（即王勃、杨炯、卢照邻、骆宾王）和陈子昂；盛唐诗坛上除了张九龄、贺知章、张旭、诗仙李白、诗圣杜甫之外，还有山水田园派诗人王维、孟浩然、储光羲、常建、綦毋潜、祖咏等，以及边塞诗人高适、岑参、王昌龄、王之涣、李颀、王翰、崔颢等，可谓名家辈出，流派纷呈；中唐诗坛上有韦刘诗派（刘长卿、韦应物等）、"大历十才子"（即李端、卢纶、吉中孚、韩翃、钱起、司空曙、苗发、崔峒、耿湋、夏侯审）、韩孟诗派（韩愈、孟郊、贾岛、卢仝、李贺、马异、刘叉等）、元白诗派（白居易、元稹、元结、顾况、戴叔伦、张籍、王建、李绅等）以及"诗豪"刘禹锡等；晚唐诗坛上有杜牧、李商隐、曹邺、刘驾、于濆、聂夷中、皮日休、杜荀鹤、罗隐、陆龟蒙、韦庄、司空图、韩偓等诗人。唐诗的总体水平超越了此前任何一个朝代，又是此后任何一个朝代难以企及的。唐诗的辉煌成就反映出唐代文明的整体水平和那个时代的气息。经过近三百年间的唐诗普及和沁润，诗化了中国人的思维方式，为中华文明增添了诗的意兴、诗的感悟、诗的趣味和诗的美，使诗渗透在中华文明的各个方面。

中唐还兴起了以韩愈、柳宗元为领袖的古文运动，对后来的散文产生了重要影响。唐传奇、歌舞戏、参军戏对后世的小说、戏曲创作也产生了影响。词又称"诗余"、"曲子词"，最初是民间按照一定乐谱演唱的歌词，后来文人们就按曲调填制新词，于是产生了文人词。经过温庭筠等人的不断努力，词独立于诗而成为了一种正式的文学体裁，为宋词的发展繁荣奠定了基础。

与诗的历程几乎一致，书法在唐代也达到了一个高峰，草书、行书、楷书各有千秋，书法艺术已经远远超出了文字本身的实用功能，而被视为情感的抒发和精神的外现。欧阳询（其楷书世称"欧体"）、虞世南、褚遂良、薛稷是初唐四大书法家。盛唐时的张旭、怀素都是狂草大家，运笔如疾走龙蛇,连绵旋转、起伏跌宕、变化万端,世称"颠张醉素"。颜真卿创造的"颜体"以及晚唐柳公权创造的"柳体",是汉字正体成熟的标志。宋代以颜柳书体为楷模,创造出标准印刷字体,即"宋体",一直沿用至今。唐代也是绘画的极盛时期,美妙绝伦的敦煌莫高窟壁画从人物造型到表现技巧,都达到了空前的水平。以佛教题材为中心的绘画艺术气度恢弘,对社会人心产生了广泛而深刻的影响;以历史题材和现实生活为内容的肖像画与仕女画也生动传神,代表画家有阎立本、吴道子、张萱、周昉等人。吴道子的"吴家样"、周昉的"周家样"对后世影响很大。继隋朝的展子虔之后,李思训及其子李昭道的青绿山水画,王维等人的水墨山水画使山水画逐步走向成熟;花鸟画、走兽画开始摆脱人物山水画而独立为新的画科,出现了一批技艺精湛的画家,如薛稷、曹霸、韩幹、韩滉、边鸾、刁光胤等。隋唐的雕塑艺术,如宗教造像、陵墓装饰雕塑、随葬陶俑等都展现出了高超的水平,出现了众多不朽杰作。

在科学技术方面,隋朝的杰出工匠李春设计和主持建造了赵州桥。隋唐时已有雕版印刷,对火药有了一定的认识。杰出的医药学家孙思邈写成两部简易实用的方书——《备急千金要方》和《千金翼方》,被后人尊为"药王"。僧一行在世界上第一次用科学方法测出地球子午线的长度,并编制了《大衍历》。陆羽写了世界第一部茶叶专著——《茶经》,被后人尊为"茶圣"。

七、五代两宋时期:在整合中创新

唐亡后的50多年间是中国历史上的五代十国时期,割据势力混战不断,许多文人墨客为避战乱而迁往南方,前后蜀、南唐遂成了有名的文艺中心。五代绘画承唐启宋,出现了以周文矩、顾闳中、王齐翰等为代表的人物画,以荆浩、关全为代表的北方崇山峻岭和以董源、巨然为代表的江南秀丽风光这两种不同风格的山水画,以及分别以黄筌与徐熙为代表的"富贵"与"野逸"不同风格的花鸟画。这一时期还出现了一批词人,形成了一个花间派,最有名的就是南唐后主李煜。960年,后周大将赵匡胤于陈桥兵变中黄袍加身,建立宋朝。975年宋军攻占金陵,整天在宫闱作词唱和的李后主就只能在"问君能有几多愁,恰似一江春水向东流"的感慨中过着阶下囚的生活。150年后相似的一幕又上演了,1127年,过度沉醉于书画艺术和奇珍异石的宋徽宗被金兵掳走(史称"靖康之难"),北宋灭亡。高宗即位,在江南建立政权,史称南宋。1279年,宋军在崖山海战中战败,宋末帝赵昺被丞相陆秀夫背着跳海而死,南宋灭亡。

两宋的版图虽不及隋唐辽阔,但是其经济总量,尤其是海外贸易却远远超出了前朝。两宋时期,重文轻武,从官府到民间,办学之风兴盛,由科举选拔出来的官员组成了庞大的文官系统。"耕读传家,诗书继世"、"知书达理"成了平民百姓的追求。在这样的经济社会环境中,两宋时期的文化呈现出繁荣局面。陈寅恪认为:"华夏民族之文化,历数千载之演进,造极于赵宋之世。"宋史研究专家邓广铭说:"宋代文化的发展,在中国封建社会历史时期之内达到顶峰,不但超越了前代,也为其后的元明之所不能及。"

两宋文化的重要标志就是创立了理学(时称道学)。理学理论精致、体系完备,对后世产生了深远的影响。理学在继承和发扬儒家思想的基础上,吸收融合了佛教和道教思想,推动了儒学的复兴。理学是儒释道长期渗透、融合的必然产物。北宋代表人物有张载、邵雍、周敦颐、程颢、程颐,南宋代表人物有朱熹、陆九渊,明代最有影响的代表是王守仁。理学又分为两大派,一是以"二程"(程颢、程颐)和朱熹为代表的程朱学派,因其以"理"为最高范畴,故称"程朱理学";一是以陆九渊、王守仁为代表的陆王学派,因其以"心"为最高范畴,故称"陆王心学"。程朱理学把"理"作为宇宙本原,认为理是万物存在的根据,万事万物皆统一于理。万物各有其理,但都是天理的体现,理不依赖于任何事物而独立存在,它决定气,并借助气形成万物。格物就要穷尽事物之理。人的善性五常是天理的不同表现形式,恶则是人的过分欲求和贪婪造成的,天理与人欲是对立的,天理盛则人欲灭,人欲盛则天理衰,要用天理遏制人欲,因而提出了"存天理,灭人欲"的主张,宣扬"饿死事小,失节事大",强调"重义轻利",通过个人修养的提升和个体道德的自觉来实现理想人格,由此强化中国人的社会责任感以及历史使命的担当意识,正如张载所言:"为天地立心,为生民立命,为往圣继绝学,为万世开太平。"(《张子语录》)正是继承和延续了这种注重社会责任和历史担当的文化品格,中华民族才盛产爱国志士,顾炎武才提出了"天下兴亡,匹夫有责"的口号。程朱理学影响其后学术发展达六七百年之久,成为了中国的正统思想和官方哲学,朱熹也被称为朱夫子、万世宗师,其地位仅次于孔、孟。

陆王心学把"心"作为宇宙万物的本原,认为人皆有心,心皆有理,心即理也。心外无物,心外无理。既然天理就在心中,致知就用不着去探求外物,而是应从本心入手,反省内求,认识心中的道德法则,这比朱熹格物穷理的方法要简便易行。程朱悬道于器外,陆王容理于心中,出现了"理学"和"心学"的对立局面。由于程朱理学成为官方统治思想,陆学影响不大,直至明朝中叶,在王守仁的大力倡导下,陆王心学才成为影响很大的社会思潮。

专栏 十三经及注疏者

"十三经"是儒家的经典,是官定的经书。汉武帝时立《诗》、《书》、《礼》、《易》、《春秋》五经于学官,东汉又增加《论语》和《孝经》成"七经"。唐时先立《诗》、《书》、《易》、"三礼"、"春秋三传"为"九经",开成年间又加上《论语》、《尔雅》、《孝经》为"十二经"。宋再增加《孟子》成"十三经"。南宋以后,有人将"十三经"以及比较好的注本合刻在一起,称为《十三经注疏》。这十三部经书及其注疏者是:

《周易》:魏王弼、韩康伯注,唐孔颖达等正义;

《尚书》:伪孔安国传,唐孔颖达等正义;

《诗经》:汉毛亨传,汉郑玄笺,唐孔颖达等正义;

《周礼》:汉郑玄注,唐贾公彦疏;

《仪礼》:汉郑玄注,唐贾公彦疏;

《礼记》:汉郑玄注,唐孔颖达等正义;

《春秋左氏传》:晋杜预注,唐孔颖达等正义;

《春秋公羊传》:汉何休注,唐徐彦疏;

《春秋穀梁传》:晋范宁注,唐杨士勋疏;

《论语》:魏何晏集解,宋邢昺疏;

《孝经》:唐玄宗注,宋邢昺疏;

《尔雅》:晋郭璞注,宋邢昺疏;

《孟子》:汉赵岐注,宋孙奭疏。

宋词以其高度的繁荣而与唐诗并称,据唐圭璋编《全宋词》所录,共有词人1330多家,词作19900多首。两宋词坛派别林立,风格多样。北宋代表词人有晏殊、欧阳修、柳永、苏轼、秦观、周邦彦等。词自晚唐至柳永，由"雅"变"俗"；而到苏轼则赋予词以诗的生命，并将阳刚之气注入词中，继婉约派后，创立了豪放派。到南宋又出现了一群爱国词人。李清照被视为婉约派正宗，辛弃疾是豪放派的代表人物，岳飞吟出了千古绝唱《满江红》。实际上，两宋在诗歌散文上所取得的成就也不亚于词，宋初范仲淹等人就倡导文道结合，主张改革文风。到欧阳修等人登上政坛、文坛，就掀起了一个声势浩大的诗文革新运动，由此开创了两宋诗文的新局面。唐宋散文八大家，宋人就占了六家，欧阳修、曾巩、王安石、苏洵、苏轼、苏辙的散体古文对后世影响很大。诗坛上也是人才辈出，佳作如林，爱国诗人陆游就为后人留下了9300余首诗，是中国文学史上遗留诗歌最多的诗人。文天祥的《正气歌》也感人至深。此外，因反对王安石变法而退居洛阳任闲职的司马光全力编出《资治通鉴》，这是一部熔文与史于一炉的通史巨著，是此后历代君臣的必读书，对资治明政起了重要作用。

两宋是继唐代、五代之后中国美术史上又一个辉煌时期。宫廷绘画、士大夫绘画、民间绘画自成体系，人物画、山水画、花鸟画分科细致，风格多样。武宗元善画佛道人物画，李公麟善画白描人物画，李唐善画历史故事画，梁楷善画水墨减笔人物画。宋朝的山水画更是蔚为大观，初期有北方派山水画家李成、范宽，后经郭熙的变革而出新气象，还有米芾及其子米友仁的"米氏云山"，赵令穰的小景山水画，王希孟、赵伯驹的青绿山水画，李唐、刘松年、马远、夏圭的水墨山水画。"黄家富贵"派的宫廷花鸟画在统治画坛一百多年后由崔白打破成规，而宋徽宗兼采各家之长形成了自己的画风。徽宗还在画院中进行改革，在国子监、太学中设立"画学"，并将画学纳入科举制。宋代也是文人画的形成时期，梅、兰、竹、菊"四君子"或松、竹、梅"岁寒三友"成为文人画家寄寓自己的品德、节操，抒发思想感情的载体，画风清新、平淡、素雅，不拘泥于形似，代表人物有李公麟、苏轼、文同、王诜、米芾、杨补之、赵孟坚、郑思肖等。宋代工商业发达，市井生活丰富多彩，出现了大量反映平民百姓生活的风俗画，代表人物有张择端、苏汉臣、李嵩等。宋代印刷业较唐代有了更大发展，书家们更加关注书写的艺术性和抒情言志功能，使书法由追求造型规范和法度变为追求审美意趣。当时有名的书家均擅长行草，书法风格趋向个性化和多样化，代表人物是苏轼、黄庭坚、米芾、蔡襄四大书法家。宋徽宗自创的"瘦金书"也独具一格。宋代雕塑一改隋唐时的宏大气势而变得细腻写实，作品中的生活气息较浓。

宋代的手工业比较发达，商业活动活跃。例如，瓷器畅销海外，五大名窑（定窑、汝窑、官窑、钧窑、哥窑）的瓷器更是珍品。北宋前期还出现了世界上最早的纸币——交子。当时，城市中店铺林立，市民经济活动和娱乐活动丰富多彩。他们都喜欢去瓦舍勾栏看民间艺术表演，有唱赚、诸宫调、鼓子词、陶真、道情、说话、讲史、说经、杂剧、傀儡戏、杂技、武术表演等。在迎神赛会以及元宵节、中秋节等节日里，民间舞蹈队还要表演社火。除了北方的杂剧外，南方温州一带还产生了南戏，成为元代戏剧到来的前奏。张择端的《清明上河图》就反映了宋代繁盛都市生活的一面。

两宋时期的科学技术也取得了一系列辉煌成就，尤其是活字印刷术、火药、火器、指南针、航海术、双活塞风箱鼓风冶铁术等居于世界领先水平。除此之外，在天文、地理、数学、医学等领域也有了新的突破，涌现出了沈括、苏颂、贾宪、秦九韶、杨辉等大科学家。李诫主编完成了建筑学专著《营造法式》，宋慈写出了第一部系统的法医学专著《洗冤集录》。两宋时期的科技发明对世界各地的文明进程产生了重要影响。

八、辽、夏、金、元:游牧文化与农耕文化的冲突与融合

10世纪到13世纪,中国曾先后出现了四个强大的北方民族政权,即契丹人建立的辽朝(916—1125)、党项人建立的西夏(1038—1227)、女真人建立的金朝(1115-1234)以及蒙古人建立的元朝(1271—1368)。这四个民族都是游牧民族,还处于奴隶制社会,大都信奉萨满教等,过着转徙不定的生活,这与早已进入成熟封建社会的汉族王朝在政治制度、经济制度、社会组织、宗教信仰、风俗习惯等方面都有着天壤之别。他们攻占了宋朝的某些地区,或灭亡了北宋、南宋而实行统治时,在统治方式、经营方式、生活方式和信仰上就会出现冲突,甚至引起汉族人民的暴动和起义。为了进行有效统治,特别是在先进农耕文化的影响下,游牧民族政权初期大都采用"因俗而治"的统治方式,同时奉行旧制和汉制的双重体制,如辽、金的南北两面官的两院制。随着民族间的不断交流和融合,这些政权都会任用汉族知识分子推行"汉法",在保障贵族特权地位的情况下,仿照汉族王朝的模式建立一套汉式政权机构和一系列相关的礼仪制度,使双重体制逐步一体化。辽、夏、金、元在中华文明发展史上起到了不容忽视的作用:一方面,边境冲突和战争使先进的汉族农业文明受到打击和破坏;另一方面,北方民族政权又在开拓疆域、推动民族融合及文化交流等方面,起到了汉族难以替代的作用,为中华文明的发展和多民族统一国家的形成做出了重要贡献。

北方民族王朝普遍从汉文化中吸收了先进的典章制度、思想观念,深受汉文化的影响。辽朝皇室和契丹贵族大多仰慕汉文化,尊崇孔子,建孔庙,设立各级学校,传授儒家学说,实行科举取士。《论语》《贞观政要》《史记》等大量汉文著作也被译成契丹文字,广为流行,促进了游牧

民族文化的发展,辽朝统治者逐渐汉化。辽道宗甚至说:"吾修文物,彬彬不异中华,何嫌之有?"(《契丹国志·道宗天福皇帝》)西夏汉化的情况与辽朝大体相仿,大兴儒学,弘扬佛学,仿汉制,废蕃礼,汉化程度较深。金朝也是如此,以致到了中期,女真人改汉姓、着汉服的现象越来越普遍,朝廷屡禁不止。在全面汉化的基础上,金朝文化有了新的发展,王喆创立了全真教;数学家李冶深入研究了天元术;金廷颁布了较准确的大明历;刘完素的火热论、张从正的攻邪论与李杲的脾胃论,对中医理论的发展产生重要影响,这三位医学家与元朝朱震亨合称金元四大家;金院本、诸宫调为元曲的成熟奠定了基础;金朝建造的卢沟桥,是中国古代桥梁建筑的又一杰作;还有擅作诗、文、词、曲的"一代文宗"元好问。

1271年,忽必烈称帝,建国号大元。"大元"取自《周易·乾卦》中的"大哉乾元,万物资始,乃统天"这句话。1279年,元灭南宋,实现了中国历史上的又一次统一。元朝统治者任用一些汉臣治国,推行汉法,建立起封建的中央集权统治体系以及相应的典章制度。元朝实行行省制度,开中国行省制度之先河。元朝采用相对宽松的文化政策,多种宗教,如萨满教、藏传佛教、道教、伊斯兰教、基督教、犹太教等并行不悖,还册封孔子为"大成至圣文宣王",并推崇理学。元朝统治者为维护自身特权,推行民族分化政策,把人分为四等,职业分为十级,汉族文人的地位很低,绝大部分文人又不能通过科举(1315年第一次开科取士,规模较小)步入仕途,因此,一些文人只好栖身市井勾栏书会,更多地参与市民的文化活动,促使市民文化蓬勃发展起来,突出表现是元曲和南戏的兴起与繁荣;另一些文人则隐遁山林,寄情书画。在中国文学史上,元曲堪与唐诗、宋词相媲美。元曲包括杂剧和散曲。有姓名的元杂剧作家达220名左右,现存剧作名目530余种,代表人物有关汉卿、王实甫、马致远、白朴、康进之、纪君祥、郑光祖、乔吉等。散曲的代表作家有关汉卿、马致远、白朴、张养浩、张可久、乔吉等。到元代中后期,南戏又兴盛起来,以元末明初流行的《荆钗记》《白兔记》《拜月记》和《杀狗记》"四大传奇"以及《琵琶记》最为有名。杂剧与南戏一起成为中国文化史上的两朵奇葩。元代山水画成就最为突出,元初以赵孟𫖯、钱选、高克恭为代表,元代中后期以"元四家"——黄公望、王蒙、倪瓒、吴镇为代表。以"四君子"状物言志、借物抒情的文人画成为花鸟画的主流,代表画家有王冕、李衎、柯九思等。元代壁画比较兴盛,主要有佛寺壁画、道观壁画和墓室壁画,最有代表性的是山西永乐宫壁画。在科学技术方面,王祯著成的《农书》是继《齐民要术》之后又一部系统完整的农业科学著作,薛景石写成的《梓人遗制》是一部记载制造纺织机械的木工专著,黄道婆通过对纺织技术的改进使松江一带成为棉织业的中心,朱世杰提出的多元高次方程组的"消去法"达到了当时世界该领域的最高水平,郭守敬编制了新历法——《授时历》。

元朝疆域辽阔,陆路、内河与海上交通发达,商品经济十分繁荣,元大都成为当时闻名世界的商业中心。为了适应商品流通,元朝建立了完善的驿站制度和纸币流通制度。元朝与世界各地的广泛联系也促进了中外人员的交往和文化交流。大量穆斯林从西亚和中亚来中国经商定居,形成"回回遍天下"的局面。中西交通的畅达也为更多的基督教徒进入中国创造了条件。在统治者的支持下,基督教在大江南北广建教堂,教徒(蒙古语为"也里可温")遍及各地。亚欧大陆的通畅为东西方旅行家提供了极大的方便,意大利旅行家马可·波罗便是其中的代表,其口述的《马可·波罗游记》(又叫《东方见闻录》)更是打开了一扇欧洲人了解中国的窗口。来自北非摩洛哥的旅行家伊本·白图泰口述的《伊本·白图泰游记》则记录了14世纪元帝国的辉煌。元朝官员周达观和旅行家汪大渊也分别有介绍异域风情的著作《真腊风土记》、《岛夷志》传世。伴随着蒙古人的西征，中华文明向西传播的速度大大加快，火药、指南针、印刷术等先进技术经由阿拉伯地区传入欧洲。

九、明清时期：文化集成与早期启蒙

1368年，佃农出身的朱元璋在应天府（今江苏南京）建立明朝。1644年，农民起义军领袖李自成攻入北京城，崇祯帝自缢殉国，明朝灭亡。而清朝的缘起要追溯到1616年女真首领努尔哈赤建立的后金，1636年皇太极改"金"为"清"。又过了8年，即1644年，清军入关，定都北京。清朝是中国历史上最后一个封建王朝，在康熙、雍正、乾隆年间走向鼎盛，君主专制发展到顶峰。后期因政治僵化、文化专制、闭关锁国、科技停滞等原因逐步落后于西方，鸦片战争后沦为半殖民地半封建社会。1911年，辛亥革命爆发，清朝统治瓦解。1912年，宣统帝退位，清朝走向终结。

明清时期是中国封建社会的晚期，也是传统农业文明最后发展阶段。在这一阶段，传统农业文明在许多方面取得了超越前代的成就。至康熙、雍正、乾隆、嘉庆年间，整个社会的经济得到了空前的发展，达到了农业文明发展的巅峰。据经合组织统计，嘉庆末年，中国人口占世界的比重是37%，中国的GDP占世界的比重是33%[1]。 除了社会经济所取得的成就外，在政治上，统一的多民族国家进一步巩固和发展。作为中华民族全面融合的时代，清朝版图大，人口多，是世界上最大的经济体之一。在这一时期，中华民族也前所未有地形成了广泛的文化认同感，创

---

[1]　［美］安格斯·麦迪森：《世界经济千年史》，北京大学出版社2003年版，中文版前言。

造了中华文明发展的新辉煌。

明清时期，中国古典文化也进入了一个总结时期，呈现出学术集大成的趋势。在图书典籍方面，统治者动用了大量的人力、物力和财力进行了《永乐大典》、《全唐诗》、《康熙字典》、《古今图书集成》、《四库全书》等典籍的编纂工作。在科技方面，明代李时珍的《本草纲目》、徐光启的《农政全书》、宋应星的《天工开物》、徐霞客的《徐霞客游记》、茅元仪的《武备志》、程大位的《算法统宗》、杨继洲的《针灸大成》、清代吴其濬的《植物名实图考》等重要著作对中国古代农业、手工业技术以及医药学、地理学、生物学等各个领域的重要成就作了系统总结。

明清是小说的黄金时代。经历了魏晋志怪小说、唐代传奇及宋元话本后，明清小说的创作达到极盛，最具代表性的是罗贯中的《三国演义》、施耐庵的《水浒传》、吴承恩的《西游记》、"兰陵笑笑生"的《金瓶梅》、吴敬梓的《儒林外史》、曹雪芹的《红楼梦》六部著名的白话长篇小说，其中前四部又被称为明代"四大奇书"，后两部则被视为清代长篇小说中的"双璧"。明代冯梦龙的"三言"、凌濛初的"二拍"和清代蒲松龄的《聊斋志异》分别是白话短篇小说、文言短篇小说的代表作。明清戏曲（包括杂剧和传奇）继元杂剧和南戏之后再度出现繁荣局面，明代从三大传奇（《宝剑记》、《浣纱记》、《鸣凤记》）到汤显祖的"临川四梦"将戏曲创作推向高潮；而在清代剧坛，有"南洪北孔"之誉的洪昇创作的《长生殿》和孔尚任创作的《桃花扇》，则把中国古代戏曲创作推向了顶峰。自从梁辰鱼用魏良辅改进后的昆腔创作的传奇大获成功后，传奇作家大都用昆腔来创作，昆曲雄踞剧坛近三百年之久。清代中叶，各种各样的声腔兴起，与昆腔争胜，四大徽班把二簧调带入北京后，与西皮合流，再吸收昆腔、京腔、秦腔的剧目、曲调和表演程式后，于道光初年融合形成了带有北京地方色彩的皮簧戏，即京剧，并很快成为在全国影响最大的一个剧种。明清诗词文流派众多，特别是在清代呈现出集大成的景观。

明初画坛时兴的主要是宫廷院体画，多是歌功颂德、粉饰太平之作。明代中期出现了活动于苏州地区，以沈周、文徵明、唐寅、仇英四家为代表的吴门画派，他们不同程度地融合了文人画和院体画的特点，又各具特色，从学者甚众。明后期山水画以董其昌为代表，深得古人笔墨情趣；而徐渭的大写意花鸟画、陈洪绶的人物画也别具一格。清代绘画的特点是文人画流行。受"四王"（王时敏、王鉴、王翚和王原祁）影响，清初画坛摹古之风较盛，而"四画僧"（弘仁、髡残、朱耷和石涛）则反对陈陈相因，主张绘画要抒发个性，强调笔墨情趣，为清初画坛带来了新气象，并被扬州画派发扬光大，其中较有影响的八位画家金农、黄慎、郑板桥、李鱓、李方膺、汪士慎、高翔、罗聘，被称为"扬州八怪"。明清书法大家有"吴中三子"（祝允明、文徵明、王宠）、董其昌、邓石如等。明清两朝，民歌、小曲、说唱呈现出繁荣景象，民间舞蹈非常流行。

明清时期，君主专制统治到了登峰造极的地步，对思想文化的控制空前强化。程朱理学被奉为金科玉律，日益官学化，丧失了发展的活力。官学化的理学以儒学正统自居，凡是违背程朱理学的新思想都被指为异端邪说，限制了思想发展的自由空间，形成了严厉的学术专制。为加强文化统治，一方面，官方规定科举考试要用八股文，命题范围不出"四书五经"，以朱熹的注为标准答案，程朱理学逐渐变成读书人追求功名利禄的阶梯。另一方面，不断制造文字狱，大搞禁书活动，文人一不小心就有可能被卷进文字狱，不知有多少文人因文字犯禁或受株连而惨遭迫害。在这样的环境中，文人们只好埋首于故纸堆中进行文字训诂、名物考证、古籍校勘和辨伪等，学术界由此出现了一股求实考证而远离经世致用的学风,形成了乾嘉考据学派,又称汉学、朴学。

随着商品经济的发展和城市的繁荣,封建社会内部也产生了某些新的经济因素和反映新兴市民阶层意识的新的思想观念。以王阳明的心学为先导,泰州学派及李贽等一大批思想家高扬人的主体性,形成了对正统理学的冲击。以东林党和复社为代表的士大夫,将时代精神融入政治生活和文化生活,使明末社会文化呈现出一派新气象。明清之际,黄宗羲、顾炎武、王夫之、方以智以及稍后的颜元、戴震、章学诚等早期启蒙思想家,从不同的角度批判了封建君主专制和宋明理学,反对空谈性理,提倡经世致用的学风。王夫之还对中国传统学术进行了系统深入的反思和总结,建立了一个庞大的哲学体系,成为中国封建社会末期唯物主义思想的集大成者,在中国哲学史上占有极为重要的地位。清王朝从乾隆后期开始走下坡路,貌似强大的帝国内部已是矛盾重重、危机四伏。龚自珍认识到社会的变革是不可避免的,他以强烈的社会责任感写下了"九州生气恃风雷,万马齐喑究可哀。我劝天公重抖擞,不拘一格降人材"的诗句。

明清两朝在很长时间内实行严厉的海禁政策,严格限制对外交通和贸易,使中西方的海路联系受到很大影响。有明一朝,也出现过郑和下西洋的壮观景象,之后,浩浩荡荡的明朝船队在南海、阿拉伯海、印度洋之间频繁往来的现象就沉寂了。早期想来中国传教的耶稣会士方济各·沙勿略就是因为嘉靖时的海禁不能进入内地而抱憾病死在上川岛上。嘉靖之后有了"隆庆开关",许多传教士得以进入中国内地,开启了西学在中国传播的过程,也引发了在华传教士之间及传教士与罗马教廷之间有关中国教徒祭孔、祭祖性质的讨论,史称"中国礼仪之争"。持续了一个多世纪的礼仪之争使不少中国典籍被传教士翻译介绍到欧洲,开启了欧洲人认识中国文化的大门,并在17世纪中叶到18世纪末造成了中国与欧洲在精神上的第一次深刻碰撞。中华文明不仅在形而上的层面,而且在形而下的层面深刻影响了欧洲,史称18世纪"欧洲的中国热"。

　　然而,此时的清廷却关上了国门,与西方世界的联系几乎中断,也就听不到西方工业革命的机器轰鸣声了! 1840年爆发了鸦片战争,西方列强用利炮轰开了中国的大门,中国一步步沦为半殖民地半封建社会。鸦片战争的失败,惊醒了一代先进的知识分子,他们睁开眼睛看世界,要"师夷长技以制夷"(魏源《海国图志叙》),后又出现了洋务派,他们主张"中体西用",开始在器物层面学习西方。甲午战争失败之后,中国人意识到西方的力量不仅体现在船坚炮利上,更重要的是西方还有先进的社会制度。于是,维新派试图改君主专制制度为君主立宪制,但维新变法遭到失败。资产阶级革命派试图建立现代西方政治制度,也没有成功。器物层面与制度层面的转型一再失败后,先进的中国人意识到不实现传统文化的现代转型,不对传统文化进行全面反思、检讨,不学习与吸纳当时世界的先进文化进而创造新文化,中国社会的内在活力和创造力就不可能全面激活。于是,面对辛亥革命后北洋军阀专制独裁统治的加强和复古思潮的蔓延,新文化运动兴起了。不久,俄国爆发了十月革命,给我们送来了马列主义,马列主义给中国革命带来了新的曙光,也成为中国文化建设的新起点。如何对待中华传统文化,也就成了中国共产党自诞生以来必须面对的一个重大理论和实践问题。

第三章　中华文明与多种文明的交流互鉴

　　人类文明之间的信息与资源的交流与共享，是其得以存续和演进的重要外因之一。在与外部世界的接触过程中，中华文明既影响了世界其他文明，同时又吸收了来自中亚、西亚、南亚以至欧洲的文明元素。正是在不断吸收域外文明成果的过程中，中华文明保持了旺盛的生命力。梁启超在《中国近三百年学术史》中曾指出："中国智识线和外国智识线相接触，晋唐间的佛学为第一次，明末的历算学便是第二次。"①这两次域外文明与中华固有文明的交汇，在很大程度上推进了中华文明的发展。梁启超还在《中国史叙论》一文中将中国史分为"中国之中国"、"亚洲之中国"和"世界之中国"三阶段。"中国之中国"是指从传说中的黄帝到秦始皇统一中国这段时期，这是中华民族自身发展的时期；"亚洲之中国"是指从秦始皇统一中国到清朝乾隆末年这段时期，这是中华民族与亚洲各民族交往频繁的时期，也是中央集权制度的全盛时期；而"世界之中国"则是指从乾隆末年直到20世纪初，这是中华民族与西方抗争的时期，也是中国专制政体日渐衰落以至消亡的时期。

　　从秦始皇统一全国至清朝乾隆末年共计约2000多年的历史中，中国的文明发展程度始终处于高势位。正如同水从高处向低处奔流一样，中

---

① 梁启超：《中国近三百年学术史》，中国书籍出版社2017年版，第8页。

华文明也以其巨大的辐射力强烈地影响着周边的亚洲国家,如朝鲜、日本、越南等。

一、汉字的外传与汉字文化圈的形成

朝鲜、日本、越南与中国地理位置相近,民族关系、历史关系一向都极为密切,具有不同于其他国家和民族的独特交往环境,很早就有着频繁的往来。在秦汉时期,上述有些地区甚至还被纳入中国的统治区域,这更有利于中华文明在这些地区的传播。在长期的历史发展过程中,中国、朝鲜、日本、越南的历史文化便出现了一些共同的地方,一般认为包括汉字文化、儒家思想、佛教信仰、律令制度等几项文化要素,这些共同点的基础就是汉字文化。因此,一些日本学者便把东亚文化称为"汉字文化圈",如西嶋定生就认为"汉字文化圈"的构成要素是:以汉字为传意媒介,以儒家为思想伦理基础,以律令制为法政体制,以大乘佛教为宗教信仰等等作为共同的价值标准①。

至少在 4 世纪末,汉字已在朝鲜和日本两国大量使用。高句丽的《留记》《新集》,百济的《书记》《百济记》《百济本纪》《百济新撰》,新罗的《国史》等,以及日本的《古事记》《日本书记》等都是用汉字写成的。正是在汉字的直接影响下,朝鲜和日本两国逐步创制了自己的文字。新罗统一朝鲜半岛后,强首、薛聪等人在总结前人成果的基础上发明了用汉字拼写朝鲜语言的"吏读文字",并用这种文字来记录朝鲜的民间歌谣、翻译儒家经典,这对朝鲜民族文化的发展产生了积极作用。1444 年,朝鲜李朝第四代王世宗和集贤殿的学士们在参照中国音韵学创

① 王能宪:《汉字与汉字文化圈》,《光明日报》2011 年 1 月 17 日。

制新文字的基础上,颁布了拼音文字——"训民正音"。日本的文字也是在汉字的直接影响下创制的。起初,日本人以汉字作为表音符号来记录和表达本民族的历史。8世纪,日本奈良时代学者吉备真备将汉字楷书偏旁与日本语发音法相融合,创制了楷体字母——片假名。僧人空海又仿照汉字的草书,创制了草体字母——平假名。

早在2世纪,汉字已传入越南,越南人将汉字称为"儒字"。唐朝时,汉语词汇大量输入越南并形成"汉越词"。汉字在古代越南的应用非常广泛,大到朝廷奏折和政府文书,小到各种书籍,都常以汉字书写。越南人曾经创制过一种民族文字,称为"喃字",又译称"字喃"。"喃字"意即南国的字,究竟何时出现现在难以考证。"喃字"与汉字有着密切的关系,因为它是采用汉字的结构、形声、会意及假借等方法创制的越语化象声文字。至陈朝(1225—1400)时,"喃字"已成为社会交际的一种文字。但由于"喃字"的书写比汉字更为复杂,再加上表音困难,因此难以大范围推广,后来便逐渐衰微。尽管"喃字"倍受胡朝(1400—1407)和西山朝(1788—1802)的推崇,但最终也无法取代汉字在越南的主导地位。

二、儒学东传

公元1世纪前后,儒学传入朝鲜半岛。在漫长的岁月里,孔庙、太学、典籍等儒家文化的载体深深濡染着朝鲜半岛。朝鲜三国时期,百济、新罗、高句丽都曾先后设置了专门的国家教育机构,传授"五经三史"等儒家经典及史书,用儒家思想教育贵族子弟。同时,各国还向中国派遣大量留学生,或者邀请中国学者入朝讲学。正是在官府的大力提倡下,儒学得到了比较广泛的传播,学习儒家经典蔚然成风。在高丽王朝时期,官府也采取了各种措施推动儒学的传播,如建造文庙、尊孔子为文宣王、民间祭孔、将儒学与选拔官员的考试相结合等,使儒学在朝鲜半岛产生了深远影响。后来,程朱理学传入朝鲜。从朝鲜李朝(1392—1910)开国到其后的五百年间,朱子学一直处于独尊的地位。儒学的发展也使得朝鲜儒学大师辈出,涌现了在朝鲜儒学史上具有崇高地位的学者——李滉(号退溪),他曾对"理气一物"的命题进行了阐发,强调了"理"的主宰作用。朱子学在朝鲜的独尊地位也从思想上巩固了李氏政权的统治。

3世纪左右,儒家经典经由朝鲜半岛传入日本。285年,寓居百济的汉人王仁东渡日本,带去《论语》、《千字文》等典籍。此后,日本开始接受儒学并大力推广儒学。中国隋唐时期,更有一些经学博士远赴日本,促进了儒学的传播,儒家思想也构成了日本传统思想中的重要内容。从镰仓时代(1185—1333)开始,朱子学传入日本,并在学术领域取得优势地位。到江户时代(1603—1868),日本形成了众多研究朱子学的学派,如京都朱子学派、海西朱子学派、海南朱子学派、大阪朱子学派和水户学派等,其中以藤原惺窝开创的京都朱子学派影响最大。但真正使朱子学适应幕藩体制需要,奠定朱子学在江户时代260多年思想统治基础的是其学生林罗山,在林罗山的推动下,朱子学成为日本的"官学"。

自公元前214年秦始皇在越南设置象郡到汉武帝平南越国,再到唐朝设置安南都护府,一直到越南吴朝(939—968)建立之前,越南曾长期处于中国封建政权的直接控制之下。在近一千年的时间中,儒家思想文化深深影响着越南的历史进程。越南丁朝(968—980)、前黎朝(980—1009)、李朝(1009—1225)各代,佛教曾在其思想上处于统治地位。其后陈朝(1225—1400)朝廷重用儒臣,尊崇儒家思想。越南属明时期

（1407—1427），明朝政府强迫越南改礼俗、正衣冠，依从明朝制度。后黎朝（1428—1788）仍重儒学、儒士。伴随着《四书章句集注》《性理大全》等典籍的输入，程朱理学在越南得到了传播。越南统治者建文庙，为周公、孔子、孟子等圣贤塑像；建立国子监、国学院、太学堂，讲习"四书五经"；通过科举考试的方式使儒生在朝廷担任要职，从而取代僧侣的地位；逐步建立起从中央到地方、从官学到私学的一整套儒学教育制度，各级学校也在教育目的、教学内容、学生的考核与使用、师资的选拔与任命等方面，体现出崇尚儒学的倾向。后黎朝和阮朝（1802—1945）时，越南进入了儒学独尊时期，此时理学名儒辈出，如后黎朝的阮秉谦，在邵雍思想的影响下，糅合了理学与道家学说，提出"安闲"的思想。阮朝时的儒学也空前繁荣，出现了著名理学家郑怀德、吴仁静等。

三、南亚佛教文明与中华文明的交汇

根据佛教典籍记载，佛教创始人乔达摩·悉达多是古印度迦毗罗卫国净饭王的王子，出身于刹帝利种姓。释迦牟尼是后世对他的尊称，意即"释迦族的圣人"。他在少年时代接受了婆罗门教的传统教育，学习了吠陀经典。29岁时，由于看到每个人必须要经历生老病死等各种痛苦，于是离家出走，开始探索人生的解脱之道。35岁时，他来到伽耶（今菩提伽耶），坐在菩提树下沉思冥想，终于悟出了"四谛"，觉悟成佛，被称为"佛陀"，即"觉悟者"。在之后的45年时间里，释迦牟尼主要在恒河流域一带传播佛教。

早期佛教的基本教义可概括为"四圣谛"、"八正道"、"十二因缘"等。"四圣谛"中的"谛"就是真理的意思，"四圣谛"包括"苦谛"、"集谛"、"灭谛"、"道谛","四谛"概括了佛教对人生和现实世界的理解和认识,指出了痛苦的各种表现形式,分析了痛苦产生的原因,指明了消除痛苦的方法和途径,描述了达到解脱痛苦的涅槃境界。佛教还指出了达到理想境界的八种正确方法和途径,即"八正道",这八种正确的方法和途径是"正见、正思维、正语、正业、正命、正精进、正念、正定"。"十二因缘"则是佛教对整个人生过程的说明,它认为一切事物或现象的产生、变化和消亡,都是依据一定条件(因缘)的,"此有故彼有,此灭故彼灭"。整个人生是由"无明"到"老死"的十二个环节构成的因果相随的生死轮回过程,过去、现在、未来"三世"相续而无间断,周而复始,循环不息。

佛教创立后,在孔雀王朝阿育王和贵霜王朝迦腻色迦王等人的大力扶持下,获得长足发展,并且开始向境外传播。关于佛教到底何时传入中国内地,学术界尚有不同的观点。通常来说,有两种说法比较可信。一种是"西汉末说"。其依据来自南朝史学家裴松之所注《三国志》,在书中裴松之引用了曹魏时期鱼豢所写的《魏略·西戎传》中的内容,记载了公元前2年,来自西域的大月氏王使者伊存向西汉博士弟子景庐口授了《浮屠经》的历史。另一种是"东汉初说"。根据《四十二章经》和《牟子理惑论》等多种典籍记载,东汉永平年间(58—75),汉明帝曾夜梦神人,全身金色,头顶上发出日光,能在殿前飞绕而行。第二天,明帝就问群臣"这是什么神?"当时有位学识渊博的大臣傅毅就答道,陛下所梦见的想必就是西方的佛。于是汉明帝就派遣使者西行求佛。不论是西汉末说还是东汉初说,大致在公元1世纪前后,印度佛教已开始通过西域地区,逐渐传入中国内地。

佛教传入中国之时,宫廷和民间正流行黄老之学和各种神仙方术。因此,佛教便依附于黄老之学和神仙方术加以传播。那时,佛教的教义被理解为"清虚无为",释迦牟尼则被当时的人们视为大神,佛教的仪式也被看作是汉人的祠堂祭祀活动。据记载,东汉楚王刘英将佛依附于黄老一起祭祀。汉桓帝曾在宫中铸黄金佛像,并将佛像与老子的塑像一起供奉,以祈求长寿多福。另外,佛教为了宣传自身的需要,也往往迎合神仙方术之士,采用占卜、治病、预卜吉凶等手法吸引信众。东晋以后,随着佛经翻译的增多,佛教的真义也日益鲜明,其独特的面貌也逐渐显露出与中国固有文化的矛盾,在与中国文化,尤其是儒家和道教的斗争中,佛教与中国固有文化不断融合,并在隋唐时期达到全面繁荣和创新发展,形成了多个佛教宗派,深刻影响了中华文明。

首先,作为一种发展成熟、形式完整的宗教形态,佛教给中华文明带来了许多新鲜的思想。在此之前,中国还没有出现像佛教这样形态完备的宗教。佛教完备的理论和体系化的仪式对民众具有非常大的吸引力,信仰佛教的人越来越多,这在一定程度上激发了本土宗教的发展。佛教传入中国后,道教在与佛教不断竞争的过程中,自身获得了极大的发展。道教产生于东汉中叶,其教义一向薄弱,无法与系统的佛教教义相比。为了完善自己和争取信众,道教曾大量汲取佛教教义,比如在想象的彼岸世界方面,早期的道教是非常模糊的。在借鉴了佛教的教义后,南北朝以后道教的彼岸世界就开始复杂起来。在因果报应方面,道教也吸收了佛教因果业报的思想,更加强调修斋持戒,将因果报应归于个人自身的修养。除此之外,许多道教的经典、仪式也是在佛教经典、仪式的直接或间接影响下形成的。

其次,在佛教传入中国的同时,印度文化、西域文化中的医学、天文、算学等知识也随之传入中国。例如,在《隋书·经籍志》中收录了许多属于佛家的印度医药之书,如《龙树菩萨药方》《西域诸仙所说药方》等。

在敦煌石窟中发现了众多古印度时代的医学资料。唐朝著名医药学家孙思邈在其所写《千金要方》和《千金翼方》中也收有佛教所带来的印度医学的内容。隋唐时期天文学的发达也是与随佛教传入的印度天文学分不开的,如《宿曜经》《舍头谏太子二十八宿经》《摩登伽经》等经典中就含有大量的天文历法和星占内容。来到中国的南亚僧人大都学过"五明",也就是五种知识,一是语言音韵方面的知识(声明),二是工艺历算等方面的知识(工巧明),三是医学方面的知识(医方明),四是逻辑方面的知识(因明),五是人生、灵魂与宇宙等方面的知识(内明)。尽管这些都是婆罗门教徒必学的内容,但许多南亚佛教徒也会掌握,他们在中国传教的过程中就把这些知识带到中国,为中国文化的多个领域增添新的内容。

再次,中华文明因吸收了佛教文化而变得更为辉煌,表现在文学、建筑、绘画、音乐、生活习俗等各个方面。佛教在形式和内容两个方面对中国文学产生了全面而长期的影响。佛典的翻译,不仅创造出了佛教翻译文学,还为中国的文学创作带来新的题材、文体和方法。诸如投身饲虎、九色鹿等传奇故事,为佛教文学提供了丰富的题材。《佛说摩登女经》讲述了一个首陀罗种姓(奴隶阶级)的年轻女子摩登伽女迷恋上了阿难,最后为佛陀所度化的动人故事,在元明话本中就出现了以此故事为原型的创作,民国时京剧名旦尚小云以此故事为蓝本表演了新编京剧《摩登伽女》,张大千临摹的摩登女像也惟妙惟肖,又因"摩登"与"modern"读音相近,使其拥有"现代"和"时髦"之意,再加上卓别林的电影《摩登时代》的影响,"摩登"一词由此流行起来。像《法华经》《华严经》等佛家经典,也将深奥的佛理融入简洁的寓言故事中,以诸佛众生的生动故事深入浅出地解释佛理,这都具有很高的文学价值。魏晋时期,玄、佛相互渗透,一些佛教学者将般若空观融入诗歌,使玄言诗意境更加恬静闲适。唐朝时禅宗崛起,使禅与诗相互影响,互为补充。唐朝诗人王维通过描绘田园山水宣扬禅学旨趣,读来颇有一番意境之美。至宋代,禅与诗的结合得到了进一步的发展,作者通过参禅悟道,表达对宇宙人生的理解,如苏轼的《题西林壁》:"横看成岭侧成峰,远近高低各不同。不识庐山真面目,只缘身在此山中。"另外,佛教对小说的形式和内容也产生了重大影响。通过翻译,佛教经典中的大量术语已经成了中文的新词汇,增强了汉语言的表达能力。而佛教徒歌赞、咏经的声音(梵呗、转读)对中国音韵学、格律诗体有着深刻的影响。

中国建筑艺术在世界建筑史上独树一帜,相对而言受外来影响不大,但在有限的外来影响中,尤以印度佛教建筑艺术影响最大,主要体现在寺庙建筑、佛塔建筑和石窟建筑三个方面。中国最早的佛教寺庙据传是建于河南洛阳的白马寺,是中国第一古刹,有中国佛教"祖庭"之称。佛塔建筑是完全来自于印度的建筑艺术,也是佛教传入之后的产物,因为在魏晋之前汉字中并没有"塔"字。中国工匠将印度佛塔形式与中国传统建筑艺术相结合,建造出各种佛塔建筑,主要分为阁楼式和密檐式两大类。现存阁楼式佛塔,以唐代兴教寺玄奘塔、大慈恩寺大雁塔和山西应县辽代木塔为代表。密檐式佛塔则以河南登封的嵩岳寺塔、西安荐福寺的小雁塔、云南大理崇圣寺千寻塔为代表。关于石窟建筑,中国虽然很早就有穴居的居住方式,但佛教石窟的概念源于印度。在中国产生影响的主要是中心塔柱式石窟、覆斗式方窟、平顶方窟等,著名的如敦煌莫高窟、天水麦积山石窟、云冈石窟、龙门石窟等。

佛教的传入也推动了中国绘画艺术的发展,对中国绘画影响非常大的绘画技法——凹凸画法就是通过印度犍陀罗佛教艺术从西域传入的。该技法传入中国后,一改南北朝以前以勾线平染为主的传统绘画技法,使传统绘画从以平面为主的表现形式过渡到以平面和立体相结合的表现形式。中国有记载的运用凹凸技法作画的是张僧繇,他是梁朝人,擅长佛像绘画,创造了"张家样"的佛像样式。而来自于阗的初唐画家尉迟乙僧,曾在长安绘制了许多寺院壁画,他的画有"身若出壁"之感,被评为"神品",可见他对晕染凹凸法的运用已得心应手。盛唐画家吴道子是运用凹凸画法的高手,他的佛教壁画创作不拘规矩,一笔挥就,所钩衣纹流畅圆转,如迎风飘举,人称"吴带当风"。吴道子将这种随佛教艺术外来的绘画技法熟练地与本土传统技法相融合,开创了盛唐绘画的兴盛局面,也成就了其画史上的画圣地位。除了佛像画,此后不同时代一些画派的人物画、山水画、花鸟画都不同程度地受到凹凸画法及其观念的影响。除了绘画技法以外,佛教的传入也使绘画题材、体裁、风格发生了变化,不仅影响了绘画,对书法、雕刻等艺术形式也产生了重要影响。

佛教的传入还对中国民众的心理和风俗习惯产生了一定影响。佛教中的鬼神和命运观念,对中国人的社会心理影响最大。佛教讲因果报应论,强调过去的因造成现在的果,现在的因又造成未来的果,人的社会地位以及各种遭遇都是自身业报的结果。这种观念与中国传统的报应观念相融合,就形成了人们对于"命运"的理解。另外,佛教强调众生会依据生前的善、恶行为在六道中轮回,即天、人、阿修罗、畜生、饿鬼、地狱,强化了人们对佛、菩萨的崇敬和对地狱、饿鬼的畏惧心理,影响着人们的价值取向。在风俗习惯上,为了践行佛教慈悲戒杀观念和表示对佛教戒律的尊重,南朝"皇帝菩萨"梁武帝萧衍生活节俭,他不食肉,还要求国家祭祀不杀生,并且颁布《断酒肉文》,明令僧尼禁断酒肉,自此素食便成为汉地佛教徒生活的一大特色。素食制度的实行推动了蔬菜、水果、食用菌、豆制品和制糖业的发展，并逐渐形成了净素烹饪流派。在民间节日方面，汉地佛教一般以农历十二月初八为佛成道日，因十二月又为腊月，所以这一天又称"腊八"，佛成道日亦是腊八节。按照佛教传说，释迦牟尼在成佛之前，曾苦行多年，最后因饥饿与疲劳过度而难以支持，被善良的牧女供养乳糜而恢复体力，悟道成佛。为了纪念这件事，寺院便在这一天煮粥供佛，并将腊八粥赠送给信徒。南宋陆游诗云："今朝佛粥更相馈，反觉江村节物新。"在腊八节喝腊八粥的习俗便由此而来。再者，农历七月十五举行盂兰盆（即"解倒悬之苦"之意）法会（又称盂兰盆节、盂兰盆斋等）供奉佛祖和僧人，超度先灵，报父母养育之恩，也是佛教的一个重要节日。

总之，来自南亚的佛教文明自汉代传入中国后，深刻影响了中国人的生产方式、生活方式和思维方式，对中华文明的发展做出了重要贡献。

四、中国佛教、道教的东传

佛教本是产生于南亚次大陆的一种宗教，自汉代以来，佛教经由丝绸之路进入中国，在中国得到了广泛的传播。后历经魏晋南北朝、隋唐时期，与中国固有文化不断碰撞与调适，形成了中国化的佛教宗派。随着中国与东亚各国经济文化交流日益频繁，中国化的佛教也逐渐传入朝鲜、日本、越南等地。

4世纪，佛教从中国传入朝鲜，先是在民间传播，后得到官方认可，并成为官方思想。据朝鲜史书《三国史记》记载，372年，中国前秦皇帝苻坚在向高句丽派遣使团时，使团成员中的僧人顺道为高句丽带来了佛像和佛经。佛教传入高句丽后,又很快从高句丽传入百济。384年,来自中国东晋的梵僧摩罗难陀受到百济枕流王的隆重接待,并于次年建寺度僧弘法。新罗的佛教也是从高句丽传入的,在讷祗王时(417—458)有僧人来民间传教,起初受到当地文化的排斥,到法兴王十五年(528)才得到官方认可,开始兴盛起来。在统治者的大力提倡下,佛教在朝鲜得到了广泛传播。由于政府提倡佛教,许多读书人纷纷到寺院出家。为进一步学习佛教教义,他们中的很多人都到中国留学求法,如高句丽的僧朗、义渊、惠灌、智晃、波若、实法师等,百济的谦益等,新罗的安弘、圆光、昙育、慈藏等。有许多僧人还赴印度求法。在中国,他们不仅学习佛经,还学习中国先进的文化,并将其带回国,促进了两国间的文化交流。新罗王朝统一三国后,朝鲜佛教进入大发展时期,中国唐朝佛教各宗大都输入朝鲜。9世纪初,中国禅宗也传入朝鲜。高丽王朝时,统治者继续奉行尊儒崇佛的政策,使佛教在朝鲜半岛得到进一步传播和发展。高丽王朝曾历时70余年在宋朝《开宝大藏经》的基础上雕刻佛教大藏经,但因蒙古入侵一度毁于战火。后来又历时16年再度重刻,终成8万多块经版的《高丽大藏经》,又称"八万大藏经",成为世界佛教文化史上的一件盛事。

6世纪中叶,佛教经百济传入日本,在佛教从中国传入日本的过程中,朝鲜三国的僧人起到了桥梁作用。593年,日本圣德太子以摄政王身份辅佐朝政,他对中国文化很了解,喜儒学,好佛教。他把佛教视为"四生之终归,万国之极宗",颁布兴隆"三宝(佛、法、僧)"的诏书,要求全体臣民皈依"三宝",并且主持兴建了许多寺院,使佛教在日本得到大力传播。隋唐时期,中国与日本的佛教文化交流十分频繁。日本派出的遣隋使、遣唐使中有大量留学僧(即学问僧)随行,到中国研习佛法。同时,也有中国僧人到日本传教弘法,其中最著名的当属扬州大明寺高僧鉴真东渡日本传播佛教了。他曾先后五次东渡日本,但均未能成功。753年,在双目失明的情况下,他第六次搭乘遣唐使返日船到达日本九州,次年被迎入首都平城京,在东大寺为皇室成员及僧俗授戒。鉴真将佛教戒律传到日本,为日本建立起完备的受戒制度,他也成为日本律宗的开山祖师。鉴真和他的弟子还在日本传播天台宗,并把中国的医药知识、建筑技术、雕塑工艺等传到日本,推动了日本医药、建筑学的发展。鉴真及其弟子主持建造的唐招提寺及寺中佛像至今仍屹立在奈良市,成为唐朝建筑影响日本的典型例证。这一时期,中国佛教宗派相继传入日本。三论宗、华严宗最初从高句丽传入。日本僧道昭、智通、智达、玄昉先后入唐师从玄奘及其弟子窥基、三传弟子智周,将法相宗(又称唯识宗、慈恩宗)、俱舍宗传入日本;最澄入唐求法返日后正式建立日本天台宗;空海从唐朝学成归国后建立日本真言宗(密宗)。从中国传入的净土宗在日本平安时代(794—1184)后期流行起来,到了日本镰仓时代(1192—1334),佛教禅宗从宋朝大规模传入日本。南宋禅师兰溪道隆于1246年携弟子数人乘船到达日本传法三十余年,对日本禅宗的发展做出了巨大贡献。元朝时,日本僧侣往来频繁,当时不仅有大量日本僧人来元朝游历参禅,而且元朝也曾派出僧人一山一宁前往日本传播禅宗。一山一宁居留日本近二十年之久,他在多地传教,促进了日本禅宗的发展。随着参禅风气日盛,日本茶道文化也流行起来。

与朝鲜、日本相比,佛教传入越南的时间要更早一些。据文献记载,195年,东汉苍梧(今梧州)学者牟子为避社会动乱来到交趾(今越南北部),潜心研究佛道,著《理惑论》,宣传佛教。2—3世纪,佛教已通过多种途径从中国、南亚等地传入越南。6世纪以后,佛教在越南北部得到广泛发展。574年，南天竺僧人毗尼多流支到达长安，随禅宗三祖僧璨学法后，到达越南传授禅学，创立灭喜禅派。820年，唐代僧人无言通到越南传授禅学，创立无言通禅派。越南摆脱中国封建王朝的统治建立起自主的政权后，在文化上与中国的联系仍很密切。丁朝、前黎朝大力推崇佛教，僧人参与朝政。李朝时，佛教在思想上处于统治地位。李朝圣宗时，北宋僧人草堂到达越南传教，被封为国师，创立草堂禅派。陈朝的太宗推崇佛教，随宋朝禅师研习禅学。仁宗也笃志禅学，后禅位出家，创立竹林禅派。他曾作偈一首："一切法不生，一切法不灭。若能如是解，诸佛常现前。"此后儒学、儒士虽受官方重视，但佛教仍绵延不绝，在民间流行，并与中国佛教保持着密切联系。

专栏 空灵之美

禅宗作为中国化的佛学，对推动中国艺术的发展起到了重要作用。禅，是佛教梵语"禅那"的略称，义译为静虑，取制心一处、思维观修之义，它要求修行者敛心静坐，排除杂念，专注专心修定，以达到某种出神入化、超凡脱俗的境界。这一方式显然和老庄的涤除玄鉴、心斋、坐忘如出一辙，这也是为什么禅宗能够成为本土化佛学的重要原因。如果说儒家是以入世精神积极有为，道家是以游世的精神栖身于现世，那么禅宗则是"以出世之心，行入世之事"，将出世、入世打成一片，由此在艺术领域造就了空灵之美的审美风格。所谓"空灵"，并非空旷无物，佛学固然本于空，但禅宗并非四大皆空，而是空中有无穷的景、无穷的意，是一种"透明的含蓄"，它不黏着事实，但却具有含蓄无尽的剔透玲珑之美，是使意境独具魅力而分外赏心悦目的美。空灵之美在文学、绘画、书法、舞蹈、园林等艺术门类中都有体现，应该说，唐代以后，空灵之美成为中国艺术的一大审美追求。

　　清代袁枚说："诗之灵在空不在巧。"空灵比写作形式上的技巧更为重要。中国有"学诗浑如学参禅"的说法。因而，作诗首先要有禅修的经历，只有参禅达到一定境界才可以创作出具有空灵之美的诗，"诗中有禅，禅中有诗"，像王维、苏轼等大文豪的作品中都充满了禅味或禅机，读起来令人回味无穷。王维被后人称为"诗佛"，是因为他的诗中蕴含着禅意。"空山不见人，但闻人语响。返景入深林，复照青苔上。"（《鹿柴》）诗人静坐澄心，最大限度地平静情绪与思维，让自己进入虚空的境界，空旷的深山中人烟罕见，看似"破寂"的人语，却愈见空山之寂。深林的幽暗凸显出照在青苔上的一丝落日的余晖。在常人看来，这样的景色只能引出人们内心深处的孤独寂寞，然而对于诗人来说，禅趣就在于此，他享受孤独而没有惆怅，只有一片空灵的寂静。由禅意而塑造的空灵意境，并无冷漠孤寂的情调，而是洋溢着生命的光辉。"不雨花犹落，无风絮自飞。"王维笔下的一草一木、一花一石都是动的，但动静相生，它所传达的静的意蕴是自然的、永恒的。这种空明境界无一不渗透出寂静的美感，一切都是那么随意而自然，诗中美的意蕴就产生于对自然永恒的空灵之美的感悟中。

　　道教的东传也是中国与朝鲜、日本和越南文化交流中的一项重要内容。道教是中国土生土长的一种宗教，它初步形成于东汉，历经魏晋南北朝时期的发展，在唐朝时达到鼎盛。

　　据朝鲜史籍记载，道家思想已于3世纪传入朝鲜。7世纪时，道教正式传入朝鲜。唐高祖在位时，听说高句丽人争相信奉五斗米道，就派道士送去天尊像。唐太宗时，应高句丽王请求，又派道士前往传道、斋醮祈福。唐文宗时,新罗人崔承佑、金可纪、僧慈惠赴唐留学,得道教修炼之法。后来赴唐留学的崔致远将修炼法传入新罗,开创了新罗内丹道教。高丽王朝时期,朝鲜的道教达到极盛,历代国王都要举行国家醮祭活动,尤以睿宗和毅宗最崇尚斋醮。睿宗时,高丽王朝与道教十分繁荣的北宋多次进行道教文化的交流,睿宗的道教信仰受到了宋朝"教主道君皇帝"宋徽宗的影响。睿宗仿照宋朝道观建造了皇家道观福源宫,置道士十余人,并在这里举行禳灾祈福的斋醮仪式。这标志着以道观为依托的朝鲜科仪道教逐渐形成。随着斋醮活动的频繁举行,道教信仰也逐渐影响到下层民众,道教习俗开始在民间流行起来,例如,守庚申就是朝鲜民间非常流行的一种道教信仰。

关于道教传入日本的时间、途径及对日本文化的影响程度,在学术界存在着不同的观点。许多学者通过考证认为,最迟在奈良、平安时代,中国道教的经典、信仰、方术、科仪、习俗等已经传入日本。例如,东京大学著名的道教学者福永光司教授在《圣德太子的冠位十二阶》一文中指出,圣德太子于603年制定的十二阶(由高到低分别为:大德、小德、大仁、小仁、大礼、小礼、大信、小信、大义、小义、大智、小智)的德、仁、礼、信、义、智和所配紫、青、赤、黄、白、黑六色之首的"德"字和所配紫色就是依照中国六朝道经《洞真太上太霄琅书》而制定的。这也说明圣德太子熟悉已传入日本的《洞真太上太霄琅书》等道教经典的内容。一般认为,道教是由从中国、朝鲜移居日本的"归化人"(移民)传入日本的,或是由遣隋使、遣唐使以及随之而来的留学生传到日本的,或是由中国、朝鲜的道士、僧人前往日本传教而带去的。道教对日本的政治、宗教信仰、民间习俗等方面产生了重要影响,主要表现在神道思想、天皇崇拜、宫廷制服、祭祀仪式、文学、医学以及守庚申等习俗上。

形成于东汉中叶的道教,很快就传到了作为中国郡县的越南北部。据史书记载,大约在2世纪末,越南就有人信神仙辟谷长生之术。东汉献帝建安八年(203)任交趾刺史的张津,好鬼神事。当时天下大乱,而交州在士燮的治理下出现稳定繁荣局面,中原许多名人,如牟子等南下交州避难,既有儒家、佛家,也不乏道家术士。东晋末年,五斗米道道士孙恩在江东八郡发动起义失败后,其妹夫卢循率余部转战各地,曾至交州。历经魏晋南北朝,到了唐代,越来越多的道士前往安南,道教在越南得到较快发展。其后的丁朝、前黎朝、李朝、陈朝,佛教、道教盛行。李朝太祖曾向崇道的宋真宗求取《道藏经》。后黎朝前期推崇儒学,同时对佛、道施行限制政策,后有所恢复。此后,道教逐渐向越南南部传播,成为越南文化的一部分。

在朝鲜、日本和越南,虽然道教的影响远没有在中国那样大,也远不如儒学、佛教影响那么深,但也渗透到其民族文化的各个方面,成为不容忽视的文化现象。

专栏　自然之美

儒道两家都讲天人合一,但是道家天人合一其实就是回归自然的境界,即"人法地,地法天,天法道,道法自然"(《道德经·第二十五章》)。这个"自然"不是单纯的自然界,而是自然而然的境界。所谓自然之美,一方面,如庄子所说"天地有大美而不言",徜徉在自然界我们可以感受大自然的恩赐;另一方面,道家更强调自然而然的没有见出主体性实际创造的自然之美,这种美的本质是精神世界的自由,只有自由的心灵才可以创造自然之美。所以,道家倡导以游世的姿态回归本真的状态,这一思想对于中国艺术的贡献是很大的,园林、绘画、诗歌、书法等艺术门类中的许多精品都源自道家自然之美。

如果说中国建筑更多遵循儒家的中和之美,那么中国的园林则将道家的自然之美发挥到极致。虽然园林属于人工作品,但是中国园林的布局采取了本于自然、高于自然的原则,力图使人工美呈现自然美,以达到"虽由人作,宛若天开"的境界。因而,中国园林并不照搬自然山水,而是采用虚实相间的布景达到小中见大的目的,从而在有限的空间中创造出无限的自然之美。沈复在《浮生六记》中说:"若夫园亭楼阁,套室回廊,叠石成山,栽花取势,又在大中见小,小中见大,虚中有实,实中有虚,或藏或露,或浅或深。"他举例说:"虚中有实者,或山穷水尽处,一折而豁然开朗;或轩阁设厨处,一开而通别院。实中有虚者,开门于不通之院,映以竹石,如有实无也;设矮栏于墙头,如上有月台而实虚也。"(《浮生六记·闲情记趣》)可见"虚中有实"、"实中有虚"都是通过布景实现在观赏者的心理上扩大空间感。除了在空间上营造无限之美,中国园林还注重在细节、要素上体现自然之美,如设置流水、游鱼、花草、树木、湖泊、河流、泉水、渊潭,遵循石求奇、廊求回、水求曲、路求幽的设计,营造水绕山行,山静水流,动中有静,静中伏动,使得山水相得益彰,赋予了古代园林无穷的活力。人置身其中,能够触景生情,达到情景交融,在精神上让人感受到一种自由,这种自由就是与宇宙的精神相通。

五、中国典章制度的东传

典章制度是文明程度的标识,反映了一个国家的规范意识,简单讲,就是行为规范准则。中国的规范意识很强,因而,历朝历代的统治者都在制定典章制度方面下功夫,留下了内容丰富、行之有效的政府行为规范和操作方式。典章制度的记载渠道多样,像《史记》中的"书"中有关于典章制度的记录,史书中的"志"、"录"也有相应典制的记载。此外,还有像《文献通考》《通典》《通志》(合称"三通")等专门记载典制的书籍,而"法令"、"律则"、"典章"、"会典"等则更是显而易见的典制载体。秦汉时期,中国就已形成相对固定的典章制度,内容涉及中央制度、地方制度、选士制度等各方面。至唐代,中国政治典章制度、法律制度等更是被朝鲜、日本、越南等竞相移植。

朝鲜三国时期,各国典章制度相对简单。随着与中国的交流日益深入,魏晋南北朝时期,中国的典章制度开始在朝鲜半岛传播,系统地引进则是在唐朝。新罗仿照唐朝的三省六部制,设立了执事省、兵部、礼部、仓部等机构。在地方制度上,新罗将全国划分为九州,实行州、郡、县三级体制,以便于加强中央对地方的控制。在科举选士方面,新罗仿照唐朝的科举制度实行读书三品出身法,以儒家经典和汉学为主要考试科目进行国家考试,以选拔和录用官员。高丽王朝时期,曾仿效元朝设置了中书省、枢密院、御史台等政府机构,后来被元朝皇帝视为僭越,遂改为佥议府、密直司、监察司等。在科举制度方面,确定了乡试、会试及殿试等考试方式。

古代日本社会制度的变迁与借鉴隋唐的典章制度是分不开的。圣德太子辅佐天皇摄行朝政时,为了抑制氏姓贵族势力,加强皇权,而借鉴了中国的先进制度和思想文化,推行一系列改革。603年,颁行"冠位十二阶",按才干和功绩授予贵族荣爵,不能世袭。次年又颁布了"宪法十七条",规定了尊卑地位及权利义务关系,提出"国靡二君,民无两主;率土兆民,以王为主",强调国家统一和皇权至上。他还派出遣隋使,学习中国的制度、历法等。尽管圣德太子改革没有从根本上动摇日本奴隶制的基础，却为随后的大化改新提供了经验借鉴。特别是他派往中国的日本留学生带来了中国隋唐时期先进的政治经济制度和思想文化，为日本的封建化改革提供了可资借鉴的典范。

圣德太子去世后，守旧派大贵族重掌大权，社会危机进一步加深，更大的改革迫在眉睫。645年，日本皇室在改革派的支持下发动政变，消灭了专权的大贵族，模仿中国建立年号"大化"。大化二年，孝德天皇颁布改新诏书，以隋唐中央集权的政治经济制度为蓝本，制订了一系列改革措施，史称"大化改新"。在政治上，废除了贵族的世袭特权，制定"二官八省制"，建立京师和地方行政机构（国、郡、里）；在经济上，把贵族土地收归国有，实行封建国家土地所有制、班田收授法与租庸调制；在军事上，实行征兵制；等等。大化改新加强了中央集权，促进了国家统一，完成了日本从奴隶社会向封建社会的过渡，形成了以天皇为首的中央集权的封建国家，给日本社会带来了巨大的变革。

历史上，越南中北部长期为中国直接管辖，自秦朝到唐朝，都在越南设置行政管理机构，管理体制与每个朝代的管理体制是一致的，史称"北属时期"或"郡县时代"。中国五代十国时期，吴权击败中国南汉军队，939年称王，建立吴朝，开始脱离中国封建王朝的统治。到了968年，丁朝建立，定国号大瞿越，并接受北宋册封为"交趾郡王"，南宋时获封"安南国王"，成为中国的藩属国。除了后来一段时间安南被明朝纳入版图外，一直到19世纪下半叶沦为法国的殖民地前，越南历朝历代均为中国的藩属国。清朝嘉庆皇帝赐阮朝国号为"越南"，并册封阮朝君主为"越南国王"，越南国名由此始。越南在自主建国后继续模仿、移植和推行中国的封建中央集权的政治制度、封建经济模式，尊奉中国的学术和宗教，施行儒学教化政策，师法科举取士制度等，极大地推动了越南封建社会的发展。

六、中国重大技术发明的西传

"四大发明"是中国文明影响世界文明进程的典范。在四大发明中，最早向西方传播的是造纸术。自汉代丝绸之路开辟后，纸张就随着往来于丝绸之路的商队向西域传播，之后再继续向西亚、南亚以及欧洲等地传播。造纸术的西传要比纸张晚一些，目前公认的是在怛逻斯战役之后。公元751年，唐朝军队在大将高仙芝的率领下与阿拔斯王朝（中国史籍称之为黑衣大食）军队在怛逻斯（今哈萨克斯坦的江布尔城附近）交战，此次战役有大量唐军被俘。据一些阿拉伯文献记载，这些被俘的唐军中有一些造纸工匠，也正是这些工匠们帮助阿拉伯人在撒马尔罕建立了造纸厂，这也是穆斯林世界首家造纸工场。不久，"撒马尔罕纸"就以其精美实用的优点闻名于阿拔斯王朝统治区域。9世纪，借阿拉伯人之力，造纸术继续向西传播，进入埃及、摩洛哥等北非地区，对埃及的文明发展贡献颇多。10世纪时，纸张已经在埃及成为主要的书写载体。10世纪后，造纸术又由摩洛哥传入西班牙，继而传入欧洲各地。中国造纸术的传播，彻底颠覆了西方国家原有的书写方式，改变了西方以皮革、纸草或羊皮纸来书写的历史，对人类文明的发展做出了巨大的贡献。

宋元时期是中国古代科学技术发展的高峰时期，借助于通畅的海上通道，印刷术、火药和指南针开始传入西方。中国发明的印刷术可分为雕版印刷和活字印刷两种，其中雕版印刷产生较早，在唐代趋于成熟，现存最早的雕版印刷品是在敦煌千佛洞发现的868年印刷的《金刚经》。活字印刷到北宋时期才出现，根据沈括所著《梦溪笔谈》记载，在宋仁宗庆历年间,毕昇发明了活字印刷术。活字印刷比雕版印刷省时省力,经济方便,是印刷技术史上的一场革命。毕昇用的是泥活字,元代农学家王祯又发明了木活字。活字印刷技术对于使用拼音字母的西方语言具有更大的优势,因此很快就在西方得到传播和发展。德国人古登堡受中国印刷术的启发,于15世纪40年代发明了铅字印刷,1454年到1455年,他在德国美因兹首次用活字印刷了拉丁文《圣经》(也叫四十二行圣经、古登堡圣经)。印刷术的发明和在世界范围内的传播,直接促进了文化的发展和教育的普及。

火药是用硝石、硫磺、木炭三者按比例配制而成的混合物,其发明与中国古代的炼丹术有密切关系。9世纪时,中国人已掌握了火药制造技术,并开始在战争中使用火药和火器。宋元时期,火药和火器在战争中得到广泛使用。随着蒙古人的西征,欧洲人见识了火器的威力。但欧洲人最早掌握火药的制作技术是通过阿拉伯人,以阿拉伯人为中介,此技术于13世纪传入欧洲。14世纪,西班牙、英国、法国、意大利等开始在战争中使用火药和火器。火药的制造技术对欧洲的社会变革产生了巨大的影响。

中国是世界上最早发现磁铁具有指极性的国家。北宋早期,已发明制作"指南鱼"的技术。但指南鱼的磁性不强,指南效果不佳。后来又发明了人工传磁技术,才使制作灵敏小巧的指南针成为可能。沈括在《梦溪笔谈》中记载了用天然磁石磁化铁针制成指南针的方法和指南针的四种装置方法。人们普遍采用的是用水浮法制成的水罗盘。大约在北宋末期,中国人已将指南针用于航海,成为人类航海史上的一大进步。英国著名科学史家李约瑟曾高度评价这一进步,认为它把"原始航海时代推到了终点",并且"预示计量航海时代的来临"。南宋时,指南针又经阿拉伯传入欧洲,在欧洲人开辟新航路和地理大发现中发挥了重要作用。

关于印刷术、火药、指南针这三大发明对世界文明进程产生的影响,英国著名哲学家弗兰西斯·培根曾在《新工具》一书中写道:"这三种发明已经在世界范围内把事物的全部面貌和情况都改变了:第一种是在学术方面,第二种是在战事方面,第三种是在航行方面;并由此又引起难以数计的变化来;竟至任何帝国、任何教派、任何星辰对人类事务的力量和影响都仿佛无过于这些机械性的发现了。"①这些来自中国的伟大发明也推动了资本主义世界的降临,正如马克思所言:"火药、指南针、印刷术——这是预告资产阶级社会到来的三大发明。火药把骑士阶层炸得粉碎,指南针打开了世界市场并建立了殖民地,而印刷术则变成新教的工具,总的来说变成科学复兴的手段,变成对精神发展创造必要前提的最强大的杠杆。"②

中国是世界上最早掌握养蚕缫丝技术的国家,随着汉代丝绸之路的开辟,中国的丝绸就传入欧洲,在市场上几乎与黄金等价。当时的古罗马人称中国为"赛里斯",意为"产丝之地"。养蚕和丝织技术大约在4世纪时传到中亚、西亚,6世纪中叶传到东罗马帝国。至于是如何传过去的,历史上有多种传说,有的说是出嫁的公主把蚕种藏在自己的帽子里带出去的,有的说是印度僧侣或波斯人将蚕种放在竹筒中或手杖中带出去的,这些传说都说明了掌握养蚕缫丝技术的重要性。12世纪,十字军东征时将君士坦丁堡的大量丝织工人带回意大利。从此,意大利人掌握了养蚕缫丝技术。之后,这些技术从意大利传遍欧洲。

---

① ［英］培根:《新工具》,商务印书馆1984年版,第103页。
② 《马克思恩格斯文集》第8卷,人民出版社2009年版,第338页。

瓷器是中国古代劳动人民的又一伟大发明,早在商代,中国就出现了硬度很高的原始瓷器。东汉时期,江南地区已经出现了优质瓷器。到三国时,中国青瓷的制造技术已经成熟。大约在汉代,中国陶瓷就向邻国传播,唐代已传至阿拉伯地区,各国工匠竞相仿制。8—9世纪,日本、朝鲜开始烧制瓷器。15世纪,阿拉伯人把制瓷技术传到了意大利。但是,在此后的两个世纪欧洲人只会生产软质瓷,到了18世纪初,德国、奥地利等国才先后烧制出硬质瓷,从此,欧洲制瓷业进入了一个可以同中国竞争的新阶段。正因为中国瓷器对人类生活、世界贸易、工艺美术、收藏业等产生了巨大影响,china(瓷器)成为与中国(China)同名的一个词。

七、18世纪欧洲的中国热

18世纪,通过日益频繁的中欧贸易和耶稣会传教士译介的中国文化思想,中国的丝绸、瓷器、漆器、家具、折扇等商品和中国儒家文化不断输往欧洲,东方古国的文化魅力令欧洲各阶层人士为之倾倒,他们援引中国,赞美中国,在欧洲掀起了一场"中国热",也开启了中国文化影响近代欧洲文明的历程。

中国工艺美术和园林艺术的传入,曾促使法国的艺术潮流发生了重大变化。17世纪至18世纪初叶,在欧洲艺术上流行的是巴洛克风格,它的特征是力图复活古罗马帝国的庄严、宏伟和富丽堂皇。但在一些艺术设计中也融入了中国装饰的元素。譬如,法王路易十四就在凡尔赛宫为情妇蒙特斯潘夫人修了特里亚农宫(又称瓷宫),装饰设计大量采用中国青花瓷风格,庭院设计也采用中国园林的元素。18世纪20年代后,中国瓷器的淡雅纤细和中国丝绸的轻柔飘逸受到欧洲人的青睐,在艺术上开始盛行洛可可风格,其风格灵感源于丝绸、瓷器、漆器等中华文明要素,其情调也倾向于追崇中国艺术风格。法王路易十五和他的情人蓬巴杜夫人对中国文化情有独钟,蓬巴杜夫人亲自督导皇家塞夫勒窑厂的生产,采用中国图案,推动了洛可可艺术的流行。欧洲各国皇室纷纷效仿,成为上流社会的时尚。同时,中国园林崇尚淡雅、师法自然的审美趣味也影响了欧洲的园林艺术。

当然,18世纪欧洲的中国热并非仅仅局限于建筑和园林艺术方面,欧洲人对一切有中国风格的东西都充满了兴趣。帷幔、挂毯、壁画、壁纸、外套、家具、花园凉亭、茶屋……一切装饰艺术都被中国风格裹挟着,影响着欧洲时尚,改变着欧洲人的生活方式,喝茶、穿丝绸衣服、使用中国折扇等等,成了欧洲人的生活追求。当时的哲学家克里姆写道:"有一个时候,每家的桌上,都陈列着中国的物品,我们许多器具的样式是模仿中国的。"①

在18世纪的欧洲,不仅仅是来自中国的商品影响了欧洲的艺术风格、审美趣味和生活方式,来自中国的文化思想也对此时的启蒙运动产生了深远影响。欧洲知识分子阶层非常认同和赞赏中国文化精神,并积极推广与传播,这在一定程度上促进了启蒙运动的发展。

启蒙运动对于西方近现代发展具有重大的意义,它把人们从宗教神学和封建专制的束缚中解放出来。正是在启蒙运动开启的理性、自由、民主等价值观的影响下,欧洲开始摆脱专制的束缚,逐步发展成现代工业社会。这一时期,启蒙思想家们除了汲取西方科学文化思想外,也援引了耶稣会传教士译介的中国儒家思想。清新自然的中国文化,使欧洲启蒙思想家们眼界大开,他们从儒家典籍中吸收中国文化的精神,坚

---

① 阎宗临:《中西交通史》,广西师范大学出版社2007年版,第50页。

定了反对宗教蒙昧和封建专制的决心。中国的思想文化正是通过这些启蒙学者们的解读,成为启蒙运动的思想资源,推动了欧洲启蒙运动的发展。

中国文化所具有的无神论思想可以帮助构建欧洲的"理性"。欧洲启蒙运动的一项重要内容就是要从旧的神人关系向新的人人关系过渡,为此,他们兴起了自然宗教。自然神论者反对神启说,认为上帝的作用在于创造世界,而创世之后,世间万物就会按自然法则运行。中国的儒家哲学与自然宗教十分契合,于是就被启蒙思想家们借鉴过来,成为构建其理性的一个基础。

欧洲启蒙思想家们对中国的政治体制也相当推崇,孟德斯鸠曾高度评价中国以"礼"作为治国的原则,他说:"中国的立法者们主要的目标,是要使他们的人民能够平静地过生活。他们要人人互相尊重,要每个人时时刻刻都感到对他人负有许多义务;要每个公民在某个方面都依赖其他公民。因此,他们制定了最广泛的'礼'的规则。……这是养成宽仁温厚,维持人民内部和平和良好秩序,以及消灭由暴戾性情所产生的一切邪恶的极其适当的方法。"①中国通过科举考试进行人才的选拔和任用,这与中世纪欧洲政治由教会把持的局面形成了鲜明的对比,更加令启蒙思想家们叹服。中国的富庶来源于农业的发达,中国的重农政策也对当时的启蒙思想家们产生了影响。蓬巴杜夫人曾接受重农学派代表人物魁奈的建议,鼓动法王路易十五仿效中国皇帝展现重视农耕的具体做法,如举行亲耕农田仪式,以彰显法国重农主义的政策,从而推动农业发展。

当时的欧洲人已然被昌盛的中华文明所折服,法国思想家伏尔泰惊

① ［法］孟德斯鸠:《论法的精神》上册,商务印书馆1961年版,第312页。

叹道："中国人在道德和政治经济学、农业、生活必需的技艺等等方面已臻完美境地。"①中国文化的人格化代表孔子更是受到欧洲人的推崇,魁奈认为,《论语》"讨论善政、道德及美事,此集满载原理及德行之言,胜过于希腊七贤之语"。德国的思想家莱布尼茨明确认识到中华文明能助推西方文明的发展,他对二进制算术的研究便是从中国典籍《周易》中得到的启示。

中国思想文化对欧洲启蒙运动产生了深远的影响。1987年,时任中国国家主席的李先念到访法国,受到法国总理希拉克的热情欢迎。在致辞中,希拉克特别指出,启蒙思想家"在中国看到了一个理性、和谐的世界,这个世界听命于自然法则且又体现了宇宙之大秩序。他们从这种对世界的看法中汲取了很多思想,通过启蒙运动的宣传,这些思想导致了法国大革命"②。

八、西学东渐

16世纪末,随着西方地理大发现和新航路的开辟,众多的天主教传教士肩负着传播上帝福音的使命,来到印度、中国和美洲等地。耶稣会是罗马天主教的主要修会之一,它是由西班牙贵族罗耀拉创立的。耶稣会创立后的主要任务是教育和传教,它曾在欧洲兴办了多所大学,培养出的学生服务于教会外,也活跃于政界与知识界。

由于当时明朝实行严厉的海禁政策,耶稣会士来华传播天主教的使命很难实现。有一些试图进入内地的传教士,因不懂汉语、不了解中国

① 〔法〕伏尔泰:《哲学辞典》上册,商务印书馆2009年版,第333页。
② 孟华:《启蒙运动与儒家思想》,《神州学人》1998年第1期。

文化和国情，也未获成功。在这种情况下，以利玛窦为代表的耶稣会士采取变通的方式传教，走学术传教的路子，也就是说先用西方科学技术吸引中国士大夫阶层的注意，以消除其戒备心理，从而扩大耶稣会的影响，在此基础上传播天主教。虽然耶稣会士来华的根本目的是传教，但客观上却将欧洲文明引入中国，从而促成东西方文化的交流，使明末清初的一百余年间成为继汉唐以来的第二次思想文化交流高峰。

耶稣会的传教士给中国带来的既有古代托勒密体系的天文学、欧几里得的《几何原本》等，也有文艺复兴时期的《见界总星图》、《坤舆万国全图》等，其内容涉及广泛，不仅有理论层面的天文、数学，也有实用层面的医学、地理、生物学，更有制艺层面的火器、钟表、机械等，还有建筑学、艺术等等。可以说，这是西方正在形成和发展中的近代自然科学与艺术对中国的一次全方位的传播。

在一批又一批传教士，知名的如利玛窦、龙华民、邓玉函、汤若望、罗雅谷、穆尼阁、南怀仁、张诚、白晋、郎世宁、王致诚等不遗余力地译介和传播中，上自开明的崇祯、康熙，下至各级官员、士大夫中的佼佼者如徐光启、李之藻、李天经等人，开始受到西方先进文明成果的冲击，他们的视野在不断扩大。他们开始知道自己生活的世界原来只是宇宙中的一个星球——地球，地球绕着太阳在转。中国也只是亚细亚洲的一个国家而已。他们看到了从中国传出去的火药在西方经过改造、发展，演变成为对中国传统冷兵器有压倒性优势的"红夷大炮"。他们在西方传教士的帮助下，学习了医学常识，看到了人体解剖图，从而第一次真正科学地认识了自身。他们在传教士的协助下，修建了万园之园——圆明园。他们观赏着传教士的西洋绘画与中国传统画法相结合的图画，对西方的透视画法等技法，叹为观止。

明清之际那些开明的士大夫们对来自西方的文明成果持有开放的心态,他们努力将中华传统文化与西方文化加以"会通",使研究、传播和运用西学一时蔚然成风。徐光启对西方科技推崇备至,他认为传教士带来了中国之前未有之科技,极大提升了中国学者研究科技的兴趣和动力,有利于中国科技的发展。所以,他主张只要外来文化对中国的进步和发展有利,没有必要争论何远何近。李之藻也认为利玛窦带来的物理、几何等科学,"有中国先儒累世发明未晰者","藻不敏,愿从君子砥焉"。到清朝初年,薛凤祚、王锡阐、梅文鼎、方以智等人接续了这项中西会通的事业,对当时中国的学术发展起到了不可忽视的推动作用。据一些学者统计,在《四库全书》收录的所有自然科学著作中,单单是1600至1770年间完成的天文学著作就占天文学著作总数的74%,而同一时期出现的数学著作在历代数学著作总数中占44%。

　　如果沿着这一潮流发展下去,从西方科技、艺术领域开始,中西文化交流可能会逐渐渗透、扩展下去。但是,康熙皇帝执政期间,罗马教廷不顾中国国情,干涉中国人的祭孔祭祖习俗,禁止中国天主教徒尊孔祭祖,并强令中国教徒只接受罗马教廷及其教职人员的指令,挑起了所谓的"中国礼仪之争",最后激怒了清朝统治者,从雍正朝到乾隆朝,除钦天监留下少数供职的传教士外,其余的被驱逐到澳门。这使得已经取得显著成果的中西文化交流中断了,宗教形式下西方的科学技术、文化艺术的传播受到了直接的影响。

　　在此次传播中,来自欧洲的传教士和商人担当了传播的媒介,他们并非是研究科学的专业人士,这自然使得西学的准确性与系统性大打折扣。同时,也应看到,从西学传播的受众来看,也只限于王宫贵族和少数士人,没能真正走入中国社会,普通百姓也没有机会接触和学习西学,这就直接限制了西学传播的范围。从接纳西学的态度来看,中国人往往从实用的角度出发,主要选择一些与天文历法、水利、农业、火器、建筑等有关的内容,而对西方文化的精神实质则很少关注。尽管此次西学东渐开阔了中国人的眼界,丰富了中国人的知识,但就其传播的范围和影响的深度而言,则是非常有限的,无法把中国真正领进世界近代化的潮流中。

九、交流互鉴是推动人类文明发展的重要动力

不同文明间的交流互鉴不仅是文明自身发展的动力,对于整个社会的进步与发展,也具有巨大的促进作用。1845年,马克思、恩格斯在《德意志意识形态》中,对文化交流的意义做了概括:"某一个地域创造出来的生产力,特别是发明,在往后的发展中是否会失传,完全取决于交往扩展的情况。"① 1846年,马克思在致巴·瓦·安年柯夫的信中,又明确指出了包含文化交流在内的交往方式对人类社会发展的推动作用。英国哲学家罗素曾指出:"希腊曾经向埃及学习,罗马曾经向希腊学习,阿拉伯人曾经向罗马帝国学习,中世纪的欧洲曾经向阿拉伯人学习,文艺复兴时期的欧洲曾向拜占庭学习。在那些情形之下,常常是青出于蓝而胜于蓝的。"②教育家蔡元培也指出:"一种民族,不能不吸收他族文化,犹之一人之身,不能不吸收外界之空气及饮食,否则不能长进也。"③正是基于对人类文明发展史的认识和理解,习近平同志明确指出,世界文明是多彩的、平等的、包容的,"文明因交流而多彩,文明因互鉴而丰富。文明交流互

---

① 《马克思恩格斯文集》第1卷,人民出版社2009年版,第559页。
② 〔英〕罗素:《一个自由人的崇拜》,时代文艺出版社1988年版,第8页。
③ 蔡元培:《说俭学会——在北京留法俭学会上的演说词》,《旅欧杂志》1917年第23期。

鉴,是推动人类文明进步和世界和平发展的重要动力"①。

首先,文明交流互鉴有利于不同文明间的相互学习、取长补短,加快社会发展进程。汉唐以来,中国与西域、印度、西亚等地的交流,曾经促进了中华文明的发展,特别是印度佛教的传入对中华文明的影响既深刻又广泛。中华文明向朝鲜、日本、越南等地区的传播,也对当地的文明发展做出了重要贡献。从历史上看,一个民族、一个群体、一个人物创造的一种有价值的文明成果,在传播到其他地区后,可以推动其他地区的发展。如果每一个民族、每一个群体都拒绝接受他人已有的可资利用的文明成果,一切都要自己从头开始重新创造一遍,那么社会发展不知要延缓多少年。中国古代的四大发明是中国人民在长期的生产实践中创造出来的,对于使用它们的其他民族不知要少走多少弯路,节省多少人力、物力、财力和时间,所以说四大发明对整个世界文明的进步产生了巨大的推动作用。同样,像蒸汽机、电力等西方近代发明,也对中国及整个世界的发展做出了重要的贡献。不难看出,不同文明间的相互学习、相互借鉴是推动人类文明发展的一个重要动因。

其次,文明交流互鉴可以激发社会活力,促进社会发展。文明最初都是在一个相对狭小的地理环境中孕育成长起来的,如果不与域外其他文明交流,便容易形成一种稳固的模式,并且只能依靠自身的因素缓慢地发展。而不同文明间的相互交流能够在一定程度上打破这种相对稳定的状态,通过新的知识经验、新的思想观念、新的技术发明、新的信息输入,为文明的发展注入新的活力。尤其是当一个国家和民族通过交流发现自己的文明与其他文明存在差距时,就会激发出一种竞争意识,为了不甘落后,就会奋起直追,这将成为社会发展的强大推动力。19 世纪

---

① 习近平:《在联合国教科文组织总部的演讲》,《人民日报》2014 年 3 月 28 日。

中期,日本被西方的坚船利炮打开了国门。落后就要挨打,日本的有识之士看到了自己的文明与西方工业文明的差距,便开始了向西方学习的过程,于是出现了著名的"明治维新"运动,整个社会发展表现出空前的活力,也使日本迅速走上资本主义道路,摆脱了沦为西方殖民地的命运。而在这样一个人类文明的大转型中,尽管中国的有识之士进行了不懈的努力,无奈顽固的清朝统治者却极力维护封建统治,盲目排外,使中华文明的发展错失了历史机遇,逐渐沦为西方列强瓜分的对象。这是一个沉痛的教训。

再次,文明交流互鉴要以文明对话为途径。不同文明之间在交流时,因时代性和民族性的差异,难免会产生摩擦和冲突。汤用彤先生在谈到文明间的交流时,曾指出异质文明的输入往往会经历三个阶段,即"因为看见表面的相同而调和"、"因为看见不同而冲突"、"因再发现真实的相合而调和"①。其中,第二个阶段就是指文明间的冲突阶段。不同文明之间有差异,有冲突,这是客观的事实,关键是采取什么样的态度去对待这种差异和摩擦。能否尊重对方文明、平等地对待对方文明,通过双方的沟通加强对话,对于交流的结果具有重要的影响。在古代中华文明发展的过程中,曾出现过两次有名的异质文明的输入:一次约在两汉之际南亚佛教文明的传入,另一次是明清之际西方天主教的传入。这两种文明都是以宗教为核心的高度发展的文明系统,与中华固有的文化传统之间,有着相当深的隔阂与异质。如前所述,由于二者采用了不同的传播策略,就出现了不同的传播效果。

20世纪90年代,亨廷顿提出了使他扬名的文明冲突论。很显然,亨廷顿对文明间关系的理解是片面的,突出了对立性和不可融合性,却忽

① 《汤用彤全集》第5卷,河北人民出版社1999年版,第281页。

视了同一性和可融合性,他将西方文明与其他文明对立起来的思想是极不可取的。与亨廷顿的"文明冲突论"观点不同,"文明对话"理论日益引起人们的关注。"文明对话"理论强调的一个基本原则就是尊重对方文明,只有在尊重对方文明的前提下,才能通过对话增进共识,消除误解。各个国家、各个民族的文化都是历史的积淀和选择,虽有时代、地域、民族、业态之分,但无高低贵贱之别,在价值上、生存和发展权上是平等的。因此,"要了解各种文明的真谛,必须秉持平等、谦虚的态度","历史和现实都表明,傲慢和偏见是文明交流互鉴的最大障碍"[1]。"文明对话"理论承认了文明的多样性和平等性,提倡不同文明间要多交流、常沟通,彼此学习借鉴,共同推进人类文化的发展繁荣。

---

[1] 习近平:《在联合国教科文组织总部的演讲》,《人民日报》2014年3月28日。

第四章　中华传统文化的特征和功能

"每一个国家和民族的文明都扎根于本国本民族的土壤之中,都有自己的本色、长处、优点。"①中华文化深植于中华大地广袤的沃土之中,涵养出独特的文化风格和非同凡响的文化优势。中华传统文化无论是在与其他主要文化的比较中,还是在文化影响力方面,以及在自身演化发展的能力层面,都彰显出自己的特点和比较优势。而这些特点和优势在维护中华民族生存、促进中华民族发展上曾起过难以估量的作用,在中华民族的未来发展中也必将继续发挥重要作用。

一、从中西文化对比看中华传统文化的特色

中华文化是具有博大胸怀的文化,在悠长的历史中演绎着热络的文化交流剧情。中华传统文化与西方文化交流的历史绵长,文化交流的层次丰富,从器物文化层面的互通深入到思想文化层面的交流。中西文化在器物层面的交流开展得较早,秦汉时代,中国的丝绸便历经万里闯进了罗马人的生活,极大地促进了西方服饰文化的发展。唐宋时期,瓷器

---

① 习近平:《在纪念孔子诞辰2565周年国际学术研讨会暨国际儒学联合会第五届会员大会开幕会上的讲话》,《人民日报》2014年9月25日。

以船运的方式抵达欧洲,丰富了欧洲的艺术形式,促进了西方装饰文化、收藏文化的发展。而对西方文明影响最深远的当属四大发明的传入,造纸术和活字印刷术的西传入欧,对欧洲的文艺复兴和思想启蒙等文化运动产生了深远的影响。指南针和火药推动了大航海时代的到来,开启了拓展和征服的步伐,加速了西方文化的扩张和影响。可见,中国古代的四大发明极大地加速了西方文明的进程,这也充分体现了中华传统文化对西方文化发展的重要贡献。

相对应的中西方思想文化交流则稍晚,西方世界对中国的文化印象最初是从"游记"中获得的,如意大利人马可·波罗(1254—1324)的《马可·波罗游记》和鄂多立克(1265—1331)的《鄂多立克东游录》,概述了他们对中国的地理风貌、风土人情等观感,也构成了西方人对中国的基本文化印象。而真正促进东西方文化交流的当属明清之际来华的耶稣会传教士,他们促成了"西学东渐"和"中学西传"的双向文化交流态势。一方面,大批耶稣会传教士来华传教的同时带来了西方的文化和科技,他们将西方经典著作翻译成中文,如意大利传教士利玛窦和徐光启合译了《几何原本》,毕方济和徐光启合作将亚里士多德的《论灵魂》翻译成中文(起名《灵言蠡勺》),傅泛济和李之藻翻译了亚里士多德《逻辑学》的前10卷,南怀仁翻译了后20卷。传教士的努力让西方文化进入中华大地,使中国开始了解认识西方文化;另一方面,传教士将中国灿烂的文化和深邃的智慧,以书信和译文的形式传递回欧洲。传教士深爱中华智慧典籍,在苦心钻研后进行翻译,利玛窦将"四书"译为拉丁文,法国传教士金尼阁把"五经"也译为拉丁文,等等。

传教士对经典的翻译工作推进了西方世界了解中华传统文化的进程,也真正使中华文化的影响力在西方扩展,影响了西方一大批著名的思想家,如法国启蒙思想家伏尔泰、孟德斯鸠、卢梭,德国哲学家莱布尼茨、康德、黑格尔等。莱布尼茨在其著作《中国近事》中大赞中华文化:"我们从前谁也不信在这世界上还有比我们的伦理更完善,立身处世之道更进步的民族的存在,现在东方的中国,竟使我们觉醒了。"①近代以前,中华传统文化在世界文化圈中一直保持着或多或少的优势,特别是科技文化方面,展现出无与伦比的优势,李约瑟指出,中国在"3到13世纪之间保持一个西方所望尘莫及的科学知识水平"②。中华文化在与其他文化交流中,也为其他文化的发展贡献了自己的力量。习近平同志说:"中华文明,不仅对中国发展产生了深刻影响,而且对人类文明进步作出了重大贡献。"③

中华传统文化与西方文化交流互鉴,相互促进,但这两种文化的类特色还是有显著区别的。每种有影响力的文化都有其易识别的特色标签,中华传统文化与西方文化的标签特征明显,康有为给出的标签是:"中国人重仁,西方人重智。"而李大钊所给出的标签则是:"东洋文明主静,西洋文明主动。"陈独秀比较了中西文化的异同,他认为中华文化与西方文化是两种根本性质极端相反的文化,"若南北之不相并,水火之不相容也"④。具体来说,西方文化是一种具有侵略性的文化,物质文明比较发达,崇尚个人主义;而中华文化则以追求和平为指向,强调家庭意识和家族情感,倡导集体主义。

中华传统文化非常重视人的问题,与西方文化重神的态度不同。西

---

① 张海林:《近代中外文化交流史》,南京大学出版社2003年版,第48页。
② [英]李约瑟:《中国科学技术史》第1卷,科学出版社、上海古籍出版社1990年版,第3页。
③ 习近平:《在纪念孔子诞辰2565周年国际学术研讨会暨国际儒学联合会第五届会员大会开幕会上的讲话》,《人民日报》2014年9月25日。
④ 《陈独秀著作选编》第1卷,上海人民出版社2009年版,第193页。

方的传统来自两希文明,即古希腊和古希伯来文明。人类始祖皆有自然神崇拜,但是随着历史的演进,东西方采取了不同的方式。西方由古希腊的奥林匹亚山上的众神,逐渐转到希伯来文化的一神,最后,一神教,无论是犹太教、基督教还是伊斯兰教,成为西方世界的主流宗教。对神的崇拜是西方传统文化的核心部分。中华文化对鬼神的基本态度是敬而远之,孔子教导弟子"敬鬼神而远之,可谓知矣"(《论语·雍也》),关注的重心是人,"天地之性,人为贵"(《孝经·圣治章》),将人的事情作为优先处理的对象,"未能事人,焉能事鬼"(《论语·先进》),对鬼神之事存而不论。孟子进而主张"民为贵,社稷次之,君为轻"(《孟子·尽心下》),传统文化中的这种民本思想将民作为思考的中心,充分体现了对民的重视,定位了民在社会发展中的价值。

在人与自然的关系上,中华传统文化讲"天人合一",信奉"道法自然"的理念,尊重自然,注重人与自然的和谐,追求人与自然的共生。究其原因就是中国古人没有将自然之天(大自然)与超越之天(宗教之天)分开。《周易》讲"与天地合其德,与日月合其明,与四时合其序",认为"父天母地"创生了万物,天人是一体的。老子讲道、天、地、人"四大",把人看作宇宙的有机组成部分。庄子主张"天地与我并生,而万物与我为一"(《庄子·齐物论》)。中华传统文化没有将派生万物的"太极"、"道"人格化为神,而是形而上之,把它哲理化,甚至境界化了。人们可以体道、修道、悟道,与道合一,与天地同参,与自然共化。中国人讲究"合",也来自这样的理念。"合"即相符,按照事物自身的逻辑行事,以"道"为准,"道法自然",以达"天人合一"的境界。人是自然界的重要组成,自然界有其自身的运行规律和法则,人与自然相处,从自然界获取,理应"合"自然的节拍,而不能只按照人的意愿强取豪夺,不顾自然的"道"，就像西方文化那样强调征服、改造自然，这必然会造成人与自然的关系紧张。在西方文化中，超越之天（上帝）与自然之天是两分的。西方有一种说法，上帝留给世人两本书，一本是《圣经》，一本是大自然，而大自然是用数学语言写成的。上帝按自己的样子造了人，让人来管理这个世界。因此，西方文化崇尚认识并掌握自然的规律，以达到征服和驾驭自然的目的，由此也就将自然推向对立面，成为人类力图征服的对象，人为地将人与自然分裂开来。

在人与人的关系上，中华传统文化强调人的类存在，注重群体意识，重"仁"讲"礼"，"仁者，人也"，"己所不欲，勿施于人"，"己欲立而立人，己欲达而达人"，"克己复礼"等，提倡为他人利益着想，提倡"让"、"温良恭俭让"、"一争两丑，一让两有"、"孔融让梨"等，做事不张扬。"仁"是处理人与人关系、人与社会关系的基本规范。孔子讲"仁者爱人"，"泛爱众而亲仁"，与人相处应遵循"恭、宽、信、敏、惠、孝、悌"等原则。儒家还倡导中庸之道，何为"中庸"？程颐解释说："不偏之谓中，不易之谓庸。中者，天下之正道；庸者，天下之定理。"中庸思想的核心是适度原则，为人处世要谨慎，忌偏激，以达"惠而不费，劳而不怨，欲而不贪，泰而不骄，威而不猛"之德境。道家则提倡"不争"、"不敢为天下先"，也反映了内敛的处世品质。西方文化注重个体意识与独立，讲求个人利益的实现，斯宾诺莎认为："一个人愈努力并且愈能够寻求他自己的利益或保持他自己的存在，则他便愈具有德性，反之，只要一个人忽略他自己的利益或忽略他自己存在的保持，则他便算是软弱无能。"[1]

在人与社会的关系上，中华传统文化尚"和"，"礼之用，和为贵"、"亲仁善邻，国之宝也"、"四海之内皆兄弟也"、"远亲不如近邻"、"亲

---

[1] 周辅成：《西方伦理学名著选辑》上卷，商务印书馆1987年版，第631页。

望亲好,邻望邻好"、"协和万邦"。"和"也是协调国与国关系的尺度,中华民族爱好和平,实行"和抚四夷"的政策,以达到"协和万邦"之宗旨。

"和"能幸福,"和"能太平,"和"能孕育,和气生财,"和也者,天下之达道也"(《礼记·中庸》),是万事万物顺畅运作之要。"父子有亲,君臣有义,夫妇有别,长幼有叙,朋友有信"(《孟子·滕文公上》)为五伦之道,五伦之道做好了,家庭、社会也就和谐了,所谓"家和万事兴"。西方文化鼓励竞争,积极追寻自身利益,这在个体身上表现为功利主义,在国家则体现为对抗与征伐。"什么是欧洲? 欧洲就是相邻的人们之间你死我活的拼杀,法国和英国的竞争,法国和奥地利的竞争,奥格斯堡大会战,接着是西班牙战争。……协议只是短暂的间歇,和平也只是一种怀念,民力耗尽了而战争还在继续。"①西方人重公共活动,古希腊罗马时期就有剧场、运动场、神庙等公共建筑物,甚至洗澡也有公共浴池。中国的传统是重家庭生活,封建王朝连国家也变为"家天下"。公共活动注重游戏规则,所以西方的法律较发达,西方人做事要合于法;家庭生活重亲情,所以中国的人情重,中国人做事要合于情。中国人的家国情怀成就了中华民族几千年来独特的"忠孝"文化,每一位中国人大都经历过"忠孝不能两全"的考验。修齐治平是历朝历代知识分子的人生理想,治国平天下是其政治理想,而要实现这一理想就要修身进而齐家,齐家是不可或缺的重要环节,可看作是治平的初级演练。所以,历史上的名门望族、名人大家,多有家教家规、治家格言传世,像诸葛亮的《诫子书》和《诫外甥书》、《颜氏家训》、《朱子家训》、《曾国藩家书》等。

可以看出,中华传统文化是一种伦理性很强的文化。它重群体人伦,

---

① 〔法〕保尔·阿萨尔:《欧洲意识危机》,见《西方文化概论》,中国文化书院1987年版,第153页。

讲究以德摄智,崇尚智、仁、勇的统一,倾向实用理性、寓超验于经验之中等,所以,人文精神很浓厚。正像庞朴先生所说:"放眼世界,拿希腊、印度、中国这三大古老文明做比较,人们会承认,以伦理、政治为轴心、不甚追求自然之所以、缺乏神学宗教体系的中国文化,倒是更为富有人文精神的。"①而西方文化重个体利益,讲究以理求智,崇尚征服性、力量性的勇敢,倾向逻辑思维,以超验来规范经验等,所以,科学精神很浓厚。当然,以上比较是就文化的侧重点和倾向性而言,是相对的,并不是说一种文化富含这种要素,就缺少相对的另一种要素;具有这样的特点,就没有那样的特点。

这些区别也影响到了中华传统文化和西方文化各自的历史命运。近代以来,工业革命开启了人类社会发展的新模式,社会随之变迁,科技、扩张、竞争成为社会主要特征,这恰恰契合了西方文化的特点,社会与文化相互激荡,西方文化的科学精神、竞争意识、开拓理念促进社会经济大踏步向前发展,而社会经济的发展又反过来大幅提升了西方文化的影响力和吸引力,西方文化顺势在世界范围内传播扩张,而中华传统文化则沉寂下来,就连很多中国人都开始怀疑千年积淀的传统文化,遂失文化自信。西方文化的科学偏向促进社会经济的发展和科技化,同时也造成了人与人、人与社会、人与自然关系的紧张和异化,却又无法完全以科技手段来解决。要解决人类面临的诸多问题就需要新思路。中华传统文化重人尊"天",崇"仁"讲"和",为解决现实的棘手问题提供了"东方的智慧"②。英国历史学家汤因比在《展望21世纪》中明确指出:"在漫长的中国历史长河中,中华民族逐步培育起来的世界精神"等,"可以使其成为全世界统一的地理和文化上的主轴"。可见,人类现今遭遇的难

① 庞朴:《中国文化的人文精神》,载《文化的民族性与时代性》,中国和平出版社1988年版,第29页。
② 英国哲学家罗素称中国传统文化为"东方的智慧"。

题,成为中华传统文化价值实现的机遇,中华传统文化的优秀基因将会在解决这些难题的过程中大放光彩。

二、从"中华文化圈"看中华传统文化的优势

世界各国文化起源的早晚与发展水平千差万别,而在特定地理区域中率先诞生发展起来的文化通过各种途径向外扩展其文化影响力,与周边国家形成了具有相似文化因子的圈子,即"文化圈"。中华传统文化在东亚和东南亚具有久远而稳固的影响力,特别是对朝鲜半岛、日本和越南的文化产生了深远的影响,中华文化的印记至今清晰可见。中华文化与地理相邻、文化相近的东亚和东南亚国家共同建构了闻名世界的"中华文化圈"。"中华文化圈"的主体是中华传统文化,其在古代的优势地位是不言而喻的,是有理有据的。

一是中华传统文化对"中华文化圈"内国家的吸引力体现出了其优势。中华传统文化在"中华文化圈"中是先发文化。中国的近邻中小国居多,虽然这些国家很早就有人类活动,但文明起源较晚,发展缓慢,其文化相对于中华传统文化来讲处于落后地位。中华传统文化通过各种交流渠道传播到邻国,扩大了文化影响力和吸引力。文化圈的形成并非朝夕之间,而是历经了漫长的文化接触、碰撞、交流、认可、吸收的过程。这期间,圈内受中华传统文化影响的国家也经历了从被动接受到主动学习吸收的转变。朝鲜和越南都与中国接壤,受中华传统文化影响较早且直接。在中国古代某些时期对朝鲜和越南部分地区实施直接管辖时,自然地把中国的制度、礼仪、文学、艺术、教育、科学技术等文化因素带入当地,推动了当地文化的发展,在某种程度上可以理解为这是被动地接

受中华文化的影响和熏陶。然而,在朝鲜和越南摆脱中国的直接管治之后,也历经分裂、统一及朝代更迭,但中华传统文化的影响力和波及范围不断扩大,他们对中华传统文化也从被动接受转向主动学习,不断加强人员的往来交流。朝鲜半岛的高句丽、百济、新罗、高丽王朝等都派遣过大量的留学生到中国学习礼仪文化,新罗在840年一年的时间里就有105人从唐朝学成归国①。日本虽然没有被动接受中华文化的历史,但其主动学习的热情是非常高的,其中以遣唐使最具代表性。据统计,从630年到895年,日本先后19次向唐朝派使节,由于种种原因,最终成行的有16次,且每次人数都不少于百人,最多一次竟有651人②。朝鲜、日本、越南等国主动学习中华传统文化的过程充分彰显了中华文化的无尽魅力,凸显了中华传统文化的优势。

二是中华传统文化对"中华文化圈"内国家的"全面而深刻"的影响力体现出了其优势。中华传统文化对圈内国家的影响是以儒学为核心,以汉字为纽带,对政治、经济、宗教、文学、艺术等施加了全方位、立体式的影响。儒学很大程度上可视作中华传统文化的名片,是吸引圈内国家学习借鉴的重要内容。"中华文化圈"内的统治者多以儒学思想作为治国理念,并设立专门机构传播和学习儒学思想。7世纪,朝鲜的新罗王朝设国学,传授儒学经典,随后改国学为太学监,继续讲授儒家经典,并有必修和选修课程,《论语》、《孝经》为必修课程,《周易》、《礼记》、《尚书》等为选修课程。高丽王朝时期效仿中国的科举选士,以儒学经典作为重要的考察内容,并在国子监及地方教育机构积极推行儒学教育。日本统一后积极参照中国的治国方式和理念,7世纪初,大和王朝以儒学思

---

① 朱寰:《世界上古中古史》下册,高等教育出版社2010年版,第211页。
② 王晓秋:《中日文化交流史话》,商务印书馆1996年版。第35—36页。

想为核心理念对政治体制进行革新,同时在教育体系中大力推广儒学,中央设太学,学习《史记》《汉书》等,地方设国学,其课程设置与唐朝一致,设有"大经"(《礼记》《左传》)、"中经"(《毛诗》《周礼》《仪礼》)、"小经"(《周易》《尚书》《公羊传》)以及《论语》《孝经》等。越南的情况与朝鲜和日本相似,陈朝时期设立国学院推广儒学思想。文字是思想的载体,是深入交流的工具。汉字在"中华文化圈"中起着重要的沟通连接作用,是增强圈内文化交流的粘合剂。一方面,圈内国家多借用汉字改变其无文字的历史,朝鲜、日本、越南等国早期是有语言无文字,汉字改变了他们无文字的历史,并被长期使用。高句丽、百济用汉字修撰史书,新罗将汉字定为官方文字,日本从3世纪开始就广泛使用汉字;另一方面,他们借用汉字创造自己的文字:朝鲜人将朝鲜语音与汉字的音韵相结合创造出训民正音,即朝鲜文字。日本人以汉字偏旁为依据创造出"片假名",又以汉字草书为蓝本创造出"平假名",从而建构了日本文字。越南人也在汉字的基础上,创造出自己的文字"字喃"。汉字的使用也促进了中国书法艺术在朝鲜和日本的发展,涌现出许多著名的汉字书法家。在宗教层面,朝鲜、日本和越南的佛教都是由中国传入的,属汉传佛教体系。另外,在建筑风格、服装服饰、音乐书画等方面处处可以找到中华文化的影子。

三是中华传统文化对"中华文化圈"内国家的"持久性"影响力体现出了其优势。中华传统文化对圈内国家的影响不是一时或一代,而是长久持续的,不论朝代的更替,时代的发展,中华传统文化的影响处处可寻。无论是去韩国和日本旅游,还是观看他们的影视作品,都能感受到强烈的"中国风",有熟悉的建筑风格、服饰着装、礼仪等,这都是中华传统文化影响力持续发酵的表象证据。而中华传统文化对他们产生的道德思想层面的影响依然强烈,韩国除了有一大批专门研究儒学的学者之外,相应的机构还在每年二月和八月初一,依例举行文庙奉祀活动,以此为平台推广儒学,并通过乡校、书院及"忠孝教育馆"等机构普及推广传统伦理道德。现在韩国仍然推崇"孝、悌、忠、信、礼、义、廉、耻"的道德准则,信奉"父子有义、夫妇有别、长幼有序(叙)、朋友有信"的为人处世原则。日本也非常重视儒学思想,特别注重培养公民的爱国意识和集体主义观念,这为日本社会和企业的发展提供了强大精神动力,还有就是日本对"礼"的遵循,也是我们有目共睹的。另外,华人居多的新加坡特别重视儒家思想的传承,强调公正,注重公民道德和爱国思想的培育。不论是韩国人、日本人还是新加坡人,他们都非常推崇儒家思想,极力发掘其当代价值,以促进社会经济发展,而他们在经济腾飞和社会发展上的成功,足以说明中华传统文化所具有的当代价值。

三、从绵延不断的历史看中华传统文化的品格

英国著名历史学家汤因比在其《历史研究》中曾一改过去以国家为角度考察历史的视角,转而从文明的角度研究历史。他认为,历史研究令人可以理解的最小范围是一个个的整体即文明,诸多自成一体、各有根据的文明形态才是历史的真正载体。文明与文明之间具有一定的历史继承性,也具有可比性。经过综合考察,汤因比把六千年的人类文明史划分为26个文明,包括我们熟知的古巴比伦文明、古埃及文明、古印度文明、古希腊文明、古罗马文明、中国文明等,但绝大多数古文明都是命运多舛,如古代印度曾被雅利安人征服,其文明也被雅利安文明同化了;古埃及文明经历了希腊化、罗马化、伊斯兰化的更迭,而古希腊和古罗马

文明的命运与古印度和古埃及类似。中华文明的发展进程并非一帆风顺，与其他已衰落或消失的古文明一样，也历经波折、战争、灾难，所经受的苦楚甚至比其他文明更多更深。但不同的是，中华文明虽历经磨难仍绵延不断，成为世界上唯一没有中断的古老而成熟的文明。这在世界文明史上是极为罕见的。德国哲学家黑格尔曾说过："假如我们从上述各国的国运来比较它们，那么，只有黄河、长江流过的那个中华帝国是世界上唯一持久的国家。征服无从影响这样的一个帝国。"①梁启超也曾说："四千余年之历史未尝一中断者谁乎？我中华也。"②中华文明作为世界古代文明中唯一没有中断并连续发展至今的文明，彰显了其强大的文化生命力、同化力和融合力，这是相比于其他文明形态的优秀特质。

首先，中华传统文化具有很强的同化力。所谓文化同化力是指传入的外来文化被当地化，融入当地文化并成为其组成部分。这种同化力在中华传统文化发展的模式上表现为"以夏变夷"，即以华夏文化来改变、同化"蛮夷"文化。华夏文化起源于黄河流域的中原地带，比其他少数民族文化的发展水平高，因而处于优势地位。文化的优势是同化力的基础，优势越显著，吸引力越大，同化力就越强。每次少数民族入侵中原的结果都是入侵者或征服者反过来被华夏文化所同化。中国历史上经历过几次民族大迁徙大融合，民族迁徙融合的过程，也是文化交流互鉴的过程，更是优势文化取代或改造落后文化的过程，同时也是优势文化吸收其他文化新鲜要素，强化自身的过程。在民族交流过程中，汉文化不断扩大其影响，既改变了百姓的日常生活，也影响了统治者的执政理念。儒学思想在治国理政上的优越性，能够超越个人的喜好、民族的界

① ［德］黑格尔：《历史哲学》，上海书店出版社2001年版，第117页。
② 梁启超：《论中国学术思想变迁之大势》，上海古籍出版社2006年版，第1页。

限,成为不得不接受的文化。历史上少数民族建立过诸多政权,如西夏、辽、金等,他们为了巩固政权,或被动或主动地接受汉文化。而蒙古族和满族则曾入主中原,建立元朝和清朝,成为中华大地的征服者、统治者,然而武力的强盛并未实现文化上的征服,反而被汉文化所同化,原民族的文化也融汇于中华文化的滔滔洪流之中。元朝统治者虽然把汉族列为低等民族,但却不得不借助儒家思想治国,元世祖忽必烈主张"信用儒术",元代重视儒学,逐步把程朱理学定为国学。清朝统治者对儒学的重视更甚,历代皇帝对孔子推崇备至,顺治加封孔子为"大成至圣文宣先师",康熙加冕孔子为"万世师表",致力于发扬儒学思想,以巩固统治地位。可见,中华传统文化以强大的文化吸引力,同化了与之交融的少数民族文化,凸显了优秀品质。

在中国历史上,不仅游牧民族与中原华夏政权之间的文化博弈是这样,就是异域的一些成熟的文化形式进入中国后,也同样面临着这样的命运。例如,北宋时期,犹太人的一支经由丝绸之路来到当时的都城开封,受到了宋朝官府的友好接待,被允许入籍中国,并可以保持本民族的风俗习惯和宗教信仰,这些犹太人就在开封定居下来。此后,他们在居住、迁徙、就业、宗教信仰等方面享受与汉族同样的权利和待遇,从未受到歧视。犹太人充分发挥了他们擅长经商的特长,在宋代社会中生存下来,他们建立了犹太教堂,与中国人相处得非常好,在不知不觉中,犹太人融入到中华文化的主流中。到明朝时,开封的犹太人社团的民族文化特征开始逐渐淡化,他们改希伯来姓为汉姓,学习汉字汉语,参加科举考试等。关于开封犹太人的汉化和犹太教的消失,学者们曾归纳了很多原因,诸如宋元以后开封城市本身的衰落,元明时期频繁的天灾人祸,几百年间与其他犹太人几乎完全隔离,政府的政策及周围人对他们的态度等等。但是最重要的原因当是汉文化强大的同化作用。犹太人在儒家文化的影响下,在思想上认同中华文化,特别是科举考试极大地诱导了犹太人改变自己的传统价值观念。对于犹太人而言,他们在世界各地都刻意保持自己的宗教信仰和独立性,在中国却被当地文化所同化,不能不令人诧异!

其次,中华传统文化具有很强的包容性。包容的基本意思是宽容、接纳。尊重个性、尊重差异性是包容的最突出特征。通常而言,文化的包容是基础,文化的包容程度也往往影响着经济的包容程度、制度的包容程度,具有包容性的文明才有远大的前途和强大的生命力。在《周易》中有"地势坤,君子以厚德载物"一语,强调君子应增厚美德,宽容载物。从中华文明的发展进程来看,它是以汉民族文明为主线,以开放包容的心态积极吸收各民族、也包括世界各地的优秀文化要素,丰富发展自身文明。费孝通曾指出:"中华文化的包容性和中国古代先哲提倡'和而不同'的文化观有密切的关系。'和而不同'就是'多元互补'。""在中华文化的发展过程中,多元的文化形态在相互接触中相互影响、相互吸收、相互融合,共同形成中华民族'和而不同'的传统文化。"①"和而不同"的观念来自"和实生物,同则不继"(《国语·郑语》)的思想,是由西周末年思想家史伯提出的。他认为"和"能发展,"同"则不前,不同事物的融合达成"和"的统一才能促进发展,而如果是相同的事物相加,不管多少,还是原物。史伯还以音与乐的关系为例解释"和实生物"的含义,如果只有音,或只有乐,则是单调的,不美妙的,而只有音和乐互相配合才会悦耳动听。"和实生物"反映了朴素的对立统一思想。

中华文明的包容性,使它能海纳百川,兼容并包,吸收来自不同民族、不同地区的文明,丰富和完善自己。唐朝对外来文明的吸收在中国

---

① 费孝通:《中华文化在新世纪面临的挑战》,《文艺研究》1999年第1期。

历史上曾形成一个高潮。唐王朝疆域辽阔，国力强盛，是当时世界公认的文明程度最高的国家。汉代张骞开辟的丝绸之路在经历了南北朝一度阻绝的状态后，再次焕发了生机。在这条亚欧通道上，来自中亚、西亚各国的使节、商人和僧人络绎不绝；不仅如此，还有来自朝鲜、日本的使节、留学生等，这使得当时的都城长安成为国际性的大都会。唐王朝对来到中国的外国商人、留学生、僧人等都给予良好的待遇，允许他们在中国长期居住，并可以参加科举考试。有的在中国娶妻生子，有的入仕为官，如日本的阿倍仲麻吕（晁衡）、新罗的崔致远等。

尽管当时中国的科学文化水平很高，但唐王朝对外来的科技文化知识也广泛吸纳，从而促进了自身的发展。例如，印度的天文历法、数学、占星术等都在唐朝受到重视，甚至出现了印度天文学家主导皇家历法编制的情况，即世称"天竺三家"的伽叶氏、俱摩罗氏、瞿昙氏，其中尤以瞿昙氏最为显赫，瞿昙罗、瞿昙悉达、瞿昙譔、瞿昙晏祖孙四代服务于天文机构达一百多年。来自中亚的舞蹈也在中原地区流传开来，唐朝的舞蹈有"软舞"和"健舞"之分，"软舞"动作柔美，节奏舒缓；"健舞"动作有力，节奏明快。"健舞"多来自中亚地区，以胡旋舞、胡腾舞、柘枝舞最为有名。胡旋舞曾在唐朝风行一时，杨玉环、安禄山都是著名的胡旋舞高手。在唐代，除了佛教在中国社会产生较大影响之外，还有其他的宗教传入中国。例如景教，这是对基督教的一支聂斯托利派的称呼，唐太宗年间传到中国，在唐朝数位皇帝的允许和支持下，有了一定程度的传播。在西安碑林博物馆中至今还保存有"大秦景教流行中国碑"，其碑文就记载了景教在唐朝传播的历史。另外，回教、祆教、摩尼教等宗教也在中国流行起来，这些宗教对百姓的精神文化生活产生了一定的影响。

再次，中华传统文化具有很强的融合力。中华传统文化根基稳固、胸襟广阔、充满自信，这些品质铸就了中华传统文化强大的融合力。中国社会是开放的社会，外来文化易于传入，但外来文化往往是融合于中华文化的博大体系之中，成为中华文化的有机组成部分，最具代表性的是儒释道的融合。佛教传入中国后面临的最大问题是与本土儒、道两家的博弈，表面上，佛教冲击着儒学的正统地位，纷争不断，但实质上，佛教与儒学的思想交流、相互学习借鉴从未真正中断过。儒释道合流始于魏晋玄学时期，宋朝基本完成，以宋明理学的产生为标志，到了明清时期可以说至臻完美。长期以来，中国文化一直是儒家为主、佛道从之的局面，儒学作为国家意识形态无论在统治者还是普通民众那里都占有统治地位。但同时，佛、道作为不可或缺的文化要素也深刻影响着国家的政治和百姓的生活。魏晋时期，在正统的儒家信仰出现危机之后，经过改造的道家玄学乘虚而入，佛教在寻求与玄学的结合中也就此走入人们的生活，而玄学本身就是道家与儒家融合后出现的一种文化思潮，因而，魏晋后期，三家合流的文化格局已经初露端倪。

同时，儒家既不能解决国家和社会中存在的所有难题，也不能罔顾佛、道存在和发展的事实，出于巩固自身主导地位的需要，会通佛道、融合二教应当是儒家最好的选择。历代大儒虽然对佛道二教都有批判，但对佛道都有研究，自然深受其影响。儒学积极吸收借鉴佛道的哲学思想和修养方法，如佛学的思辨哲学思想等，发展出宋明理学。同时，孔子问礼于老子，《周易》是儒、道共同的思想源头，等等。这些历史事实说明了儒道互补早已是中国的文化传统。佛教也吸收儒学的思想精髓，如吸收"忠"、"义"、"天人合一"等思想以适应中国的民情、民思，努力融入中华文化之中，则是必然的选择，佛教的中国化本身就说明了儒、道对佛教的影响。禅宗就是佛学融入中华文化的代表，是中国化了的佛教宗派,成为中华传统文化的重要组成部分,是理解中华传统文化的重要切入点。"佛教传播的结果,一部分变为中国式的佛教(如禅宗),一部分反而消融于宋明理学之中,成为中国文化的一部分。"[1]

三家融合进一步彰显了中华文化的包容性品格。《礼记·中庸》里说:"万物并育而不相害,道并行而不相悖。"道家所讲的"道常无为而无不为"体现了"有容乃大"的文化理念,而中国佛教有三教同归的主张。在中国各地出现的三教堂体现了中华民族包容、调和的文化态度,积极融合后的儒释道三家共同构成中华传统文化的主流,这既体现了文化自身发展的规律,也是历史发展要求推动的结果。中华传统文化的融合力,将地位、来源、主张不同的思想体系整合协调,使儒、释、道和谐相处,共同推进中华传统文化的发展与创新。而近代以来,中华传统文化在西方文化的强势冲击下,很多人完全否定自己的传统文化,剥夺了传统文化展现其融合力的机会。中华传统文化与西方文化相较,各有优势,要以理性的态度看待二者。我们给中华传统文化以平台,便可拭目其展现强大的融合力、生命力、自我演化完善之能力。

专栏　儒、释、道与士大夫的精神追求

儒、释、道三家对于中国古代士大夫的人格修养有着重要影响,简单来说,儒家的入世精神为仕途腾达的士大夫注入活力,道家和佛家以游世和遁世精神为仕途失意的士大夫留下栖息之地,最终的目的在于使士大夫心灵有所慰藉。对于中国古代官员而言,儒家培养了他们关注现实、积极进取的精神,文质彬彬、尽善尽美的君子是儒家人格修养的最高境界;道家赋予了他们超尘脱俗、自由旷达的人格,物我两忘、复归自然

---

[1]　张岱年、方克立:《中国文化概论》(修订版),北京师范大学出版社2004年版,第352页。

的至人是道家人格的最高境界;禅宗则使他们彻悟人生、关照万物内在的灵性,成为处逆如顺、精神超越的悟者。

儒家追求"尽美矣,又尽善也"(《论语·八佾》),造就了一大批保持节操的有为政治家。颜真卿在书法史上以"颜体"缔造了一个独特的书学境界。颜字气度恢宏,雍容大度;立坚实骨体,求雄媚书风;究字内精微,求字外磅礴。字如其人,生活中颜真卿生性忠直,敢于直言谏诤,最后因其不屈强权,被叛军杀害于狱中。

孔子曾说过"天下有道则见,无道则隐"(《论语·泰伯》),道家比起儒家更强调隐,它为仕途不得志的士大夫提供了一方心灵栖息之地,由此也形成了中国的隐逸文化,这种隐逸文化塑造了一大批隐士。陶渊明是中国士大夫隐逸的典型代表,他也想在仕途上一展宏图,少有"猛志逸四海,骞翮思远翥"(《杂诗》)的大志,怀着"大济苍生"的愿望,开始仕途生活,但是当他亲身体验了当时政治的黑暗后,不肯为五斗米而折腰,辞官归隐田园,过着"躬耕自资"的生活。当他在漫长的隐居生活中陷入饥寒交迫的困境时,也曾"念此怀悲凄,终晓不能静",但最终还是没有向现实屈服,宁固穷终生也要坚守清节。他创作了大量诗歌,在中国文学史上独树一帜。

而禅宗则培养了士大夫处逆如顺、精神超越的品格,从而能够更好地坚守道统的原则。苏轼在诗、词、散文、书、画等方面取得了很高的成就,但他的人生却充满坎坷,他因"乌台诗案"险些丧命,晚年又因党争被贬,在人生的起落中,苏轼练就了旷达的情怀,身处逆境如顺境,精神境界不断超越。"乌台诗案"后,他在野外偶遇风雨,写下了《定风波·莫听穿林打叶声》:"莫听穿林打叶声,何妨吟啸且徐行。竹杖芒鞋轻胜马,谁怕,一蓑烟雨任平生。　料峭春风吹酒醒,微冷。山头斜照却相迎。

回首向来潇洒处,归去,也无风雨也无晴。"安然、宠辱不惊的态度跃然纸上。黄庭坚曾评价苏东坡是"真神仙中人"。

中国文人有一个较普遍的现象,那就是以儒学为本,以佛、道为用,得志时企望"致君尧舜上,再使风俗淳",失意时便"且放白鹿青崖间",李白是这样,王安石也是这样,王维更甚,一生都在半官半隐。儒道释三家思想的兼融贯通,使得中国士大夫能够出入自由,坚持道统的纯正,造就正直、高洁的品格。

四、从组成的丰富性和适变性看中华传统文化的特质

中华传统文化是中华民族自己创造的本土文化。中华文化是在一个相对封闭的地理环境中产生和发展起来的,它的周围有高耸入云的喜马拉雅山脉、辽阔的太平洋以及沙漠和大草原,较少受到来自域外文明的入侵,从地理环境与当时人类的远行能力来看,中华文明是自我形成和发展的,是土生土长的文化,而不是其他文明传播的结果。与其他文明相比,中国有自己独立的语言文字、制度体系、思想体系、文学体系、艺术体系、科技体系、民俗体系,其中的科举制度、儒家道家、《孙子兵法》、唐诗宋词、国画京剧、中医中药、园林建筑、服饰饮食、武术气功等中国符号更是别具一格。从内容和形式来看,中华文明有自己独立的发展道路。

中华传统文化是古代生活在中国大地上的各民族共同创造的多元一体的文化。中华文明的形成和发展是在一个很大的范围内展开的,境内领土幅员辽阔,地形、气候条件多样,民族众多,生活在不同地域的民族在生产生活实践中创造了各具特色的文化,这些文化既有地域特点,又有民族风格,在悠久的历史长河中各民族文化相互交流与吸收融合,

形成了你中有我、我中有你，既保持着民族文化特色、又有共同认知的，以汉文化为主体、各种少数民族文化并存的多元一体的文化格局。

中华传统文化是百花齐放、互补共生的文化。在中华传统文化的发展过程中，在每一时期的每一个领域都产生了众多流派，尤其是在社会大变革时期都会出现百家争鸣的盛况，像战国时期的儒家、墨家、法家、阴阳家、名家、兵家、纵横家、杂家等竞相争鸣，活跃了文化氛围，奠定了中华文化的思想脉络。诸子百家学说各有所长，也各有所短，都是从不同的方面、依各自的立场提出了各自的主张，它们并不能相互取代，而是相互补充的关系。汉武帝采纳董仲舒的建议"罢黜百家，独尊儒术"，自此之后，儒家思想成为封建社会占统治地位的意识形态，它深刻影响着人们的思想长达两千多年，对维护统治者的统治起了重要的作用。但是，董仲舒的儒学已被他融合进了阴阳五行说以及黄老、法家等各家思想，形成了一个儒学新体系。当然，汉武帝也意识到各家学说各有长短，应扬长避短，汉家制度实际上是儒法并用、德刑兼顾，这种"阳儒阴法"的统治策略为后来各朝代的封建统治者所采用。随着两汉之际佛教传入中国，以及东汉中叶道教的形成，儒释道之间又出现了争鸣局面。由于佛、道两教影响日益扩大，统治者看到了佛、道教化民众的巨大作用。出于统治需要，在不动摇大一统国家所需要的统一意识形态即儒学主导地位的情况下，各朝帝王大都承认佛、道的合理性。唐高祖曾称"三教虽异，善归一揆"。因此，自唐朝以来，统治者大都实行三教平衡政策，承认三教都有各自无法替代的功能。宋孝宗的"以佛修心，以道养生，以儒治世"肯定了三教各自优势。总之，三教互为表里，相辅相成，相得益彰，儒家的"兼济天下"，道家的"以百姓心为心"，佛教自利利他、大慈大悲的精神，各从不同侧面表达了对社会进步、民族发展的人文关怀。当然，中华传统文化是一个博大精深的文化体系,儒释道在交流互鉴中融合发展、互补共生,是其主体部分。

中华传统文化是与时俱进、应物而变的文化。中华传统文化虽历经战乱、朝代更替、外族入侵,但从未真正中断过,堪称世界文化奇迹。中华传统文化具有强大生命力的一个重要原因就是它能顺应时代进步和社会实践的需要而不断发展更新自己。文字从原始形态经历了甲骨文、金文、篆书、隶书、草书、楷书、行书等形态的发展变化,文学从原始歌谣、神话传说经历了《诗经》《楚辞》、汉赋、唐诗、宋词、元曲、明清小说等体裁的发展更新,其他领域也是这样随时而变,就连作为主流意识形态和官方思想的儒学也先后经历了先秦儒学、两汉经学、程朱理学、陆王心学、明清朴学、新儒家等流派的更替出新,中华传统文化从未固步自封,在很大程度上保持开放和革新姿态,中华民族在认识、改造、利用自然的过程中,在与其他民族的交往过程中,不断积累经验、吸收其他文化的新鲜营养,从而丰富自己的文化,创新发展自己的文化。中华传统文化兼容并蓄,革故鼎新,与时俱进,保持了旺盛的生命活力。习近平总书记在中国科学院第十七次院士大会、中国工程院第十二次院士大会上的讲话中,曾经引用了《诗经》中的“周虽旧邦,其命维新”、《周易》中的“天行健,君子以自强不息”以及商汤《盘铭》中的“苟日新,日日新,又日新”等语句,以此说明创新精神是中华民族最鲜明的禀赋。

中华传统文化是具有多重性质的文化。任何文化都有其诞生的土壤,中华传统文化的主要部分是在两千多年的封建社会机体中产生的,自给自足的个体农业经济、专制制度与以血缘为纽带的宗法制度是中华传统文化诞生的土壤,中华传统文化是对传统社会政治经济的反映并为其服务的,这使传统文化带有封建社会的现实性内容,如皇权思想、忠君思想、尊卑贵贱等级观念、男尊女卑、重男轻女、存天理灭人欲、封闭保守观念、循环论、宿命论、复古主义、宗派观念、封建家长制等等,这些思想观念成了维护封建统治的理论武器,这都是我们今天应该丢掉的封建主义思想。中华传统文化中除了依附于当时社会制度和受到当时人们的认识水平、时代条件制约的内容外,还有反映人与自然关系的内容、不从属于哪一个阶级而是任何一个社会或群体都可以利用的内容、不是某个时代独有的内容,如讲仁爱、重民本、守诚信、崇正义、尚和合、求大同的核心价值理念,各种中华传统美德、爱国主义精神等,这些"跨越时空、超越国度、富有永恒魅力"的内容是我们今天应该继承和弘扬的。中华传统文化既有现实性的内容,又有超越时代的内容;既有反映某个阶层、某个阶级、某个民族利益和要求的内容,又有反映所有社会成员利益和要求的内容,这些文化内容共存于中华传统文化系统之中,有的容易辨识分离,有的往往混合在一起,这就需要我们在马克思主义的指导下,本着实事求是的态度,用科学的方法加以分析和研究,分清精华与糟粕、进步的与落后的、高雅的与庸俗的,把具有当代价值的文化精神发扬光大。

五、中华传统文化在历史上所起的作用

中华优秀传统文化是中华民族在自己的生命历程中所创造的伟大成果,是我们这个民族的精神命脉,与中华民族是不可剥离的统一体,对中华民族的生存和发展起到了根本性的作用,也是推动人类文明进步与世界和平发展的重要动力。正像习近平总书记所说的那样:"从历史的角度看,包括儒家思想在内的中国传统思想文化中的优秀成分,对中华文明形成并延续发展几千年而从未中断,对形成和维护中国团结统一的

政治局面,对形成和巩固中国多民族和合一体的大家庭,对形成和丰富中华民族精神,对激励中华儿女维护民族独立、反抗外来侵略,对推动中国社会发展进步、促进中国社会利益和社会关系平衡,都发挥了十分重要的作用。"①中华传统文化在历史上发挥了极其重要的作用,促进了国家、社会和个人的发展,推动了世界文明的进步。

首先,如前所述,相较于世界上其他古老文明而言,中华文明一个明显的特点是源远流长、连续不断,虽然也经历了各种各样的内忧外患,却依然能够生生不息、推陈出新,具有顽强持久的生命力。原因可以找出很多,无非是外因和内因两大因素。我们习惯于谈天时地利人和,就天时地利来讲是外因,就人和来讲是内因。外因是条件,内因是根据。外因一是外部文明力量的影响,一是我们中华民族在地球上的地理位置、气候特点等环境因素,而内因主要就是我们民族所创造的优秀文化具有开放包容、吸纳同化、教化养成、凝聚整合、传承创新的功能,使中华民族有"海纳百川,有容乃大"的气魄,有"万物并育而不相害,道并行而不相悖"的情怀,从而使我们的文化不断地同其他外来优秀文化相融合,不断地发展自己、提升自己,且能保持自己的本色。

其次,维护了中国团结统一的政治局面。"天下大势,分久必合,合久必分",但分分合合几千年的中国历史始终贯穿着"大一统"的文化传统和民族心理。虽然中国在历史上出现过多个政权并立的局面,传统文化在其创立、发展过程中也曾呈现出多样性、地域性的特点,但是在长期的交流、冲突、融合后,最终会走向统一。其中一个重要的原因就是中华民族有共同的文脉、共同的价值系统,中华传统文化是中华民族的血脉、

---

① 习近平:《在纪念孔子诞辰2565周年国际学术研讨会暨国际儒学联合会第五届会员大会开幕会上的讲话》,《人民日报》2014年9月25日。

灵魂和历史,是全体中国人共同的坚守。中国历史上出现的各种流派,其道法虽有不同,但追求中国"大一统"的理念和主张是一致的。比如,在《孟子》一书中记载,梁襄王问孟子:"天下恶乎定?"孟子说:"定于一。"孟子认为只有实现"大一统",天下才能安定太平。对"大一统"的推崇从中国传统的政治观上就能得到鲜明的体现。"政者,正也",《说文》对"正"字的解释为"从止,一以止",表明对"大一统"社会格局的追求。对"大一统"理念的认可和接受,使中国人对于国家的统一有着不可移易的深沉感情,对社会长治久安有着热切的盼望。从中国各地的地名包含"安、宁、平、定、和"等字就可以看出,中国人对安定团结的普遍热爱。相反,山河破碎、国家分裂会引发民众深深的痛苦。"国破山河在,城春草木深。""死去元知万事空,但悲不见九州同。""山河破碎风飘絮,身世浮沉雨打萍。"这些流传千古的诗句都是对这种内心深处痛苦的倾诉。建立团结统一的国家符合中国各族人民的共同利益,也是中国历史发展和社会进步的必然要求。20世纪70年代,英国历史学家汤因比在与日本学者池田大作对话时说:"就中国人来说,几千年来,比世界任何民族都成功地把几亿民众,从政治文化上团结起来。他们显示出这种在政治、文化上统一的本领,具有无与伦比的成功经验。"①

再次,巩固了中华民族命运共同体。中华民族是由56个民族组成的和合一体的大家庭。在中国历史上的大部分时间,中华民族大家庭中的各民族成员间和睦相处,互通有无,取长补短,都为中华传统文化的发展做出了贡献。中华民族的民族认同是一种文化认同,文化上异于外族的自我标识与强烈的自我认同,使得中华民族具有强大的民族凝聚力。也

---

① 〔日〕池田大作、〔英〕阿·汤因比:《展望21世纪:汤因比与池田大作对话录》,国际文化出版公司1997年版,第283—284页。

就是说,只要有文化上的认可,就有民族情感上的认同与归属。所以,中华优秀传统文化有力地促进了多民族和合一体的中华大家庭的形成、稳固与发展,起到了重要的凝合剂的作用。中华民族强烈的文化认同可以从中华文化的形成过程得到清晰的解读,我们不能把中华文化简单理解为汉文化,也不能将其仅归为黄河流域的文化。华夏大地幅员辽阔,中华传统文化是在各民族、各地域经济、政治、文化、军事等方面的交往甚至冲突中融合建构而成的文化有机系统,它是包括中国各地域、各民族文化的多元一体文化系统。比如,秦国兼并六国后形成了"车同轨、书同文、行同伦"的统一文化,特别是统一文字,除了保证当时的政令畅通,也保证了几千年来文脉不断。后来十六国时期的"五胡乱华",宋元时期的契丹、女真、蒙古族南下,明末满洲入关,少数民族与汉民族激烈冲突,结果都以军事上的征服者却在文化上被征服而宣告结束。民族间的军事冲突演变成了文化交融、民族融合的机会,每一次民族冲突都在更深层次上促进了多民族大家庭的文化融合,使中华民族不可分割地凝聚在一起。再如,龙的形象有虎头、蛇身、鹿角、鹰爪、鱼鳞和须,一些学者认为,这一形象是由中国远古各部落、各民族的图腾复合而成的。龙的形象反映了中华民族融合形成的过程,是中华民族的标志和象征。中华文化对"和"理念的推崇,也对形成和合统一的多民族大家庭起着重要作用。"和实生物,同则不继","若以水济水,谁能食之?若琴瑟之专壹,谁能听之?"(《左传·昭公二十年》),尊重事物的多样性,反对纯粹的单一性,只有在多样性的基础上,事物才会有新的变化与发展。中华传统文化对"和而不同"境界的追求,为多民族大家庭的和谐相处提供了文化思想基础与共同的价值追求。中华民族多元一体的文化整合历史以及由此形成的独特的、包罗万象的文化系统,对各民族有着强烈的吸引力,不同的民族也由此对中华文化有强烈的认同感与归属感,进而巩固了中华民族命运共同体。

第四,促进了其他文明的发展。中华文化始终以开放的胸襟对待世界各民族文化,从不同文化中寻求智慧、汲取营养。同时,中华传统文化也源源不断地向外传播与辐射,推动了其他文明的进步。西汉张骞出使西域,打通了中国通往西亚、中亚的"丝绸之路",汉代还开辟了中国同南海以西沿海各国贸易往来的"海上丝绸之路",两条丝绸之路让中华文化走向了中亚、西亚和东南亚,让举世闻名的四大发明先后传入阿拉伯国家和欧洲。历史上,中华传统文化在东亚、东南亚、西亚、中亚、非洲、欧洲等地的传播,极大地推动了世界文明的进步。中华传统文化之所以能够传播到世界各地,除了它的先进、特色之外,还有一个重要原因就是上面提到的中华传统文化崇尚"和而不同"的理念,这种思想体现在中华传统文化发展的整个过程中,推动了世界多元文化的相互交流、相互借鉴、相互影响、相互吸纳、相互融合,同时又保持了本民族的文化特色。在世界古代史上,中华文明曾引领人类文明的交流和发展,其伟大贡献得到了各国人民的广泛认可。

第五,传承和弘扬了中华民族精神。一个人要讲精气神,一个民族,也是如此。中华民族精神是中华传统文化的核心,塑造了中华儿女独有的精神品质。张岱年先生将中华民族精神概括为:自强不息、厚德载物,《周易》中的这两个词还是能够简洁明了地把握其实质的。李荣启先生将中华民族精神归结为五点:自强不息的进取精神、忧国忧民的爱国精神、修身为本的重德精神、和而不同的宽容精神、生态平衡与天人协调的精神①。中华民族精神以中华传统文化为载体,借助故事、图画、歌曲、戏剧等文学艺术形式,通过家庭教育、学校教育、社会教育,一代一代地传承下去,在这个过程中,中华民族精神不断得到充实和丰富,形成了以爱国主义为核心,包括团结统一、爱好和平、勤劳勇敢、自强不息的伟大民族精神。中华民族精神通过文化教育渗入到民众的社会生活中,塑造着中国人的道德观、人生观、价值观,孕育出了无数仁人志士、民族英雄。

"我们从古以来,就有埋头苦干的人,有拼命硬干的人,有为民请命的人,有舍身求法的人。"(鲁迅语)在不同的历史时期,中华民族精神都为中华儿女艰苦奋斗、反抗外来侵略、维护国家统一与民族团结起到了精神支柱的作用;而中华儿女团结奋斗的经历和事迹又充实了民族精神的内涵,并通过文化教育传承下去。

第六,提升了中华儿女的道德修养。历史的经验告诉我们,没有高尚的品格、振奋的精神,就不可能立于世界民族之林。中华传统文化重视道德修养,鼓励通过主体的自我修养与道德实践来培养高尚的道德情操和健全的理想人格。儒学就是培养"君子"的学问,克己复礼、先义后利、仁者爱人、尊师重道、弘毅等道德思想,在"自天子以至于庶人,壹是皆以修身为本"(《礼记·大学》)的国度里,自然也就成为个人道德实践和自我修养的主要内容。2014年5月4日,习近平同志在北京大学师生座谈会上指出:"中华文明绵延数千年,有其独特的价值体系。中华优秀传统文化已经成为中华民族的基因,植根在中国人内心,潜移默化影响着中国人的思想方式和行为方式。"中华传统文化的道德思想精髓成为维系民族共同心理和价值追求的精神纽带,在中国历史上也培养出数不

---

① 李荣启:《弘扬中华传统文化与建设社会主义核心价值观》,《中国文化研究》2014年第3期。

清的鞠躬尽瘁、死而后已、重气节、重修养的仁人志士,为中华民族的生存和发展做出了不朽的贡献。

第七,推动中国社会发展、促进中国社会利益与社会关系平衡。中华传统文化有重集体、轻个人的特征,强调个体是群体的一员,并承担相应的社会责任。"己欲立而立人,己欲达而达人"(《论语·雍也》),"先天下之忧而忧,后天下之乐而乐"(范仲淹《岳阳楼记》),"天下兴亡,匹夫有责"(源于顾炎武《日知录·正始》),这些思想都体现了集体主义原则,增加了社会凝聚力。中华传统文化还有重亲情、重家庭、重家教、重家风的传统,尊老爱幼、勤俭持家、家和万事兴,"家庭和睦则社会安定,家庭幸福则社会祥和,家庭文明则社会文明"①。中华传统文化崇尚助人为乐、诚信、友善等价值观念,这些都是中华民族传统美德的重要组成,彰显了中国传统伦理道德的价值魅力和精神意蕴,促进了社会的和谐。良风良俗与道德教化相结合,规范了人们的社会行为,营造出和谐友好的社会氛围。而中华民族所具有的敬业、勤劳、刻苦、自强不息等优秀品德,则推动了社会生产力的发展。如何处理义与利的关系是中国伦理道德的一个重要方面,总的来看,儒家重义轻利,强调"义以为上"、"以义制利"、"见利思义",当然也承认合理之利,而墨家是义利并举,强调"义,利也",法家则是重利轻义,强调"赏莫如厚而信,使民利之"(《韩非子·五蠹》),这些思想对于平衡社会利益关系和调节社会矛盾产生了重要作用。中华传统文化中的平等思想,如"有教无类"(《论语·卫灵公》)、"不患寡而患不均"(《论语·季氏》)、"刑无等级"等,对于维护社会公平正义也起了一定的作用。

中华传统文化博大精深、历久弥新,中华优秀传统文化的养分已

---

① 习近平:《在会见第一届全国文明家庭代表时的讲话》,《人民日报》2016年12月16日。

深深浸润于中华儿女的血脉中,是中华民族生生不息的精神动力和智慧源泉,是中国各族人民团结凝聚的精神纽带和心理归宿。我们应当充分利用好中华优秀传统文化这一宝贵财富,实现文化强国这一重要目标。

六、传统文化的转化开新与民族复兴之路

2013年11月,习近平总书记在山东曲阜参观考察时强调:"一个国家、一个民族的强盛,总是以文化兴盛为支撑的。"中华民族伟大复兴是以中华文化发展繁荣为条件的,没有文化的继承、弘扬和繁荣,也就没有中国梦的实现。"优秀传统文化是一个国家、一个民族传承和发展的根本,如果丢掉了,就割断了精神命脉。"[1] 我们只有继承中华优秀传统文化精神,不断推进传统文化的创造性转化和创新性发展,"把跨越时空、超越国度、富有永恒魅力、具有当代价值的文化精神弘扬起来"[2],才能走好中国特色社会主义文化发展道路,弘扬社会主义先进文化,推动社会主义文化大发展大繁荣,实现社会主义文化强国的宏伟目标和中华民族伟大复兴的中国梦。中华优秀传统文化的现当代价值表现在政治建设、经济建设、文化建设、社会建设、生态文明建设和党的建设的方方面面,以下先从几个方面进行概述,其他方面将单列章节讲述。

第一,中华优秀传统文化助推马克思主义中国化。马克思主义进入中国后,并没有立即解决中国革命的问题,中国共产党人对马克思主义中国化的认识经历了一个过程。党的早期领导人李大钊曾提出了将马

[1] 习近平:《在纪念孔子诞辰2565周年国际学术研讨会暨国际儒学联合会第五届会员大会开幕会上的讲话》,《人民日报》2014年9月25日。
[2] 《习近平谈治国理政》,外文出版社2014年版,第161页。

克思主义应用到中国实践中的思想。在党内最先提出"马克思主义中国化"这一科学命题的是毛泽东。1938年10月,毛泽东在《论新阶段》的报告中指出:"离开中国特点来谈马克思主义,只是抽象的空洞的马克思主义。因此,马克思主义的中国化,使之在其每一表现中带着中国的特性,即是说,按照中国的特点去应用它,成为全党亟待了解并亟须解决的问题。"①马克思主义中国化的过程,既是马克思主义基本原理与中国革命和建设的实际相结合的过程,也是同中华优秀传统文化相结合的过程,不仅同中华优秀传统文化的内容相结合,而且同中华优秀传统文化的形式相结合,也只有这样,才能在每一表现中带有中国的特性。在中国革命和社会主义建设的过程中,毛泽东成功地进行了这样的结合;在中国改革开放的过程中,邓小平、江泽民、胡锦涛、习近平也成功地进行了这样的结合。中国共产党人在这种结合中推动马克思主义中国化的进程,并完成了两次历史性的伟大飞跃,产生了两大理论成果,一大理论成果是毛泽东思想,另一大理论成果是中国特色社会主义理论体系。相应地,中国共产党人紧紧依靠人民,完成和推进了三件大事。第一件大事是完成了新民主主义革命,实现了人民解放、民族独立;第二件大事是完成了社会主义革命,确立了社会主义基本制度;第三件大事是进行改革,开创、发展了中国特色社会主义。中国共产党人进行这两次伟大的结合,完成和推进这三件大事,都离不开学习、研究和运用中国的历史和传统文化。

马克思主义中国化与中华优秀传统文化的传承和发展是相互促进的关系。一方面,马克思主义中国化植根于中华优秀传统文化沃土之

---

① 中央档案馆编:《中共中央文件选集》第11册,中共中央党校出版社1991年版,第658—659页。

中。中华优秀传统文化为马克思主义中国化提供了丰富的思想、智慧、精神力量和话语资源,马克思主义中国化正是由于中华优秀传统文化的滋养才更具特色;另一方面,马克思主义中国化为进一步继承、弘扬中华优秀传统文化创造了条件。在当代,只有在马克思主义的指导下,坚持我党的文化领导权,才能保证中华优秀传统文化更好地传承和发展。"不忘本来才能开辟未来,善于继承才能更好创新。"①在新的历史条件下,我们应坚持"古为今用,推陈出新"的方针,充分挖掘优秀传统文化的底蕴,不断"反本开新",让中华优秀传统文化中的哲学思想、道德理念、人文精神等优秀成分成为我们治国理政、进行社会道德建设等的资源,不断丰富马克思主义中国化的实践,将中华优秀传统文化与现代文化更好地相容相通,实现自身的创造性转化和创新性发展,在与时俱进中焕发出新的生命活力。

第二,中华优秀传统文化能提升文化软实力。中华民族的伟大复兴离不开中华文化的繁荣和发展。社会主义不仅在物质上是富足的,而且在精神上也必须是充实的。如果没有丰富充实的文化生活和精神生活,就不可能有社会主义中国的繁荣昌盛。要充分发挥中华优秀传统文化的独特作用,将其丰富的营养渗透和融入到中国特色社会主义文化强国的建设中去。

20世纪90年代,美国学者约瑟夫·奈首先提出了"软实力"的概念。他认为,一个国家的综合实力,既包括由经济、科技、军事等表现出来的"硬实力",也包括由文化和意识形态等体现出来的"软实力"。文化软实力是软实力的集中表现,是综合国力的核心组成部分。2007年,"软实力"一词以"提高国家文化软实力"的形式写进了党的十七大报

① 《习近平谈治国理政》,外文出版社2014年版,第164页。

告。正如约瑟夫·奈所说的那样："中国最强的软实力根植于自身文化之中,后者曾深刻影响了西方文化。"

中华优秀传统文化是我们"最深厚的文化软实力",习近平同志深刻阐发了中华优秀传统文化与文化软实力的内在关系,他指出:"体现一个国家综合实力最核心的、最高层的,还是文化软实力,这事关一个民族精气神的凝聚。我们要坚持道路自信、理论自信、制度自信,最根本的还有一个文化自信。"提升我国的文化软实力,必须展示中华文化的独特魅力。中国是世界上最大的发展中国家,更是一个具有五千年悠久文明和优秀文化传统的国家。我们拥有独特的文化优势,那么,如何挖掘和发挥优秀传统文化的软实力资源呢?一是要注重具有文化底蕴的民族精神、时代精神、人文涵养、道德情操和传统美德的挖掘和推广,将中华优秀传统文化中的五常"仁、义、礼、智、信"与五德"忠、孝、节、勇、和"等文化基因进行创造性转化和创新性发展,将这些优秀基因融入到公民素质教育的方方面面,提升公民的文化意识、文化品格和文化修养,形成良好的社会风尚;二是充分挖掘传统文化在文化事业和文化产业发展中的潜力,使我国由文化资源大国转变为文化事业和文化产业强国,把优秀传统文化资源转化为文化生产力,把潜在的文化影响力转化为现实的文化影响力。

第三,中华优秀传统文化能涵养社会主义核心价值观。2012年11月,党的十八大报告第一次提出了积极培育和践行社会主义核心价值观的战略部署。此后,培育和践行社会主义核心价值观在全社会蔚然成风。社会主义核心价值观是我国文化软实力的灵魂,是社会主义先进文化的精髓,也是中华优秀传统文化在当代中国的发展和创新,积极培育和践行社会主义核心价值观是建设中国特色社会主义的内在要求。

2014年2月，习近平总书记在中共中央政治局集体学习时强调："培育和弘扬社会主义核心价值观必须立足中华优秀传统文化。"①讲话精神为培育和践行社会主义核心价值观指明了方向。社会主义核心价值观所倡导的"富强、民主、文明、和谐，自由、平等、公正、法治，爱国、敬业、诚信、友善"的价值理念，可以在中华优秀传统文化中找到思想来源。中华优秀传统文化讲仁爱、守诚信、求大同、崇正义、尚和合、止至善，用中华优秀传统文化涵养社会主义核心价值观，就要深入挖掘和阐发中华优秀传统文化与社会主义核心价值观的契合点，在中华优秀传统文化中寻求其内在价值根源，从中华优秀传统文化中汲取营养，离开中华优秀传统文化的精神滋养，核心价值观将成为无本之木、无源之水。社会主义核心价值观"传承着中国优秀传统文化的基因，寄托着近代以来中国人民上下求索、历经千辛万苦确立的理想和信念，也承载着我们每个人的美好愿景"②，只有将中华优秀传统文化和社会主义核心价值观紧密结合起来，才能增强社会主义核心价值观的感召力，提高其传播实效，不断巩固马克思主义在意识形态领域的指导地位，团结全国各族人民共同推进新时代中国特色社会主义建设，实现中华民族伟大复兴的中国梦。

第四，中华优秀传统文化能促进和谐社会建设。2006年10月，中国共产党第十六届六中全会召开，会议提出了"构建社会主义和谐社会"的历史任务和目标，全会审议通过了《中共中央关于构建社会主义和谐社会若干重大问题的决定》，指出："社会和谐是中国特色社会主义的本质属性，是国家富强、民族振兴、人民幸福的重要保证。"构建社会主义和谐

---

① 《习近平谈治国理政》，外文出版社2014年版，第163—164页。
② 习近平：《青年要自觉践行社会主义核心价值观——在北京大学师生座谈会上的讲话》，《人民日报》2014年5月5日。

社会不仅是马克思主义的创新运用，还源于中华优秀传统文化。中华优秀传统文化对于和谐社会与和谐世界的建设具有哪些价值呢？一是中华优秀传统文化所蕴含的思想和智慧在今天还能够为我们建设和谐社会提供有益的启迪。如，儒家的仁爱、厚德、忠恕、宽容、中庸、和而不同的思想，道家的厚生、贵德、和合思想，墨家的节俭、兼爱、非攻思想，佛学的善、生、爱、和思想等等，这些都是建设社会主义和谐社会的重要思想文化资源。二是历朝历代施行的一些政策措施，如赈灾救灾、疾病防治、社会管理等，能够为我们建设和谐社会提供有益的启发。三是中国历史上的传统美德，如精忠报国、舍生取义、诚信友爱、助人为乐等，能够为我们建设和谐社会提供有益的启示。那些一直延续到现在还起作用的崇高精神、道德理念、文明礼仪、良风良俗等等，为我们建设和谐社会营造了良好的文化氛围和人文环境，是当前公民道德建设的重要养分。因此，深入挖掘和利用传统文化中的思想理念和道德精华，弘扬中华民族优秀传统美德，加强公民道德建设，对于构建和谐社会以及促进先进文化建设具有十分重要的意义。

第五，中华优秀传统文化能推动生态文明建设。人类文明形态的演进大体经历了依赖自然的狩猎文明、顺应自然的农业文明、掠夺自然的工业文明三个阶段。工业文明阶段，人与自然的关系非常紧张，而生态文明是工业文明之后发展出的新阶段，生态文明建设不是要放弃工业化，而是要实现人与自然的和谐发展，寻求人类的可持续发展。党的十七大报告首次提出了建设生态文明的战略决策，十八大报告继续强调"大力推进生态文明建设"的战略任务，十九大报告又提出"建设美丽中国"的战略部署，生态文明建设关乎民族未来，关系人民福祉，关乎"两个一百年"奋斗目标和中华民族伟大复兴中国梦的实现。

生态文明建设重要而艰巨,不仅需要积极的热情和真实的付出,而且需要思想和智慧的滋养。我们外可以借鉴西方发达国家生态文明建设的具体措施和有效做法,内可以吸收中华传统文化智慧,为生态文明建设提供思想支持。中华优秀传统文化与生态文明建设的关系密切,一方面,中华传统文化历经几千年的积淀,博大而精深,内含丰富的生态保护思想,是我们正确处理人与自然关系,推进生态文明建设的思想源泉。儒家"天人合一"、佛家"万物一体"、道家"道法自然"等倡导人与自然和谐相处的思想,反映了中华民族自古以来尊重、顺应、保护自然的生态文明理念,以及与自然和谐相处的价值诉求,这些从中华优秀传统文化中汲取的智慧和经验,对当前的生态文明建设具有重要的借鉴意义。同时,挖掘参考我国古代保护环境的一些可借鉴的做法,以及环境保护方面的宝贵经验,有助于现代环境保护措施的完善。另一方面,明确了中华优秀传统文化对生态文明建设的价值,不仅有助于现代人对传统文化的接受,而且能够提升对中华优秀传统文化精髓的发掘热情,从而更自觉地弘扬中华优秀传统文化。只有理顺中华优秀传统文化与生态文明建设之间的关系,才能更好地处理人与自然、经济社会发展与环境资源之间的关系,才能建设好美丽中国,从而实现中华民族的永续发展。

　　第六,中华优秀传统文化能塑造中国形象。中华优秀传统文化历史悠久、底蕴丰厚、特色鲜明、活力充沛,是世界文化百花园中灿烂夺目的花朵。文化是国家形象的组成部分,也是国家形象展现的媒介,因而中华优秀传统文化是中国国家形象的名片,是鲜明的标识,更是展现中国形象的载体。中国是崛起中的大国,需要向世界展现"和平"、"自信"、"负责"、"文明"的国家形象,而中华优秀传统文化中就包含着这样的优秀基因,在塑造中国形象方面能起到独特而关键的作用。

推进中华优秀传统文化的国际传播,让世界各国人民了解和认识中华文化,进而全面了解中国,这有利于提高我国的国际话语权,提升我国的国际影响力。例如,通过传播中国友好的对外交往史,展现睦邻友好的大国形象;通过传播中国悠久的开放发展史,展现开放包容、可亲可爱的大国形象;通过传播中国礼仪文化,展现国民文明形象。而日益繁荣昌盛、和平、可信的大国形象,又增强了世界各国人民了解中国的意愿,增加了对中华文化的亲近感。中华优秀传统文化的全球化传播深刻塑造着中国形象,中国形象反过来为中华优秀传统文化的全球化传播创造良好条件,二者是辩证统一的关系。在全球化时代,只有牢牢把握中华优秀传统文化的全球化传播与中国形象塑造的内在关联,讲好中国故事,传播好中国声音,努力挖掘中华优秀传统文化的时代价值,找到中华优秀传统文化同世界和平与发展主题的连结点,搭建增信释疑的桥梁纽带,才能承担起中华优秀传统文化全球化传播的时代使命,才能更好地塑造中国的大国形象。

专栏 孔子学院

孔子学院是世界人民熟知的文化传播机构,已然成为中华优秀传统文化全球化传播的重要推手。孔子学院是由国家汉办(即中国国家对外汉语教学领导小组办公室)在世界各地设立的传播中华优秀传统文化、进行国学教育和推广汉语言文学的非营利性公益文化交流机构,总部设在北京。孔子是中华优秀传统文化的代表人物,选择"孔子学院"作为汉语教学的品牌,有利于中华传统文化的推广。孔子学院的成立是儒家"和而不同"、"和为贵"、"四海之内皆兄弟"、"君子以文会友、以友辅仁"思想的现实实践,旨在促进中国文化与世界文化的交流融合,达到建设"和谐中国、和谐世界"的目的。

孔子学院深受世界各国的重视,发展状况喜人。从 2004 年 11 月 21 日全球第一家孔子学院在韩国首尔正式成立开始,历经 12 年的发展,截止到 2016 年 12 月,我国已经在全球 140 个国家和地区先后建立了 512 所孔子学院和 1073 个孔子课堂,学员总数超过 210 万。学员在孔子学院不仅能学习中国语言,还能了解中华传统文化,如中医、书法、京剧、武术等,这是其深受学员们欢迎的缘由。孔子学院不断创新文化展现方式,举办戏剧表演、书法绘画、武术表演等学习班,组织学员到中国实地感受中华文化等,让学员体悟中华优秀传统文化的博大与魅力。孔子学院还常以群众活动方式推广中华优秀传统文化,各种文化活动的受众已达 1300 万。

另外,孔子学院大会为世界各地的孔子学院及教育机构提供了交流沟通的平台,每一次大会都将中华优秀传统文化的传播推向新高度。2016 年 12 月 11 日,第十一届孔子学院大会在昆明圆满闭幕,此次大会的主题是"创新、合作、包容、共享",其间举办了多场专题论坛,与会者共有 2200 余人,来自 140 个国家和地区。

孔子学院为增进世界各国对汉语言文化的理解,发展与世界各国的友好关系提供了便利条件。中华优秀传统文化通过孔子学院向世界传播,让世界更加了解中国、了解中华文化。孔子学院已成为传播中华文化、推广汉语言文学的重要平台和品牌,成为中外多元文化交流的纽带,是深化各国友谊的桥梁。孔子学院必将在传播中华优秀传统文化,树立中国形象的历史进程中扮演重要角色,发挥重要作用。

七、治国理政需要发扬以史为鉴的优良传统

人类文明总是在继承前人成果的基础上向前发展的。将历史中的成败得失作为治国理政的经验或教训加以借鉴，即是以史为鉴。以史为鉴是社会施政和治理的重要手段，治国理政需要发扬以史为鉴的优良传统。回顾党的历史，可以清楚地看到，我们党之所以能够领导中国革命、建设、改革不断取得胜利，一个重要原因就在于具有强烈的历史意识和宏阔的历史眼光，重视对历史的学习和对历史经验的总结与运用，能够从历史中汲取智慧，从不断认识和把握历史规律中找到前进的正确方向和正确道路。

中华民族一向具有重视历史的优良传统。以史为鉴、以古鉴今、以史治国，正是中华民族这一优良传统的集中体现。《诗经·大雅·荡》中有一句："殷鉴不远，在夏后之世。"揭示的就是一个治国理政的深刻道理，意思是说，夏代的灭亡是殷代的前车之鉴，殷商的统治者应该吸取这一历史教训。汉初统治者也特别重视总结强大的秦王朝迅速灭亡的教训，陆贾在刘邦的授命下写了《新语》一书。贾谊在《过秦论》中也总结了秦王朝盛衰变化的历史经验教训。韩婴在《韩诗外传》中也说："前车覆而后车不诫，是以后车覆也。"可见，中国的古人是多么重视对历史经验和教训的总结。以史为鉴，从中获取治理国家的经验，避免失误，通常是古代贤者的共同特征。诸葛亮曾以先汉和后汉作对比，言辞恳切地劝诫刘禅："亲贤臣，远小人，此先汉所以兴隆也；亲小人，远贤臣，此后汉所以倾颓也。先帝在时，每与臣论此事，未尝不叹息痛恨于桓、灵也！"（《出师表》）

唐朝之所以出现"贞观之治"，与唐太宗李世民深谙以史为鉴的道

理是分不开的。李世民继位之初，特别注意吸取隋朝灭亡的教训，据《贞观政要》记载，当时君臣谈论以亡隋为鉴戒的例子就多达45处。唐太宗从谏如流，能够虚心听取魏徵等大臣的建议。为更好地以史为鉴，李世民还设立史馆，对于修史和研究历史的重要性，他这样感叹："大矣哉，盖史籍之为用也！"(《修晋书诏》)魏徵去世后，唐太宗说："以铜为鉴，可正衣冠；以古为鉴，可知兴替；以人为鉴，可明得失。"(《新唐书·魏徵传》)

《资治通鉴》是我国历史上的一部重要历史著作，为北宋时期的历史学家司马光所著，目的就是为了探究治乱兴衰以作为史鉴。对此，司马光说："史者今之所以知古，后之所以知先，是故人君不可以不观史。"也正是因为这一点，宋神宗赐书名为《资治通鉴》，展开说就是"鉴于往事，有资于治道"。《资治通鉴》一直是历代君臣必读的著作，有"帝王教科书"之称，与《史记》并称"史学双璧"。明清之际大思想家王夫之写有《读通鉴论》一书，其中这样评价《资治通鉴》："取古人宗社之安危，代为之忧患，而己之去危以即安者在矣；取古昔民情之利病，代为之斟酌，而今之兴利以除害者在矣。得可资，失亦可资也；同可资，异亦可资也。故治之所资，惟在一心，而史特其鉴也。"曾国藩也特别看重《资治通鉴》这部书，他曾向人推荐说："窃以为先哲经世之书，莫善于司马温公《资治通鉴》。"清朝康熙、乾隆两位皇帝也喜欢读这部书，以学习治国之道，并有"御批"传世。

中华民族有着悠久的历史，史籍中蕴含着丰富的经验和教训。梁启超在《中国历史研究法》中说："中国于各种学问中，惟史学为最发达；史学在世界各国中，惟中国为最发达。"中华民族是一个注重继承和发扬优良传统的民族，在治国理政方面特别善于总结和借鉴历史经验。治国理政,离不开以史为鉴。只有以史为鉴,使其上升为一种稳定的历史思维方式,才能更好地挖掘历史文化的内涵,使深邃的中华优秀传统文化服务于当前治国理政的大局。

中国共产党继承和发展了中华民族以史为鉴、以古鉴今、以史治国的优良传统,党的几代领导人都高度重视"以史为鉴"的治国理政方略。青年毛泽东在求学时就说过:"读史,是智慧的事。"1938年10月,毛泽东同志在党的六届六中全会上指出:"今天的中国是历史的中国的一个发展;我们是马克思主义的历史主义者,我们不应当割断历史。从孔夫子到孙中山,我们应当给以总结,承继这一份珍贵的遗产。这对于指导当前的伟大的运动,是有重要的帮助的。"①1942年,毛泽东发表过一篇题目为《如何研究中共党史》的演讲,其中说道:"如果不把党的历史搞清楚,不把党在历史上所走的路搞清楚,便不能把事情办得更好。"②邓小平同志也十分重视以史为鉴,常常从历史上的成败得失中吸取经验教训,他认为,要懂得中国历史,这是中国发展的一个精神动力。他还说:"总结历史是为了开辟未来"③,"要用历史教育青年,教育人民"④。江泽民同志也多次强调学习和运用历史经验、正确借鉴历代治乱兴衰的经验教训的重要性。他曾说:"一名领导干部不善于从历史中吸取营养,不可能成为高明的领导者;一个政党不善于从总结历史中认识和把握社会发展的规律,不可能成为顺应历史潮流的自觉的政党;一个民族不善于从历史中继承和发展本民族与世界其他民族创造的优秀文明成果,就不可能屹立于世界

---

① 《毛泽东选集》第2卷,人民出版社1991年版,第534页。
② 《毛泽东文集》第2卷,人民出版社1993年版,第399页。
③ 《邓小平文选》第3卷,人民出版社1993年版,第271页。
④ 《邓小平文选》第3卷,人民出版社1993年版,第206页。

民族之林。"①胡锦涛同志在论述学习、借鉴和运用历史经验的重要性时，也说过："历史是一面映照现实的明镜，也是一本最富哲理的教科书。""正确地对待历史，善于总结经验，这是一个郑重的马克思主义政党成熟的重要标志。"

习近平同志继承了我国古代和党的以史为鉴的优良传统，历史思维是他治国理政的重要思维品质之一。习近平同志指出："不忘本来才能开辟未来，善于继承才能更好创新。""只有坚持从历史走向未来，从延续民族文化血脉中开拓前进，我们才能做好今天的事业。"

首先，习近平同志明确了学习历史的重要性。习近平同志高度重视对历史的学习和研究，他多次强调，要学习和总结历史，借鉴和运用历史经验，这是我们党一贯倡导的做好领导工作的一个重要的思想和方法。历史能够给人带来智慧，提高文化素养和思想政治修养，学史可以看成败、鉴得失、知兴替，深化对人类社会发展规律、社会主义建设规律和共产党执政规律的认识，有助于提高工作能力和领导水平。党史国史"这门功课不仅必修，而且必须修好"。

其次，习近平同志进一步阐释了历史的内涵。历史是一个民族、一个国家形成、发展及其盛衰兴亡的真实记录，是前人的"百科全书"，历史是最好的老师、最好的教科书、最好的清醒剂、最好的营养剂，历史是不可能割断的，历史问题是重大原则问题，历史是民族安身立命的基础，中国历史是中国人民、中华民族自强不息的创业史和发展史，中国共产党的历史是中国近现代以来最为可歌可泣的历史篇章。

再次，习近平同志告诉我们要以科学的态度对待历史。要坚持马克思主义的历史观和方法论，不读死书，本着"择其善者而从之，其不善者

---

① 《江泽民文选》第2卷，人民出版社2006年版，第301页。

而去之"的科学态度,结合自己的工作实际自觉地学习历史。坚持古为今用、以古鉴今,坚持有鉴别的对待、有扬弃的继承,而不能搞厚古薄今、以古非今。领导干部要有历史意识和历史眼光,要在提高历史文化素养上下功夫,要自觉地从历史中汲取经验和智慧,自觉地依据历史规律和历史发展的辩证法做事。只有这样,才能真正发挥历史知识应有的积极作用。

专栏　二十四史

"二十四史"是中国古代24部正史的总称。它上起传说中的黄帝(前2550),止于明崇祯十七年(1644),计3213卷,约4000万字,用纪传体编写。1921年,徐世昌曾下令将《新元史》列入正史,与"二十四史"合称为"二十五史",也有人将《清史稿》列为"二十五史"之一,或者将两书都列入正史,即为"二十六史"。"二十四史"如下:

《史记》(西汉　司马迁)

《汉书》(东汉　班固)

《后汉书》(南朝宋　范晔)

《三国志》(西晋　陈寿)

《晋书》(唐　房玄龄等)

《宋书》(南朝梁　沈约)

《南齐书》(南朝梁　萧子显)

《梁书》(唐　姚思廉)

《陈书》(唐　姚思廉)

《魏书》(北齐　魏收)

《北齐书》(唐　李百药)

《周书》（唐　令狐德棻等）

《隋书》（唐　魏徵等）

《南史》（唐　李延寿）

《北史》（唐　李延寿）

《旧唐书》（后晋　刘昫等）

《新唐书》（北宋　欧阳修、宋祁等）

《旧五代史》（北宋　薛居正等）

《新五代史》（北宋　欧阳修）

《宋史》（元　脱脱等）

《辽史》（元　脱脱等）

《金史》（元　脱脱等）

《元史》（明　宋濂等）

《明史》（清　张廷玉等）

第五章　中国共产党人是如何看待与对待传统文化的

　　中国共产党人不仅是马克思主义在中国的传承者和弘扬者，也是中华优秀传统文化在现时代的传承者和弘扬者。在中国共产党把马克思主义中国化的过程中，就充分肯定了中华优秀传统文化在其中所起的重要作用。在中国现代文化的重构过程中，中国共产党人能够本着守护民族记忆、传承民族文化的责任心和使命感，对本民族传统文化既有认同与继承，又有鉴别、改造、优化与整合，为把民族优秀传统文化与马克思主义文化相结合做出了不懈努力。在这期间，他们既走过弯路，也创造过辉煌。中国共产党人在革新传统文化过程中所经受的波折说明了文化变革的艰难性，但他们历尽磨难而取得的文化建设成就又增强了国人发展民族文化的自信心。正是由于他们善于总结经验和教训，在学习运用马克思主义的过程中逐渐形成了对待民族文化的科学态度，马克思主义才会日益扎根于中华文化土壤并茁壮成长。历史业已证明，现代以来中国文化建设的成就离不开中国共产党人科学的传统文化观。

一、新文化运动及传统文化的命运

　　两千多年来，中华民族虽然历经多次朝代更迭，遭受了多次外部侵扰,在文化上也经历了异族文化的渗透,但中华民族在经济、政治、文化各个领域基本处于稳定发展过程中。在西方工业革命之前,中华文化在世界上一直处于领先和强势地位,儒家作为中国社会的主流文化和意识形态文化引领了东方文化的潮流,中华传统文化始终没有经受比较大的挑战。工业革命改变了这一局面,侵略者挟西方科技文明而发动的鸦片战争从根本上改变了中华民族的命运,也彻底动摇了中华文化的优势地位。西方的经济、军事侵略导致了中华民族深重的民族危机,西方文化在对中国的文化渗透过程中也表现了它极为强势的一面,以科学与民主为内核的现代性文化使以农耕文明为基础的传统性文化相形见绌,中华传统文化遭遇到了前所未有的冲击,中国人的文化自信受到了历史上最为严峻的挑战。

纵观近代以来的中国社会,传统文化的现代转型是中国社会走向现代化的基本要求和重要组成部分,它体现了文化发展的规律。放眼世界,任何国家的现代化进程都是一个系统性工程,既包括器物层面、制度层面的现代化,也包括文化层面的现代化。它涉及到经济、政治、文化各个方面,最终以现代性文化的建立为转型成功的标志。缺少文化转型升级的现代化不是完整意义上的现代化,也不是真正意义上的现代化。梳理近代以来的文化发展,我们会看到中华传统文化的现代性转型是在与西方文化的交流碰撞中进行的。

这种激烈的碰撞始于鸦片战争,自此一个世纪以来,中西文化的冲突始终伴随着强国的侵略和蹂躏。它说明了中国文化的现代化是以非常规的形式开始的,伴随着外部的强制干预。西方以军事侵略打开了中国的大门,也从此改变了中国文化上的闭关锁国状态。侵略者的长驱直入让国人痛感自身的贫弱状况,也让素来具有自我文化优越感的国人猛醒。各界有识之士纷纷寻求民族自救道路,学习西方的现代文明成为越来越多人的共识。

从历史上看,中国对西方的学习经历了一个从器物层面、制度层面直至文化层面这种由外而内、层层深入的过程。魏源编写《海国图志》,介绍西方知识,明确提出"师夷长技以制夷"之策。清王朝在面对外侮无力抗拒的情况下,被迫"自强",以洋务运动推动学习西方的先进技术,洋务派坚持"中体西用",开始了对西方"长技"即器物层面的学习。但是,甲午战争的失败让国人反思,一些有识之士将失败归之于中国落后的政治制度,企图以变法的方式在中国确立君主立宪制。在改良失败的情况下,资产阶级革命派发起了推翻清王朝的辛亥革命,结束了中国两千多年的帝制。但资产阶级并没有在中国实现如西方一样的共和制度,袁世凯的复辟宣告了资产阶级对西方制度层面的模仿也失败了。在器物与制度上的转型一再失败后,一些先进的知识分子意识到观念的落后才是更根本性的问题,"立宪政治而不出于多数国民之自觉"①绝无成功的可能,于是,改造旧文化,启蒙国人,从根本上动摇他们根深蒂固的旧思想旧观念已成为当务之急。然而,辛亥革命失败后,北洋军阀为加强专制独裁统治,在思想文化领域极力推行尊孔复古政策,在袁世凯的支持下,各地纷纷建立孔教会,要求定孔教为"国教",一时间复古尊孔思潮弥漫中华大地。在这一历史背景下,新文化运动应运而生。以陈独秀创办《青年杂志》(共出了六期,从第二卷起,杂志改名为《新青年》),大力宣传西方科学与民主为标志,中国开启了批判旧文化、学习西方文化的新文化运动。

新文化运动提倡的是西方的科学与民主,以资本主义文化对抗没落

---

① 《陈独秀著作选编》第1卷,上海人民出版社2009年版,第203页。

的封建主义思想,主要批判中国封建社会的纲常礼教及封建专制主义。陈独秀把西方的"德先生"（民主）、"赛先生（科学）"作为救治中国旧政治、旧道德、旧文化等思想上一切黑暗的良方。他在《敬告青年》中明确指出:"国人而欲脱蒙昧时代,羞为浅化之民也,则急起直追,当以科学与人权并重。"李大钊撰写了《民彝与政治》,发出了"民与君不两立,自由与专制不并存,是故君主生则国民死,专制活则自由亡"的呐喊。胡适则把实用主义运用到各个领域,用西方哲学的体系和方法研究中国哲学,把儒学与诸子学说进行比较研究,破除了儒学"独尊"的地位和神秘色彩。他所提倡的"大胆的假设,小心的求证"的治学方法、"全心全意现代化"的主张以及"走极端与文明再造说",在学术界产生了巨大影响。他还主张以白话文代替文言文,强调写文章"不作无病之呻吟"。钱玄同用白话文给陈独秀写信,促使《新青年》改用白话文。弃医从文的鲁迅则在《新青年》上发表了第一篇白话小说《狂人日记》,揭露了人吃人的封建社会,对封建礼教进行了有力的抨击。前期的新文化运动主要通过激烈的反传统方式宣传西方的民主与科学,强调思想自由,反对旧的专制制度对人的个性束缚,力图破除儒学意识形态的话语霸权。

新文化运动提倡民主和平等,反对封建专制;提倡科学精神,反对封建迷信和愚昧;提倡新道德,反对封建旧道德;提倡新文学,反对旧文学。新文化运动是一场文化启蒙运动,它是由一批受过西式教育的知识分子发动起来的,是一场中西文化激烈冲突之下的文化变革运动。这一运动旨在对国人进行文化启蒙,敦促国人猛醒,对封建性旧文化进行批判,对民族文化进行彻底反思,认识其滞后性,找出其症结所在,从而改变那种盲目自大的文化优越感,发奋图强,重振民族文化,以应对西方的侵略,解决民族危机。俄国十月革命胜利后,新文化运动的内容发生了变化。以五四运动的兴起为标志,马克思列宁主义逐渐成为中国新的思想潮流,陈独秀、李大钊是当时学习、宣传马克思列宁主义的突出代表。

在新文化运动中,知识精英们对封建文化进行了猛烈尖锐的批判,文化复古主义和文化保守主义也受到沉重打击。但有破就有立,既然文化复古主义和文化保守主义的主张和道路是走不通的,那么,在中国社会应建立什么样的文化呢?不同阶级和学派的代表人物给出了不同的回答和方案。主张中西文化调和的折中派算是一个很大的阵营,但是围绕着调和什么、如何调和,是对半调和,还是中体西用的调和,抑或西体中用的调和?是精神文化、物质文化的调和,还是人的文化、物的文化的调和,抑或静的文化、动的文化的调和?也是纷争不断。1920年,游历欧洲归来的梁启超所写的《欧游心影录》问世,反映了梁启超对一战后欧洲社会混乱状况的观感,对西方文明和"科学万能"的怀疑和反思,主张中国不能效法欧洲,在中国文化上要"站稳脚跟"。持有东方文化救世的名人也不少,除了梁启超提出要用东方文明调剂西方文明之外,章士钊反对"欧化"、反对工业化和现代化,主张农业立国的论调也很有名。他对新文化运动中的破旧立新深感忧虑,坚决表示反对。他在其主办的《甲寅》周刊上说白话文是"文词鄙俚,国家未灭,文字先亡",他反对新文学,认为新文化运动是无事生非,有害无益。虽然引得一片骂声,但章士钊仍全然不顾,我行我素。新文化运动中那些激进、非理性的做法也引起了在北京大学任教的梁漱溟的不满。1921年,梁漱溟应山东省教育厅之邀,在济南作了《东西文化及其哲学》的演讲,这部成名作标志着梁漱溟新儒家思想的成形。梁漱溟把人类文化分为西方、印度和中国三种类型,通过比较指出西方文化对自然持征服、对立的态度,并由此产生了物质文明,解决的是人与自然的关系问题;中国文化强调天人合一,主张人与自然融洽相处,不提倡物质享受,解决的是人与人之间的问题;印度文化追求对现实的解脱,因此宗教兴盛,解决的是人与自身的问题。中国文化和印度文化都是人与自然的关系问题没有解决好而转向了第二个或第三个问题,是一种文化上的早熟。他认为,西方文化在给人类带来巨大物质财富的同时,也给人类带来了灾难,西方文化即将走到尽头,而中国文化以孔学为主干,以伦理为本位,是人类文化的理想归宿,"世界未来文化就是中国文化的复兴",我们要吸收西方文化的精粹,重新复兴中国文化。他明确提出要走孔家路,过孔家生活。循着这一路产生了现代新儒家流派,致力于从儒学的"内圣而开出新外王",代表人物还有熊十力、马一浮、张君劢、冯友兰(新理学)、贺麟(新心学)、钱穆、方东美、唐君毅、牟宗三、徐复观、余英时、刘述先、成中英、杜维明等。改革开放后,在大陆沉寂了30年之久的现代新儒学,随着海外一些代表人物来大陆讲学而再次引起大陆学界的重视。

梁漱溟的观点发表后,遭到了胡适等西化派人物的批评,引起了旷日持久的东西文化观大论战。更有甚者,到了30年代初,从欧美留学回来的陈序经明确提出全盘西化的主张。1933年12月,陈序经作了题为《中国文化之出路》的演讲,不仅反对梁漱溟的复古主张,也反对文化折中派的主张。他甚至还批评胡适的西化不够彻底,他要做的是实现中国文化的彻底全盘西化。他说:"西洋的现代文化,无论我们喜欢不喜欢,它是现世的趋势",我们只要在这个世界上生活,就必须要抛弃陈旧落后的中国文化,去适应这种趋势,否则,只有束手待毙。陈序经的全盘西化论又引起了"中国文化出路"的大论战,主张回归中国文化的东方文化派和主张中西调和的文化折中派群起批判全盘西化论。1935年1月10日,王新命等十位知名教授在《文化建设》杂志上联名发表了《中国本位的文化建设宣言》一文，坚决反对"全盘西化"主张，又给这场争论加了一把火，招致了全盘西化论者的猛烈反击，使论战进一步升级。围绕着"中国文化出路到底是中国本位还是全盘西化"，双方唇枪舌剑，引起了思想文化界的不小震动，其余波一直延续到20世纪40年代末。

纵观中国近现代史，我们可以看到，伴随着洋务运动、维新变法运动和资产阶级旧民主主义革命的失败，他们所提出的各种各样的保守主义、自由主义和调和主义的文化建设主张和纲领也成了空中楼阁，无法变成现实。面对西方文化的强大攻势，他们虽然进行了艰难的探索，也展开了无休止的争论，提出了各种各样的文化主张，但是由于时代的局限性及争论者自身所处阶级地位的局限性，加上没有科学理论的指导，而使他们不可能把握中国文化的发展规律，也就找不到中国文化的真正出路。事实证明，地主阶级和资产阶级既无法改变中国的命运，也无法改变中国文化的命运。

历史把这一伟大使命交到了中国共产党手上。"十月革命一声炮响，给我们送来了马克思列宁主义。十月革命帮助了全世界的也帮助了中国的先进分子，用无产阶级的宇宙观作为观察国家命运的工具，重新考虑自己的问题。"①以马克思列宁主义为指导的俄国革命的胜利让中国人民看到了希望，也使满目疮痍的中华大地迎来了文化建设的新曙光。在《论人民民主专政》这篇文章中，毛泽东热情洋溢地宣称："也只是在这时，中国人从思想到生活，才出现了一个崭新的时期。"1921年，在俄国苏维埃和共产国际的帮助下，中国共产党应运而生。自诞生之日起，中国共产党就带领全国各族人民为完成民族独立、人民解放和国家富强、人民幸福的伟大任务而前仆后继、英勇奋斗。在实现中华民族伟大复兴

① 《毛泽东选集》第4卷，人民出版社1991年版，第1471页。

的征程中,他们不仅将马克思主义基本原理与中国实践结合起来,而且与中华民族的历史和文化结合起来,把马克思主义植根于中华优秀传统文化之中,在取得中国革命、建设和改革伟大成就的过程中,在文化建设上也取得了一系列重要理论成果,创建了具有中国特色的新民主主义文化和社会主义先进文化,丰富和发展了马克思主义文化理论。在所取得的这些文化建设实践和理论成果中,包含了对中华传统文化的批判性继承、创造性转化和创新性发展,在如何对待中华传统文化方面获得了有益的经验,逐步形成了中国共产党人科学的传统文化观。

历史证明,中国共产党人是中华优秀传统文化的忠实传承者和弘扬者。自20世纪初中国共产党成立以来,历史给予她的任务就是变革旧的封建性文化,将马克思主义与本民族优秀的传统文化相结合,建设具有现代性的新文化。而中华优秀传统文化也由于融入到中国革命、建设和改革的伟大实践中,才焕发出新的生命力。这一文化发展的逻辑勾勒出了中国现代文化发展的脉络和前景,也决定了中国共产党人在文化建设和发展上应该具有的科学态度。传统文化的现代转型极大地促进了中国社会的发展。当然,面对世界形势的风云变幻,面对日新月异的当代中国,传统文化的现代转型之路还没有完结。我们要在马克思主义的指导下,在当代中国特色社会主义实践的基础上,接纳新时代的文化观念,以更加开放的姿态吸收世界各民族的优秀文化,充分利用中华传统文化中合理的思维模式、价值观念和有益元素,构建具有中国特色、中国风格、中国气派的社会主义先进文化。

二、早期中国共产党人的传统文化观

新文化运动是中国在应对西方侵略、力图民族自救下的产物。这一历史背景构成了中国共产党得以产生和发展的思想文化条件。中国共产党人顺应时代潮流,自觉担负起了改造、振兴民族文化的历史重任。早期中国共产党人以其大胆的探索开启了这一历史进程,他们以激进的文化态度揭露了传统文化落后的一面,猛烈批判了传统文化所暴露出的弊端及其现实危害,极力阐明文化变革的必要性。作为中国最早的马克思主义传播者和中国新文化运动的卓越领导者,陈独秀、李大钊是中国共产党改造旧文化、传播新文化的先驱。

在中国共产党人中,陈独秀是开启传统文化向现代文化转型道路的第一人。但在新文化运动的早期,陈独秀主要宣传西方资产阶级文化,它最赞赏的是法兰西文明。他认为世界文明分为古代文明和近世文明。古代文明,世界各地无明显差异,近世文明则分为迥异不同的东、西两大文明。东方文明以中国、印度为代表,至今没有摆脱古代文明的窠臼,有"近世"之名,无"近世"之实。真正的近世文明即以法兰西为代表的西方文明,它以人权说、进化论和社会主义为基本特征。陈独秀认为,法兰西革命打破特权阶层,倡导个人独立自由的人格;影响近世的达尔文生物进化论起源于法国人拉马克;倡导社会平等的社会主义则与法兰西人圣西门和傅立叶分不开。因而,西方近代文明皆拜法兰西所赐,世界无法兰西,则无民主与自由,人类则无幸福可言。

在陈独秀看来,西方文明代表了社会进步和世界潮流,是由古代文明变革而来的现代文明,而中国当前的文化状况是落后于时代的,是需要变革的,其参照物就是进化后的西方文明。在这一认识基础上,陈独秀把中国文化革命的目标指向了代表文化正统的儒家思想,他的文化批判对象是以忠孝、等级、专制观念为基础的旧封建伦理道德,而他大力倡导的是以独立、自由、平等思想为核心的新伦理新道德,目的就是在中国建立以科学与民主为支撑的现代性文明,这是陈独秀改造旧文化、建设新文化的基本思路。

具体来说,在新文化运动早期,陈独秀着力批判儒家文化的专制色彩,极力动摇儒家思想的独尊地位。他认为,中国长期以来的封建政治、宗法社会推崇纲常礼教,社会组织、国家政治以家长、君主为尊,重阶级、教忠孝,这使封建忠孝思想日益成为中国宗法社会封建时代的道德。虽然这一观念在历史上曾起过有益的作用,但在现代社会状态下,旧的封建伦理思想只是起着维护封建等级制度的作用,是专制社会存在的思想基础,是中国人确立自由、平等、自立、自强等现代理念的直接阻碍。在《东西民族根本思想之差异》一文中,陈独秀指出了宗法制度阻碍文明社会发展的四大恶果:"一曰损坏个人独立自尊之人格,一曰窒碍个人意思之自由,一曰剥夺个人法律上平等之权利,一曰养成依赖性,戕贼个人之生产力。"陈独秀认为,忠孝等封建伦理观念对现代人来说已经丧失了其作为传统性美德的一面,作为落后陈腐的观念不能再支配现代人的思想和行为了,必须给予批判和改造。

但陈独秀毕竟是传统文化培养起来的中国知识分子,儒家的伦理道德思想对他的影响依然体现在其文化主张里。比如,他强调勤、俭、廉、洁、诚、信"之数德者,固老生之常谈,实救国之要道"①,而这些恰恰是中国文化中的重要元素。陈独秀对传统文化的批判和清理,提倡科学与民主、人权与平等,宣传西方文化,无疑有启迪国人、开发民智的作用,这在

---

① 《陈独秀著作选编》第1卷,上海人民出版社2009年版,第236页。

一定程度上为马克思主义在中国的传播扫除了思想障碍,同时也为陈独秀接受、宣传马克思主义提供了思想前提。因而,与早期重点清算专制文化不同,五四运动以后的陈独秀对孔子以来的儒家思想作了总结,能较为辩证地、客观地看待传统文化。他认为在历史上孔子有两大价值:第一价值是非宗教迷信的态度,第二价值是建立君、父、夫三权一体的礼教。陈独秀肯定了孔子重人事而远鬼神的思想,而否定了礼教的现代意义。他认为科学与民主是人类社会进步的两大动力,而孔子不言"怪力乱神",这一点是近于科学的,符合现代精神,因而值得肯定;而封建礼教,则是反民主的封建伦理纲常,妨碍人格的独立和人的自由平等,因而必须加以反对。陈独秀强调,人们应以孔子生活时代的学说主张为根本,以能否适合现代社会为标准来确定孔子思想的价值,要发挥孔子思想有益于现代社会发展的方面,不要提倡危害人权和民主、助长官僚气焰的礼教。不难看出,陈独秀是从现代社会的需要和发展的角度评判孔子思想价值的。正如他在《孔教研究》一文中所强调的:"我们反对孔教,并不是反对孔子个人,也不是说他在古代社会无价值。不过因他不能支配现代人心,适合现代潮流,还有一班人硬要拿他出来压迫现代人心,抵抗现代潮流,成了我们社会进化的最大障碍。"

与陈独秀同时代的李大钊在对传统文化的认识方面与陈独秀有相近之处,也有不同主张。他们的思想变化发展的阶段基本一致,只是李大钊的文化建设思想更贴近中国实际,更具有可操作性。以五四运动为界线,李大钊的思想可以分为前后两个明显不同的时期。在五四运动之前,尤其是俄国十月革命之前,以西方资产阶级性质的文化为参照物,李大钊经历了一个学习、反思、批判传统文化的过程。而在五四运动之后,李大钊成为中国先进知识分子中积极宣传马克思列宁主义的突出代表,他的文化建设主张发生了根本性转向,以社会主义运动改造传统文化成为他思想发展的主流。

出生于没落知识分子家庭的李大钊与绝大多数中国知识分子一样,从小接受的是中华传统文化的熏陶和教育,他幼时读的是乡村私塾,学习"四书五经",至十六岁时参加了科举考试。他早期的求学经历及其成长的社会环境使传统文化在他身上打下了较为深刻的烙印,这突出表现在他接受马克思主义之前的文化改革主张中,主要包括两个方面:一方面,从儒家崇尚道德这一思想出发强调以德立国的重要性,肯定儒家的教化功能在学习西方文化中的重要作用。李大钊把教育民众、培育"群德"作为知识分子的使命,希望他们担负起改造中国文化、提振民族信心进而挽救民族危机的重任,这恰恰体现了儒家情系天下、教化民众的情怀。另一方面,从中华传统文化的民本思想出发,李大钊引入《诗经》中的"民彝"概念以改造西方文化的民主自由理念,提出了以重视民意、民权为内容的"民彝"思想。"民彝"是指民众的意志、思想和德行等。他批判了中华传统文化尤其是儒家的封建专制思想,认为只有彻底清算传统中阻碍社会发展的专制思想,才能彰显自我的价值和个体存在的意义。从以上两方面可以看出,李大钊承认传统文化的落后性,强调改造的必要性。他以西方文化为参照物评判传统文化,批判中国人的文化狭隘意识,强调学习外来文化的重要意义。但与当时许多人企图彻底弃置传统不同,李大钊强调了传统思想的价值。他认为应该深入挖掘优秀传统思想因子并加以现代性改造,同时吸收西方文化的优点,从中找出改造社会的正确途径。这一文化主张在当时是难能可贵的,也影响了李大钊后来对马克思主义的认识。

俄国十月革命的胜利对世界产生了巨大影响,在中国爆发的五四运动使马克思主义在中国得以广泛传播，也使中国的文化改革发生了根本性转向。本着学习俄国、在中国唱响社会主义的文化态度，李大钊的思想也随之发生了重大转变，即运用马克思主义的唯物史观评判、革新民族文化。他在《物质变动与道德变动》一文中强调："新道德既是随着生活的状态和社会的要求发生的——就是随着物质的变动而有变动的——那么物质若是开新，道德亦必跟着开新，物质若是复旧，道德亦必跟着复旧。"1920年，李大钊在《新青年》上发表了《由经济上解释中国近代思想变动的原因》一文。他认为，封建社会两千多年来的政治制度、道德伦理、思想文化、社会习俗都建立在家族式的宗法制经济基础之上。中国家族式的宗法制度、意识形态根源于封建社会的小农经济，它是长期维系中国政治思想文化的基石。因而，要变革文化就必须改变旧的社会经济制度。一言以蔽之，李大钊把思想文化的变化归因于社会经济的发展，认为要动摇中国社会长期束缚人们的专制思想，就必须改革中国封建社会的经济基础。

李大钊还提出了第三文明的思想。他认为，东、西两大文明一静一动，东方文明重精神，西方文明重物质，各居一偏，中华民族文化的革新应具有世界视野，既不能因袭旧文化，局限于中国文化本身，也不能只寄希望于西方，照搬西方资产阶级文化。第三文明为灵肉一致之文明，它将吸取东、西方文明之优点，将是人类最理想的文明。而俄国居于欧亚之交，兼具欧亚文明的特质。俄国革命后新诞生的文明不只是表明俄国文化自身的发展方向，也代表着世界文化发展的方向，也将是中国文化发展的方向。李大钊从俄国革命中看到了马克思主义推动历史进步的巨大力量，由此发现了马克思主义彻底改造中国的可能性。在李大钊那里，社会主义俄国既象征着新文明的诞生，也意味着超越中西文明的第三文明在全世界有了实现的可能。基于以上认识,选择马克思主义改造民族文化逐渐成为李大钊新的文化态度。

那么,如何学习运用马克思主义来改造中国文化进而解决中国民族危机呢?李大钊认为,在中国传播马克思主义与具体应用马克思主义同等重要,马克思主义运用于中国时必须考虑中国的实际情况和具体环境,包括中国特殊的、具体的历史文化实际。李大钊虽然没有明确提出马克思主义中国化的概念,但他却是率先运用马克思主义的立场、观点和方法研究中国历史文化和具体实际的学者,对马克思主义与传统文化的结合有着深入的思考。

在接受马克思主义之前,受新文化运动的影响,陈独秀、李大钊等人在文化改造上表现出较为偏激的一面,这与当时整个社会弥漫着一种否定儒家文化的氛围有关。在接受马克思主义的唯物史观之后,早期中国共产党人就把运用马克思主义以改造中国文化、挽救民族危机作为自己的历史使命。为此他们提出了诸多有价值的观点,但也表现出了不成熟的一面。原因在于,在马克思主义刚刚传入中国的情况之下,他们对马克思主义本身的认知有限,如何处理马克思主义与传统文化的关系对他们而言还是一个全新的课题。但毋庸置疑的是,早期中国共产党人在改造旧文化、建设新文化上做出的努力为中国的文化建设开创了一个新局面,他们在运用马克思主义改造封建旧文化所进行的尝试,为中国未来文化发展提供了可资借鉴的经验和教训。

三、毛泽东的传统文化观

毛泽东是较早地运用辩证方法看待中华传统文化的中国共产党人,

这与他深厚的传统文化素养以及善用马克思主义的立场、观点和方法去分析传统文化的科学态度密不可分。生于湖南农村的毛泽东自幼就经历了中国传统教育模式的训练。在接受"四书五经"等国学基本教育之后，毛泽东在湖南第一师范学习时期又接受了较为系统的中国古代文化知识的教育。长期从事毛泽东及其思想研究的逄先知先生曾说："对于中国古代文化，像他那样熟悉的，不仅在中国共产党领导人中，就是在近代的革命家中，都是不多见的。"①

毛泽东的传统文化素养还具有鲜明的地域特色。在杨昌济等名师的直接指导下，儒家在湖南的地域性文化——湖湘文化深刻影响了毛泽东。这一区域性文化突出了儒家的经世致用思想，崇实、重行、通变等思想、为民造福的无私奉献精神、敢为天下先的独创精神是这一文化的基本观念和价值取向。青年毛泽东在进入北京接触马克思主义之前基本上在湖南度过，他长期处于这一文化氛围中，深受这一文化的熏陶。这不仅使毛泽东对民族文化及其现实作用有着透彻的理解，而且也为他准确把握、灵活运用、有机整合各种外来文化奠定了思想文化基础。

青年毛泽东生活的时代，形势错综复杂，在西方各种文化思潮纷至沓来的情形下，他自身所具有的这种思想文化条件是非常难能可贵的，相对于当时许多知识分子来讲，他对不同文化的认识也就较为清醒和理性。对于中国封建文化，毛泽东以"积弊甚深，思想太旧，……非有大力不易摧陷廓清"来评价，指出了改造传统文化的必要性。但毛泽东同时也提出："西方思想亦未必尽是，几多之部分，亦应与东方思想同时改造也。"这一思想记载在毛泽东1917年8月23日致黎锦熙的信中。在这之

---

① 龚育之、逄先知、石仲泉：《毛泽东的读书生活》，生活·读书·新知三联书店1986年版，第199页。

前,他在为萧子升自订的读书札记本《一切入一》作序时指明了学习不同文化的目的,即"庇千山之材而为一台,汇百家之说而成一学"。在毛泽东成为马克思主义者之后,他在反对教条主义过程中提出的实事求是思想以及强调马克思主义必须中国化等,都应该归功于他对早期文化主张的坚持和发展。

毛泽东是中国共产党人中科学把握并传承、弘扬民族文化的优秀代表。他的传统文化观可以概述为以下几个方面:

第一,毛泽东分析、批判了新文化运动以来各种对待传统文化的错误思想,表明了对待传统文化应该具有的科学态度。

在《反对党八股》一文中,毛泽东认为,在新文化运动过程中,"他们反对旧八股、旧教条,主张科学和民主,是很对的。但是他们对于现状,对于历史,对于外国事物,没有历史唯物主义的批判精神,所谓坏就是绝对的坏,一切皆坏;所谓好就是绝对的好,一切皆好"。毛泽东批判了这种对待历史文化的形式主义方法和虚无主义态度。他指出了教条主义者全面排斥传统文化,轻视历史,把马克思主义与传统文化对立起来的错误做法,认为许多党员缺乏一种研究历史文化的氛围。在他看来,中国共产党如果要把马克思主义与中国具体实际相结合就必须了解中国的历史,熟悉本民族的文化。为此,毛泽东撰写了《改造我们的学习》以剖析、纠正党内这种不良学风。他说:"不论是近百年的和古代的中国史,在许多党员的心目中还是漆黑一团。许多马克思列宁主义的学者也是言必称希腊,对于自己的祖宗,则对不住,忘记了。认真地研究现状的空气是不浓厚的,认真地研究历史的空气也是不浓厚的。"在他看来,这种漠视传统、照搬马克思主义的学风得不到扭转,就谈不上马克思主义的中国化。

第二，毛泽东认为要把马克思主义与中华优秀传统文化有机结合起来，使马克思主义扎根于民族的文化土壤之中。

在抗日战争爆发之前，从整体水平上看，中国共产党基本上处于学习、运用马克思主义的初级阶段。很多人对马克思主义一知半解，对传统文化又缺乏一种科学的态度，他们中的一些人常常把马克思主义与传统文化对立起来，很少有人去思考二者的结合有无必要与可能。党内缺乏把马克思主义民族化的文化氛围，马克思主义与民族优秀传统文化的融合还不可能提到议事日程上来，而毛泽东则是其中少有的能够深入研究这一问题的人。在1930年，毛泽东就写出了《反对本本主义》一文，这篇文章原名《调查工作》。在文章中，毛泽东明确指出了中国共产党人通过实地调查了解中国情况的重要性。随着毛泽东对马克思主义的研究在理论上日臻佳境，加之现实中反对教条主义的需要，他写出了多部指导中国革命的重要著作。例如，在《实践论》（副标题是"论认识和实践——知和行的关系"）、《矛盾论》这两部著作中，毛泽东在坚持和发展马克思主义的过程中贯穿着对传统文化的运用，"两论"既是毛泽东对中国传统知行观及古代辩证法思想继承和发展的理论成果，更是马克思主义与中华优秀传统文化有机结合的标志性著作。

第三，毛泽东用中华优秀传统文化的观点和表达方式来阐明道理，既表明了传统文化的现代价值及传承民族文化的必要性，也使马克思主义无论在内容方面还是在形式方面，都深深打上了传统文化的烙印，体现了鲜明的中国特色、中国作风和中国气派。

例如，1935年，中央红军到达陕北，一些人以此地贫穷为理由，对党中央安置在这里深表忧虑。毛泽东借用《周易》中穷则思变的思想来说服大家，认为这里的人民革命欲望强烈，有较好的群众基础。再如，教条主义在现实中表现为"左"倾机会主义和右倾机会主义,在批判"左"倾和右倾错误时,毛泽东曾用儒家的"过犹不及"方法进行说明。在他看来,"过"就是"左"的东西,而"不及"就是右的东西。对于这一问题,毛泽东与张闻天进行过书信交流。在1939年2月写给张闻天的信中,毛泽东指出:"说这个事物已经不是这种状态而进到别种状态了,这就是别一种质,就是'过'或'左'倾了。说这个事物还停止在原来状态并无发展,这是老的事物,是概念停滞,是守旧顽固,是右倾,是'不及'。"众所周知,"实事求是"是一个中国术语,唐代颜师古将这个词注释为"务得事实,每求真是也"。实事求是最初表现的是中国知识分子脚踏实地的治学精神,体现了中华民族长期所信奉的一种价值观和理性精神。毛泽东在《改造我们的学习》一文中使用了"实事求是"一词,并将传统意义的实事求是改造为具有马克思主义性质的思想方法和观点,使之成为批判教条主义的思想武器,集中体现了传统文化的现代价值。这样的例子在毛泽东的著作中比比皆是,形成了其独特的用典艺术,并赋予它们新的内容。

第四,毛泽东运用马克思主义的立场、观点和方法总结中国历史经验,用以指导中国革命和建设。

在毛泽东看来,中国有着几千年的文明史,积淀着丰富的历史经验,后人应该珍视这一宝贵资源,运用马克思主义的立场、观点和方法去分析研究中国的历史和现状,找出其中带有规律性的东西。关于这一点,毛泽东在他的文章中多有表述,在《中国共产党在民族战争中的地位》一文里,他说:"我们这个民族有数千年的历史,有它的特点,有它的许多珍贵品。对于这些,我们还是小学生。今天的中国是历史的中国的一个发展;我们是马克思主义的历史主义者,我们不应当割断历史。从孔夫子到孙中山，我们应当给以总结，承继这一份珍贵的遗产。这对于指导当前的伟大的运动，是有重要的帮助的。"为此，毛泽东多次强调要科学地解释历史，要有组织地进行，希望理论家们"能够依据马克思列宁主义的立场、观点和方法，正确地解释历史中和革命中所发生的实际问题，能够在中国的经济、政治、军事、文化种种问题上给予科学的解释，给予理论的说明"①。只有在对中国的历史文化实际进行认真研究和总结的基础上，才能做出合乎中国需要的理论性创造。

第五，毛泽东为新文化建设指明了方向。毛泽东强调，要以马克思主义性质的文化改造旧文化，引领文化发展的方向，同时又体现我们民族的特点。

在新民主主义革命时期，毛泽东论述了如何进行新文化建设与传统文化改造的问题。他认为，在新文化建设上，既要继承民族的优秀文化，又要给以马克思主义的改造，在建设马克思主义性质文化的过程中也要体现民族文化的贡献。毛泽东明确指出："学习我们的历史遗产，用马克思的方法给以批判的总结，是我们学习的另一任务。"②在《新民主主义论》中，毛泽东就如何完成这一任务作了全面论述。在他看来，新文化建设就是"要把一个被旧文化统治因而愚昧落后的中国，变为一个被新文化统治因而文明先进的中国。一句话，我们要建立一个新中国。建立中华民族的新文化，这就是我们在文化领域中的目的"。与此相关，毛泽东也指出了文化建设过程中企图割断历史的错误做法，认为中国目前所建设的新文化"是从古代的旧文化发展而来，因此，我们必须尊重自己的历史，决不能割断历史"。在毛泽东看来，历史文化的发展有它自身的逻

---

① 《毛泽东选集》第3卷，人民出版社1991年版，第814页。
② 《毛泽东选集》第2卷，人民出版社1991年版，第533页。

辑,中国共产党领导下的新文化建设既不能照搬照抄马克思主义,同样也不能搞"颂古非今"。毛泽东一方面强调新文化的马克思主义性质,它包括无产阶级性质、反侵略性质和反封建性质;另一方面又强调新民主主义的文化"是我们这个民族的,带有我们民族的特性"。

第六,毛泽东提出了对待传统文化的基本方针。

毛泽东强调,对待古代文化,既不能全盘继承,盲目搬用,不加批判地吸收,更不能割断历史,一概排斥,要"古为今用",把它变成革命的为人民服务的东西。"古为今用"的同时还要"推陈出新",继承和借鉴决不能替代自己的创造。"古为今用"、"推陈出新"就是我们对待传统文化的基本方针。在《新民主主义论》一文中,毛泽东指出:"中国的长期封建社会中,创造了灿烂的古代文化。清理古代文化的发展过程,剔除其封建性的糟粕,吸收其民主性的精华,是发展民族新文化提高民族自信心的必要条件。"他认为,文化的改造不是对旧文化的片面否定,而是要批判地吸收其中一切有益的东西,作为创造新文化的基础。继承民族文化是责任,是义务,但继承和借鉴不是守旧,是为了创新。因而,"吸收其精华,排除其糟粕"应该成为我们对待传统文化的基本原则。

毛泽东是贯彻这些方针和原则的典范。在毛泽东的众多论述中,充分表现了他对古代思想的运用、改造、继承和发展。他吸收古代哲学中诸多范畴或命题的合理内核,为我所用,如实事求是、知行合一、阴阳对立统一等。毛泽东扬弃其朴素、直观的方面,将之改造为自己理论体系的组成部分。对于古代哲学的唯心主义与形而上学,则给予批判和总结。例如,对于孔子的唯心论,毛泽东作了具体分析。他认为孔子思想体系在整体上是唯心论的,"但作为片面真理则是对的,一切观念论都有其片面真理,孔子也是一样"。"观念论哲学有一个长处,就是强调主观能动性,孔子正是这样,所以能引起人的注意与拥护。机械唯物论不能克服观念论,重要原因之一就在于它忽视主观能动性。我们对孔子的这方面的长处应该说到。"①

不难看出,"古为今用"、"推陈出新"源于毛泽东对实践经验的总结,对文化发展规律的运用。它指明了中国文化建设的有效途径,是中国共产党在对待传统文化方面应该长期坚持的基本方针。1956年,毛泽东还提出了"百花齐放,百家争鸣"的文化建设方针,就如何对待民族文化、外来文化,保持社会主义文化繁荣做了大量工作,为社会主义文化建设指明了方向。毛泽东有关文化建设的方针和原则被他的后继者们继承、丰富并发扬光大。但是在他的晚年,他所领导的文化建设陷入误区。在"文化大革命"中,发动了全面反传统的"批孔"运动,但实际上封建落后的思想却复活了;没有了"双百"方针,没有了对待传统文化的科学态度,封建家长制、等级观念、血统论、盲目服从等封建主义思想在社会中泛滥开来。

纵观毛泽东的伟大一生,我们可以看到,他继承了马克思主义文化理论并创造性地运用到中国革命和建设的伟大实践中。在这一过程中,他以科学的态度对待中华传统文化,并把其中的优秀成分与马克思主义相结合,使其成为中国化的马克思主义的重要组成部分,从而取得了新民主主义文化和社会主义文化建设的伟大成就。

专栏　毛泽东的传统文化造诣

毛泽东思想的一个重要渊源是中华传统文化,这与毛泽东个人具备丰厚的传统文化素养有密切的关系。从韶山到长沙,从私塾到新式学

---

① 《毛泽东文集》第2卷,人民出版社1993年版,第161页。

堂,毛泽东在接受马克思主义前的二十多年时间里,学习、积累了大量的中国古代文化知识。后来投身于革命和新中国建设,从井冈山、延安窑洞到北京中南海,毛泽东对传统文化的兴趣从没减弱。他诵读、研究"四书五经"等古代典籍;精通古代诗词曲赋,尤爱《楚辞》;熟读古代散文和古典小说。他好学不倦,博闻强记,既是中华优秀传统文化的传承者,又是中华优秀传统文化的开新者。

毛泽东不仅是伟大的思想家、政治家、战略家、革命家、军事家,而且还是独领风骚的诗词、书法巨匠。他自幼喜欢传统的古典诗词,一生品读过不计其数的诗词,许多都能背下来。深厚的诗词造诣使他成了作诗填词的大家,他的诗词真实而艺术地反映了中国革命和建设的艰难历程和伟大成就,想象丰富,气势磅礴,意境高远,文采飞扬,既继承和发展了古诗词的传统,又对其进行了改造,达到了政治内容和艺术形式的高度统一,是革命现实主义和革命浪漫主义相结合的典范。毛泽东之所以能成为20世纪的书法巨匠,除了与他的传奇经历、深邃思想、深厚学识、人生感悟、伟人气质有关外,还在于他对传统书法的喜爱和刻苦研习,尤其对欧阳询、颜真卿、"二王"、孙过庭、怀素等书法大家的书帖反复临写,认真揣摩。长征途中过娄山关,他被石碑上苍劲挺拔的"娄山关"三个字吸引住了,他观看良久,还不停地用手比划运笔。在延安时,尽管工作繁忙,他也随身带着一套晋唐小楷,时常品阅。毛泽东在继承中国书法艺术传统的基础上,兼收并蓄,探索创新,形成了自己的书法风格。他的草书汪洋恣肆,雄浑豪放,秀逸俊美,动感强烈,气势如虹,世称"毛体"。代表作有《忆秦娥·娄山关》、《沁园春·长沙》、《清平乐·六盘山》、《七律·长征》、《沁园春·雪》等。

深厚的传统文化素养奠定了他熟练运用传统文化智慧的根基,小到文章中的比喻,大到理论创设,都表现了毛泽东运用传统文化的高超艺术。例如,在毛泽东的讲话和文章里,借用典故或民间用语叙说道理,既深入浅出,又妙趣横生,有时能达到四两拨千斤的效果。他在七大闭幕词中讲了一个"愚公移山"的寓言故事,表明革命者要有决心和恒心;延安整风时,他批评"党八股"如懒婆娘的裹脚布,又臭又长;在《中国革命战争的战略问题》一文中,他用《水浒传》中退让的林冲踢翻洪教头的故事来阐述战争的战略战术;像《西游记》里孙悟空化身钻入铁扇公主的肚子里,《封神演义》里元始天尊赠姜子牙的三样法宝,以及"黔驴技穷"、"农夫与蛇",等等,都被毛泽东信手拈来,加以妙用,达到意想不到的神奇效果。而说到理论创设,最具有说服力的就是毛泽东对"实事求是"的改造。《汉书·河间献王传》中有"修学好古,实事求是"一说,强调研究学问要以事实为根据,得出真实的结论。毛泽东在《改造我们的学习》一文中,将之进行了马克思主义的改造,赋予它新的含义。

可见,毛泽东熟悉各种文史典籍,将古典用于现实,给典故注入新思想,不论是讲话、写文章,还是赋诗填词,传统文化的精华在他概括、提升中国革命经验的过程中得到了充分的体现,民族文化的精魂在他气势磅礴的诗词中灵动起来。我们在毛泽东的文章里处处可以看到"新鲜活泼的、为中国老百姓所喜闻乐见的中国作风和中国气派"。谈及马克思主义的民族化、大众化及民族文化的现代化,毛泽东无疑是光辉的典范。

四、邓小平的传统文化观

自改革开放以来,基于社会主义现代化建设的迫切需要,在文化建设过程中,中国共产党一方面大力引进西方科技文化,另一方面也越来越关注民族文化的现代化建设。作为改革开放的总设计师和开启新时代的伟大人物,邓小平带领中国共产党首先对过去思想文化领域的错误思想进行拨乱反正,总结过去的经验和教训,把变革民族文化、弘扬传统作为改革开放时期文化建设的重要内容,把建设具有中国特色的社会主义文化作为文化发展的主旋律。乘着改革开放的东风,中华传统文化获得了新的发展契机。

针对"文化大革命"时期的错误做法,邓小平指出:"我们一定要吸取'文化大革命'的教训,同时也一定要清醒地看到我们国家面临着现代化建设巨大任务的形势。"①邓小平围绕着推进中国特色社会主义文化建设这一中心任务,针对传统文化的改造提出了一系列观点,根据社会变革的要求,继承并发展了毛泽东科学的传统文化观。

拨乱才能反正,对于邓小平来说,他首先要纠正的是"文化大革命"中对于传统文化的错误解释和一系列错误做法,恢复毛泽东有关继承与发展传统文化的基本方针。为此,邓小平否定了"两个凡是"的观点,重新确立了中国共产党实事求是的思想路线,领导全党对经济、政治、文化等各个领域的工作进行了全面整顿,对教育、思想战线进行了拨乱反正。

邓小平强调了现代化建设过程中文化建设的紧迫性,指出了文化领域中的各种封建落后思想对人们的消极影响及消除这些影响对社会主义建设的重要意义。在邓小平看来,破旧才能立新,中国长期存在的小农经济和封建社会孕育了社会中各种根深蒂固的封建专制思想。"文化大革命"不仅没有消除反而在一定程度上助长了这种不良现象。他多次指出了历史上封建专制主义在党内外的表现和影响,如家长制作风、干

① 《邓小平文选》第2卷,人民出版社1994年版,第326页。

部终身制、各种特权思想等,认为中国几千年落后的小生产势力及官僚主义所形成的惯性还在顽固地影响着我们,强调了肃清思想政治方面的封建主义残余势力的必要性。他还具体指出了社会中存在的封建主义的残余影响及其表现,如宗法等级观念、干群不平等现象、公民权利义务观念淡薄、官僚主义、本位主义、文化专制作风、轻视科学和教育、闭关锁国等等。在1979年的中国文学艺术工作者第四次代表大会上,邓小平要求各个思想文化领域里的知识分子要通力合作,"在意识形态领域中,同各种妨害四个现代化的思想习惯进行长期的、有效的斗争。要批判剥削阶级思想和小生产守旧狭隘心理的影响,批判无政府主义、极端个人主义,克服官僚主义"。从邓小平的论述中可以看出,他对社会中存在的各种封建残余思想及其表现极为重视,把它们作为传统文化中的糟粕来对待。对他来说,肃清和消除这些残余和糟粕,是中国共产党带领人民走出思想禁锢牢笼的必要前提,也是当前条件下马克思主义与中国具体实际相结合的基本要求。

正如邓小平所说的:"从许多方面来说,现在我们还是把毛泽东同志已经提出、但是没有做的事情做起来,把他反对错了的改正过来,把他没有做好的事情做好。"① 在文化为人民服务的意义上,在坚持文化的马克思主义性质和强调马克思主义民族化等方面,邓小平与毛泽东并无二致。他们关于传统文化改造的目标也是一致的,即确立并保证马克思主义意识形态文化的主体地位,民族文化的继承与改造必须服务于这一目标。在改革开放初期,邓小平就指出:"我们要继续坚持毛泽东同志提出的文艺为最广大的人民群众、首先为工农兵服务的方向,坚持百花齐放、推陈出新、洋为中用、古为今用的方针,在艺术创作上提倡不同形式和风

---

① 《邓小平文选》第2卷,人民出版社1994年版,第300页。

格的自由发展,在艺术理论上提倡不同观点和学派的自由讨论。"①对毛泽东关于文化的人民性、社会主义性质、民族性思想的高度肯定是邓小平新时期文化建设理论的出发点。当然,邓小平的传统文化观也有自己的特点,他主要是从现代性出发,围绕着建设现代化的文化这一目的来认识和对待传统文化的。邓小平的传统文化观更具有现代化和全球化视野,从这一意义上来说,邓小平的传统文化观带有新时代的特点。

同毛泽东一样,邓小平也善于吸收借鉴中华优秀传统文化的内容和形式,在阐发马克思主义理论的过程中体现了中华民族的智慧,既以马克思主义改造传统文化,又赋予马克思主义以民族特色。最能体现这一点的就是邓小平对儒家小康社会这一重要思想的借鉴和改造。"小康"一词可追溯到中国最早的诗歌总集《诗经》中,《大雅·民劳》篇中有"民亦劳止,汔可小康。惠此中国,以绥四方"的诗句,表达了劳动人民追求安适、富足生活的美好愿望。孟子则把小康描绘成一种基于小农经济的相对宽裕、安逸的生活状态。历代儒家从此把小康看成仅次于大同又具有一定现实基础的理想社会。概而言之,小康是一个反映民族特点、浓缩民族智慧、体现历史文化积淀的传统概念。近代以来,康有为的《大同书》、孙中山的三民主义都不同程度地借鉴、阐发了古代社会的小康思想,赋予了小康思想以新的内涵,但都存在着历史的局限性。邓小平则从中国实际和时代要求出发,吸取传统小康思想的精华,赋予小康思想以现代意义。一方面,他突破了传统的自给自足的自然经济形式,借鉴了小康富足、安定的内涵,把小康与现代化关联起来,将民众所期望的富足、安定奠基于先进的社会生产方式之上;另一方面,他充分考虑了中国落后的社会现实,以古代小康表明低水平的现代化,指明了中国现代化的阶段性特点。所

①　《邓小平文选》第2卷,人民出版社1994年版,第210页。

以,邓小平把小康概括为不穷不富、日子比较好过这样一种状况。他借用小康来比喻中国式的现代化,强调现代化的中国特点及中国追求,既突破了古代小康思想的狭隘性,又改变了它的空想性质。

而针对中华传统文化所缺失的方面,邓小平主张大力引进和学习西方先进科学技术和管理方法。1983年,邓小平为景山学校题词,提出了"教育要面向现代化,面向世界,面向未来"的思想,推动民族文化现代化。邓小平在主张批判性继承传统文化的同时,强调应纠正传统文化中不适应现代社会发展的内容。他提出两个文明一起抓的观点,实际上纠正了传统的重义轻利思想的偏颇,是在新的历史条件下对荀子"义利两有"思想的发展,也是在新时期发展了儒家的民本主义思想。另外,在强调自力更生的同时,邓小平更突出全面开放。在他看来,对外开放就是要打破封闭状态和改变孤立地位,对内开放就要冲破过去一成不变的各种框框,对外对内开放都是为了早日改变中国保守落后的社会局面。

从发展生产力的角度理解社会主义的本质和根本任务,从建设社会主义物质文明的意义上寻找马克思主义与民族文化的结合点,从"三个面向"出发推进马克思主义的中国化和民族文化的现代化,这正是邓小平应时代的要求推进马克思主义与中华优秀传统文化进一步结合的结果。在将马克思主义进一步中国化的过程中,邓小平更强调马克思主义的现代性、科学性、世界性及传统文化的积极意义,并以此为基础推动民族文化的现代化进程。

当然,我们要认识到,根据不同时代的要求发展马克思主义,彰显民族特点,这是毛泽东与邓小平的共同点。他们热爱自己的国家,对发展民族文化充满激情。1984年6月,邓小平在会见香港人士、阐述"一国两制"时说:"什么叫爱国者? 爱国者的标准是,尊重自己民族。"在不同历史阶段,在推动马克思主义中国化的伟大事业上,毛泽东和邓小平都称得上是开拓者和推动者。在改革开放时期,邓小平说:"中国式的现代化,必须从中国的特点出发。"①这与毛泽东在革命时期所著的《反对本本主义》中提出的"中国革命斗争的胜利要靠中国同志了解中国情况"的观点并无二致。他们见证了在中国运用和发展马克思主义离不开民族文化的支撑,无论是动荡时期的革命还是和平时期的建设都必须立足于民族文化和具体国情。

五、江泽民的传统文化观

90年代以来,以江泽民为核心的第三代中央领导集体继承了毛泽东、邓小平的传统文化观,同时,又根据不同的时代主题赋予其新的内容,使这一时期中国共产党的传统文化观体现了新的特点。这一时期的文化建设主要突出了两个统一:理论与实践的统一,民族性与时代性的统一。在如何对待传统文化的问题上,他们秉承毛泽东"古为今用"、"推陈出新"的文化建设方针,根据现实需要从民族文化中汲取思想资源;继续发扬文化的民族性、大众性这一思想,在推动马克思主义中国化的同时继续推进民族文化的现代化。

全球化为中国民族文化的生存和发展带来挑战,也提供了机遇,它在使各民族文化日益交融的同时更加凸显了保持民族特色的必要性和可贵性。如何以更开放的心态、更博大的胸怀发展本民族的文化,需要中国共产党人付出更大的努力。正是基于这一发展趋势,中国共产党积极回应新时代给予的挑战,以江泽民为核心的第三代中央领导集体顺应

---

① 《邓小平文选》第2卷,人民出版社1994年版,第164页。

历史潮流,按照"三个代表"重要思想的要求,大力推进社会主义先进文化建设,彰显出"与时俱进"的文化建设理念。

江泽民充分肯定了传统文化的历史价值及现代意义。他多次强调,文化建设不能割断历史。中华民族历史悠久,勤劳智慧的中华儿女几经磨难,不懈奋斗,创造了灿烂的物质文明和精神文明,形成了具有浓郁民族特色的文化传统,为人类文明和社会进步做出了卓越的贡献,至今依然影响着中国人的价值观念、生活方式及中国的发展道路。江泽民认为,重要的是,要坚持以马克思主义世界观、方法论为指导,大力弘扬我国优秀文化传统和民族的传统美德。在2000年中央思想政治工作会议上,他说:"我国社会长期存在的封建主义残余思想包括封建迷信和愚昧落后的思想观念,在新的历史条件下也会沉渣泛起。"正因为传统文化具有两面性,江泽民要求全国人民尤其是广大青年认真学习和了解祖国的历史尤其是近代以来的历史,正确认知历史,既要看到传统文化优秀的一面,也要正视其缺陷。在社会主义现代化建设过程中,继承和发扬中华民族数千年来创造的优秀文明成果,并不断赋予其新的生命。

江泽民强调,学习、传承、改造民族文化,不能脱离中国改革开放的具体实际,要立足于增强中华民族自力更生的能力,既要发扬民族优秀文化传统,又要体现社会主义时代精神。在庆祝中国共产党成立七十周年大会上,江泽民指出:"对民族传统文化要取其精华、去其糟粕,并结合时代的特点加以发展,推陈出新,使它不断发扬光大。我们还必须积极吸收人类所创造的一切优秀文化成果,把它熔铸于有中国特色社会主义的文化之中。只有深深植根于中国大地和依靠人民的力量,面向现代化,面向世界,面向未来,才能创造出无愧于伟大时代的社会主义文化。"在中共十五大报告中,江泽民重申了毛泽东的"双百"方针及邓小平的"三个面向"思想,明确提出中国特色社会主义文化必须"立足中国现实、继承历史文化优秀传统";同时要消除愚昧,反对各种封建迷信活动。在纪念中国共产党建党八十周年的讲话中,江泽民对十五大报告文化纲领又作了进一步阐发,强调马克思主义中国化的两大理论成果"包含了中华民族的优秀思想和中国共产党人的实践经验",这实际上肯定了传统文化在内容方面对建设社会主义文化的贡献,而不只是强调民族形式。

在此基础上,江泽民又对民族精神加以说明,并把发扬民族文化的优秀传统,坚持弘扬和培育民族精神作为文化建设的重要任务,进一步增强了社会主义文化建设中的民族特色。在中共十六大报告中,江泽民明确指出:"在五千多年的发展中,中华民族形成了以爱国主义为核心的团结统一、爱好和平、勤劳勇敢、自强不息的伟大民族精神。"而"民族精神是一个民族赖以生存和发展的精神支撑"。"面对世界范围各种思想文化的相互激荡,必须把弘扬和培育民族精神作为文化建设极为重要的任务,纳入国民教育全过程,纳入精神文明建设全过程。"这一方面把继承传统文化、发扬民族精神作为中华民族生存和发展的基本保障;另一方面,强调民族精神与时代精神的结合,把文化的民族性与时代性有机统一起来。这表明,新时期的中国共产党人在民族文化建设上体现了与时俱进的发展理念,把中华优秀传统文化纳入中国特色社会主义文化建设的伟大工程之中。

六、胡锦涛的传统文化观

20世纪初,我国人民生活总体上达到小康水平,但是,这时的小康是低水平的、不全面的、发展很不平衡的小康。长期高投入、高消耗、高污染的粗放型增长方式加剧了人与自然的矛盾,城乡之间、区域之间发展差距及收入分配差距拉大,使统筹兼顾各方面利益难度加大,教育、医疗、卫生等事关民生的领域滞后于经济发展,社会保障和管理面临不少新难题。面对新世纪新阶段出现的新情况,以胡锦涛为总书记的党中央提出了以人为本、全面协调可持续的科学发展观和构建社会主义和谐社会的重大战略决策,为全面建成小康社会指明了方向。"和谐社会"重大战略思想的提出不仅继承了马克思主义经典论述中的思想,也是对中国古代和合思想的继承和弘扬,是对我党"古为今用"、"推陈出新"方针贯彻和运用的一个重大成果。

和谐思想是儒家人文精神的精髓,是中华民族长期信奉的核心价值之一。胡锦涛在党的十七大报告中指出:"要全面认识祖国传统文化,取其精华,去其糟粕,使之与当代社会相适应、与现代文明相协调,保持民族性,体现时代性。"在十七届六中全会中,他又强调:"中国共产党从成立之日起,就既是中华优秀传统文化的忠实传承者和弘扬者,又是中国先进文化的积极倡导者和发展者。"世界进入21世纪,民族文化的发展必须体现时代特点,而对于中国共产党人来说,在梳理、继承古代文化遗产的同时,还要使其融入时代潮流,跟上现代文明前进的脚步。因而,在合理继承儒家优秀文化成果的基础上,胡锦涛秉持我党对传统文化的基本方针,立足时代,推陈出新,鲜明地提出了建设和谐社会与和谐文化的战略思想。这一思想是胡锦涛对古代优秀文化资源进行现代性转换的结果,集中表达了他对民族文化的科学态度。

胡锦涛提出的建设和谐文化的战略思想是对儒家"和而不同"思想的现代性阐释。他运用马克思主义的唯物辩证方法,说明了文化建设中一元性与多元性的辩证关系,即新时期文化建设要体现马克思主义的一与多的辩证法,既要保持社会中文化的多样性,防止文化专制思想的出现,避免"文化大革命"之类的错误再次发生,更要体现文化建设中马克思主义的指导思想地位。"一"指的是马克思主义在文化建设中的领导地位是不能动摇的,在多元文化存在和发展中的主流思想地位也是不容改变的;"多"指的是文化要体现多元存在和发展,既要弘扬传统,传承民族文化,也要吸取其他民族优秀文化为我所用,这是保持文化繁荣发展的必要前提。不难看出,和谐文化思想所体现的多元文化发展思想是对儒家和谐思想的继承和超越,更是对中国共产党"双百"方针的全面贯彻。和谐文化展现了中华优秀传统文化的基本特征,也符合中国人民的心理期待。胡锦涛还指出社会主义核心价值体系是建设和谐文化的根本,社会主义核心价值体系包括马克思主义指导思想、中国特色社会主义共同理想、以爱国主义为核心的民族精神和以改革创新为核心的时代精神、以"八荣八耻"为主要内容的社会主义荣辱观,其中的以爱国主义为核心的民族精神是对中华优秀传统文化长期积淀的思想观念、理想信念、价值追求、社会风尚、思维方式、情感态度等的充分肯定和进一步升华,而以"八荣八耻"为主要内容的社会主义荣辱观则是对中华民族传统美德的高度认同和发扬光大。社会主义核心价值体系表明了中国共产党人对弘扬中华文化与培育民族精神的重视,是中国共产党继承和发扬民族优秀传统的集中体现。

胡锦涛在党的十七大报告中强调要大力弘扬中华文化,以"建设中华民族共有精神家园"。他指出中华文化是中华民族生生不息、团结奋进的不竭动力。中华文化孕育了我们的民族精神，是中华民族生存、发展的精神动力，是民族繁荣、强大的精神支柱，它不仅成就了中华民族的辉煌历史，也是中华民族走向未来的基础和纽带。传承优秀民族文化是每一代中国人的使命，更是中国共产党人的责任。文化传承需要通过各方面具体有效的实际工作来体现。为此，党的十七届六中全会围绕着深化文化体制改革、推动社会主义文化繁荣提出了弘扬民族文化的相应举措。一方面，着眼于国内，多头并进，建设优秀传统文化传承体系。这其中包括对古代文化遗产进行保护性发掘、修缮、研究，加强文化典籍的整理和出版工作，通过现代信息技术逐步实现古代典籍的数字化，重视传承民族传统节日文化和有益社会风俗，支持弘扬民族优秀文化产业，打造知名品牌等。当然，要做好这些工作，重要的是要依托群众，广泛开展形式多样的传统文化普及教育活动，同时，在文化界展开深入细致的研究工作。另一方面，放眼世界，推动中华文化走出国门，开展不同民族、国家之间的文化交流。推动中华文化走向世界既是文化自身多样性发展的要求，也是时代的要求，要通过建立和完善各种面向国外的文化交流机制及多层面的沟通渠道，以及制定促进民族文化产品和服务走出去的政策和措施，鼓励和支持中外人文交流，积极参与文明对话，促进文化相互借鉴，增进国际社会对中华文化的了解和认识，增强中华文化在世界上的感召力和影响力。

这一系列的措施及文化建设成就表明了新时期的中国共产党人在推进民族文化建设方面所做的努力。以胡锦涛为总书记的党中央把对优秀传统文化的继承与现代化改造有机结合起来，把开发利用民族文化丰厚资源与实现社会主义文化强国的目标有机结合起来，进一步把传承和弘扬中华优秀传统文化的事业推向前进。

七、习近平的传统文化观

随着中国改革开放事业向纵深推进，民族文化在社会发展中的重要性日益凸显出来。十八大以来，习近平总书记高度重视传统文化在治国理政过程中的意义，为进一步挖掘民族优秀传统文化的价值以适应当前社会发展需要，习近平围绕其基本内涵、历史作用、现实意义及当前文化建设方向等，对传承与弘扬传统文化作了大量论述。他融合中华文化和历史智慧，提出了一系列新思想、新观点、新论断，逐步形成了独具特色的传统文化观，也将中国共产党人对传统文化的认识提高到一个新的境界。

第一，从时代要求出发，习近平高度概括了传统文化的内涵和特点，阐明了传统文化所具有的优秀成分。

习近平认为，绵延数千年的中华文化孕育了中华民族，展现了中华民族丰富的精神世界和不懈的精神追求。他在多次讲话中指出，中华文化是中华民族生生不息、发展壮大的"重要滋养"、"丰厚滋养"、"精神滋养"。中华民族创造的博大精深的中华文化把各民族紧紧凝聚在一起。中华优秀传统文化是历史传统、基本国情、中国特色、中华民族的突出优势、最深厚的文化软实力，体现了中华民族长期奋斗形成的精神品格，培育了中华儿女的崇高价值追求。习近平还从民族之"根"和"魂"的意义上、从民族"基因"意义上去阐发传统文化。他认为，中华优秀传统文化已内化在每一个中国人的血脉中，已成为中华民族的成长基因。他在纪念孔子诞辰2565周年的讲话中指出："优秀传统文化是一个国家、一个民族传承和发展的根本,如果丢掉了,就割断了精神命脉。"习近平从体现时代精神的意义上去总结传统文化的丰富内涵,将核心价值概括为"讲仁爱、重民本、守诚信、崇正义、尚和合、求大同"。在此基础上,他指出了传统文化所具有的多样性、开放包容性、发展性、实用性等特征,认为历史上占有主导地位的儒家思想与其他各家各派学说长期处于相互竞争和相互借鉴的状态,这种"和而不同"的局面确保了中华文化的存续和发展,使中华文化随着社会发展的要求而不断更新,绵绵流长,始终保有持久的生命力。以儒家的经世致用思想为例,习近平认为中华文化始终发挥着服务社会、教化育人的现实功能,把个人修养、社会教化、国家治理紧密结合起来,共同推动了社会的进步和民族的发展。

第二,从历史发展和现实需要出发,习近平从不同角度阐发了传统文化的价值,指明了传统文化的现实功能。

当习近平以"历久弥新"来形容传统文化的时候,他无疑同时肯定了传统文化所具有的历史价值和现代价值。他认为,长期以来,中华优秀传统文化培育了一代又一代优秀的中华儿女,激励了一代又一代仁人志士。学习和掌握民族文化中的思想精华,有助于现代人树立正确的世界观、人生观、价值观。2013年3月1日,在中央党校建校80周年庆祝大会上,习近平指出:"学史可以看成败、鉴得失、知兴替;学诗可以情飞扬、志高昂、人灵秀;学伦理可以知廉耻、懂荣辱、辨是非。"他要求广大领导干部认真学习中华优秀传统文化,"以学益智","以学修身"。习近平指出,从历史上看,中华民族的存在和发展有赖于自身民族文化的存在和发展。中华文明延续至今从未中断,它长期维系着个人、家庭、社会的关系,对提高个人修养、培育良好品质,对促进家庭和睦、保护血缘亲情,对维护多民族和合一体和国家团结统一、反抗外来侵略等都发挥了积极的作用。历史发展到今天,中华传统文化依然能够展现出其强大的生命力和现实意义。现代社会所面临的贫富不均、物欲膨胀、诚信危机、道德滑坡、环境恶化等问题日益突出,中华传统文化中那些跨越时空、超越国度、具有永恒魅力的普遍性生存智慧,经过现代化改造,可以为解决这些现实难题提供有益的思想资源。总之,无论是传统文化在维持社会安定繁荣过程中所形成的成功经验,还是在社会动荡混乱时期所带来的失败教训,都是现代人弥足珍贵的精神财富。如习近平在纪念孔子诞辰2565周年的讲话中所言,中华优秀传统文化"可以为人们认识和改造世界提供有益启迪,可以为治国理政提供有益启示,也可以为道德建设提供有益启发"。

第三,习近平认为,中华优秀传统文化是社会主义文化建设的重要资源,是涵养社会主义核心价值观的重要源泉。

习近平强调,中华优秀传统文化有自身的优势,在长期发展过程中形成了有益于社会进步的思想智慧和传统美德,其丰富的思想道德资源可为社会主义文化建设提供有益借鉴。习近平的这一文化建设思路集中体现在如何培育和弘扬社会主义核心价值观的思想中。2014年2月,在中共中央政治局第十三次集体学习时的讲话中,习近平指出:"培育和弘扬社会主义核心价值观必须立足中华优秀传统文化。牢固的核心价值观,都有其固有的根本。"他认为社会主义核心价值观必须从传统文化中汲取营养,他把中华传统美德看作是滋润、培育社会主义核心价值观的重要源泉。在他看来,中华民族有自己独特的民族价值观,无论在历史上还是现实中都保持着广泛而深厚的社会影响力。社会主义核心价值观的建立不能无视中华民族固有的价值诉求和精神追求。只有承续于传统,扎根于传统,社会主义核心价值观才能融入人民的生活,为民众所接受,也才能拥有持久的生命力和影响力。从习近平的论述中还可以看出,文化自信也不能缺失中华优秀传统文化的支撑。没有对传统文化的继承与发展,缺失了民族文化这一根基,就不可能确立文化自信。因此,在确保马克思主义的领导地位及社会主义方向的基础上,只有着力提高传统文化在主流文化建设中的贡献程度,才能进一步推动马克思主义在现阶段的民族化进程。

第四,习近平指出,中国特色社会主义植根于中华文化沃土,中华民族伟大复兴需要以中华文化发展繁荣为条件。

习近平把"中国梦"说成是民族复兴之梦,意味着民族文化不仅要为民族复兴提供文化支持,更重要的是民族复兴必将伴随着民族文化的复兴。2013年11月,他在山东考察时指出,一个国家、一个民族的强盛,总是以文化兴盛为支撑的,中华民族伟大复兴必然以中华文化的发展繁荣为条件。习近平认为,传统文化是中华民族世代传承下来的,"独特的文化传统,独特的历史命运,独特的基本国情"必然使中国的发展道路体现自己的特色。中国特色社会主义植根于中华文化沃土,走中国道路必须要传承和弘扬中华优秀传统文化。同样地,追逐中国梦也是一个大力弘扬民族文化的过程,它将为传统文化的大发展带来契机,将会充分激发中华文明强大的生命活力。优秀传统文化能够为中国特色社会主义建设提供智力支持,也将为在中国道路上实现中国梦输送源源不竭的中国精神和中国力量。中国梦是民族梦,民族文化是实现中国梦的基础,中国梦是民族复兴之梦,更是民族文化发扬光大之梦。为了让世界了解中国梦,2014年3月27日,习近平在巴黎联合国教科文组织总部发表了演讲,他说:"没有文明的继承和发展,没有文化的弘扬和繁荣,就没有中国梦的实现。"习近平的这一宣示表明民族文化必将迎来历史上最好的发展机遇,民族文化的繁荣将是民族复兴的重要标志。

第五,习近平认为,在如何对待传统文化的问题上,重要的是坚持有鉴别的对待、有扬弃的继承,努力实现传统文化的创造性转化和创新性发展。

习近平继承了毛泽东提出的"古为今用"、"推陈出新"的方针,以及改革开放以来中国共产党关于文化建设的基本思想,在此基础上,提出了符合时代要求的文化发展理念,坚持用唯物史观、以科学的态度全面客观地对待传统文化。习近平指出,对待传统文化要多一份尊重和思考,要用马克思主义的立场、观点和方法对传统文化进行科学分析,区分出哪些是有益的、好的东西,哪些是负面的、不好的东西,要本着择其善者而从之、其不善者而去之的科学态度,取其精华,去其糟粕,而不能采取要么什么都接受、要么什么都抛弃的绝对主义态度。习近平强调,要充分考虑到传统文化的历史局限性,根据新的实践和时代要求,有鉴别地对待,有扬弃地继承;要把弘扬民族优秀传统文化与发展现实社会主义文化有机结合起来,在继承中发展,在发展中继承;要努力实现传统文化的创造性转化和创新性发展,使之与现实文化相融相通,与现代社会相协调,"创造性转化,就是要按照时代特点和要求,对那些至今仍有借鉴价值的内涵和陈旧的表现形式加以改造,赋予其新的时代内涵和现代表达形式,激活其生命力。创新性发展,就是要按照时代的新进步新进展,对中华优秀传统文化的内涵加以补充、拓展、完善,增强其影响力和感召力"[1];弘扬传统文化、推进文化建设要始终坚持马克思主义指导和中国特色社会主义方向,决不能离开社会主义搞复古主义;要在去粗取精、去伪存真的基础上坚持古为今用、以古鉴今,而不能搞厚古薄今、以

① 《习近平总书记系列重要讲话读本 》,学习出版社、人民出版社2016年版,第203页。

古非今,也不能搞历史虚无主义和文化虚无主义。

第六,大力传播优秀传统文化,推动中华文化走向世界,在促进文化交流互鉴的同时,讲清楚中国特色社会主义有着深厚的历史渊源和广泛的现实基础,是中华民族的必然选择。这是习近平对待传统文化的又一基本态度。

习近平强调,中国共产党人是中华优秀传统文化的忠实继承者和弘扬者,也是积极传播者和宣传者,要引导广大人民群众科学地对待与看待传统文化,"让13亿人的每一分子都成为传播中华美德、中华文化的主体"①。习近平希望各界知识分子深入挖掘、系统整理和阐释传统文化资源,"让收藏在禁宫里的文物、陈列在广阔大地上的遗产、书写在古籍里的文字都活起来",要"综合运用大众传播、群体传播、人际传播等多种方式展示中华文化魅力"②。在习近平看来,继承和发展传统文化不能局限于国内,我们不仅自己要学习、研究、运用民族优秀传统文化,而且要在国际上大力传播中华文化,以提高国家文化软实力和民族自信心。在促使中华文化走出去的过程中,既要展现中华传统文化独特性一面,让世人充分体认中国特色和中国道路的合理合法性,同时,又要彰显出中华文化的世界性意义。儒家文化圈的存在表明以儒学为代表的中华文明早已走向世界,成为人类文明的一部分。在此基础上需要因势推进,掌握文化传播的主动权和话语权。中华民族的真正复兴是站在世界舞台上,在全球化日益深入的情况下,我们要有世界视野,要讲述好中国故事,传播好中国声音,在与不同民族和国家的文化交流互鉴中展现中华文化的魅力,并吸取外国文化有益成果发展自身。习近平总书记是这样

---

① 《习近平谈治国理政》,外文出版社2014年版,第161页。
② 《习近平谈治国理政》,外文出版社2014年版,第161—162页。

说的,也是这样做的。习总书记对于传播中华文化充满热情,他利用调研和出访机会,在国内国外多种场合介绍、宣传中华文化,积极推动对传统文化的学习和研究。譬如,他到曲阜考察,并与专家学者进行座谈;看望著名学者汤一介,并询问《儒藏》编纂情况;出席孔子诞辰2565周年国际学术研讨会,并发表重要讲话。他出国访问时,在一些重大场合阐述中国对传统文化的态度,以促进中外文化交流。

习近平指出:"在带领中国人民进行革命、建设、改革的长期历史实践中,中国共产党人始终是中国优秀传统文化的忠实继承者和弘扬者。"自五四运动以来,中国共产党人顺应历史潮流,坚持不懈地传承和弘扬中华优秀传统文化,并把这一过程融入到革命传统文化和社会主义先进文化建设中,使其在马克思主义中国化的过程中发挥越来越大的作用。这充分说明,马克思主义在中国的发展离不开中华优秀传统文化,中国特色社会主义建设不能不体现民族文化的作用。习近平关于传统文化的一系列重要论述既是对中国共产党人在传承和创新传统文化历程中所积累的思想观点和实践经验的科学总结,又为制定中华优秀传统文化传承和创新发展战略和政策措施提供了有力的理论支撑,从而引领我们从历史走向未来,从延续民族文化血脉中开拓前进,为推进中华文化繁荣发展、实现中华民族伟大复兴的中国梦而勇往直前。

专栏　我党几代领导人与曲阜

曲阜在中国文化史上具有举足轻重的位置。据古籍记载,曲阜曾是炎帝旧都,在大约公元前四五千年前,炎帝曾率众聚居于此。而曲阜向东四公里,是中华文化始祖黄帝的出生地寿丘。《史记》中有"黄帝生于寿丘"的记载。曲阜还是儒家文化的发源地,儒家文化的创始人孔子就出生于此。在长期的历史发展过程中，儒家在多数时间一直作为传统社会承认的正统思想存在，孔氏后人作为儒家文化的代表一直生活在曲阜。历代祭祀至圣先师的孔庙、圣人子孙生活的孔府、中国最大的氏族家族墓地的孔林，即"三孔"，也在曲阜。从曲阜出发，向南十五公里，是儒家文化的另一重要代表人物"亚圣"——孟子的出生地凫村，孟子故宅、孟子故里坊就坐落于此。当人们在古树苍翠的孟子故里漫步时，就会无限感慨于孟子泰山岩岩的君子人格。可见，重视曲阜无疑就是推崇中华传统文化的表现。新中国几代领导人视察此地，表明了中国共产党人对于继承和弘扬传统文化的历史使命与自觉担当。

毛泽东两次来过曲阜。第一次是在1919年，当时的毛泽东只有26岁。1919年的中国，全国上下正激荡着对传统文化的深刻批判与反思，激荡着北京青年学生"砸烂孔家店"的呼声。在这个风云变幻的历史时期，青年毛泽东在去浦口的路上专门下车来到了曲阜。在美国人斯诺的《斯诺文集》中详细记载了青年毛泽东的曲阜之行，"我在曲阜下车，去看了孔子的墓。我看到了孔子的弟子濯足的那条小溪，看到了圣人幼年所住的小镇。在历史性的孔庙附近那棵有名的树，相传是孔子栽种的，我也看到了。我还在孔子的一个有名弟子颜回住过的河边停留了一下，并且看到了孟子的出生地"。毛泽东漫步在曲阜的时候，一定有万千感慨，他的头脑中一定风云激荡，思索着有厚重传统文化的中国怎样从封建主义、帝国主义、官僚资本主义的围困之下突出重围，毛泽东对传统文化的关注与思索从青年时期开始就没有停歇过。

毛泽东的第二次曲阜之行是在1952年10月，由罗瑞卿等人陪同前往。在去曲阜的路上，毛泽东旁征博引，对随行的同志们谈起了曲阜的悠久历史。在毛泽东看来，曲阜的历史传承悠久，特别值得一提的是中华始祖炎帝——也就是我们尊崇的神农氏就定都在曲阜,炎帝居住的犁铧店现在还有神农祠,长年香火不绝。后来,黄帝之子少昊也定都曲阜,创立了辉煌灿烂的少昊文化。而后周朝建鲁国于曲阜,周文化源远流长,成为滋养儒家文化的重要文化资源①。总之,作为中华文化源头的重要文化资源在一定程度上与曲阜及周边有关。可见,在毛泽东的心目中,曲阜不仅是儒家文化的发源地,更是中华传统文化重要的地域象征,其在中国文化史上的重要位置,不亚于耶路撒冷之于西方文化。

邓小平于1964年9月到过曲阜,他与彭真等领导一同前来视察。他先后查看了孔府、孔庙、孔林,邓小平对文化昌明的中华故国心存向往。对于孔庙中的孔子塑像,邓小平感慨良多,他由衷地说:"孔夫子也跑了不少的国家,吃了不少的苦,掌握的情况多,他谈的东西很有见地。"邓小平对孔庙中的箫韶古乐器非常感兴趣,遥想当年,耳闻古乐器发出的典雅之音时,他心中浮现的定是一个经济文化更加繁荣的未来中国盛世图景! 邓小平此次去曲阜,时间急促,临别之际,他殷殷告诫陪同的相关同志:"这些都是国家的宝贝,要很好地保护。"

江泽民也于1992年7月到过曲阜,他参观了黄瓦红垣、雅致肃穆的孔庙,也参观了苍松翠柏夹道而立的孔林,看着这些穿越漫长时空而来的历史古迹,在江泽民眼里这是凝聚万千华夏儿女的精神纽带,也是社会发展的一个精神动力源头。他郑重指出:"中华各族儿女共同创造的五千年灿烂文化,始终是维系全体中国人的精神纽带。"②在参观之后,江泽民欣然提笔写就"建设文化名城,繁荣曲阜经济"的题词。告诫全党同志,中国特色社会主义建设,要精神文明建设与物质文明建设齐抓并举,

① 参见刘玉明:《伟人名人与曲阜》上卷,远方出版社2003年版,第11—12页。
② 《江泽民文选》第1卷,人民出版社2006年版,第422页。

只有这样才能推动中国又快又好地发展。

胡锦涛对曲阜在弘扬传统文化中发挥重要作用寄予厚望,希望山东济宁作为儒家文化发源地为增强中华文化凝聚力做出贡献。2004年3月,胡锦涛对在济宁建设中华文化标志城做出重要批示,指出弘扬中华民族优秀传统文化是一件具有深远历史意义的大事。有关工程建设,要着眼长远,统筹规划,量力而行,精心实施。一年以后,胡锦涛视察山东,再一次就中华文化标志城的规划建设做出重要指示,他认为在孔孟故乡建设中华文化标志城是一件很有意义的事情,希望相关部门把握好,搞好规划设计,办好这件事情。

2013年,东方圣城曲阜又迎来了习近平总书记,他是为政而来,也在问根寻源,为寻找中国梦的力量和根源而来。中国共产党人行走在曲阜的大地上,历史脚步回响不绝,表明了中国共产党与中华传统文化的血脉关联,也说明中国共产党必须在汲取前人历史文化遗产的基础上,将根深扎于中华文化这方沃土中,继续推进马克思主义中国化的伟大航程,才能走出真正符合中国实际和民族心性的特色发展之路,中国特色社会主义才能更得民心,更具有持久生命力。

第六章　中华传统文化基因与为政之道(上)

　　任何时代的思想都脱离不了传统思想的积淀,任何先进的社会制度也都无法隔绝于传统。文化是有继承性的,其中真理性的东西颠扑不破、常用常新。习近平总书记指出,中华民族在五千多年的历史中创造了博大精深的中华文化,中华文化积淀着中华民族最深沉的精神追求,包含着中华民族最根本的精神基因。在这些基因中,蕴藏着极为丰富的为政之道。做事讲究要领,为官当领导,也是如此。作为党的领导干部,要不断从中华优秀传统文化中汲取营养,以提高自身素质,进而推进新时代中国特色社会主义的物质文明、制度文明、精神文明、社会文明、生态文明建设。

一、中华传统文化基因

　　人之所以为人,不仅因为人具有自然属性,还因为人同时具有文化属性,正是因为具有文化属性,才使得人和动物真正区别开来。这种文化属性可以传承,由此世界上才形成了丰富多彩的文化类型。某一民族在其发展过程中,总是有一些相对稳定、长期延续的内在要素即文化基因起着支撑作用,它们在文化继承中一再被肯定,在文化创新中仍然被保留,从而使本民族的文化区别于其他民族的文化。

中华传统文化基因分布在中华传统文化的各种形态中,有哲学基因,如"天人合一"、"和而不同"、"道法自然"、"反者道之动"、"虚一而静"、"道常无为而无不为";有政治基因,如"皇天无亲,惟德是辅"、"政在得民"、"足食足兵"、"亲仁善邻,国之宝也"、"国虽大,好战必亡"、"趋时更新";有经济基因,如"损有余而补不足"、"和气生财"、"为者寡,食者众,则岁无丰"、"以劳殿赏,量功而分禄";有科技基因,如"法则天地"、"天地合而万物生,阴阳接而变化起"、"万物皆出于机,皆入于机"、"其然也,有所以然也"、"格物致知"、"和于阴阳,调于四时";有文学基因,如"文以载道"、"有为而作"、"质胜文则野,文胜质则史,文质彬彬,然后君子"、"诗可以兴,可以观,可以群,可以怨"、"文章合为时而著,歌诗合为事而作";有艺术基因,如"大音希声"、"八音克谐,无相夺伦,神人以和"、"澹然无极而众美从之"、"宜简不宜繁,宜自然不宜雕琢";有民俗基因,如"远亲不如近邻"、"叶落归根"、"爆竹声中一岁除";等等。在每个领域还可以再分为不同流派的文化基因,如在伦理思想中,道家的"后其身而身先,外其身而身存"、"以其无私,故能成其私",儒家的"己所不欲,勿施于人"、"己欲立而立人,己欲达而达人",等等。

在这些极为丰富、种类繁多的中华传统文化基因库中,包含大量精华性的因素。知名学者牟钟鉴对这些精华性因素作了如下总结:在核心价值上,有基于家庭伦理的"仁爱",有关心人、帮助人、理解人和包容人的"忠恕",有以人为本的"人本",有讲究中庸与和谐的"中和",有诚信;在基础信仰上,有需要敬畏的"天"与"地",有代表国家政权而非某个人的"君",有代表祖先和亲人的"亲",有教导他人的"师";在政治上,为政以德,民为邦本,任人唯贤;在经济上,见利思义,以民生为本,损有余而补不足;在伦理上,有仁、智、勇,忠、孝、诚、信,礼、义、廉、耻;在教育上,有教无类,因材施教,德智并重;在文化上,和而不同,殊途同归,因俗而治;在外交上,协和万邦,独立自主,礼尚往来;在信仰上,神人一体,神道设教,慎终追远;在军事上,不战而胜,哀兵必胜,智勇双全;在人生上,修己安人,坚韧不拔,以天下为己任;在生态上,天人一体,回归自然,俭以养德;在社会理想上,小康之世,大同世界,天下为公;在中国精神上,自强不息,厚德载物,以及刚健中正①。

中华文化是一条血脉、一条纽带,它的形态具体而多样,也随时而变,但其所积淀的精华性因素基本没变,其最核心的内容即中华民族最基本的文化基因没变。中华文明上下五千年有因有革,绵延不绝,在继承中创新,在创新中发展,正是因为中华文化这种血脉和基因所起的支撑作用。这些大浪淘沙之后的中华传统文化基因,上下延续数千年,以巨大的渗透力和生命力深深植根于我国的哲学、政治、经济、文学、艺术、科技,乃至日常的生活方式和风俗习惯中,润物无声地滋养着每一个社会成员,塑造了中华民族特有的心理特质、思维方式、人生态度、价值取向和行为方式,并给生长在中华大地上的任何人、任何党派、任何组织及他们的思想和决策打上了深刻的烙印。

习近平总书记高度重视中华优秀传统文化,他从治国理政的大局出发,在演讲和发表的文章中常常引经据典,触及到中华传统文化中大量的优秀思想。如他在纪念孔子诞辰2565周年国际学术研讨会暨国际儒学联合会第五届会员大会开幕会上的讲话中就指出:"包括儒家思想在内的中国优秀传统文化中蕴藏着解决当代人类面临的难题的重要启示,

---

① 《中华民族最深沉的精神追求——国学界学习习近平总书记"四个讲清楚"座谈纪要》,《光明日报》2013年12月23日。

比如，关于道法自然、天人合一的思想，关于天下为公、大同世界的思想，关于自强不息、厚德载物的思想，关于以民为本、安民富民乐民的思想，关于为政以德、政者正也的思想，关于苟日新日日新又日新、革故鼎新、与时俱进的思想，关于脚踏实地、实事求是的思想，关于经世致用、知行合一、躬行实践的思想，关于集思广益、博施众利、群策群力的思想，关于仁者爱人、以德立人的思想，关于以诚待人、讲信修睦的思想，关于清廉从政、勤勉奉公的思想，关于俭约自守、力戒奢华的思想，关于中和、泰和、求同存异、和而不同、和谐相处的思想，关于安不忘危、存不忘亡、治不忘乱、居安思危的思想，等等。"他说："这些思想文化体现着中华民族世世代代在生产生活中形成和传承的世界观、人生观、价值观、审美观等，其中最核心的内容已经成为中华民族最基本的文化基因。这些最基本的文化基因，是中华民族和中国人民在修齐治平、尊时守位、知常达变、开物成务、建功立业过程中逐渐形成的有别于其他民族的独特标识。"①

习近平总书记2014年2月在主持政治局集体学习时用六句话"讲仁爱、重民本、守诚信、崇正义、尚和合、求大同"对中华优秀传统文化的重要基因进行了概括。中华民族的文化基因非常丰富，文化基因库的库存盈实。中华传统文化基因是中国共产党人带领各族人民建设中国特色社会主义事业应该汲取的精神营养，也是每一位领导干部进行日常领导和社会管理不可缺少的重要武器，更是党员干部确立为政之道的学养和价值基础。

---

① 习近平：《在纪念孔子诞辰2565周年国际学术研讨会暨国际儒学联合会第五届会员大会开幕会上的讲话》，《人民日报》2014年9月25日。

二、天人之道

中华传统文化博大精深、派别林立，其智慧思想大致可分为两大方面，一是对自然系统的探知，即对"天道"的研究；二是对社会系统的认识，即对"人道"的探索。对"天道"、"人道"以及二者关系的分析、思考，即"天人之道"。"天人之道"亦称"天人关系"、"天人之际"。在数千年的历史长河中，古代先哲们从不同角度对其进行了深入的探讨。早在春秋时期，《左传》中已有关于天道和人道的记载："天道远，人道迩，非所及也。"战国时期，《礼记·中庸》开篇便写到："天命之谓性，率性之谓道，修道之谓教。"此外，古人更有"天人合一"、"天人相分"、"天人一体"、"天人感应"等著名说法。那么，"天人之道"具体何谓？

中国古代哲人们往往是"天人并举"的，其对价值问题的探讨不仅仅局限于社会价值和个人价值层面，而是要上升至天地、宇宙价值的高度。他们将"天"作为宇宙的本体，并赋予其伦理含义，与此同时，将"人"抽象为一个人类的整体范畴。天地间万事万物都有其生成的原因，古人将其生成原因称之为"道"。"道"即智慧的、最高的认识境界。因此，我们将这种古代先哲总结概括出的宇宙观和人生观统称为"天人之道"。"天人之道"顾名思义是"天道"与"人道"的关系和存在方式。"天道"即自然规律，有天理、天意、天象等具体含义，也是佛教所说的六道之一（佛教六道：天道、人道、阿修罗道、畜生道、饿鬼道、地狱道）。中国古人对天的敬畏体现在生活的方方面面，"顺天之道，参天之行"一直是古人的行事守则。"得天之道，其事若自然；失天之道，虽立不安"是中国古代考察君主是否贤德的首要条件。而"人道"则是指做人的道理、社会伦理关系，是为人处事的道德理念。生活中，我们常见的"为人之道"即指一定的社会要求人们遵循的道德规范。

中国古代关于"天人之道"的学说是随着各个朝代的社会现实状况的不同而不断变化发展的,其发展方向大致可以分为三种类型。第一种,是认为天道和人道统一而有别,其中最具代表性的说法是"天人合一"。这种观点是天人关系中为多数中国古代思想家所赞成和推崇的。在这种观念下,一方面,古人认为,人乃天地所生,因此天道与人道之间有着密切的联系,天道决定人道。例如,《周易·序卦下》有云:"有天地,然后有万物。有万物,然后有男女。有男女,然后有夫妇。有夫妇,然后有父子。有父子,然后有君臣。有君臣,然后有上下。有上下,然后礼义有所错。"意思是说世间万物始于天道。此外,人类社会是随着天时的变化而变化的,一年四季,气候、机遇不同,人的生产方式、生活方式也随之不同。如《礼记·内则》中所说:"凡食齐视春时,羹齐视夏时,酱齐视秋时,饮齐视冬时。凡和,春多酸,夏多苦,秋多辛,冬多咸,调以滑甘。"说的是饭菜和调味应该随着季节的变化而有所不同,这是古人的养生之道。另一方面,"天人合一"的观点还包含着人道不仅为天道所决定,也存在着自我的能动作用。如儒家所讲求的"天人合德",认为上天可以帮助一个人走向成功,亦可以使其落入失败的深渊,关键在于这个人是否能够与天地合德,具有良好的道德修养。如《管子·形势》中说:"天道之极,远者自亲;人事之起,近亲造怨。"意思是顺应天道去做事,疏远的人也会来亲近你;凭人的私心去做事,亲近的人也会抱怨。可见要天人同德,才能万事善终。除此之外,圣人的精神和行动能够与天道一同运行,带领着百姓走向光明也是天人合一观点的一种说法。综上,这种"天人合一"的观点并非单纯地强调"合一",而是强调了天道与人道之间的内在关联性,其影响程度贯穿了整个中华文明史,是"天人之道"学说中最为重要的组成部分。第二种,是"天人相分"的观点,是将天道与人道放到两个对立面来分析。持这种观点的思想家分为两派,一派以荀子为代表,他们认为天人之间互不干预,互不影响。如荀子在其《天论》中强调的"明于天人之分,则可谓至人矣"。天道与人世的福祸治乱没有关系,天道与人道各有其运行轨道。"天有其时,地有其财,人有其治",说的是天道、地道、人道相互区分,人治不应依赖于天道。以荀子为代表的古代先哲们的这种思想体现出了反对中国古代占星迷信的积极意义。持"天人相分"观点的另一派思想家以刘禹锡为代表,他们认为天和人之间是互相争斗的,有时候天会胜利,有时候人会胜利,即"天人交相胜"的思想。天定则胜人,人定则胜天;故狼众则食人,人众则食狼。意思是天安定了就能胜过人,人安定了就能胜过天;所以狼多了就能把人吃了,人多了就能把狼吃了。司马迁也曾说过"人众者胜天,天定亦能破人"的类似道理。第三种,是天道、人道同一的说法,即"天人同一",认为天道和人道只不过是同一个"道"。程颢、程颐就说过:"天地人只一道也,才通其一,则余皆通。"他们将天道和人道合二为一,混淆了天道与人道的层次。

"天人之道"的哲学命题在中国古代不仅在学术界引起了无数的探讨,也指导着古代君王治理山河,执政朝野。中国古代社会存在着大量屠杀动物、毁坏森林的行为,其中少数出现在民间,多数是官方的行为,在很大程度上破坏了生态环境。针对这些问题,古代政府官员中一些有识之士遵循"天人之道",制定并出台了许多相关保护政策。例如,关于山林的治理,《周礼·地官司徒》中记载:"山虞掌山林之政令,物为之厉而为之守禁。仲冬,斩阳木;仲夏,斩阴木。"这里的"山虞"就是指古时掌管山林政令,设置山中物产界限,管理守护山林民众的官员。再如,关于狩猎屠杀的治理,陈、隋之际的智者大师智颛曾临海而居,每天见当地百姓以捕鱼为业,渔网相连数百里,心生怜悯,便把自己的供养金用来买放生池以感化百姓,并向皇帝陈词上表,于是便有了"陈宣下敕,严禁此池不得采捕。因为立碑,诏国子祭酒徐孝克为文"。皇帝下诏书禁止捕鱼,并立碑,诏徐孝克写下碑文,警醒众人不要破坏生态。古人田猎亦有关于不同时节猎杀不同动物的规定,而且不可将野兽全部杀光,不杀刚出生的野兽等。古代有为的统治者正是因为顺天时,讲求"天人之道",才得以安抚民生,进而治理好国政大业。此外,古代民间也自发修园放生,按时禁山禁渔。有些是出于个人的宗教信仰,有些是响应君国号召,无论是出于哪种目的,民间的一些环保行为也值得今天的大众学习借鉴。王建的《射虎行》中对生态保护的暗喻十分巧妙,全文的最后一句"惜留猛虎著深山,射杀恐畏终身闲",浅显地道出了做事要适度,才会得到长远利益之深意。除生态环境的治理外,"天人之道"的哲学思想也为古代政治制度的建立和辩护提供了理论依据。例如,古时治国理政讲求天时与共。《管子·立政》中提到正月初起,国君要亲临朝政,评定爵赏,考核官吏;腊月末尾也要临朝听政,论定罚、罪、刑、杀等。一年中的每个时间都应顺应天时而结合现实处理朝政要务,这样既使每件事务的安排显得尤为合理,也为各项事务的执行预示美满、顺意之意。再如,古代礼法的制定也与"天人之道"息息相关,刘禹锡的《天论》曾云:"人能胜乎天者,法也。"说明法治的畅行是保障社会生活正常运行的关键,也是人定胜天的需要。

"天人之道"作为中华传统文化的重要命题之一,对我们今天而言,仍具有存在的深远意义和价值。首先,中国古代先辈们对于天人之道的思考为我们提供了一种独特的思维方式。由于古时人们对世界万物的认识相对模糊原始,因此他们对事物的思考也更为全面化,更具整体性。现今社会科技发达,事物演变进化到一定程度,人们越来越难真正地返璞归真,用开拓的视角,从世界整体出发,抛开利益来潜心思考问题。因此中国古人这种渗透于"天人之道"中的独特的、整体的思维方式,是当今中国人乃至全世界人类的财富。其次,中国古人对"天人之道"的探讨提供给我们一种不同于西方框架的哲学研究视角。在西学视角下研究问题的出发点和落脚点是彼岸与此岸、现象与本质、人类与上帝之间的关系等问题,而中国古代的"天人之道"则直接深入探究人与人、人与自然、人与时空的关系问题,这既反映了当时人们的认识水平和实践水平的不同,也体现了中西方思维模式和思考问题的角度不同。它的存在弥补了西学理论的疏漏,另辟蹊径地开拓了一种独特的认识与思考问题的视角,对当今人们的思考方式具有非常重要的现实意义。再次,"天人之道"对今天全世界面临的共同问题——生态环境问题具有重要的启示。"天人之道"的含义中不仅有许多中医、园林、艺术等技术性质的内容可供我们借鉴,而且其生态环保观也值得我们去思考和探讨。古人讲求顺天道,强调人与自然的和谐相处,这些观点对当今世界的生态环境治理都具有相当重要的指导意义。当然,面对古人关于"天人之道"思考中的一些封建迷信思想以及错误偏激之处,我们也应该明辨之,摒弃之,将中华传统文化与封建迷信划清界线。

学习中华传统文化,其主要目的在于能够将其合理地应用到我们的现实生活中来,取其精华以运用,去其糟粕以自省。习近平总书记在关于大力推进生态文明建设的报告中指出:"我们既要绿水青山,也要金山银山。宁要绿水青山,不要金山银山,而且绿水青山就是金山银山。"习总书记生动形象地表达了党和政府在追求政治、经济、文化大发展大繁荣的同时,大力度推进生态文明建设的决心。建设生态文明,关键就是要尊重自然、顺应自然、保护自然,这也正是中国古代"天人之道"哲学思想的体现和应用。为大力加强生态文明建设,习近平总书记提出了重要思想:一是良好生态环境是最普惠的民生福祉。2013年,习近平总书记在海南考察时强调:"良好生态环境是最公平的公共产品,是最普惠的民生福祉。"人与自然和谐相处是人类社会赖以生存的基础,人类在进行社会实践时要尊重大自然原本的规律和伦理,保护自然环境即保护人类自己。二是保护生态环境就是保护生产力。我国倡导绿色发展、循环发展、低碳发展,习近平总书记指出:"生态文明建设事关中华民族永续发展和'两个一百年'奋斗目标的实现。保护生态环境就是保护生产力,改善生态环境就是发展生产力。"如何做到百姓富与生态美的有机统一,需要我们进一步进行考量。三是以系统工程思路抓生态建设。环保治理是一个系统工程,如何加强多方协同合作治理环境问题是非常重要的,在修复生态的同时我们应节约资源,不打破自然系统的天然屏障,遵循天道即自然规律办事。四是要实行最严格的生态保护制度。我们不仅要对自然资源进行制度化管理,还应对其进行责任追究制度,领导干部要对生态环境建设负责,"不能把一个地方环境搞得一塌糊涂,然后拍拍屁股走人,官还照当,不负任何责任"。

今天,各级领导干部要准确理解并深入贯彻习近平新时代中国特色社会主义思想,借鉴中华优秀传统文化中"天人之道"的要义,思考领导干部应如何树立科学的政绩观。首先,领导干部应追求绿色经济增长模式。离开经济讲环保是"缘木求鱼",破坏环境来追求经济利益是"竭泽而渔"。有些地区片面追求国内生产总值增长率,盲目发展高耗能产业,不惜牺牲生态环境,这样的经济增长只会是一时的。这个问题的出现也反映出某些地区考察领导干部政绩的制度存在弊端,单一看重经济增长速度而不考虑质量以及环境问题,使得某些地方官员忽视地区生态环境建设。因此,政府应从源头上完善考核机制,从而使领导干部有信心坚持绿色经济增长模式,形成由上至下的生态政绩观。其次,领导干部要厉行勤俭节约,反对铺张浪费。勤俭节约是我们的传统美德,诗人李商隐在《咏史》一诗中道:"历览前贤国与家,成由勤俭败由奢。"纵览历朝历代,只有遵循"天人之道"、厉行勤俭之朝代才得以百姓安居,万事太平。人与自然的和谐相处也体现在人类不能贪婪地索取自然之物以满足其源源不断的物质欲望这一方面。取之有道,用之心怀感恩,这才是符合自然伦理的人类正确的生存方式。领导干部是人民群众的表率,其自身行为具有一定的示范引导作用,因此应该从自身做起,从身边的小事做起,厉行勤俭节约,反对铺张浪费,做好人民的公仆。再次,领导干部要心中有民,敢于担当。顺应民心是古代君主得以治理好国家、安顿好民生的根本途径,是"天道"之于君主、官吏的具体体现。治国理政之顺应"天人之道"中最为重要的根本即顺应民心。中国古代有"民贵君轻"的说法,天下以民为贵,社稷次之,君为轻,这是古代君王朝臣,遵天道顺人道的具体表现之一。当今中国社会,各级领导干部应学习借鉴古代的为政之道,将履职尽责放在首要位置,做到情为民所系,利为民所谋,创造性地做好本职工作,让党放心,让人民放心。

三、知行之道

知与行是中国传统哲学中一对袭用甚久的范畴。自先秦开始,古代哲人便从不同的角度探讨了知与行的各个环节,阐述了对知行关系的不同理解，或强调行是知的基础，或突出知对行的规范作用。尽管不同的思想家对知行关系的考察有着各自的侧重点，但总体而言，重行是传统知行观的一大特色。这一思想积淀，不仅构成了近代中国知识分子选择马克思主义的文化背景，亦是当代弘扬实事求是精神的重要思想基础。

"非知之艰，行之惟艰。"（《尚书·说命中》）这是关于知行探讨的一个古老命题，意思是说人们认识一件事情，懂得一个道理，并不困难，困难的是把它付诸实行。诚然，现实生活中，知行有时会脱节，知而不行，说而不做。那么，当把知与行联系在一起思考时，实际上便意味着古代哲人所关注的不仅是认识论或知识论的问题，还涉及到实践论的领域，由此形成了对知与行概念的独特理解。所谓知，内含知觉、认知与知识之意。除了指涉对客观对象的理性认识与知识外，在传统知行观那里，还更多地包含着对德性、对道德原则的认知与体认。至宋代，张载更是明确地将知分为"闻见之知"与"德性之知"或"天德良知"。"闻见之知"，即由感官经验得来的知识。"德性之知"按张载的说法，是大其心而体天下之物的知识，与"闻见"无关。在两种知的类型区分中，前者属于客观知识的范畴，而后者则属于道德意识、价值判断。这就与西方哲学将知界定为科学知识，进而展开为注重逻辑分析、理智思辨的知识论区别开来。所谓行，泛指个体的行为活动，如躬行、践履、行动等；与知的上述内涵相联系，行也往往被理解为德行践履。

对知与行的这种理解与规定，使得传统知行观有着比认识论、知识论更广的意蕴。尽管古代哲人对于知识的来源、获得知识是否可能以及真知的判断标准等认识论的问题亦多有论及，但离开行，做纯粹知识论的求索并非为其所重。正如牟宗三先生所指出的那样，中国哲学对世界的把握方式"不是由知识上的定义入手的。所以它没有知识论与逻辑。它的着重点是生命与德性。它的出发点或进路是敬天爱民的道德实践，是践仁成圣的道德实践"①。这一思想进路在知行问题上便体现为：无论儒家，抑或道家、佛家，都在自身学术话语中强调成就自我的修为与践履，他们对知行问题思考的最终落脚点在行上，尤其落在与理想人格成就相关的践行上，将知行关系的展开与成人的过程关联起来。这不仅使传统的知行之道呈现出浓郁的伦理化色彩，更为重要的是形成了重行、强调经世致用的思想旨趣，构成了传统知行之道的一大特色。

从先秦至汉唐，有关知行问题的思考从未间断。发展至宋明，知行之辩更是成为理学中的一个中心议题。理学家们围绕知行孰先孰后、孰重孰轻等问题，展开了长期的争论，并形成了各自系统化的知行学说，知行关系问题的研究有了很大的发展。综观不同理学家对知行关系的考察，主要有以下几种论点：

其一，知先行后说。实际上，宋以前的一些哲人已经或多或少地涉及"知先行后"的思想。早在先秦，孟子曾明确提出了良知良能的观点，认为不学而能者是良能，不虑而知者是良知。既然知的形成不依赖于行，那么此种主张自然内含知在先、行在后之意。宋代的程颐对此作了进一步的发挥。他认为知是通过格物明心中之理的过程，与行无关。尽管这种看法不可避免地带有先验论的色彩，但并不意味着在程颐的思想中知与行完全分离。在他看来，一方面，行是主体认知深化的一个环节。如果离开行，知难免有浮泛不实的特点。程颐常举一田夫曾被虎伤、谈虎色变的例子，说即便是小孩子也知道老虎可畏，但只有被老虎伤过的人，才会真正对老虎畏惧。也就是说，只有通过实践，主体才会对先

① 牟宗三：《中国哲学的特质》，上海古籍出版社1997年版，第10页。

天之知有较深的体认。在解释为什么生活中会有"知而不行"的现象时，程颐回答说："知而不能行，只是知得浅。"（《二程遗书》卷十五）行或不行，由知之深浅来决定。而知之深浅又要有行的参与。可见，在程颐那里，知行依然有着密切关系。另一方面，知先行后的主张旨在强调知对行的范导作用。程颐在"知为本"的前提下，将知与行比作光照与走路的关系，认为人做任何事情，首先要以对事情的认识、了解为基础，然后才去行动。知对行来说，犹如指路之灯。对此，他还形象地举例说："譬如人欲往京师，必知是出那门，行那路，然后可往。如不知，虽有欲往之心，其将何之？"（《二程遗书》卷十八）可见，在程颐看来，倘若没有知，行也就无从谈起。相反，有了真知，自然见诸于行。

此后，朱熹在继承程颐知先行后说的基础上又做了进一步的阐述与补充。他将《礼记·中庸》"博学之，审问之，慎思之，明辨之，笃行之"的话语次序界定为知行的次序，以此来强调知在先，行在后。同时，他也注意到了知行之间相辅相成的关系："知行常相须，如目无足不行，足无目不见。"（《朱子语类》卷九）知与行就像一个人的眼睛和双脚，二者"相须为用"才能有更好的成效。对事物、事情的认知，是一个经由实践、认识、再实践、再认识，以至无穷往复的过程。程朱虽然看到了知行二者之间相互促进的关系，但对知先行后观点的强调却难免预设了有"离开行的知"的存在，从而弱化了行在知的形成过程中的重要作用。

其二，知行合一说。针对知先行后的主张，明代思想家王阳明提出了"知行合一"的命题。在他看来，朱熹所谓"论先后，知为先；论轻重，行为重"的思想是"将知行分作两件去做"，"待知得真了，方去做行的功夫"（《传习录》上），这在现实生活中容易导致知而不行、知行脱节的后果，为此，他提出了知行合一说。与程朱肯定先于行的、离开行的知不同,王阳明认为不存在离开行的知,知的实现必须要以行为手段、途径,否则就是"妄想"。当然,行也要以知为指导,否则就是"冥行"。二者在次序上没有先后之分,是同一过程的两个方面。这无疑在知行关系的界定上比程朱更为强调知行的统一,同时亦更为突出躬行践履的重要。王阳明要求人们勿事空言,务必躬行,知必须落实于行,行构成了判断真知的准则。他举例说:"就如称某人知孝、某人知弟,必是其人已曾行孝行弟,方可称他知孝知弟,不成只是晓得说些孝弟的话,便可称为知孝弟。"(《传习录》上)这与孔子所言"听其言而观其行"(《论语·公冶长》)有异曲同工之处。

为了论证知行合一,王阳明还给出了不同于朱熹的关于知行的解读。对于《礼记·中庸》就学知践行提出的五条目,即"博学之,审问之,慎思之,明辨之,笃行之",朱熹将学、问、思、辨都纳入知的范畴,只有笃行才是行。王阳明则认为学、问、思、辨亦是行,不只笃行才是行。不管践行意向存在于主观抑或见之于客观,只要"真切笃实",就属于行的范畴。可见,在阳明哲学中,行的范畴不仅指主体的实践行为,而且将心理行为亦包含其中,于是就有了知是"一念发动处",而"一念发动处"也就是行的说法。尽管王阳明提出知行合一的主旨在于解决知而不行、知行脱节的问题,但这种模糊知行界限的做法,却不免为后世学者所诟病。将知与行等同起来,对二者不做明确的区分,固然可以将重点落在行上,但也可以落在知上。前者是阳明知行观的特色,后者则易于陷入空谈,阳明后学的流弊便与此有关,也难怪王夫之对"知行合一"有"销行以归知"(《尚书引义》卷三)的批评之语。

其三,行先知后说。明清之际的启蒙思想家王夫之认为无论程朱的知先行后,还是王阳明的知行合一,都有"离行以为知"的问题,因此必须重新阐释知行关系。针对王阳明的问题，王夫之明确界定了"知"、"行"的概念，认为知是主观的意识活动，行是见之于客观的行为，知行是有区别的。在考察二者关系时，与程朱相反，他提出了"行先知后"说。知与行作为一对矛盾关系，二者相辅相成，"知行相资以为用"（《礼记章句》卷三十一），但从根本上来说，行是其主导方面，比知更为重要。这种重要性就在于，知是依靠行的，行却不必依靠知。因此，王夫之主张："君子之学，未尝离行以为知也必矣。"（《尚书引义》卷三）可见，在王夫之那里，"行"是先于知的，且有着更为根本的意义。

尽管理学家们关于知行有着各自不同的理解，但其思考的出发点与落脚点在"行"上，却是共通的。知与行相辅相成，行在一定意义上又构成"真知"的检验标尺，是个体成就自我的重要途径。在道德实践的视域下探讨知行关系，确实使传统的知行之道有着浓郁的伦理色彩。但其对"行"的强调，对个体成就德性内含着平治天下的诉求的阐说，依然表明传统知行观重实践的特色，尤其是明清之际王夫之所倡导的行先知后说，既看到了知行二者的区别，又看到了知行二者之间的辩证关系，强调知有待于行，这一关于知行的理解与马克思主义的实践观有着相通之处。作为湖南人，王夫之的知行观对以强调经世致用、主张躬行实践为基本特征的湖湘士风的培蓄有着深远的影响。在此士风的浸润下，同样是湖南人的毛泽东从青年时代起就十分注意"踏着人生社会的实际说话"①，进而形成了注重实际、一切从中国实际出发的基本立场，以及重视面向实际进行思考、强调把理论付诸实践的思考方式。毛泽东将马克思主义实践观与传统的知行之道相结合，撰写了马克主义中国化的经典理论成果《实践论》，副标题便是《论认识和实践——知和行关系》。显然，

---

① 《毛泽东早期文稿》，湖南出版社1990年版，第363页。

"认识与实践"是马克思主义哲学的话语,"知与行"是中国哲学的话语。通过对传统知行观的改造,毛泽东创立了以科学的实践观为基础的辩证唯物论的知行统一观,具体展开为实事求是的思想路线。而传统知行之道,也在毛泽东的阐发下焕发出新的活力,为实事求是精神的弘扬提供了重要的传统资源。

从根本上说,认识是来源于实践的,同时认识又要回到实践中去接受检验,进而展开为再认识、再实践,以至无穷往复前进的过程。在此过程中,人类的自觉活动总是以相关的理论为指导的,同时,理论的形成与丰富发展又离不开人类的活动实践。实事求是、知行统一正是对马克思主义观点、方法的精确概括。知行相辅相成,只有把道理真正弄懂了,行动才能自觉持久;只有行动上落实了,对道理的领悟才能更深入。因此,对于为政者来说,一方面,必须切实加强理论学习,掌握马克思主义的基本立场、观点和方法。只有真学、真懂、真信,才能外化为自身的行动。另一方面,空谈是解决不了问题的,必须从实际出发,坚持问题导向,切切实实地解决实际问题。实际情况不断变化,只有从变化的角度、运动的态势来分析实际问题,才能提出正确的战略与对策,才能推动事业的发展、理论的创新。而创新的理论又会反过来指导实践、推动实践。"空谈误国,实干兴邦。"无论是以"知"促"行",还是以"行"促"知",知行统一的落脚点都在实干上。这既是马克思主义基本立场、观点和方法的体现,又是传统知行之道在当代社会实事求是精神中的弘扬与再生。

四、和合之道

　　"和合"是中华民族独创性的哲学词汇和文化理念。"和"、"合"两字最早出现于甲骨文和金文之中。许慎的《说文解字》对这两个字的解释是："和,相应也",意指和韵;"合,合口也",意指合拢。周幽王八年（前774）,郑桓公做王室司徒,他与史伯谈论"兴衰之故"和"生死之道",讲到虞夏商周之所以功业赫赫,史伯说其根本原因就在于"商契能和合五教,以保于百姓者也"。这是历史上最早出现"和"、"合"两个字连用。而周朝恐怕"必弊",因为周幽王"去和而取同"（《国语·郑语》）,没有处理好"和"与"同"的关系。在史伯看来,"和实生物,同则不继"。"同"是指无差别性的单一事物,如不与另一事物相"和",就不能产生出新事物来;"和"是指事物多样性的统一,是事物构成的法则,"故先王以土与金、木、水、火杂,以成百物"。史伯在历史上第一次区别了"和"与"同"的概念。

　　时至春秋时期,管仲在继承史伯思想的基础上进一步提出了"和合故能谐"（《管子·兵法》）的思想。他认为有了和睦、团结,行动就能协调,进而就能达到步调一致,产生强大的力量,从而免除各种危害;反之则会失度、失衡、失败。管仲是农业文明时代的大思想家,他特别强调"春政不禁则百长不生,夏政不禁则五谷不成,秋政不禁则奸邪不胜,冬政不禁则地气不藏。四者俱犯,则阴阳不和"（《管子·七臣七主》）。

　　管子之后,晏婴深化了"和同之辨"的内容,对和合理念作出了更通俗易懂的表述。据《左传·昭公二十年》载,晏婴在回答齐景公"和与同异乎"的问题时,明确指出"和与同异"。他说,"和"好比做羹汤或弹奏音乐,只有"济其不及,以泄其过",方能成为美味佳肴或动听的音乐。如果一味地"以水济水,谁能食之? 若琴瑟之专壹,谁能听之? 同之不可也如是"。

春秋末期,由于社会急剧分化和变动,孔子明确提出以"和"治国。至于"和"的对象,有君主、父母、长辈、上级,对他们要做到忠、孝、尊、崇、恭、敬,只有这样才能"天下有道";有兄弟、夫妇、朋友、平级,对他们要"推己及人",要做到忠、信、义、敦、睦;有自己的臣民、子女、下属、百姓,对他们要做到宽、厚、慈、惠;有国内及周边各国,对它们要信任、理解、尊重、不轻视、不敌视,加强联系、互相支持、共享太平。孔子还提出"君子和而不同,小人同而不和"(《论语·子路》)的思想,即后来所称的"和而不同"的哲学命题,把殷周以来蕴含在"六经"之中丰富的和合思想资源引进到儒家思想体系中,从而进一步启发了先秦诸子对和合思想的深入讨论。继孔子之后,孟子更明确地提出"天时不如地利,地利不如人和"(《孟子·公孙丑下》)的思想,把"人和"的理念推到最高的位置。

和合思想到了《礼记·中庸》有了一个大的发展,其标志就是提出了"中和"这一概念:"喜怒哀乐之未发,谓之中;发而皆中节,谓之和。中也者,天下之大本也;和也者,天下之达道也。致中和,天地位焉,万物育焉。"这段话内涵极为丰富,解释了"中"与"和",指出了两者的区别:一居内,一居外;一在主体,一在客体;一主静,一主动;也指出了两者的联系:"中"是主体内在之"和","和"是客体外在之"中";"中"是静态的"和","和"是动态的"中"。所谓"中节",主要的意思是指说话、做事要合乎礼仪,要遵守礼仪法度。更重要的是,这段话展现了一种由己到人、由人到物、由人类社会到宇宙万物的思维模式。一旦个人与他人,乃至普天之下都达到"中和"之境,则整个宇宙天地都会各得其位,共生共荣。天和、地和、人和，最终归于人和。在这里，由人道到天道，由天道到人道，互相论证，天人合一，实际上讲的是一种修身之术。其他一些学派对"和合"思想也多有涉及。如墨子指出天下不安定的原因在于父子兄弟结怨仇，而有离散之心，不能相和合。庄子提出"与人和者，谓之人乐；与天和者，谓之天乐"（《庄子·天道》）的观点。

战国时期廉颇与蔺相如之间发生的故事就很能体现和合的思想。廉颇是赵国名将，屡立战功，官至上卿大将军。蔺相如出身低微，后因出使秦国时勇敢机智，完好地保护了和氏璧并送回赵国，被封为上大夫。不久，秦王约赵王在渑池相会，以便借机劫持赵王。但事前蔺相如与廉颇商议，后者率重兵驻扎在边境加以防备，前者随赵王赴会。宴会上，蔺相如随机应变，避免了秦王对赵王的侮辱，还把秦王奚落了一番。渑池会后，蔺相如被拜为上卿，位居相国，比廉颇的官衔还稍高。廉颇不服，扬言要找机会羞辱蔺相如。蔺相如听到后，就想办法避免与廉颇碰面。他的门客愤愤不平，蔺相如耐心解释：他与廉颇和谐相处，是以国家利益为重，否则必遭秦国欺负。廉颇听说后既感动又惭愧，于是"负荆请罪"，两人成为"刎颈之交"。

蔺相如与廉颇一文一武，为官各有不同的"道"，但两人都是为国家服务，在希望国家发展得更好这一点上是一样的。蔺相如抛弃个人恩怨，着眼于国家大局，其实也很好地体现了"求同存异"的思维。"求同存异"这一思想是周恩来总理在60多年前的万隆会议上首次正式提出来的。万隆会议是世界历史上第一次由曾遭受帝国主义奴役的国家举行的大型国际会议，但当时由于各种复杂的原因，各国在一些重大国际问题上的主张有不少相异之处。中国代表团排除万难，如期到会，其一举一动自然受到各国代表的关注。当时由于大会上的气氛紧张，周总理把原来的发言稿改为油印稿散发,并单独做了一个补充发言。在发言中,周总理强调来开会的目的是"求同",而不是"立异",主张不同的思想意识和社会制度并不是亚非国际团结的障碍,表示中国要在五项原则的基础上与亚非各国建立友好关系。周恩来短暂的讲话赢得了各方的尊重和赞同,会议开始向好的方向转化。

"求同存异"思想显然是对孔子"和而不同"思想的继承与发扬。所谓"和而不同",意指和睦地相处,不随便附和;所谓"求同存异",意指找出共同点,保留不同意见。前者主要指一种修身态度,后者主要指一种工作方法。在对待他人时做到"和而不同",在对待工作时做到"求同存异",这个社会不就非常和谐了吗?

追求社会和谐是我们党一贯的目标。抗战时期,我们党在陕甘宁边区实施了一系列政策:在政治上实行三三制,精兵简政,通过参议会这种形式扩大民主范围;在经济上开展大生产运动,减租减息,建立公私合营的合作经济,鼓励资本主义经济;在文化上进行整风,确立无产阶级文化地位,普及教育;在社会上消除旧社会的流毒,树立榜样,移风易俗,建立新的法制和全民保障体系等,所有这些都为构建陕甘宁边区的和谐社会打下了良好的基础。改革开放以来,特别是十六届四中全会以来,我党明确提出并实践"构建社会主义和谐社会"这一目标,并把它作为加强党的执政能力建设的重要方面之一。在党的十八大上,"和谐"还被规定为社会主义核心价值观的内容之一。

毋庸讳言,在追求社会和谐的过程中,我党取得了很多成就,但也有过这样那样的错误。这些错误之所以出现,一个重要的原因就是党内及党纪出现了一些问题,出现了一些不和谐因素。而归根到底,这些错误之所以出现,又常常是由于思想认识方面的不一致所导致的。事实上,无论搞革命,还是搞建设,我们都是一直处在一个探索过程中,没有现成的模式可供直接采用。在这些方面,人们的思想认识出现不一致完全是正常的现象。思想认识不一致不可怕,可怕的是我们对待持不同认识的同志可能会采取极端错误的方法。以新民主主义革命时期遵义会议前后两个阶段为例,遵义会议前,有些中央领导因"左"倾的错误认识对持不同意见的同志残酷斗争、无情打击,在革命道路和方法上走向极端,致使革命差点走向夭折;遵义会议后,党采取民主集中制的领导方法,改变工作作风,走群众路线,集思广益,使革命最终走向成功。

正反两方面的经验和教训告诉我们,传统文化中的诸多和合思想,如崇尚人类自身的和谐并把它落实到制度秩序上,崇尚"中道"并把它提升为一种认识方法,崇尚人类与自然的和谐并把它提升到"天人合一"的高度等,确实是有其合理价值的。在今天,无论是宣传"和合"思想构建和谐社会,还是"和合共生"共筑人类命运共同体;无论是秉持"天人合一"理念加强生态文明建设,还是传承"中和"思想提升自我修养,以及广泛传播"和而不同"理念打造良好的国际关系等等,"和合"思想都有着特别重要的现实意义。

专栏　中和之美

儒家思想在中国思想史上的地位毋庸置疑,在入世精神的影响下,"中和"这一审美风格也体现着儒家浓厚的政治、道德和人格追求。所谓"中"即中正、不偏不倚,是处理事物的一种原则、标准和方法;所谓"和"即和谐、平和统一,是指事物之间的一种状态、机制和境界。"中"与"和"密不可分,怀"和"方可行"中",行"中"方能得"和",也就是说"中"是实现"和"的正确原则和方法。由此可见,中和之美强调秩序、法度、规则,在遵循一定的秩序、规则和法度的基础上达到和谐的境界。《礼记·中庸》认为:"喜怒哀乐之未发,谓之中;发而皆中节,谓之和。"朱熹《四书章句集注》注曰:"喜、怒、哀、乐,情也。其未发,则性也。"人有七情六欲,我们需要掌控自己的情绪,情感的流露和抒发要在一定的限度内,这就是说,中和之情不能过分剧烈,不能愤激狂放。中国古代的建筑、书法、绘画、雕塑、音乐、文学、服饰等艺术门类都很好地体现了这一美学原则。

建筑因其不单有审美,还具有实用功效,因而具有浓厚的法度和秩序,是中国古代专制制度的集中体现。中国古代建筑在礼的规范下,体现森严的等级秩序,但同时在审美上遵从中和之美。以故宫为例,它的空间布局呈现出一种对称的中和原理,所有建筑都以中轴线对称排列。中和之美同样体现在故宫的色彩美和韵律美上,坐落于紫禁城对角线中心的太和殿,金色琉璃、白色雕栏、朱红宫墙与暗绿点金的壁画,相得益彰,金色象征皇权威严,红色代表热情大方。四角各有十只吉祥瑞兽,威风凛凛,栩栩如生,给人一种神圣不可侵犯之感。宫墙的云纹,屋角的飞檐,宫殿的浮雕云龙纹,有节奏地重复,呈现出一种适度的韵律美。

书法艺术作为中国古代艺术的典型代表,也体现着中和之美。书法作为线条艺术,重在形式的中和之美,主要体现在用笔、结字、章法等方面。用笔上的藏锋与露锋、方与圆等,力求变化多端而又能和谐统一;结字以结构为基础,通过疏密、虚实的处理使单字以特别的、富有艺术感的体势呈现出来;章法为字与字之间的关系,主要通过字距、行距等方面调整书法作品的整体篇章。在各种书体中,楷书则是中和的集中体现。相较于行书和草书,楷书布局匀称,笔画疏密变化不大,给人平正安稳的感觉。一般认为,字如其人,擅长楷书者做事沉稳,条理有序,体现了儒家中和之道。要达到中和之美的境界,首先要以理节情,心平气和,《笔法诀》中说得好:"心正气和,则契于玄妙。心神不正,字则敧斜;志气不和,书必颠覆。其道同鲁庙之器,虚则敧,满则覆,中则正。正者,冲和之谓也。"孙过庭在评论王羲之的《兰亭序》中说:"思虑通审,志气和平,不激不厉,而风规自远。"可见,中和之美的境界与作者的涵养密切相关。

中国传统音乐在审美价值取向上历来追求一种"中和"之道。这里所说的"和"并不是无差别的同一,而是差异下的统一协调,所谓"一气,二体,三类,四物,五声,六律,七音,八风,九歌,以相成也;清浊,小大,短长,疾徐,哀乐,刚柔,迟速,高下,出入,周疏,以相济也"(《左传·昭公二十年》)。中和之美不仅仅是中国艺术追求的境界,同时它还在儒家治国安邦中发挥重要作用,《荀子·乐论》中曰:"故乐在宗庙之中,君臣上下同听之,则莫不和敬;闺门之内,父子兄弟同听之,则莫不和亲;乡里族长之中,长少同听之,则莫不和顺。故乐者,审一以定和者也,比物以饰节者也,合奏以成文者也,足以率一道,足以治万变。是先王立乐之术也。"儒家把音乐提升到国家治理的高度,意在通过"礼别异,乐合同"的准则达到天、地、人合乐的境界。音乐是人内在情绪的表达,同时它还能反过来调节人的情绪,宋代欧阳修说:"七情不能自节,待乐而节之;至性不能自和,待乐而和之。"(《国学试策三道·第二道》)因而,音乐能够教化人心,最终达到"中和"的境界,这是古代音乐从先秦到明清一以贯之的基本观念。

五、大同之道

大同，是中国古代向往的一种理想社会，相当于西方的"乌托邦"。这一思想源远流长。中国最早的一部诗集《诗经》中有《硕鼠》一篇，该篇纯用比体，以硕鼠比喻剥削者，发出了"逝将去女（同"汝"）"，以"适彼乐土"、"适彼乐国"、"适彼乐郊"的呼声。"乐土乐土，爰得我所"，"乐国乐国，爰得我直"，"乐郊乐郊，谁之永号？"就是说，"乐土"、"乐国"才是自己的好去处、好所在，到了"乐郊"，谁还悲叹长呼号！《硕鼠》是迄今保留下来的关于大同理想的最早材料之一。

春秋末期，中国奴隶社会走到了尽头，各种社会矛盾异常尖锐。奴隶逃亡，国人暴动，天子式微，诸侯征战此起彼伏。面对这种"礼崩乐坏"、"天下无道"的局面，孔子提出了自己的救世主张。孔子认为，社会的理想境界是"老者安之，朋友信之，少者怀之"（《论语·公冶长》）的社会安定和谐状态。面对社会变革中统治者聚敛财富、广大人民衣食难保的现实，他提出："君子周急不继富。"（《论语·雍也》）由于社会生产力水平不高，那也只能"不患寡而患不均，不患贫而患不安。盖均无贫，和无寡，安无倾"（《论语·季氏》）。

孔子提出了理想社会的一些原则和主张，孟子则根据这些主张提出了一个更加完备的"王道仁政"的社会方案，并且认为理想的社会必须让有理想的人去治理。这种理想人格是："居天下之广居，立天下之正位，行天下之大道。得志，与民由之；不得志，独行其道。富贵不能淫，贫贱不能移，威武不能屈，此之谓大丈夫。"（《孟子·滕文公下》）"得道者多助，失道者寡助。寡助之至，亲戚畔之；多助之至，天下顺之。"（《孟子·公孙丑下》）他还提出了平分土地的主张，以保证人民的生活，具体办法是："方里而井,井九百亩,其中为公田。八家皆私百亩,同养公田;公事毕,然后敢治私事,所以别野人也。"(《孟子·滕文公上》)

西汉戴圣编辑的《礼记·礼运》是一篇儒家学者托孔子之名问答的名作,开篇即描绘了一幅无限美好的大同社会图景:"大道之行也,天下为公。选贤与能,讲信修睦。故人不独亲其亲,不独子其子,使老有所终,壮有所用,幼有所长,矜(鳏)寡孤独废疾者皆有所养。男有分,女有归。货恶其弃于地也,不必藏于己;力恶其不出于身也,不必为己。是故谋闭而不兴,盗窃乱贼而不作,故外户而不闭。是谓大同。"这一段话言简意赅,千古传诵,表达了古代人民对大同世界的向往。

大同社会的基本原则是"天下为公",经济上实行公有,这就决定了人们没有私有观念,处处相互帮助,以贤能之士管理社会生活。由于财富是公有的,所以大家可以均享,没有劳动能力的人也可以过上幸福生活。在这个社会里,劳动是光荣的,不劳动是一种"恶",也就是说,劳动不是谋生手段,而是生活之必须。人人参加劳动,也就没有剥削和压迫。人们按照性别、年龄、能力进行分工,各尽所能。人们心境平和,纯洁善良,社会秩序良好,没有人搞阴谋诡计,也没有偷盗行为,更没有战乱之祸,一派天下太平的美好景象。《礼运》篇阐释完大同理想后,接着阐释了夏、商、西周时期的"小康"社会,如果说"大同"是儒家的最高社会目标,那"小康"就是儒家的现实社会目标。

在中国古代社会,除儒家有自己的大同理想外,农家和道家也有自己心中的大同理想。农家的大同理想是君主和人民"并耕而食",人人劳动,没有剥削和压迫;生产以农业为主,手工业为辅,没有商业欺诈;不存在脑力劳动与体力劳动的分工。道家的大同理想是"小国寡民"。在这一理想中,人类社会被分成相互隔绝的许多"小国",彼此毫无联系,即使

"鸡犬相闻"的"邻国"（实际上是邻村），也"老死不相往来"；各国人民从事农业生产，文字被废除，工具很少使用，生活很简陋。秦汉以后，由于中国社会一直停留在封建社会阶段，儒家的理想再也没有出现新的形式。农家类型的大同理想，主要是通过一些宗教团体的具体生活制度体现出来。道家类型的大同理想，则以东晋陶渊明的《桃花源记》为标志形成了新的形式。

理想是对现实的超越，寄托着人们的情思和向往。特别是在社会变革时期，各种社会矛盾错综复杂，社会动荡不安，人们也有各自不同的社会追求，于是就产生了各种超越现实的理想。近代以降，由于清政府的割地赔款、丧权辱国，使得生灵涂炭、民不聊生。先进的中国人在寻求救国救民道路的过程中，也从中国古代大同理想中汲取营养成分，以塑造一种美好的理想社会。

太平天国领袖洪秀全在《天朝田亩制度》里设想了这样的理想社会："有田同耕，有饭同吃，有衣同穿，有钱同使，无处不均匀，无人不保暖。"维新变法领袖康有为在《大同书》中设计的理想社会为："夫大同之世，天下为公，无有阶级，一切平等，既无专制之君主，亦无民选之总统，国界既破，则无政府之可言。人民皆自由平等，更无有职官之任。"[1]近代民主革命的先行者孙中山同样有自己的"大同"追求，这一追求突出地体现在他对"三民主义"的阐述中："我们三民主义的意思，就是民有、民治、民享。这个民有、民治、民享的意思，就是国家是人民所共有，政治是人民所共管，利益是人民所共享。照这样的说法，人民对于国家不只是共产，一切事权都是要共的。这才是真正的民生主义，就是孔子所希望

---

① 康有为：《大同书》，华夏出版社2002年版，第3页。

之大同世界。"①

中国共产党的许多领导人受传统文化的影响都是比较深的,也不同程度地受到大同思想的影响。如李大钊就曾经指出:"现在世界进化的轨道,都是沿着一条线走,这条线就是达到世界大同的通衢,就是人类共同精神联贯的脉络。"②陈独秀也经常谈"大同主义",他认为,"将来之世界,必趋于大同"。毛泽东在1917年还在呼吁:"大同者,吾人之鹄也。立德、立功、立言以尽力于斯世者,吾人存慈悲之心以救小人也。"③实际上,马克思主义之所以能够传入中国,其中一个重要的原因就是它与传统文化有许多契合之处。

但大同社会毕竟太过遥远。如果把遥远的大同理想硬拉到现在去实现,那无疑是要犯严重错误的。因此,改革开放之后,我们党着眼当下实际,提出了小康社会的建设目标。1979年12月,邓小平在会见日本首相大平正芳时说:"我们要实现的四个现代化,是中国式的四个现代化。我们的四个现代化的概念,不是像你们那样的现代化的概念,而是'小康之家'。"④关于小康,邓小平后来又有很多论述,但概括性的解释是"不穷不富,日子比较好过"。1987年,邓小平又提出了"三步走"的发展战略:到20世纪80年代末人均国民生产总值达到500美元,20世纪末达到1000美元,21世纪中叶达到中等发达国家水平。现今,前两步目标已经实现,我们正在为实现本世纪前20年全面建成小康社会的目标而努力。

决胜全面建成小康社会,进而完成"两个一百年"目标,建设社会主

---

① 《孙中山全集》第9卷,中华书局1986年版,第394页。
② 《李大钊选集》,人民出版社1959年版,第416页。
③ 《毛泽东早期文稿》,湖南出版社1990年版,第89页。
④ 《邓小平文选》第2卷,人民出版社1994年版,第237页。

义现代化强国,实现中华民族伟大复兴的中国梦,是我们党和人民的不懈追求,而要实现我们的既定目标,一方面要目光长远,不时能够看到"大同";一方面更要脚踏实地,时时着眼于为决胜全面建成小康社会而努力。

六、邦交之道

如何处理与他国之间的外交关系,是治国之道的重要内容之一。传统的邦交之道有着极其鲜明的中国特色,它以贵"和"的精神与智慧为价值支撑,展现为"协和万邦"的核心理念。"和"是中华民族处理各种关系,如人与人之间、人与自然之间,也包括国与国之间关系的一种基本方式。在《周易》中有这样的论述:"乾道变化,各正性命,保合大和,乃利贞。首出庶物,万国咸宁。"(《周易·乾卦·彖辞》)"和为贵"是中华传统文化的核心价值理念。在古代,这一理念所涉及的领域主要有三个,即家庭和谐的齐家之道、政治稳定的治国之道及"天下和谐"的协和万邦之道。关于协和万邦之道,它所要解决的核心问题在于:华夏之中国与周边之"夷狄"之间的和谐关系究竟如何处理和维系才是正当而有效的呢?

"协和万邦"一词是在儒家经典《尚书·尧典》中提出来的:"克明俊德,以亲九族。九族既睦,平章百姓。百姓昭明,协和万邦。"意即(帝尧)能发扬智慧美德,使得家族和睦亲密。家族和睦后,再辨明百官的善恶。百官的善恶辨明后,又使各路诸侯国协调和顺。这段话充分说明了"和"的重要性以及怎样才能取得"和"的问题。要先协和好自己的家,再协和好自己的国,进而才能协和好各国之间的关系。

"和"的文化精髓是"以理服人"，而不是"以力服人"。以和为贵、协和万邦，含蓄、善良、温和，而不是好勇斗狠、恃强凌弱，早已成为中华民族的主要性格。中国历史上有武士，但没有武士阶级；有庞大的军队，但从未发生过宗教战争。这种性格的形成，与儒家思想的熏陶有关，与中国相对封闭的地理方位有关，与中国长期的农耕文明有关，也与中国其他思想流派大多反对征战有关。且不说道家、佛家、墨家等流派的主张，即便是兵家，也反对轻易用兵。如军事家孙武所说："上兵伐谋，其次伐交，其次伐兵，其下攻城。"孙武极力主张君主慎重用兵，不可穷兵黩武，提倡"不战而屈人之兵，善之善者也"，成为中国传统战略文化的最高境界。

　　协和万邦、亲仁善邻、止戈为武、以德服人，是中国在处理统一问题与邻国问题上特有的思维方式；"内安华夏，外抚四夷，一视同仁，共享太平"，是中国古代的治国方针。这些观念落实到邦交实践中，便形成了崇尚和平、追求和睦和谐的邦交政策与理念。具体来说，重怀柔轻武力，主张"修文德以来之"，反对为了扩张领土而劳师动众、劳民伤财，认为"国虽大，好战必亡"，倡导"强不执弱，富不侮贫"，重视与周边国家的关系，强调"亲近以来远"等。例如，明太祖朱元璋即位之初，就制定了和平主义的外交政策。洪武二年编定的《皇明祖训》记载："四方诸夷皆限山隔海，僻在一隅；得其地不足以供给，得其民不足以使令。若其自不揣量来扰我边，则彼为不祥。彼既不为中国患，而我兴兵轻伐，亦不祥也。吾恐后世子孙倚中国富强，贪一时战功，无故兴兵，致伤人命，切记不可……"随后还列出了朝鲜、日本、越南、文莱等15个不征之国。这充分体现了中国封建统治者的处世之道。

　　毋庸置疑，古代中国曾有藩属国和朝贡国，但这并不意味着中国外交中有霸权思维。所谓朝贡，形式意义远大于实际意义，中国封建统治者常常采取"厚往薄来"的政策，给朝贡国回赠的礼物要比朝贡国进贡的礼物多。"自近世纪以来，我国无殖民地（政治的）可言。即过去之属地亦不过朝贡国之性质，与列强所谓属地迥殊。一般对于中国朝贡国之解释，多谓系中国之宣武耀德，蛮夷之仰慕上国之结果，此适为观念论者之见解而已。实际言之，朝贡使不过通商使之变相，朝贡往来，含有国际贸易之意义。故中国对于朝贡国之关系，与其谓为政治的，不如谓为经济的之为愈也。"①

然而近代以来，中国的外交发生了重大的变化。人们常说，弱国无外交，这是指无独立自主的外交。实际的情况是，中国近代是有外交的，但只是一种屈辱的外交而已。我党的第一代领导人，可以说对中国近代以来所遭受的屈辱都有所见证。比如毛泽东，他在13岁时就读了《盛世危言》，随后还读了一本有关中国被列强瓜分的小册子。后一本书开头一句就是"呜呼，中国其将亡矣！"周恩来曾说："清朝的西太后，北洋政府的袁世凯，国民党的蒋介石，哪一个不是跪倒在地上办外交呢？中国一百年来的外交史是一部屈辱的外交史。"②

新中国建立后显然不可能再采取长期以来近代中国所采取的卖国外交政策，不平等条约必须废除，帝国主义残余势力必须清除，国民政府与外国的外交关系不能承认，与其他国家建立关系必须以平等互利和尊重领土主权为基础。为此，新中国成立前后我们党制定了"另起炉灶"、"打扫干净屋子再请客"和"一边倒"的三大外交政策，其核心则是独立自主。由于坚持独立自主，新中国既享有了充分的独立和自由，也获得

---

① 李长傅：《中国殖民史》，上海书店1984年版，第4页。
② 《周恩来外交文选》，中央文献出版社1990年版，第4—5页。

第六章　中华传统文化基因与为政之道（上）　｜　283

了社会主义国家和国际无产阶级的援助,独立而完整的工业体系迅速建立起来,真正在世界上站稳了脚跟。

新中国的外交是极为曲折的,但始终没有偏离独立自主的处世之道。进入80年代后,国际形势发生了变化,国内任务也发生了变化,在实事求是地分析战争与和平两种可能性的基础上,邓小平提出了不结盟的独立自主外交政策,中国的独立自主外交由此进入一个新的阶段。在这一新的阶段,"处理国与国之间的关系,和平共处五项原则是最好的方式"。在政治上独立自主,在经济上则是立足自力更生,同时按照平等互利的原则对外交往,这是建立国际政治新秩序"最经得住考验的"原则①。

和平与发展是当今时代两大主题,我国政府和人民将坚持走独立自主基础上的和平发展道路,这既是基于现实的科学认知,也是中华优秀传统文化精华在当代的创造性运用。江泽民在出访时多次引用"和为贵"、"和而不同"、"亲仁善邻"等传统文化观念,表达中国希望与世界各国友好交往、维护世界和平的坚定决心。譬如在2002年4月,江泽民在德国外交政策协会演讲时说:"中国古代思想家提出的'亲仁善邻,国之宝也'的思想和'己所不欲,勿施于人'、'己欲立而立人,己欲达而达人'的古训,反映了中国人民爱好和平、渴望同各国人民友好相处的良好愿望和深厚文化底蕴。"②

以胡锦涛为总书记的党中央领导集体,提出了和谐世界的科学理念。这种具有中国特色的构想也传承了中华优秀传统文化中的"和合"思想,是"和而不同"境界在推动建立国际政治经济新秩序上的体现。构

---

① 《邓小平文选》第3卷,人民出版社1993年版,第96、283页。
② 《江泽民文选》第3卷,人民出版社2006年版,第475—476页。

建和谐世界就是主张世界各国在政治上应相互尊重,平等协商,扩大共识,和平相处,共同促进国际关系民主化;在经济上应相互促进,合作共赢,共享经济全球化的机会,促进世界普遍繁荣发展;在文化上应相互借鉴,加强对话,促进交流,增进了解,倡导世界文明多样性,推动人类文明发展进步。中国坚持走和平发展道路,必须要依托一个良好的国际和平环境,一个良好的国际合作环境,一个良好的国际安全环境。2007年,中共十七大报告指出,中国将始终不渝走和平发展道路,与各国人民携手推动建设持久和平、共同繁荣的和谐世界,和平发展道路成为中国外交的基本战略。2012年,中共十八大进一步指出和平发展是中国特色社会主义的必然选择,要坚持开放的发展、合作的发展、共赢的发展,通过争取和平国际环境发展自己,又以自身发展维护和促进世界和平,扩大同各方的利益汇合点,推动建设持久和平、共同繁荣的和谐世界。

　　创造良好的国际合作环境,首先要处理好与周边国家的关系。习近平总书记审时度势,在博鳌亚洲论坛2013年年会上,强调各国应牢固树立命运共同体意识。2013年10月,他在印度尼西亚国会演讲时,又提出要建设"中国—东盟命运共同体"。他在周边外交工作座谈会上还提出了"亲诚惠容"的周边外交理念,指出中国要与周边国家常见面,多走动,多做得人心和暖人心的事,使周边国家对我们更亲近、更认同,让命运共同体意识在周边国家落地生根。此后,他进一步提出要打造"周边命运共同体",迈向"亚洲命运共同体",推动建设"人类命运共同体"。2015年12月在乌镇召开的第二届世界互联网大会上,习近平说自己"非常愿意使用'命运共同体'这个词",强调互联网是人类的共同家园,各国应共同构建网络空间命运共同体。事实上,习近平在不同场合所谈到的"命运共同体",存在一个递进关系:从国与国的命运共同体,到区域内的命运共同体,再到人类命运共同体。2017年10月18日,习近平同志在十九大报告中提出,坚持和平发展道路,推动构建人类命运共同体。这一崭新的"全球观",展现了中国追求和平发展的愿望,提交出一份思考人类社会未来的"中国方案"。中国不但提出了命运共同体主张,还付诸实施,"丝绸之路经济带"和"21世纪海上丝绸之路"(简称"一带一路")就是这样的开发合作之路。"一带一路"建设秉持共商共建共享原则,积极加强与沿线国家的经济合作,通过政策沟通、设施联通、贸易畅通、资金融通和民心相通,以点带面,由线及片,逐步形成区域合作大格局,打造政治互信、经济融合、文化包容的利益共同体、命运共同体和责任共同体。如今,人类命运共同体主张和"一带一路"倡议已写入联合国文件,受到国际社会的广泛赞誉。

人类命运共同体主张与中国传统思想精华和伦理有着内在的相通性。所谓"大道之行也,天下为公"、"以和为贵"、"和而不同"、"协和万邦"、"万物并育而不相害"、"天涯若比邻"、"四海之内皆兄弟"、"计利当计天下利"等,与人类命运共同体在精神上是相通的。中国坚持独立自主,走和平发展道路,也尊重其他国家的发展道路。从人类命运共同体和"一带一路"倡议所坚持的原则来看,中国绝不是将自身战略强加于别国,而是在追求本国利益时兼顾他国利益,强调在相互尊重的基础上一起探索合作的最佳模式,促进各国共同发展。从这个意义上说,人类命运共同体主张和"一带一路"倡议正是对中华优秀传统思想的发扬光大。天空足够大,地球足够大,世界也足够大,它们都容得下各国共同发展繁荣。

七、民本之道

中国传统"民本"思想源远流长,中国古代的思想家和统治者非常重视民众在国家中的作用。夏朝时期,禹的孙子太康即位,因其饮酒游猎无度,不理政事,而失去民心。一次他到洛水沿岸去打猎,东夷有穷氏首领后羿趁机夺了夏国的政权。太康的弟弟作《五子之歌》说:"皇祖有训,民可近不可下。民惟邦本,本固邦宁。"意思是说民众才是国家的根基,民众这个根基牢固了,国家才能安宁。这种重民的思想对后世许多思想家影响很大。商朝时期,商人信仰自然宗教,认为至上神"帝"是自然的最高主宰,决定着社会的盛衰与个体的命运。后来周人战胜殷人,建立了周朝。自周灭商后,周朝的思想家、政治家就不断反思殷商兴亡的经验教训。他们认为殷商之所以灭亡,是因为殷商只重视"神"的作用,没有认识到民才是政治稳定与发展的保障。不重视民众的作用,就会失去民心;失去了民心,国家也不会稳固。因此,以周公为代表的统治者提出"天命靡常",需"敬德保民"才能"祈天永命"的思想。他们强调必须重视民众的作用,要敬天保民,把民众放在和天等同的地位。"天视自我民视,天听自我民听"(《尚书·泰誓中》),把民与天联系起来,借天的权威,强调民的重要性。所以,统治者要关心民众,善待民众,不能对老百姓作威作福。"民之所欲,天必从之"(《尚书·泰誓上》),民众有什么愿望和要求,就要帮助他们实现,这样当政者自己的地位就稳固了。西周的这种保民思想通常被认为是中华传统文化中民本思想的来源。

到了春秋战国时期,随着奴隶主阶级的逐步衰落和新兴封建地主阶级的兴起,统治阶级中开明的统治者和思想家对民众力量的认识更加清晰、深刻。孔子民本思想的产生标志着民本思想在春秋战国时期正式形成,其形成表现在多个方面。如,孔子继承、丰富和发展了自西周以来的重民思想,初步创立了强调重民、爱民的儒家民本思想。孔子认为首先要富民,富民是民众道德教化的前提。怎样才能富民呢?孔子认为要"敬事而信,节用而爱人,使民以时"(《论语·学而》)。民先"富之",然后再"教之",则天下归心。

孔子思想的继承者孟子、荀子从不同方面继承和发展了孔子的民本思想,尤其是孟子以"人性善"为基础,把孔子的民本思想应用到自己的仁政学说中,成为仁政学说的重要组成部分,使儒家的民本思想达到一个高峰。孟子认为,国君"暴其民甚,则身弑国亡;不甚,则身危国削"(《孟子·离娄上》),这反映了国依存于民的思想。通过对民众、国家、君主三者的比较,孟子认为民众地位最重,国家次之,而君主的地位最轻。因此,孟子在理论上大胆地提出"民为贵,社稷次之,君为轻"的著名论断。把民众的地位提到这样的高度,这在历史上是前所未有的,是对儒家民本思想的重要发展。为什么"民贵君轻"呢?这是孟子从无数历史经验反思得出的结论。他指出桀、纣为什么会失去天下呢?是因为"失其民",他们失去了民心,民众不再支持他们。怎样才能得到天下呢?很简单,"得天下有道,得其民,斯得天下矣"(《孟子·离娄上》)。而要得民,就要得其心,孟子认为得民心要从两方面来做,这两方面,简单说,就是"为民谋利"和"为民除害"。民之所好者是吃饱穿暖,民之所恶者是缺衣少饭,因此,为了得民,就必须保证其基本的生存条件。在古代以农业为本的封建社会,基本的生存条件就是土地,土地是民众生存的前提和保障。因此,孟子提出制民之产的思想。他建议以家庭为一个基本单位,官府给每个家庭分发一百亩土地,这就是"恒产"。孟子认为有了这一百亩土地,老百姓就可以"仰足以事父母,俯足以畜妻子,乐岁终身饱,凶年免于死亡"(《孟子·梁惠王上》)。在民有"恒产"的基础上,统治阶级再减少刑罚,减轻税敛,勿夺农时,老百姓最基本的生活条件就有保证了。孟子认为民有了"恒产",才有"恒心"。因为老百姓的生活有了保障,家庭才能稳定,老百姓才愿意安居乐业,不去投奔别的国家;生活快乐幸福了,民心才向君主,接受封建道德教化,这样君主的统治才能稳定,才能为君主的"王天下"奠定坚实的基础。孟子的这种制民之产的思想虽然是为统治者服务的,是为统治阶级的长治久安服务的,不过他的思想也契合了"经济基础决定上层建筑"的观点,同时对广大人民群众的生存也是有利的,值得重视和肯定。

荀子也认为民的地位重于君。他说:"天之生民,非为君也;天之立君,以为民也。"(《荀子·大略》)上天生民不是为了君主,而上天立君主,是让他为民做事,这反映了君依存于民的思想。荀子还认为君民之间的关系应是相对应的,对君而言,君应该爱民、养民,那么民才会重君、尊君;民是君存在的基础,如果一个君主不能爱民、养民,甚至害民,那么民就可以推翻他。对于这种君民的关系,荀子做了个形象的比喻:"君者,舟也;庶人者,水也。水则载舟,水则覆舟。"(《荀子·王制》)荀子的舟水论对后世影响甚大,不断被提及。此外,齐国的管子也指出:"夫霸王之所始也,以人为本;本理则国固,本乱则国危。"(《管子·霸言》)晏子进而指出:"卑而不失尊,曲而不失正者,以民为本也。"(《晏子春秋·内篇问下》)这表明民贵君轻、以民为本的命题在春秋战国已经明确提出。

战国以降,为吸取前朝灭亡的教训,历代统治者都不同程度地实践了民本思想。如汉文帝即位后,在刘邦修养生息政策的基础上进一步采取了轻徭薄赋、与民休息的政策。他十分重视农业生产,多次鼓励农民发展生产,兴修水利;他先后两次把田租减为三十税一,文帝十三年还免收全国田租,把每人每年一百二十钱的算赋(人头税)减为四十钱,徭役改为每三年服役一次。开放全国的森林大山、河流湖泊,允许人民砍柴、挖矿、煮盐、捕鱼。他还减轻刑罚,取消了连坐法和割鼻、砍脚等肉刑,以笞刑代替。汉文帝生活非常简朴,穿的都是粗布衣服,住的、用的都是前代皇帝留下的。汉文帝在位23年,没修建过宫殿、花园,也没增添过车马衣服。二十余岁被文帝召为博士的贾谊继承和发展了先秦儒家的重民思想。贾谊认为民为邦本,"夫民者,万世之本也,不可欺"(《新书·大政上》),强调民众才是国家中最稳定的因素,国君可以更替,民众不可更换。"王者有易政而无易国,有易吏而无易民。故因是国也而为安,因是民也而为治。"(《新书·大政下》)

汉武帝实行"罢黜百家,独尊儒术"政策以后,儒家的以民为本思想在历朝历代得到进一步的贯彻和发展。例如,唐贞观年间,名臣魏徵在劝谏唐太宗时说:"怨不在大,可畏惟人。载舟覆舟,所宜深慎。"(《谏太宗十思疏》)意思是说:怨恨不在于大小,可怕的只在人心背离。水能载舟也能覆舟,所以君主应该高度谨慎。唐太宗李世民对荀子和魏徵的舟水论的观点十分重视,他在与大臣讨论国家的政事时,多次引用和发挥这一观点。他在《贞观政要·论政体》中说:"君,舟也;人,水也;水能载舟,亦能覆舟。"北宋名臣范仲淹提出"先天下之忧而忧,后天下之乐而乐"(《岳阳楼记》)的思想。理学思想的集大成者朱熹在《四书章句集注》中反复引用并阐述"民为邦本,本固邦宁"的古训,并强调"天下之务,莫大于恤民"。明清之际,无数儒生士大夫因震惊于延续二百年明王朝基业的倒塌,民本思想得以再次爆发璀璨的光芒。如唐甄说,君"自尊则无臣,无臣则无民,无民则为独夫"(《潜书·任相》)。儒家的重民思想在明末清初著名思想家黄宗羲那里达到顶点。黄宗羲认为君主的设立是为了民生的需要，君要服务于民。"古者以天下为主，君为客，凡君之所毕世而经营者，为天下也。"(《明夷待访录·原君》)"天下之治乱，不在一姓之兴亡，而在万民之忧乐。"(《明夷待访录·原臣》)他对其为官目的说得更为明确："我之出而仕也，为天下，非为君也；为万民，非为一姓也。"(《明夷待访录·原臣》)黄宗羲提出的"民主君客"的主张，是对古代君民关系的重大发展，这无疑是一种超越儒家传统文化的新型民本思想。

儒家这种重民、利民、爱民的为民之道对封建社会影响很大，也深刻影响了古代官吏的为政之道。这一思想使为民、利民、爱民成为许多官员的执政理念，也是他们成为好官、清官的动力。一些官员在为官的政治实践中以民为本，多为百姓谋福利，到一个地方理政时往往会听取民意，顺应民心，惩恶扬善。许多清官、好官如包拯、海瑞、于成龙等人的事迹被后人编成话本、戏剧，在民间广为流传，经久不衰。古代想当好官、成为名臣的官员一般都非常重视富民、利民。他们到地方做官时往往会兴修水利，提高粮食产量，预防自然灾害；鼓励老百姓开垦荒地，提高老百姓的收入；减轻劳役，不夺农时；有的官员在灾荒之年还往往向上请求减免赋税。这些官员受到当地百姓的拥护和爱戴，当他们离职时，经常会出现老百姓万人相送的场面。当然我们要明确的是古代这种以民为本的思想和行为虽然能为民众带来一定的利益，但从根本上讲还是为统治者服务的，为统治者江山的长治久安服务的。

今天，我们党倡导"以人为本"、"以人民为中心"，其重要思想来源之一就是古代的民本思想。但"以人为本"、"以人民为中心"的思想显然又超越了古代的民本思想。"以人为本"、"以人民为中心"的思想坚持把人民利益放在首位，体现了人民当家作主的地位，而民本思想中的

"民"是相对于"君"而言的,立论是"为民作主",实际上是"官本位"思想的变种。信奉民本思想的统治者为巩固并维护其统治地位,尽管一再标榜"民惟邦本",但他们使用的手段常常是"存天理,灭人欲",实质上是用天压人,以"理"、"礼"杀人,彻底抹杀人的个性。与之不同,我们党讲"以人为本"、"以人民为中心",强调的是人的个体价值与社会价值的统一、人作为目的与作为手段的统一,实质上是坚持把广大人民的利益与社会成员的个人利益统一起来,最充分地满足个人利益、保证个人利益,以实现人的全面自由发展。

民本思想也契合了我党的群众路线思想。当然,我们需要清楚地认识到,古代的这种民本思想虽然和我党的群众路线都强调了人民群众的重要性,但有着本质的区别。它虽然也重视人民的作用,但毕竟是站在统治者的角度说话,为统治者的利益服务的。而我党的群众路线即"一切为了群众,一切依靠群众,从群众中来,到群众中去",则强调人民群众是历史的创造者,中国共产党来自于人民,是人民的政党,人民是我党的依靠,我党的宗旨是为人民服务。中国共产党各个时期的领导同志都非常重视人民的作用和人民的利益。毛泽东强调,"应该使每个同志明了,共产党人的一切言论行动,必须以合乎最广大人民群众的最大利益,为最广大人民群众所拥护为最高标准"①。邓小平讲:"中国共产党员的含意或任务,如果用概括的语言来说,只有两句话:全心全意为人民服务,一切以人民利益作为每一个党员的最高准绳。"②江泽民、胡锦涛经常讲,立党为公、执政为民,权为民所用、情为民所系、利为民所谋。习近平非常重视人民群众在国家中的地位和作用。在十八届中纪委六次全会上,习

---

① 《毛泽东选集》第3卷,人民出版社1991年版,第1096页。
② 《邓小平文选》第1卷,人民出版社1994年版,第257页。

近平强调："民心是最大的政治，正义是最强的力量。"因此，党员领导干部在执政过程中要消除"官本位"思想，树立正确的权力观，明白权力是人民赋予的；要重视群众关切之事，听民意、知民情、顺民心，维护好群众利益，时刻把群众放在心上；制定政策时要看能否给群众带来利益和幸福，要看群众拥护不拥护。当前，我们国家的发展势头非常好，但问题也不少，如收入分配问题、教育问题、社会保障问题、安全生产问题、食品安全问题等，这些问题都属于民生问题。民生问题无小事，要处理好民生问题，就需要我们各级领导干部理清工作思路，从身边小事做起，从群众关心的事情做起，让群众得到实实在在的获得感。党员干部还要充分发挥群众的聪明才智，调动群众的积极性和创造性。只有依靠群众，把人民的力量汇聚起来，中华民族伟大复兴的中国梦才会实现。

专栏　怎样看待"王朝兴亡周期律"？

在漫长的中国古代社会，各朝代不断上演着走马灯似的兴衰更替的悲喜剧。那么，古代王朝的更替有没有周期性？是不是周期律？如何看待这一现象？就让我们来了解和认识"王朝兴亡周期"现象。

"王朝兴亡周期律"的说法由来已久。战国时期，阴阳家学派的代表人物邹衍提出的"五德终始说"认为，王朝命运的兴替是五行相生相克的结果，历史就是按照土德、木德、金德、火德、水德的次序演变的。汉代史学家司马迁说过："三王（夏商周）之道若循环。"元末明初小说家罗贯中在《三国演义》的开篇就提到："话说天下大势，分久必合，合久必分。""王朝兴亡周期律"似乎是一个必然如此的规律，是一个无法绕开的历史"宿命"。那么，古代王朝"此亡彼兴，此兴彼亡"，真的是一个历史规律吗？

1945年夏，著名爱国民主人士黄炎培访问延安，在延安的窑洞里，黄炎培与毛泽东进行了长时间的促膝谈话，其中有一段关于"王朝兴衰"与中国共产党领导的人民政府如何执政的对话故事，史称"窑洞对"。在黄炎培先生看来，他平生所见闻，小到一个人、一个家庭、一个团体，大到一个地方、一个国家，"其兴也勃焉，其亡也忽焉"，一部历史，"政怠宦成"的也有，"人亡政息"的也有，"求荣取辱"的也有，总之没有能够跳出这个周期律的支配力的，这大概就是黄炎培所说的"王朝兴亡周期律"。他希望中国共产党找出一条新路，跳出这周期律的支配。"其兴也勃焉，其亡也忽焉"一句，源自《左传》，《新唐书》中的"禹、汤罪己，其兴也勃焉；桀、纣罪人，其亡也忽焉"。毛泽东回答说，我们已经找到了新路，能跳出这"周期律"。这条新路，就是民主。只有让人民来监督政府，政府才不敢松懈。只有人人起来负责，才不会人亡政息。这是毛泽东与黄炎培"窑洞对"故事的大致情况。2014年5月9日，习近平总书记在河南省兰考县考察工作时，再次提到"窑洞对"，并要求领导干部要不断增强道德和信仰的力量，增强守政修德的自觉性，这引起了媒体的广泛关注和解读，也充分说明了"历史周期律"这一著名命题的现实意义。

　　认识"历史周期律"，无疑应把它放到大历史的背景之下加以考察，用科学的理论加以审视。政治势力或兴或衰，其根本原因在于它所代表的阶级性质。毛泽东的回答无疑是对"历史周期律"的跨越，更是对古代民本思想的发扬光大。与旧的统治阶级根本不同，马克思主义政党所代表的是广大人民群众的根本利益。中国共产党依靠人民群众取得了新民主主义革命的胜利，成立了新中国。新中国建立后，整个国家发生了翻天覆地的变化。有一些"王朝循环论"者将新中国的成立看作"过去历史的重复"，就是未能看到中国共产党和人民政府代表人民群众利益这一根本变化。因此,看待与评价历史,必须依据和坚持马克思主义的唯物主义历史观。唯物史观将是否有利于推动社会生产力的发展作为评价历史和社会发展的根本标准,将是否代表广大人民群众的根本利益作为最高标准。依据唯物史观,我们可以清楚地发现,"历史周期律"并非绕不开的"周期",也不是什么跳不出的规律,但这一个命题所蕴含的价值却不能忽视。两千多年来王朝的兴亡交替告诉我们,治国理政,必须以人为本、以人民为中心,要居安思危、防微杜渐,要勤政、廉政、善政。我们只有以史为鉴,借鉴历史经验,吸取历史教训,才能更好地传承历史文化,开创美好的未来。

第七章　中华传统文化基因与为政之道（中）

在数千年中华文明的历史发展中，古代哲人围绕如何经邦济世、如何兴邦安民展开了大量的探讨，并运用于具体的政治实践中，其中，又以儒、道、法家的为政理念最为引人注目。无论是儒家的德治主张、道家的无为而治，还是法家的以法治国，都深深地影响了传统社会的制度安排与治国方略。这些思想创见与治理智慧和经验，也为今天的治国理政，特别是推动国家治理体系和治理能力现代化提供了有益的借鉴。

八、德政之道

"为政以德"是传统治国之道的鲜明特质。以儒学为主体的中华传统文化高扬德性优先的理念，注重发挥道德在治国理政中的重要作用，积淀了丰厚的以德治国的思想资源。人无德不立，国无德不兴。孔子以北极星来比喻德治的地位："为政以德，譬如北辰，居其所而众星共之。"（《论语·为政》）即是说，实施德政，就会得到百姓的拥护，就像众星环绕着北极星一样。对于为什么要采取德治的方式，孔子做了进一步说明："道之以政，齐之以刑，民免而无耻；道之以德，齐之以礼，有耻且格。"（《论语·为政》）用政策政令来领导，用刑法来规范，百姓为了免于受罚而不去做那些出格的事情,但是却没有羞耻心。相反,用道德领导,用教化的方法去引导,百姓不仅会有羞耻之心,而且能够自我检视而归于正道。因此,孔子强调以礼俗和道德教化为主要途径的治理方式。在他看来,为政的主旨在于修己而安人,己立而立人,对于为政者来说,并不是要采用暴力性强制手段来制服普通百姓,而是要通过道德教化使百姓成为具有独立人格的人。对此,孟子表达了相同的主张:"善政不如善教之得民也。善政,民畏之;善教,民爱之。"(《孟子·尽心上》)质言之即是"以力服人"不如"以德服人",这一"以德治为本"的价值取向也成为传统治国之道的主要内容与特色。

践行"为政以德"的前提是什么呢?古代哲人认为,在于正己修身。《礼记·中庸》提出治国平天下需遵循的九条原则,即修身、尊贤、亲亲、敬大臣、体群臣、子庶民、来百工、柔远人、怀诸侯。其中,修身具有非常重要的地位。依照儒家由近及远、推己及人的基本思路,修身构成了尊贤等其他八条原则的基础与前提。也就是说,为政者个人的道德修养和精神品质构成了政治秩序运转的支点,那么治国理政便应从修身做起,从为政者自身的"正身修德"做起。所谓"政者,正也。子帅以正,孰敢不正?"(《论语·颜渊》)为政者,先做到正,那么谁敢不正呢? 正己就是要求为政者首先要做好表率,正己方能正人,从而上行下效。"其身正,不令而行;其身不正,虽令不从。"(《论语·子路》)儒家对为政者的表率与示范作用有着充分的信任,因此围绕如何修身做了大量阐述,提出了格物、致知、诚意、正心、修身、齐家、治国、平天下的"八纲目",形成了关于人格理想与人格塑造的系统学说,并一再强调为政者要"不患无位,而患德之不修"、"不患位之不尊,而患德之不崇",鲜明地点出"德"的优先地位。当然,修身不仅是为政者的责任,而且是对每一位个体的要求。但在治国兴邦的语境中，为政者的正德修身无疑有着更为重要的意义，为政者自身的道德修养与吏治清明、政令推行、民心向背、国稳邦固休戚相关。

在今天治国理政的实践中，"正己修身"等主张已成为加强和改进党的作风建设、提高党员干部道德素质的重要思想基础，"打铁还需自身硬"即是对"正人先正己"思想的形象表达。为此，党员干部必须要加强党风廉政建设，加强党性修养，努力做到干部清正，政府清廉，政治清明。同时，要身先士卒，率先垂范。广大人民群众不仅会看领导干部怎么说，更会看他们怎么做。只有言行一致，以身作则，充分发挥自身的模范作用，展现自身的人格魅力，领导干部才会在群众中获得威信，才会有影响力和号召力。十八大以来，全党开展的群众路线教育实践活动、"三严三实"专题教育以及"两学一做"学习教育活动，作为党的作风建设的重要抓手，正是对中华传统文化中"正己修身"思想的传承弘扬和创新发展。

当然，在治国理政的具体实践中，仅仅强调道德修养、道德教化是不够的。我们可以看到，"礼法并施"实际上构成了传统国家和社会的治理方式。按照儒家的说法，历经长期的"损益"变迁，至周公时代，礼已演变为一套涉及从人们日常生活的饮食起居到重大政治活动的系统的规范与典章制度。它时常与义并称，与乐并提，一方面通过道德规范、礼节、仪式等引导人们的言行，使人们的日常生活、社会交往有序化；另一方面更关涉到政治秩序的建立与良好运转。因此，遵礼而行，循礼而动，既是个体修身的德行要求，又是秩序运行与维护遵循的原则。更为重要的是，作为规范体系、典章制度，礼的核心体现为以道德教化为主旨的柔性引导与约束力量。这一柔性引导与约束，与"为政以德"的主张相一贯,为儒家所力倡。与礼不同,法则表现为外在强硬的规制力量。法家认为秩序的维护要靠制定、颁布制度化的律令,采取强制的惩戒措施来实现,所以管子把法令视为"国之重器"(《管子·重令》),商鞅讲"国之所以治者三:一曰法,二曰信,三曰权"(《商君书·修权》),旨在强调重法的治理方式。实际上,礼与法,各有功用,各有所长,在导人向善,防止作恶的规范意义上,对于治国理政而言都是不可或缺的。儒家虽然注重礼治德政的优先意义,但并不排斥法律的作用,由孔子言"刑罚不中,则民无所措手足"(《论语·子路》)、孟子讲"徒善不足以为政,徒法不能以自行"(《孟子·离娄上》)可见一斑。同样,法家也并不否定道德的教化功能。因此,在前期儒家与法家思想的基础上,荀子提出了"隆礼重法"的主张,将礼和法统一起来,强调礼法结合,礼法互补。这一观念对后世产生了深远影响,我国秦汉以后国家社会的治理方式即体现为"礼法合治"、"礼主刑辅"。

尽管传统治国之道中的法更侧重刑法,与今天所讲的法治有着本质的区别,但"礼法并施"的治理经验与思想内涵却为现代国家治理提供了有益的借鉴。党的十八届四中全会明确提出,坚持依法治国和以德治国相结合,并将其作为实现全面推进依法治国总目标必须坚持的重要原则,这无疑是对传统治理方式合理内涵的继承与创新性发展。现代国家治理同样需要法治和道德共同发挥作用。前者以法律的权威性和强制性规范社会成员的行为,后者以软约束来感召和引导社会成员的言行。二者互补又互为支撑,正如习近平同志所指出的:"法律是成文的道德,道德是内心的法律,法律和道德都具有规范社会行为、维护社会秩序的作用。"①只有将二者紧密结合起来,国家才能治理有序,社会才能健康运行。

<hr>

① 《习近平总书记系列重要讲话读本》,学习出版社、人民出版社2016年版,第90页。

专栏　士大夫与"四君子"

中国古代官员大都有很高的文学艺术修养,在文学艺术的陶冶中形成了高尚的品格。这使得一些中国古代官员,既是政治家,又是文学艺术家;既有领导才能,又能写诗作画,还有教化培养的能力。这成为中国古代文坛和政坛的一种颇为常见的现象。它一方面源于中国古代的教育在先秦时代就确立了六艺:礼、乐、射、御、书、数,其中就有音乐和书法;另一方面,科举考试成为读书人的指挥棒,强化了官员的文艺修养。首先,科举考试要以书法为工具,这或许是隋唐以来历代官员都精研书法的原因;其次,科举考试以"四书五经"为主,其中《诗经》就是文学作品,唐代科举考试侧重诗词歌赋,这或许也是唐代诗歌繁荣的一个重要原因,而中国的文学艺术门类又是相通的,诗歌、音乐、舞蹈三位一体,诗歌与绘画又紧密相关,所谓诗中有画,画中有诗,因而,文官普遍有较高的文艺修养。

文学艺术修养是在不断地学习训练中形成的,这个过程对于塑造古代官员的品格发挥了重要作用。而这些士大夫在文艺创作中形成的一些审美意象不仅凝结了中国文学艺术的精神,同时也成为中国古代官员精神品格的象征。例如,梅兰竹菊被称为"四君子",就是古代士大夫精神品格的体现。梅兰竹菊指梅花、兰花、竹、菊花,分别具有傲、幽、坚、淡的品格,中国文人常用来表达其所追求的理想人格。古人常说:"琴棋书画养心,梅兰竹菊寄情。"古代官员托物言志,以物寄情,象征着君子品格的梅兰竹菊在文学艺术作品中反复出现,也对官员养成君子品格起着重要的熏陶作用。

古有"君子比德于竹"之名言,晋代嵇康、阮籍等号称"竹林七贤",王羲之父子"居不可一日无竹",苏东坡有诗亦曰"宁可食无肉,不可居无竹",他们以竹为伴,视竹为友,竹成为他们高尚人格的化身。其他三"君子"也是这样。早在《离骚》中,屈原就借兰来自况,陶渊明则钟情于菊花,王维、李商隐则都留下过咏梅的佳句:"君自故乡来,应知故乡事。来日绮窗前,寒梅著花未?"(王维《杂诗》)"定定住天涯,依依向物华。寒梅最堪恨,长作去年花。"(李商隐《忆梅》)"四君子"或傲霜凌寒,或孤标自赏,不畏惧严苛的自然环境,颇符合士人所追求的高洁傲世的理想品格。在这四种花木身上,无数的文人画家寄托了自己的孤高品质和傲世情怀。在他们的笔下,这四种花木早已不是单纯的自然物象,而是人格、品质、抱负、情感的代言体。郑板桥在他的《墨竹图》题画诗中写道:"衙斋卧听萧萧竹,疑是民间疾苦声。些小吾曹州县吏,一枝一叶总关情。"这里面不仅寄寓着诗画风流的文人雅趣,也蕴含着难以排遣的郁郁心结,还有忧国忧民的无限牵挂。正是基于这种主观外化、自我表现的艺术创作精神,梅兰竹菊才成为中国文人画中永恒的审美意象与绘写主题,寄托着士人的精神品格。

九、公正之道

在现实生活中,作为一种习惯用语,公平、公正几乎有着相同的含义,二者意思相近,可以通用。但这种习惯用语是一种广义的概念,并不适合于正式场合。在正式的场合,通常运用狭义上的概念。狭义上理解,二者有很多不同。在英文中,公平为fairness,公正为justice,也译作正义。作为一个经济学概念,"公平"一词的重点在于强调公平尺度;公正主要是一个政治学概念,也包括公平尺度的意思,但重点在于强调其价值取向。古希腊的柏拉图认为,城邦的统治者、辅助者及一般领导者

"在国家里各做各的事而不相互干扰时,便有了正义"①。源于这一思路,罗尔斯这样理解正义:"所有的社会基本善——自由和机会、收入和财富及自尊的基础——都应被平等地分配。"②

中国古代对公平、公正和正义的理解类似于西方。公正、正义意味着正当,往往同"义"或"直"相关联;公平则是"一碗水端平"、"不偏不倚"之义。关于"公"、"正"二字,《说文解字》是这样理解的:"公,平分也","正,是也"。"公平"侧重于"平","公正"侧重于"正","正"以"公"为基础,"公正"以"公平"为基础。《辞海》对公平的解释是"不偏袒";对公正的解释则是"不偏私,正直",而所谓正直,即"不偏不曲,端正刚直"。

公平、公正无疑又是与平等密切关联的,离开平等,就谈不上公平、公正。平等催生出公平、公正,是公平、公正的基础。但是平等这一概念意蕴更多,涵盖众多层面,如自然平等、社会平等、政治平等、经济平等、文化平等、机会平等、结果平等、权利平等,等等。这些不同层面的平等密切相关,不过我们通常说的平等更多是指权利方面的平等。如《辞海》就是这样解释平等的:"平等是人们在社会上处于同等的地位,在政治、经济、文化等各方面享有同等的权利。"平等要求给予一定范围的社会成员相同的条件或机会,以便使每位成员在同等条件下能同等参与各种活动。

中国传统文化有着丰富的平等思想,只是表现各不相同。孔子在与学生冉有、子路的对话中系统地阐述了他的"均平"主张,他说:"丘也闻有国有家者,不患寡而患不均,不患贫而患不安。盖均无贫,和无寡,安

① [古希腊]柏拉图:《理想国》,商务印书馆1986年版,第156页。
② [美]约翰·罗尔斯:《正义论》,中国社会科学出版社1988年版,第303页。

无倾。"（《论语·季氏》）朱熹对此的解释是："寡，谓民少；贫，谓财乏；均，谓各得其分；安，谓上下相安。"（《四书章句集注·论语集注》）在这里，孔子既关注了经济权利，又关注了政治权利。法家强调法律面前人人平等，认为"刑无等级，自卿相、将军以至大夫、庶人，有不从王令，犯国禁，乱上制者，罪死不赦"（《商君书·赏刑》）。道家反对儒家的"仁义礼智"，主张"道法自然"，"高者抑之，下者举之；有余者损之，不足者补之。天之道，损有余而补不足"（《老子·第七十七章》），所崇尚的是一种原始状态下的社会理想。墨家的平等思想最为彻底，主张"兼天下而爱之"，"天下无大小国，皆天之邑也；人无幼长贵贱，皆天之臣也"（《墨子·法仪》）。儒家的《礼记·礼运》则描绘了一个天下为公的"大同"社会蓝图。我国著名学者高放教授认为，所谓"大同"，"通俗一点说，就是大家平等"[①]。

中华传统文化中明确涉及公平、公正思想的内容也很多。如教育上，孔子提出的"有教无类"思想，一般的看法是认为孔子主张不分贫富贵贱，都可以入学接受教育。在经济上，孟子说："夫仁政，必自经界始。经界不正，井地不钧，谷禄不平，是故暴君污吏必慢其经界。经界既正，分田制禄，可坐而定也。"（《孟子·滕文公上》）在法制上，荀子希望统治者执法能够公平。"公平者，职之衡也"（《荀子·王制》），"上公正，则下易直矣"（《荀子·正论》），就是说如果统治者能做到公平正义，百姓就会心情舒畅，社会和谐就能实现。

中国古代为官者追求公平、公正的例子非常多。如在西汉时期，就有这么一则案例：某女的丈夫出海打鱼，遇风暴船毁人亡，尸首沉入大海，无法安葬，于是女孩的母亲将她另嫁他人。为此事有人主张要处

---

① 高放：《社会主义的过去、现在和未来》，北京出版社1982年版，第11页。

死她,因为按当时的法律,丈夫死去却未安葬的时候是不允许改嫁他人的。董仲舒依据儒家经义断案,认为这个女孩的行为符合《春秋》中"夫死无男,有更嫁之道"的原则,应判无罪。这是一则突破法律规定以儒家经义为指导寻求司法公正的典型案例。

北宋时期的周敦颐,一生研究理学,作品众多。大家熟知的《爱莲说》就是他写的,文中表露了他洁身自爱的节操。他在南安军任司理参军时,那里有个囚犯,根据法律是不该判死刑的,但他的上司王逵非要判他死刑。王逵平时为人残酷,没人敢和他辩论。周敦颐虽敢与他辩论,但自己的话却不起作用。于是,周敦颐就很生气地回到家里,打算辞官。他说,怎么能这样做官呢,用杀人的办法让上级高兴,我做不了。王逵听说后,知道了自己的错误,便没判囚犯死刑。周敦颐为官清廉公正的程度可见一斑。对于周敦颐的事迹,皇帝听说后非常赞赏,特赐给他"元公"的谥号。

历朝历代的有识之士之所以重视公正问题,一方面是因为这本身是人们追求真、善、美的自然表现,另一方面也与公正在人类社会发展中所起的重要作用密切相关。对社会发展来说,公正至少有如下几个方面的重要作用:有利于更好地协调不同社会群体、集团和阶层之间的各种利益关系,维护社会的稳定;有利于促进社会生活的和谐与进步,保持社会的活力;有利于保障人民群众的根本利益,从而调动人民群众的积极性,促进效率的提高。任何一个社会如果不能处理好公正问题,都将面临极其严重的挑战。

中国共产党之所以成立,实际上也正是要解决当时中国社会的极度不公正问题。帝国主义、封建主义和官僚资本主义"三座大山"是造成广大人民不公正处境的罪魁祸首。中国共产党之所以能够带领人民群众最终推翻"三座大山"的压迫,最深层次的一个原因就是党以社会公正作为目标,从而充分调动了人民群众的革命积极性。新中国成立后,中国人民站起来了,成了国家的主人,也就奠定了社会公正的基石。确立社会主义制度也是为了追求公正,关于这一点,邓小平是这样说的:"我们为社会主义奋斗,不但是因为社会主义有条件比资本主义更快地发展生产力,而且因为只有社会主义才能消除资本主义和其他剥削制度所必然产生的种种贪婪、腐败和不公正现象。"①

实事求是地说,近些年来我们党在维护社会公正方面取得的成果是非常多、非常大的。比如,2006年开始取消几千年来的农业税,现如今全面取消农业税、牧业税、特产税,并建立农业补贴制度;大幅度提高国家扶贫标准及城乡低保补助水平;2007年开始城镇居民基本医疗保险试点;2011年将个税起征点从2000元提升到3500元,2018年又调至5000元,减轻工薪阶层负担;2012年基本实现新型农村社会养老保险和城镇居民养老保险全覆盖;全面建设社会主义新农村,推进城乡一体化建设;推动户籍制度改革,部分地区已经取消二元户籍制;坚持精准扶贫、精准脱贫,做到脱真贫、真脱贫;等等。但尽管如此,由于我们国家正处于社会转型期,一些社会不公正现象和问题,诸如收入差距拉大、教育不公、医患关系紧张、就业中的身份歧视、各类腐败等依然存在。

解决社会不公正问题,绝非一朝一夕之功。但是,只要我们不断努力,这个问题总会向好的方面转化。比如解决腐败问题,在现实中,凡是腐败问题突出的地方,常常都与"暗箱操作"、权力不够公开透明密切相关。阳光是最好的防腐剂,公开是公正的最好保障。为此,2016年2月17日,中共中央办公厅、国务院办公厅印发《关于全面推进政务公开工作

① 《邓小平文选》第3卷,人民出版社1993年版,第143页。

的意见 》,目的就是全面打造阳光透明政府。

在发展社会主义市场经济的今天,各级领导干部会受到各种利益的包围和诱惑。因此,各级领导干部更应该以人民为根本思考点,以人民的利益为出发点,以公正为准则对待人民群众所遇到的问题,真正做到把水端平、把心放正、把权用公。只有这样,社会的公平正义才能得到有效的引导和维护;也只有这样,各级领导干部才能真正受到人民群众的拥护和爱戴。

十、法治之道

为政之道,法不可废。作为规范社会行为、调节社会关系、解决社会矛盾的方式举措,法治构成了治国理政的重要依托。中国的法治之道源远流长,在先秦诸子时代,先哲们就已围绕法的起源、法的实施、法之于国家治理的重要意义等议题,展开了各有侧重的论说,进而深刻影响了中国传统社会的政治实践。尽管传统的法治并不是现代意义上"法的统治"的概念,但其中"以法治国"、"刑无等级"、为政者必须首先守法等思想主张,依然可以有效地回应当下国家社会的治理问题,成为当代中国法治体系建设的有益滋养。

乱世思治世,面对"礼崩乐坏"的动荡时局,先秦诸子以救世为己任,纷纷提出治世之主张,以期实现合理的政治秩序。对"治道"问题的关注,自然少不了对规范、制度、法规等问题的探讨,法治思想由此阐发,在以管子、慎到、商鞅、韩非等为主要代表的法家那里更是得到了系统的表达。"法"是法治思想的核心概念。在法家的理解中,法是"编著之图籍,设之于官府,而布之于百姓者也"(《韩非子·难三》)。这表明,中国古人所讲的"法"首先是一种成文法,与习惯法相比,有了较少的随意性。它就像裁剪衣服的剪子、做木工的规矩绳墨一样,是治国理政的标尺、规范。与"德治"、"礼治"不同,所谓"以法治国",就是强调法律是治理天下最根本的规则和标准。对于法治的重要性,法家从正反两方面做了详尽的回答。商鞅明确指出:"法令者,民之命也,为治之本也,所以备民也。为治而去法令,犹欲无饥而去食也,欲无寒而去衣也,欲东而西行也。"(《商君书·定分》)法律是人民的生命,是治国的根本,是防止民众作恶的举措。如果不采取法令,治理的效果则会大打折扣,甚至南辕北辙。慎到则从君王治理的角度来阐说,如果君王以自己的主观意愿而不是以法来作为奖罚的根据,那么就会造成同功不同赏、同罪不同罚,就会产生怨恨。从治理国家的政治需要出发,法家又将法治与富国强兵联系起来,认为只有以法治国,才能实现国家富强,"国无常强,无常弱。奉法者强则国强,奉法者弱则国弱"(《韩非子·有度》)。那么,法是如何产生的呢? 国家治理与社会管理为什么需要法呢? 古代哲人基于人性论给出了解释。

综观历史上关于人性的讨论,对后世影响深远的莫过于孟子的性善论与荀子的性恶论,前者为"德治"主张提供了依据,后者则为"法治"思想提供了基础。荀子认为:"凡性者,天之就也,不可学,不可事。"(《荀子·性恶》)对这一"不可学,不可事"之性,荀子又进一步作了规定:"今人之性,目可以见,耳可以听。夫可以见之明不离目,可以听之聪不离耳,目明而耳聪,不可学明矣。""今人之性,饥而欲饱,寒而欲暖,劳而欲休,此人之情性也。""若夫目好色,耳好声,口好味,心好利,骨体肤理好愉佚,是皆生于人之情性者也。"(《荀子·性恶》)这表明荀子将感官能力、生理欲求等人生来就有的自然属性归属于人性的范畴。就人的自然本性而言，其本身并不能构成善恶的评判标准，而之所以被评价为"恶"，是基于社会群体的视角。在荀子看来，若人的欲望不能节制，则易导致相互争夺，扰乱社会秩序，危及社会群体的利益。因此，从这一角度来说，人性是恶的，人类社会要持续发展、和谐发展，就需要对人性加以规范与引导。源于此，有先见之明的圣人起礼义，制法度，从而制约人天生的自然本性，使人有向善的思想和行为，以实现社会群体的有序、稳定。法家对法的起源的思考同样采取了这样的思路，在《管子》《商君书》、《韩非子》等著作中我们可以看到详细的论述。从探讨人性出发，法家认为人本性好利自私，由此会导致纷争战乱，为了维持社会秩序，促进国家发展，圣王君主发宪布令，以"定分止争"。可见，在法家那里，法是纷争之后圣王"立禁"的产物。值得一提的是，作为荀子的学生，韩非将性恶论进一步推拓，以此来论证法的产生及其在国家治理中的必要性。与荀子强调后天的教育可以治本恶之性不同，韩非认为人性趋利避害、自私好利，其无需改造，也很难改造，道德教化起不到什么作用。因此，唯有依据其好利避害之性，制定严苛的规章制度和法规政策，恩威并施，赏罚分明，才是治国理政之道。

既然法对于国家社会治理而言有着重要的作用，那么"以法治国"如何实践呢？传统法治之道提出了如下原则：

其一，法要简明公开。这一原则既涉及立法，又关涉到法的执行。早在先秦时期，古代哲人就已注意到立法的问题。战国时期在魏国为相的李悝编纂了《法经》，集其时各国成文法之大成。主导秦国变法的商鞅，亦颁行了一系列法律法令，这些立法实践为秦汉以后立法的完备奠定了基础。在法家看来，立法的直接目的在于民众能够守法，从而起到规范行为、稳定秩序的作用，而民众守法的前提是知法。因此，在法律法令的制定与执行时,法家强调法律条文要明晰,要通俗易懂,要使民众知道和理解法律的内容。这就是商鞅所言"故圣人为法,必使之明白易知。名正,愚知遍能知之",又说"行法令,明白易知,为置法官吏为之师,以道之知。万民皆知所避就,避祸就福,而皆以自治也"(《商君书·定分》)。总之,对于"布之于百姓"的法令而言,刑罚本身不是它的目的,透过简明公开的法律条文来防止作恶才是立法的出发点。

其二,法不阿贵,刑无等级。这体现了传统法治之道的法律平等适用原则。在诸子的"治道"中,尽管儒家认为不同群体有着各自相应的责任和义务,但"礼不下庶人,刑不上大夫"的说法确实表明其思想中含有的等级意识。与之相对,法家则明确提出了"刑无等级"、"法不阿贵"的主张,强调法律对各种人群具有普遍性的规制与约束力,正如商鞅所言"自卿相、将军以至大夫、庶人,有不从王令,犯国禁,乱上制者,罪死不赦"(《商君书·赏刑》)。任何人触犯刑律,都要依法定刑,而不能以人的社会地位、政治等级为转移。韩非同样持此立场,所谓"法不阿贵,绳不挠曲。法之所加,智者弗能辞,勇者弗敢争。刑过不避大臣,赏善不遗匹夫"(《韩非子·有度》)。即是说,法律不偏袒权贵,就如墨绳不迁就弯曲一样。法律所规定的义务,智者无法推脱,勇者不敢抗争,惩罚不回避大臣,奖赏不遗漏普通百姓。由此可见,对法家而言,法律高于一切,任何人都不得枉法。需要指出的是,这一法律平等适用原则与现代意义上的法律面前人人平等是有质的区别的。它所表达的平等观念,主要侧重的是守法与违法必究方面的平等,人与人之间的等级身份、依附关系并没有任何改变,而现代法治所讲的主要是指法律赋予所有人的平等权利。尽管如此,传统法治之道所体现出的树立法律权威、强调法的普遍适用等理念,依然可以为今天的法治建设带来启示。

由此原则出发,便意味着在"以法治国"体系下任何人都要受到法的规制,君主也不例外,"君臣上下贵贱皆从法,此谓为大治"(《管子·任法》)。而且,在法家看来,法治实施的关键在于为政者要依法行事,以身作则,带头守法,"明君知民之必以上为心也,故置法以自治,立仪以自正也"(《管子·法法》)。"民以吏为师",如果君主率先垂范,天下臣民听其言观其行,自然会仿而行之。因此,为政者要先于民而行法。显然,法家对为政者守法责任的注重,与儒家所讲的"子帅以正,孰敢不正"(《论语·颜渊》)有异曲同工之处。

其三,法须稳定,又要宜其时。"法者,国之权衡也。"(《商君书·修权》)作为人人都要遵守的准则,法律法令一方面要统一,另一方面也要保持相对的稳定性。如果法律条文、执法举措之间彼此矛盾,且朝令夕改,民众将无所适从。韩非曾引用老子"治大国若烹小鲜"之语来说明此观点,"烹小鲜而数挠之,则贼其宰;治大国而数变法,则民苦之"(《韩非子·解老》)。烹煮小鱼时如果屡次翻动,就会损害小鱼的光泽并使其破碎;治理国家时如果屡变法令,百姓就会受苦。当然,保持既定法的稳定,并不意味着要因循守旧,实际上,传统法治之道也注意到了法的时代性。"礼、法以时而定"(《商君书·更法》),随着时代的发展、社会的变迁,法要因时制宜,根据其时的国情民情、社会情况来制定,从而展现为自身的沿革。对法的稳定与沿革问题的关注,表明传统法治之道对法的认识是非常深刻的。

先秦法家关于法治的探讨,构成了传统法治之道的主要内容。除了法家之外,儒家、墨家、道家等也对有关法的问题做出了思考。如前所述,秦朝灭亡后,中国古代的政治实践开始了儒法合流、"德主刑辅"的阶段。诚然,传统法治之道的主旨在于维护君权统治,并将法仅仅视为为政者进行统治的工具,而非为民所立,无保护个人权利的内涵,因而不可避免地带有理论缺陷,也非现代意义上的法治。但不可否认的是,古代哲人关于法与国家治理关系的探讨,以及在政治生活中丰富的立法、司法和执法实践,依然可以为当代法治中国的建设提供深厚的文化土壤。

中共十八届四中全会关于全面推进依法治国的《决定》中讲到,要汲取中华法律文化精华。那么,传统法治之道中"以法治国"、"刑无等级"、统治者和官员必须首先守法、法律要符合国情民情、简明公开、"礼法并施"等思想观念无疑可以成为当代法治中国建设的有益借鉴。具体而言,首先,要树立法律的权威。先秦法家对此有大量论述,管子指出法律一旦制定,君主也不能徇私违背,所谓"不为君欲变其令,令尊于君"(《管子·法法》),就是旨在树立法律的权威,强调法律约束力的普遍性。现代法治国家的建设,更要求任何组织和个人都必须尊重宪法法律权威,任何人违反宪法法律都要受到追究,不能"以言代法、以权压法、徇私枉法"①。这就需要在全社会倡导学法、尊法、守法、用法意识,将法治意识内化于心,外践于行。其次,为政者要"明法"、"守法"。只有懂法,才能有明晰的法律底线;只有守法,做到心中有戒,才能用好手中的权力。同时,"子帅以正,孰敢不正",为政者要率先垂范,带头学法、尊法、守法、用法,执法时做到公平正直,自然会产生良好的示范效应。因此,在全面推进依法治国方面,为政者肩负着重要责任。再次,坚持依法治国和以德治国相结合。在法治中国建设中同样需要法治和德治共同发挥作用。

---

① 《习近平总书记系列重要讲话读本》,学习出版社、人民出版社2016年版,第89—90页。

十一、廉政之道

"廉"是中国传统文化特有的思想。东汉许慎的《说文解字》说："廉，棱也。"喻品行端方，有气节。《史记》列传之首《伯夷列传》中记载有这样一则故事：伯夷、叔齐是商末孤竹国君的两个儿子，孤竹君遗命要立次子叔齐为继承人，但他死后，叔齐要让位给伯夷。伯夷不受，叔齐不愿继位，先后都逃到周国。周武王伐纣，二人扣马谏阻。武王灭商后，他们耻食周粟，采薇而食，饿死于首阳山。伯夷、叔齐的品行就属于一种"廉"。

"廉"与"政"结合在一起最早见于《晏子春秋·内篇》，齐景公问上大夫晏子："廉政而长久，其行何也？"晏子说："其行水也。美哉，水乎清清，其浊无不雩途，其清无不洒除，是以长久也。"就是说廉政就像清水一样。清清的流水多美好啊！它浑浊的时候没有什么不被涂脏，所以没有好的前程；它清澈的时候没有什么不能洗净，所以能够长久。"廉政"又引作"廉正"，即坚直廉正。晏子认为，廉者，政之本也。孔子认为，"政者，正也"。就是说，政治的根本要义是公正无私地行使自己手中的权力。因此，"子帅以正，孰敢不正？"

中华传统文化中的廉政思想在夏商周奴隶社会时期就已经出现。据载，舜告诫禹要"克勤于邦，克俭于家"（《尚书·大禹谟》）。时任司法官的皋陶订立了昏（指自己做了坏事而窃取他人的美名）、墨（指贪得无厌，败坏官纪）、贼（指肆无忌惮地杀人）的罪名，违者杀。皋陶认为，治国应该"直而温，简而廉"，"无教逸欲，有邦兢兢业业"（《尚书·皋陶谟》）。就是说，治国应该正直而不傲慢，平易近人；又要坚持原则，不贪图安逸和放纵私欲，当诸侯就要兢兢业业。

夏朝被商朝取代,商在治理国家和统治人民方面十分重视修德。商王认为,夏朝之所以灭亡,在于"不务德而武伤百姓",于是注重修德。《史记》记载,"汤修德,诸侯皆归汤,汤遂率兵以代夏桀"。所谓修德,就是修正自己的政策,对自我的言行进行约束。由于"武丁修政行德,天下咸驩,殷道复兴"。

　　西周时期,统治者也将是否廉洁作为考察和奖惩官吏的重要内容。《周礼》说:"以听官府之六计,弊群吏之治。一曰廉善,二曰廉能,三曰廉敬,四曰廉正,五曰廉法,六曰廉辨。"意即考察群吏的治绩,判断其优劣,要以"六廉"为标准。其中廉善指善于行事,廉能指能较好地贯彻法令,廉敬指尽职守责,廉正指品行方正,廉法指执法不移,廉辨指遇事有办法。我们今天讲德才兼备,在这里廉能、廉敬和廉正即为德,廉善、廉法和廉辨则为才。

　　春秋战国时期,礼崩乐坏,廉更被提到关乎国家存亡的高度。管仲说:"国有四维,一维绝则倾,二维绝则危,三维绝则覆,四维绝则灭。……何谓四维? 一曰礼,二曰义,三曰廉,四曰耻。"(《管子·牧民》)此时,许多臣子官吏在政治实践中把"廉"作为追求的目标。晏子主政齐国,历经齐灵公、齐庄公、齐景公三朝,辅政长达40多年,为齐国的强大做出了突出贡献。他不惧危险,去弑君者崔杼家祭奠齐庄公的尸体,宣誓自己只忠于国君与社稷,并且能"尽忠不豫交,不用不怀禄"(《晏子春秋·内篇》),意谓尽忠国家而不以与君王交往为快乐之事,不被任用就不会留恋职位,其"廉"为后世君子所称颂。司马迁非常推崇晏婴,将他比为管仲,称"虽为之执鞭,所忻慕焉"。孔子赞颂他:"救民之姓而不夸,行补三君而不有,晏子果君子也! "

　　中国封建社会历经两千多年,历朝历代的统治者为了强化自身的统治，在各级官吏的选拔上都规定了包括廉洁在内的严格标准。如战国时期确立了与今天中央巡视制度颇为相似的监察制度；三国两晋南北朝时期确立了"举孝廉"制度，曹操、司马懿等人都是借此步入政治舞台的；隋朝确立了科举选拔制度，此后也将廉作为入仕的基本条件。

学习的目的在于继承和发扬。作为中华传统文化中的精华，廉政思想历久弥新，在今天仍然有着普遍的指导意义。为政之道要公私分明，先公后私，公而忘私。关于"公"与"私"的关系，古人有很精辟的见解。比如贾谊认为应该"国耳忘家，公耳忘私"。韩婴认为，"智者不为非其事，廉者不求非其有"（聪明的人不做不应当做的事，廉洁的人不追求不应当拥有的财物）。韩愈追求"利居众后，责在人先"。欧阳修倡导"惟至公，不敢私其所私，私则不正"。在中华传统文化中，主张大公无私、立公去私、崇公抑私属于一种主流思想，这一思想也塑造了很多清官。如清代张伯行出任江苏巡抚伊始，便发布了一份别出心裁的官箴《禁止馈送檄》："一丝一粒，我之名节；一厘一毫，民之脂膏。宽一分，民受赐不止一分；取一文，我为人不值一文。谁云交际之常，廉耻实伤；倘非不义之财，此物何来？"他是这样说的，也是这样做的，在历史上有"江南第一清官"之誉。

为官之道要廉洁，行为要"慎独"。廉是一种自我要求，一种自我修养，要做到"慎独"。《礼记·中庸》说："君子戒慎乎其所不睹，恐惧乎其所不闻。莫见乎隐，莫显乎微，故君子慎其独也。"意思是说，君子在别人看不到的地方也常小心谨慎，在别人听不到的地方也唯恐有失。从最隐蔽处、最微小处最能看出和显示出人的品质和灵魂。所以有道德的君子在独处时更应该对自己严格要求。东汉时期，杨震看到学生王密有能力，就举荐他为昌邑县令。为感谢恩师的举荐，后来王密晚上到杨震府上送黄金。杨震不受,王密就劝说"暮夜无知者"。对此杨震严厉批评到:"天知,神知,我知,子知,何谓无知?"明代李汰曾经在福建主持科举考试,一天深夜,有人送给他一包沉甸甸的黄金,以求能够通融,当即遭到李汰的拒绝。他还挥笔写了一首表明心迹的拒贿诗悬挂于科场门口:"义利源头识颇真,黄金难换腐儒心。莫言暮夜无知者,怕塞乾坤有鬼神。"1934年红军长征后,时任江西省苏维埃主席的刘启耀留在苏区打游击,在一次战斗中负伤并和部队失去联系。他便乔装成乞丐保护党费,历经三年终于找到党组织,将巨额党费如数上交。他的故事诠释了"慎独"对廉的重要。刘少奇在《论共产党员的修养》中,就把"慎独"作为党员加强自我修养的一种方法。

为官者要做到清正廉洁,必须不断修身正己。当今社会,少数干部人前背后不一套、说和做不一套、台上和台下不一套的现象依然存在。对此,习近平总书记明确要求党员干部"既严以修身、严以用权、严以律己,又谋事要实、创业要实、做人要实"。那么怎样才能真正做到"三严三实"呢?就党员干部自身来说,在实际生活和工作中注重"慎独"无疑是极为重要的。

在实现中华民族伟大复兴的征程上,社会急剧转型,改革开放不断深化,而对传统的廉政观、公私观、义利观的精华加以借鉴,对于我们克服经济社会发展中的社会不公、两极分化现象,对于正确处理政商关系等,有着重要意义。习总书记在十八届中央纪委三次全会上强调:"作为党的干部,就是要讲大公无私、公私分明、先公后私、公而忘私,只有一心为公、事事出于公心,才能坦荡做人、谨慎用权,才能光明正大、堂堂正正。作风问题都与公私问题有联系,都与公款、公权有关系。公款姓公,一分一厘都不能乱花;公权为民,一丝一毫都不能私用。"这段话值得我们党员干部永远牢记。

十二、用人之道

　　用人是一门关于认识人才、培养人才、使用人才的学问和艺术。用什么样的人,怎样用人,关乎社稷存亡、事业成败。中国历朝历代的统治者和思想家,都非常重视选人和用人问题,并对选人和用人提出独到的见解,形成中国传统特色的用人之道。这些用人之道是他们长期政治实践经验的升华,在今天仍闪烁着价值的光辉,仍具有强大的生命力。党员干部在学习现代人才管理思想的同时,也应吸收和借鉴中国传统的用人之道,从我们老祖宗那里得到启迪和帮助,提高自己的识才、用才水平,避免在工作中走弯路。

　　治国必在用人。古代思想家和政治家非常重视人才对国家的作用,认为人才是立国之本、政事之基。舜就说过:"野无遗贤,万邦咸宁。"(《尚书·大禹谟》)意思是说乡野没有遗漏的人才,国家就安宁了。东汉班固指出:"士者,国之重器。得士则重,失士则轻。"(《汉书·梅福传》)就是说人才是国家的重中之重,有了人才,国家就会稳固;失去人才,国家就会动荡不安。宋朝的王安石也认为:"夫材之用,国之栋梁也,得之则安以荣,失之则亡以辱。"(《临川先生文集·材论》)意思是说人才就是国家的栋梁,得到他,国家就会繁荣;失去他,国家就会衰亡。而会不会选拔人才,会不会利用好人才,是评价一个统治者成功与否的重要标准。墨子认为一个优秀的统治者要善于用人才,"善为君者,劳于论人而佚于治官"(《墨子·所染》)。荀子也认为,掌握好用人,是国君的职责。他说:"主道知人,臣道知事。故舜之治天下,不以事诏而万物成。"(《荀子·大略》)统治者要想成功,必须招贤纳士,聚拢人才。管子指出:"夫霸王之所始也,以人为本。本理则国固,本乱则国危。"(《管子·霸言》)而要成就霸业,必须要有人才,"争天下者,必先争人"(《管子·霸言》)。要成就一番事业就必须依赖诸多人才的鼎力辅助,这样事业往往才能成功。没有人才辅助,个人力量再强,常常也会落得失败的命运。周文王之所以能建立八百年的伟业,是因为得到了姜尚的辅佐;齐桓公之所以成为春秋五霸之首,是因为他重用了管仲;刘邦出身于普通百姓,就是因为他有了张良、韩信、萧何等一批文武人才辅佐,才能战胜强大的项羽夺取天下,建立汉朝四百年江山。反之,如果统治者不重视人才,不会用人,甚至重用小人、奸臣,最后逃脱不了失败的下场。项羽之所以在大好形势下败于刘邦,就是因为他不重视人才的作用,不善于用人。唐朝因为太宗李世民善于用人,聚拢了魏徵、房玄龄等一批人才,才开创了历史上有名的贞观之治;而后来唐玄宗因为重用了李林甫、杨国忠等一批奸佞小人而使唐朝走向衰落。

用人须德才兼备,任人唯贤。历朝历代的统治者大都坚持德才兼备的选人、用人标准。德才兼备是人才的最高要求,也是人才选拔的终极目标。荀子就认为选用的人才要智仁兼备,"知而不仁,不可;仁而不知,不可。既知且仁,是人主之宝也,而王霸之佐也"(《荀子·君道》)。西汉的贾谊也认为最好的人才应是德才兼备,有德有才。德才兼备是选拔人才的理想标准,但在现实中很难达到德才完全均衡。如此,德和才哪一方面更应被重视呢?统治者往往更重视德行,强调以德为先。如果有的人才能出众而德行不够,或者有的人德行出众而才能不足,两者不能兼顾时,宁可舍去才能而选择德行。司马光就认为"取士之道,当以德行为先,其次经术,其次政事,其次艺能"(《论举选状》)。一个人如果品德好,即使能力差点,也只是不能把事情办好,对国家不会造成大的危害;而如果这个人能力强,品德差,就会像豺狼一样,给国家带来混乱。虽然古人强调选拔人才要以德为先,但是在选拔人才的时候有时也受到时代背景、政治形势的影响。一般来说,当处于和平年代时,统治者选才往往强调以品行为先;如果处于乱世,这时的主要目标是争夺天下,则往往更重视能力一些。如三国时群雄逐鹿中原,曹操连颁三道“求贤令”,都强调以才为主,唯才是举,只要你有才,人品差点也可以接受;楚汉争霸时,刘邦任用陈平也是如此。这正如魏徵在与李世民讨论选人用人时所讲:“天下未定,则专取其才,不考其行;丧乱既平,则非才行兼备不可用也。”(《资治通鉴·唐纪十》)

在选拔人才方面,古代思想家和圣明的君主往往倡导任人唯贤。墨子就强调“尚贤”,“有能则举之,无能则下之”(《墨子·尚贤上》)。任人唯贤就是选拔人才只以道德和能力为标准,而不以其他因素为标准,这里,关键是个“贤”字。首先,任人唯贤要反对任人唯亲。任人唯贤不是不允许选拔自己的亲人,它反对的是只选拔和自己关系相近的人,以和自己关系是否亲近作为选拔人才的标准。中国是一个人情社会,人生活在这个社会里就离不开人情,但明君和名臣往往坚持任人唯贤,不管亲疏远近,不管仇人亲属,只要适合这个职位,都可以选用,可以说是“内举不避亲,外举不避仇”。这样的例子有很多:帝尧不把帝位传给自己的儿子丹朱而是禅让给舜,是因为他认为舜比自己的儿子更贤能,传舜对天下更有利,是任人唯贤;祁黄羊外举不避仇,为了国家举荐和自己有仇的解狐,是任人唯贤;为了国家内举不避亲,祁黄羊举荐自己的儿子祁午任军尉,是任人唯贤;谢安推荐自己侄子谢玄也是任人唯贤。其次,任人唯贤不仅不能任人唯亲,也不能考虑地位高低、身份贵贱。不管是王亲贵族还是平民百姓,甚至罪犯、奴隶,只要有能力,都应该得到重用。这就是所说的"不恤亲疏,不恤贵贱,唯诚能之求"(《荀子·王霸》)。古代许多人才都是从底层被挖掘出来的:舜从田野耕作的生活中被任用;傅说从筑墙的劳作之中被任用;胶鬲从贩鱼卖盐中被任用;管仲从狱官手里被救出,并受到任用;伊尹、百里奚曾经是奴隶,后被任用。最后,年龄也不能成为举荐人才的障碍。姜子牙八十岁被周文王任命为丞相,百里奚七十岁被秦穆公重用,甘罗十二岁被拜为上卿。

用人要尊重人才,量才而用。要想充分发挥人才的积极性,必须尊重人才。尊重人才是一种对待人才的态度。周文王姬昌遇到在渭水之滨的磻溪垂钓的姜子牙后,经过一番交谈,认为姜子牙是个人才,就亲自把他扶上车辇,和他一起回宫,拜姜子牙为太师,随时向其请教。周文王去世后,文王的儿子武王姬发继位,同样尊重姜子牙,拜姜子牙为国师,并尊称"尚父"。周公是文王的儿子,在武王去世后,他摄政辅佐年幼的成王。周公礼贤下士,重视人才,"一沐三捉发,一饭三吐哺",唯恐失去天下贤士,最后"天下归心"。刘备请诸葛亮出山后,任命他为丞相,对其言听计从,而且还让儿子刘禅视诸葛亮为父,听其教导。以上这些都是尊重人才的典范。人才的能力有大有小,擅长的方面也不同,因此,要量才使用。首先,统治者要根据人才的能力大小安排职位,避免出现小材大用和大材小用的现象。这正如董仲舒所讲:"大材者执大官位,小材者受小官位。"(《春秋繁露·爵国》)如果给小材者以大官位,往往会把政事搞得一团糟;如果把大材者用到小官位,那就是对人才的浪费。其次,统治者使用人才应用其所长。这正如管子所说:"明君之举其下也,尽知其短长,知其所不能益,若任之以事。"(《管子·君臣上》)人才也不可能每个方面的才能都突出，不同的人往往具有不同方面的才能，好的君主使用人才首先应了解他的长处和不足，然后用其所长，把他们安排到与其才能相适应的岗位上。再次，对人才不可求全责备，不因其所短而掩其所长。人无完人，每个人都可能有这样那样的缺点，好的统治者不应因其缺点而看不到他的长处。孔子的孙子子思向卫侯推荐苟变，认为苟变有将帅之才。卫侯说："吾知其可将；然变也尝为吏，赋于民而食人二鸡子，故弗用也。"（《资治通鉴·周纪一》）意思是说我知道他有将才，但他在做小吏时，有次征税吃了老百姓两个鸡蛋，所以我不能重用他。子思劝说卫侯道："夫圣人之官人，犹匠之用木也，取其所长，弃其所短。"（《资治通鉴·周纪一》）就是说圣明的君主选用人才，就好像木匠选用木材一样，要用其所长，弃其所短啊！卫侯听取了子思的建议，重用了苟变，后来苟变成为一代名将。

我党历来高度重视人才，始终把选人、用人作为党和社会主义事业的关键性、根本性问题来抓。我党的领导人深知人才的重要性，并作出重要论述。对于人才，毛泽东深刻指出，"治国就是治吏"；对于人才，邓小平强调，办好中国的事情，关键在党，关键在人；对于人才，习近平总书记指出，治国之要，首在用人。因此，我们一定要加强人才队伍建设，重视人才，合理选拔人才和使用人才。为了搞好人才队伍建设，党员干部不仅要学习现代人才管理理论，同时也需要向古人学习，吸取古人用人之道的精华。首先，要向古人学习任人唯贤的思想。在我们党内有个别干部，不顾党的人才政策规定，任人唯亲，喜欢用自己的老部下、秘书、同乡、战友、同事，不考虑国家和群众的利益，只考虑自己的私利，这种错误的做法要改掉。其次，要向古人学习礼贤下士的精神，要爱惜人才、尊重人才。领导干部要充分认识自己在人才开发战略中所肩负的历史责任，尽力营造一个有利于培养、吸引、留住和用好人才的机制和环境，要最大限度地为优秀人才的成长提供更为广阔的舞台，努力做到用事业、感情和适当的物质待遇留人。再次，要向古人学习量才使用的方法，党员干部要根据每一个人的能力大小、所擅长的方面，尽量把每一个人都安排到适合的岗位上去，使人尽其才，为社会主义建设事业添砖加瓦，多做贡献。

专栏　新乡贤文化建设

乡贤文化是中国的特色文化形式，是中华优秀传统文化的重要组成部分。乡贤文化历史悠长，先秦典籍中已有乡贤文化的萌芽，自秦汉以后开始成型，并臻至成熟。乡贤文化的主体是乡贤，所谓乡贤，即乡村贤达者，又称乡绅，主要由乡里德高望重者、科举考试中获得功名却未做官的贤者以及告老还乡的各级官员组成。乡贤多有德行、有才能、有担当，既能引领道德规范，又能主持乡里事务。传统乡贤文化在维系传统社会的稳定及推动社会发展方面发挥了重要的历史作用，有贡献的乡贤人物会被供奉于乡贤祠以供瞻仰及效法，也常会被载入地方志，流芳后世。

如今，在社会主义新农村建设中，乡贤文化是值得发掘的传统文化资源。但时代变了，传统乡贤文化的土壤环境也变了，直接照搬是不可取的，要剔除等级、尊卑等封建因素，吸取能与社会主义新农村建设相契合的精华，与时俱进，构建"新乡贤文化"。2015年中央一号文件明确指出："创新乡贤文化，弘扬善行义举，以乡情乡愁为纽带吸引和凝聚各方人士支持家乡建设，传承乡村文明。"接着，2016年和2017年的中央一号文件都提到"新乡贤文化"，并给予极高的期待。《"十三五"规划纲要》也将"培育文明乡风、优良家风、新乡贤文化"列入其中,可见对新乡贤文化的重视。

　　新乡贤是指乡村里受过良好教育,有文化、有见识、有担当的人,其人员组成多样,有回乡创业的大学生,有回归乡里的企业家,也有退休回乡养老的领导干部,等等。中央对新乡贤文化的重视,无疑为领导干部退休后再次"燃烧激情"指明了方向。传统乡贤文化的影响深远,"叶落归根"、"告老还乡"的观念深入人心,领导干部退休后是有回乡意愿的。退休领导干部回乡的意义重大。他们经历长期的领导岗位锻炼,知识丰富、见识广、决策力强、文化道德素养深厚,能够很好地发挥新乡贤的价值与作用。一是可以推进农村经济发展,共享改革开放的成果。农村的发展相对于城市来说较为缓慢,既缺乏发展的机遇,更缺少引领者,而退休领导干部可以充当引领者的角色,带动农村经济向前发展。二是可以完善村级治理模式。村是基本的行政单位,其治理模式将直接影响社会的稳定与发展。新乡贤,特别是退休领导干部,有能力参与乡村公共事务,调解邻里纠纷,也善于与乡镇干部沟通,是很好的意见转达者和关系协调者。新乡贤参与村镇的治理,是一种可行而有效的模式。三是可以促进农村文化建设。以退休领导干部为代表的新乡贤具有较高的知识水平和较好的文化素养,他们重视文化建设,既能推动乡村文化的硬件设施建设,又能以自身的道德素养、价值观念引导乡民树立正确的价值观,特别是社会主义核心价值观。因而,退休领导干部回乡既能够继续发光发热,实现其人生价值,又能够回馈故乡,还能够促进新乡贤文化的发展及其作用的发挥。

十三、谋略之道

　　谋略这个概念的起源,可追溯到上古时代,在《尚书》中就有记载。"谋略"一词在古代有多个指称,常被称为"谋",如"弗询之谋勿庸"(《尚书·大禹谟》),意思是未征求各方意见的谋略不要轻易使用;还常被称作"计"和"策",如《三十六计》《战国策》等;有时也被称作"韬"和"略",也就是我们通常所讲的治国安邦、建功立业所需的"文韬武略"。此外,谋略还有其他的指称,如"智"、"筹"、"图"等。但谋和略作为一个整体的概念出现,却经历了一个漫长的过程,直到《三国志·魏书·明帝纪》的裴松之注才有记载。曹魏的谋士何曾在景初二年(238)上表称:"宜选大臣名将","遣诣懿军,进同谋略,退为副佐",这是谋略第一次作为一个完整性的概念使用。中华民族是一个非常重视谋略的民族,也是一个善于应用谋略的民族。古代先祖深深懂得,无论是开疆拓土、领兵打仗,还是与邻交往、治国安邦、发展经济,都离不开谋略。古代统治者不仅重视谋略,而且非常重视善于应用谋略的人,如姜尚、孙武、孙膑、张良、韩信、诸葛亮等,他们或从待遇上体现其重要性,或拜其为丞相统领政事,或授其为将军开疆扩土;甚至还要打一打"感情牌",来赢得他们的忠心。对于善于应用谋略之人的丰功伟绩,也被世人所敬仰,千百年来,被编成戏曲、话本、小说等在民间广泛传颂。

　　中国的谋略之道从流派上可分为儒、道、墨、兵、纵横等家;从应用领域来划分,可分为军事谋略、外交谋略、政治谋略、经济谋略等。这些领域的谋略思想对我们党员干部的做人、做事、为官都有借鉴和启迪作用。

　　先谈谈军事谋略。谋略源于战争,运用于军事,随着社会的发展,才广泛用于其他领域。军事谋略的制定需要充分调动制定者的智慧,军事谋略思维的水平常常决定着战争的胜负。中国古代的军事谋略及相关研究历史悠久，《孙子兵法》《孙膑兵法》《三十六计》等就是军事谋略的典范。《孙子兵法》是一部具有深远影响的兵法谋略之书，它发挥了《周易》以及老子的以柔克刚和以弱胜强的思想，极为系统地揭示了军事谋略思维的原则和方法。其中贡献最大、影响最深远的谋略可归纳为如下几方面：第一，强调军事谋略的极端重要性，主张"上兵伐谋"（用兵的最高境界是运用谋略战胜敌人）。第二，认为用兵的要旨在于"以正合，以奇胜"（以常规战开战，以非常规战取得胜利），在一定意义上把谋略看作"诡道"，认为"兵者，诡道也。故能而示之不能，用而示之不用，近而示之远，远而示之近。利而诱之，乱而取之，实而备之，强而避之，怒而挠之，卑而骄之，佚而劳之，亲而离之，攻其无备，出其不意"（《孙子兵法·计篇》）。第三，追求"全胜"的制敌策略，把"不战而屈人之兵"作为军事谋略的最高目标和境界。第四，主张"知己知彼"，把全面考察作战各方的君主、将领、士卒、治兵之法、治国之道、兵器物资、天时地利，以及全面考量各种要素可能导致的得失利害作为形成军事认知、制定军事谋略的基本前提和方法。

《孙子兵法》素享盛名，其社会影响非常之大，遍及诸多领域。文学家赞誉它是"不朽不灭的大艺术品"，哲学家赞誉它为"人生的哲学"，政治家赞誉它是"政治秘诀、外交教科书"，医学家赞誉它"治病之法尽之矣"；商人、管理学家把它视为必读教材。中国共产党人高度重视对中国优秀兵学文化遗产的发扬光大。早在延安时期，毛泽东就在《中国革命战争的战略问题》一文中指出："一切带原则性的军事规律，或军事理论，都是前人或今人做的关于过去战争经验的总结。这些过去的战争所留给我们的血的教训,应该着重地学习它。"①比如对于"知己知彼,百战不殆",毛泽东就指出:"战争不是神物,仍是世间的一种必然运动,因此,孙子的规律,'知己知彼,百战不殆',仍是科学的真理。"②再比如,对于孙子"善战者,致人而不致于人"、"水因地而制流,兵因敌而制胜"、"避其锐气,击其堕归"等思想,毛泽东等人结合实际情况加以运用,从而总结出了关于游击战的"十六字方针"。《孙子兵法》在国外的影响也极大。在日本,《孙子兵法》被誉为"兵家经典"、"世界第一兵书",孙子则被誉为"百世兵家之师"、"东方兵学的鼻祖"。在美国,西点军校等军校将《孙子兵法》列为教学参考书,或作为必读教材。

《孙膑兵法》又称《齐孙子》,《史记》记载"孙子膑脚,而论兵法"。《孙膑兵法》和《孙子兵法》都蕴含深邃的军事谋略,但各自的偏重不同。《孙子兵法》偏重战略思想,既提倡"巧在于势",即作战之前要充分利用及创造有利的态势,也强调"必攻不守",即作战必须采取积极的进攻原则。而《孙膑兵法》则偏向战术思想,侧重在"料敌计险"基础上的多种战术运用。如在《擒庞涓》一节中谈到诱敌歼敌战术时,孙膑就详细介绍了如何利用一系列高超的战术,诱敌入围,最终歼灭庞涓的全过程。先利用"让威"诱敌误敌,再设法"辟而骄之,引而劳之",最后诱至"隘塞死地"中加以全歼,环环相扣,精妙至极! 孙武、孙膑以降,中国杰出的军事谋略家不断涌现,灿若群星,由此形成了奇谋不竭的军事历史画卷。《三十六计》就是这一历史画卷中的一颗璀璨明珠,大约成书于明清之际。该书对前人的谋略进行了梳理总结,在"数"、"术"、"理"、"机"几个基本概念的统摄下,阐述了"瞒天过海"、"围魏救赵"、"借刀

---

① 《毛泽东选集》第1卷,人民出版社1991年版,第181页。
② 《毛泽东选集》第2卷,人民出版社1991年版,第490页。

杀人"、"以逸待劳"、"声东击西"、"暗渡陈仓"、"调虎离山"、"擒贼擒王"、"釜底抽薪"、"金蝉脱壳"、"关门捉贼"、"远交近攻"以及"美人计"、"空城计"、"反间计"、"苦肉计"、"连环计"和"走为上计"等种种计谋,其中有的具有战略战术性质,有的具有策略艺术性质,有的则兼而有之。

纵观中国古代的军事谋略,我们不难发现,慎战、全胜和智胜是其核心思想,而这些基本思想在当今世界仍然具有极大的价值。当代战争是高技术条件下的信息化战争,影响战争的因素比古代更为复杂,战场情况瞬息万变,非接触、非线性、不对称等是其特点。但是,无论从战略上讲,还是从战术上讲,中国古代的军事谋略都有可借鉴之处。刘亚洲上将就曾说过,没有军事思想家就难以对战争进行顶层设计,而顶层设计的失败是最大的失败。在这方面,中国古代军事谋略中慎战和全胜的思想有着重大的现实意义。在战术方面,诸如以逸待劳、声东击西、釜底抽薪等具体谋略也具有普遍的指导意义。更何况,中国古代军事谋略的一些精华思想,同样可以运用于其他领域,诸如政治、经济、外交等,其现实价值非同寻常。因此,军事谋略不仅是军事干部的基本素养,也是其他领导干部不可或缺的修养,能够助其处理纷繁复杂的各种事务,助力工作的顺畅推进。

再说说外交谋略。中国古代早期较成熟的外交谋略主要体现在纵横家的社会活动中。纵横家诞生于战国时期,是在七雄争霸背景下出现的专门从事外交活动的群体。所谓纵横,即合纵与连横。就地域来说,以三晋(魏、赵、韩)为中心,南交楚,北通燕,"南与北合为纵";西连秦,东接齐,"西与东合为横"(《淮南子·览冥训》高诱注)。就策略而言,合纵就是"合众弱以攻一强",以防被强国兼并;连横就是"事一强以攻众弱"(《韩非子·五蠹》),从而达到各个击破的目的。

纵横家的外交谋略特点鲜明:第一,有的放矢。如苏秦在劝说楚威王实施"合纵"时,就采取了有的放矢的策略。他对楚威王说,秦国如同虎狼,阴谋吞并六国,是诸侯的仇敌。主张连横的人打算割让土地讨好秦国,实在是"奉养仇敌"。作为人臣,割让国家的领土结交贪婪狠暴的秦国,还侵略其他诸侯,最终会招来秦国的祸患;对外仰靠秦国威势,对内挟持自己的国君,以割让国土,是大逆不道至极!"故从亲,则诸侯割地以事楚;横合,则楚割地以事秦。此两策者,相去远矣,有亿兆之数。两者大王何居焉?"(《战国策·卷十四·楚一》)楚威王听后猛醒,决计实施合纵之策。第二,善抓机遇。孟尝君联合赵国、燕国救魏国就是善抓机遇的例子。秦国欲伐魏国,魏王求救于孟尝君。孟尝君到赵国,但赵王不借兵。孟尝君说,赵国和魏国的军队战斗力差不多,但赵国没有像魏国那样受到他国威胁,为什么呢?因为魏国在西边为赵国做了防护。如果赵国不去救魏,魏国同秦国结盟,赵国也将会年年受到威胁。听此,赵王便发兵十万、战车三百辆救魏。孟尝君又北上拜见燕王请求救魏,燕王起初也不借兵。关键时刻,孟尝君说,燕王不救魏国的话,魏国屈从秦国把一半国土割给秦国,秦国定会退兵,然后魏王集中韩国、魏国的所有军队,再借秦国和赵国的军队,集中攻打燕国,那么,燕国将如何呢?于是燕王发兵八万、战车二百辆救魏。秦国惧怕,割让土地同魏国讲和。第三,国家没有不变的朋友和敌人。战国时,韩国、魏国都曾与秦国结盟,但两国又互相攻伐。陈轸到秦国后,秦惠王对他说,有人告诉我该解救他们,有人告诉我不该解救他们,我实在难以决定。你怎么看呢?陈轸说,以前下庄子要刺杀猛虎,有人阻止了他,说两只老虎吃牛,必定会有争夺。如果争夺,那么大老虎会被咬伤,小老虎会被咬死。此时此刻,你再刺杀那只大老虎,一定会获得刺杀双虎的好名声。"今韩魏相攻,期年不解,是必大国伤,小国亡,从伤而伐之,一举必有两实。"(《史记·张仪列传》)秦惠王深深信服,采纳了陈轸的意见。第四,要根据国力进行外交活动。如苏秦为实行"合纵"之策曾游说齐宣王,指出齐国国力非常强盛,但强盛的齐国不应该做秦国的附庸。因为秦国并不敢攻打齐国。齐国距秦国遥远,发兵过于深入的话,必然会顾及后方,以防韩国、魏国从后边偷袭。但秦国却敢攻打韩国、魏国。如果韩国、魏国被攻打下来后,齐国就危险了。齐宣王听后立即警觉起来,改变了齐国的对外政策。

外交谋略实际上是一种斗争谋略,这种谋略通常是为自己的国家和政权服务的,其服务的内容包括为国家争取人才、为国家增强实力、为国家争取尊严、为国家争取主动权、为国家争取发展的机会等。对于战国时期的纵横家来说,由于各种原因,几乎没有著作流传,但其外交谋略在今天仍然有着积极意义。我国的邦交国众多,外交局面复杂,借鉴古代外交谋略,有助于我们处理好外交事务。

谋略是思路,是智慧,随着我国各项事业的推进,各级领导干部所面对的问题也越来越多、越来越复杂,若无谋略则难以应对。除了军事、外交谋略之外,政治、经济、文化领域的谋略也非常丰富,我们应充分发掘这些宝藏,从传统谋略中汲取精髓,启迪智慧,盈实为政之道。

十四、有无之道

有为和无为是中国传统哲学的两个重要范畴,它表达了两种不同的哲学精神、处世态度、价值取向和行为选择。这两个范畴既是对立的,又是统一的,要用辩证的眼光看待这两个范畴。

一般来说,儒家更强调有为论。儒家的这种思想最早可追溯到《周易》。《周易》中说,"天行健,君子以自强不息"(《周易·乾卦》),意思是说天(即自然)的运行刚强劲健,相应于此,君子处世应像天一样,自我力求进步,刚毅坚卓,发愤图强,永不停息。这种强调刚健有为的思想是有为论的最早体现,被儒家所继承和发扬。从孔子开始,强调有为、自强不息、入世、以天下为己任就成为儒家的主流和传统。孔子和孟子都是自强不息精神的表率。为了实现自己的理想,推行自己的主张,他们二人都曾周游列国,不知遭受了多少冷眼、挖苦、讥刺,孔子曾经困于陈蔡,自嘲自己惶惶如丧家之犬。但他们都有一颗坚强的心,甚至明知最后不可为而不改其志。在董仲舒提出"罢黜百家,独尊儒术"后,儒家思想逐渐成为政治思想的主流,有为论得到继承发扬并被应用到政治实践中。许多大臣既是国家之重臣,又是儒家思想的继承者、发展者、践行者。他们以国家、民族的前途和命运为己任,以"为天地立心,为生民立命,为往圣继绝学,为万世开太平"(《张子语录》)为最高理想,管理朝政,建功立业,忠君爱民。其中的代表,有辅佐幼主,为国鞠躬尽瘁、死而后已的诸葛孔明;有居庙堂之上"先天下之忧而忧,后天下之乐而乐"的范仲淹;有不畏权贵、清正廉洁的包青天;有抗击金兵、精忠报国的岳武穆;有锐意革新的王安石;有爱民如子的于成龙。

　　无为是道家的核心思想。在老子的《道德经》里有很多强调无为的句子。如"为无为,则无不治"、"处无为之事,行不言之教"、"上德无为而无以为"、"无为故无败,无执故无失"等。可见,老子是主张无为的。庄子继承了老子的道家思想,也主张无为论。庄子认为一切事物都应按其本性而生存,反对像儒家那样强调仁义道德和礼制对人的人为改造。他认为,人为的东西是破坏自然本性的,必将导致不良的后果,而按其自然本性生存是最好的。对此,庄子举例说,就像野鸭子和鹤的腿一样,不能人为地截断一截或接上一截,因为"长者不为有余,短者不为不足。是故凫胫虽短,续之则忧;鹤胫虽长,断之则悲"(《庄子·骈拇》)。所以,在自然面前,不必有为,不必人为,顺应自然之规律,无为则可。庄子主张"以无为为常"(《庄子·天道》),"安时而处顺"(《庄子·养生主》)。

道家的这种顺应自然、无为而治、休养生息的思想在汉朝初年被当时的统治者所接受并应用。汉初的几代国君常常反思秦亡的原因,他们认为秦之所以灭亡是因为对老百姓管得太多、太苛刻,老百姓不堪忍受,官逼民反。而汉朝要实现长治久安,就要让老百姓休养生息,努力缓和阶级矛盾,实行无为而治。于是,出自于哲学的君道无为、刑德相辅、节欲崇俭、爱民养民的观念就成为汉初统治者制定政策的依据。汉朝之所以能够在秦朝的烂摊子上迅速恢复元气,之所以能够产生文景之治的大治局面,道家无为而治、休养生息的治国理念是功不可没的。

怎样认识儒家的有为论和道家的无为论的关系呢? 从字面看来,儒家的有为论和道家的无为论是对立的,但我们不能仅仅从字面上理解,而应吃透其内在的精神,理解其内在的思想价值和意义。"有为"与"无为"这一对矛盾,当然有对立的一面,但是也不能把二者绝对对立起来,而要正确地把握其辩证统一的关系。

儒家的"有为"论体现了人在社会实践中的积极性和主动性,是有它的价值和意义的。马克思就特别重视人类对世界的改造,没有人类的积极进取,没有人类对周围世界的改造,就不会产生我们现今生存的社会。但反过来讲,对人类有为的重要性,也不能过分夸大。有为要适度,过度的有为就成了妄为,必定会遭受惩罚。根据马克思主义的客观规律性和人的主观能动性的辩证观点,人首先要尊重规律,在规律面前,人类只能认识和适应,而不能改造和阻碍。虽然人需要有为,但有为必须遵循自然和社会的规律,否则便会受到社会和自然的惩罚。近代以来,由于人类对社会和自然的过度有为而产生的经验教训数不胜数,尤其是对环境的破坏,大家是有目共睹的。所以有为不能妄为,有为仍需无为。儒家强调有为论,但并不排斥无为思想,"天行健,君子以自强不息"这句话本身就表明自强不息、坚毅刚强的有为进取来自于对"天"的顺应,本身也包含着无为的思想在里面。

对于道家无为的思想也应辩证地认识。道家思想中的"无为"一般包含两层含义:一是崇尚天道(自然法则)。老子强调"人法地,地法天,天法道,道法自然"(《道德经·第二十五章》),"道法自然"的意思就是人要顺应自然,这种对自然的顺应就是无为。也就是强调人应遵循自然规律,而不能违背自然规律,因为只有遵循而不违背自然规律,才不会遭到自然的惩罚,才会在自然面前游刃有余。庄子的寓言故事"庖丁解牛"讲的就是这个道理。二是崇尚人道(人事规范)。道家认为人道和天道是统一的,都要顺应其中的规律,即强调人类的活动应和遵循天道一样遵循人道,这种对人道的顺应也是无为。在人际交往和社会管理方面,提倡效法"道"的无为精神,按照社会治理和人际交往的规律办事,简化社会的各种制度与规范,尤其是取消一些不必要的规章制度,提高工作效率。因此,无为不能理解为无所作为,道家的无为,强调的是人的行为要合于道,能达到"合于道"的境界便无所不能。由此看来,老子虽然主张无为,但并不否认有为,也不排斥有为,他排斥的是人肆意妄为地干涉和破坏人类社会和自然环境,打破内在的平衡。老子倡导"无为",并非强调无所作为、无所事事,不是否定主观能动性,而是与肆意妄为相对立,要在遵循事物发展规律的基础上有所作为。

儒道两家的有为和无为思想闪烁着辩证的光辉，是中华民族精神的精髓，对中国人的治国、为官、为人、处事都有深刻影响。这种影响不会因时间的流逝而逐渐减弱，反而会历久弥新。我们当前正努力构建的社会主义和谐社会既包括人与人以及人与社会的和谐，又包括人与自然的和谐，这几方面都要求我们在社会和自然界面前坚持有为和无为的辩证统一，既要努力发挥人的主观能动性，认识规律，利用规律，建设我们的美丽家园；又不能盲目相信人的能力，肆意妄为。当前全球出现的生态环境破坏、资源匮乏的危机，实际上就是人在自然面前妄为的结果，正如恩格斯所讲，这是自然界"对我们进行报复"。

有为和无为思想对领导干部的为政之道有重要的启示。领导干部要勇于作为。中国特色社会主义进入了新时代，这个时代是中华民族大发展的时期，也是"中国梦"实现的时期。处在这个伟大的时代，领导干部要像儒家所提倡的那样，有为进取、勇于作为、敢于担责，要有事业心和进取心，只有这样，才能为"中国梦"的实现尽心出力。这种为官有为、勇于作为不是喊口号，而是要在踏踏实实的工作中体现出来。要在其位而谋其政，谋其政必尽其责，兢兢业业地把自己的本职工作做好。总的来讲，当前我党绝大部分官员还是合格的、过硬的，他们在自己的岗位上勤勤恳恳、尽职尽责、任劳任怨，为中国特色社会主义事业增砖添瓦。然而，也有那么一小部分人，打着"无为而治"的旗号，做着自己的"太平官"，有利益就上，有困难就躲。这样的官员是不合格的，是要不得的。因为干部，首先是要干事的。正如习近平总书记在参加十二届全国人大四次会议黑龙江代表团审议时所讲："干部干部，干是当头的，既要想干愿干积极干，又要能干会干善于干。"每一个领导干部都要有一颗为群众服务的责任心，要把自己的官当好，为老百姓服务好。为官不作为是官之耻辱，为官有为才是官之本分。

领导干部要学会"无为而治"。领导干部在自己岗位上要勇于作为，也要学会"无为"。这里的"无为"不是无所作为，而是强调领导干部不能自我膨胀、肆意妄为，强调的是对规律的遵循及对自然和社会的敬畏。首先，"无为"要求领导干部不要肆意妄为。有的领导干部，一旦掌握一定的实权，内心往往自我膨胀。做决定不先进行调查研究，不听取别人的意见和建议，往往脑袋一热，巴掌一拍，决定一切，最终给国家和老百姓造成巨大损害。其次，领导干部要学会控制自己的欲望，在欲望上要"无为"。欲望有许多种，对干部来说最难过的是权力欲、金钱欲和美色欲，有些干部就是毁在这些欲望诱惑上的。

领导干部在工作和生活中要努力把"有为"和"无为"思想结合起来。领导干部掌握一定的权力，因此，责任也更为重大。对他们来说，努力有为往往是相对容易的事情，而抵制诱惑往往相对困难，因为总有一些人为了利用他们手中的权力而用各种诱惑引诱他们，所以领导干部在日常生活中一定要谨慎，不仅需要控制好自身的欲望，真正做到"清净无为"，也要想方设法约束好自己的家人，不要让他们走上邪路。总的来讲，领导干部在工作中需要有为，需要认真工作，努力进取，把自己的本职工作做好；在生活中需要控制自己过分的物质欲望，不要被欲望所控制。这样才能走好自己的为官之路，从而为社会主义现代化建设和伟大中国梦的实现做出贡献。

第八章 中华传统文化基因与为政之道(下)

"政者,正也。"为政者的思想正派与行为正当直接关系到执政的质量与水平,关系到人民群众对政令的信服和对为政者的信任。实现政府廉洁与政治清明离不开为政者的贤能培育,这就需要从中华优秀传统文化中汲取养分。以中华优秀传统文化为资政资源,积极探寻其中的修身、爱国、敬业、诚信、仁爱、义利、鼎新之道,能够在传承中华优秀传统文化的同时,提高各级领导干部的为政素养,增强执政本领。

十五、修身之道

"学者所以为学,学为人而已。"(《陆九渊集》卷三十六)对人之为人、如何做人等问题的省察,是古代哲人的为学宗旨,亦是中华传统文化的主旨之一。从某种意义上来说,中华传统文化就是阐述做人道理的学问,就是论说如何修身的问题。儒家主张"自天子以至于庶人,壹是皆以修身为本"(《礼记·大学》),墨家讲"远施周偏,近以修身"(《墨子·非儒下》),老子提出"修之于身,其德乃真"(《道德经·第五十四章》)。可见,无论是儒家、墨家,还是道家,无一不关注修身,无怪乎钱穆先生曾有"中国人从古到今，都讲修身二字"①之语。综观各个学派的修身理论，儒家的修身之道影响最为深远。

"身"在中国思想中具有双重含义：狭义来说，它指人的身躯；广义来讲，它指形神兼具、身心合一的生命整体。在修身之道的语境中，"身"的含义主要是广义的。孟子有言："君子所性，仁义礼智根于心。其生色也睟然，见于面，盎于背，施于四体，四体不言而喻。"（《孟子·尽心上》）君子修之于内而发之于外，道德涵养自然充实展现于人的身体，从而呈现为身心合一、内外一体的美好生命气象。透过孟子之言，我们可以清晰地看到儒家注重身心一体的视角以及对修身的理解。所谓修身，即涵养心性，培蓄德性，将人之为人的当然之则内化为人们的价值理念，落实于人们的视听言动，进而使人格达到理想之境。可以说，修身之道是如何做人、为人等问题的集中体现。

修身是生命个体不断追求自我完善的过程。在儒家那里，这一修养过程有着更为宽广的意蕴。《礼记·大学》提出有名的"八条目"，即格物、致知、诚意、正心、修身、齐家、治国、平天下。其中，格物、致知、诚意、正心，是以个体的修身为指向的，而修身又构成了齐家、治国、平天下的前提与条件。可见，修身是联结个体、家庭、社会、邦国乃至天下的中心环节和关键点。社会人生领域中人伦秩序的安顿、政治秩序的确立，都要以个人的修养为基础；反过来，个体的修身、内省亦是要以求取政治理想的实践、宇宙人生的和谐为导向。在这双向互逆的论说中，儒家不仅将修身在社会人生中的根本意义凸显出来，而且实际上也表明了修身的主旨和目标。修身，固然是生命个体的自我修为，但个体总是存在于社会生活之中，处于人与人、人与社会的互动之中，这就意味着自我的完善

---

① 钱穆：《人生十论》，生活·读书·新知三联书店2012年版，第189页。

并不会囿于一己之限，相反，对于儒家而言，个人道德的实现一定是在社群生活中完成的，"小我"的成就是要以"大我"为依归的。这显然与西方注重个人、强调个人主义不同，儒家对理想人格的诉求，无疑体现出更为宽广的宇宙人生视域。那么，理想人格作为修身的目标，有哪些具体的特质呢？或者说，人应当成为什么样的人呢？

在阐述人格理想时，孔子重视"君子"气象，孟子高扬"大丈夫"精神，《周易》追求"大人"境界，荀子着眼于"圣贤"风范。不同的儒者都按照各自的思想侧重与方式塑造理想的人格，为生命个体的修身之道确立方向。尽管理想的人格形态各有特点，但对其本质的规定却是共通的，那就是仁、智、勇，后世将其称为"三达德"。仁是儒家最重要的道德观念，所谓"仁者，爱人"，仁以爱人为核心，表现为对他人的尊重与关心。这种尊重与关心，在儒家那里，是要以人内在的真情实感为支撑的。如果只是做表面文章，那么即便做得再好，也是偏离仁道的。同时，这种尊重与关心也意味着责任。儒家认为仁的践行是由个体出发，推己及人，由个人到家庭、社会、国家、世界乃至自然，层层拓展，在处理各种关系时，生命个体要积极承担自己的责任。因此，"以天下为己任"的担当意识与责任意识，构成了儒家倡导的理想人格的鲜明特征。传统社会的士大夫阶层正是秉持这样的理念，从而展现出浓郁的家国天下、淑世济民之情怀。

同时，仁又与智联系在一起。孔子说："未知，焉得仁？"（《论语·公冶长》）。"知"与"智"相通。现实生活中，道德原则总是在具体的情境下来实践的，对理想人格智的规定实际上表达了这样一种观念，人格的成就、仁道的践行需要知识的累积，更需要在具体的人生境遇下持守内在精神和应时达变的人生智慧。当然，在不同的境遇中，对仁道的坚守是第一位的,这就需要生命个体具有坚定的意志,"三达德"中的"勇"便更多地体现了意志的品格。正如孟子在对"大丈夫"的描述中所说"富贵不能淫,贫贱不能移,威武不能屈",不为外在的力量所淫、所移、所屈,具有坚定的意志与操守,便是大丈夫。

在儒家看来,如果一个人能达到仁、智、勇这三个要求,便可称为人格典范了。那么,在现实生活中怎样才能使仁、智、勇的人格理想成为现实的人格呢? 换句话说,怎样才能以人格理想为指向来完善自身,成就自我呢? 这就涉及到具体的修养途径与方法,是修身之道的重要内容。

按照儒家的说法,人生于天地之间,之所以为人而与禽兽相异,就在于人心中具有价值自觉的能力。孔子讲"仁",孟子进一步细化,提出仁义礼智"四端",至宋明理学,程朱言"天地之性",陆王讲"本心",皆在阐明每一个人都有共通的本质。它以纯然至善为特征,构成了生命个体成就自我的内在的价值根基与资源,这不仅使每一个人都具有达到理想人格的可能,而且也表明了修身就是要在人的心性上下功夫。所以,在儒家的话语中,修身的首要一点就是要自觉人与禽兽之区别,发明本心,开掘其本有的价值资源,挺立起道德的主体性。这种心性的修养、道德的挺立,主要依赖于主体自身的努力,所谓"为仁由己,而由人乎哉?"(《论语·颜渊》)也就是说,修身是生命个体可以把握的,是可以通过自己的努力来实现的。儒家主张德性的涵养与道德的践行取决于个体的自觉,而不在于任何外部的力量,只有对自我固有价值资源的觉解与确信,才是成就理想人格的路向。因而,儒家教人"自得"、"求诸己"、"尽其在我",重点都放在每一个人的内心自觉上,由此形成了以"为仁由己"、"反省自求"为主旨的修身途径与方法。

事实上,在现实生活中,人们往往容易为衣食、富贵和名利所左右,为各种欲望所牵引，从而把自己的本心遮蔽了，偏离了理想人格的应然方向。因此，要使人格达到理想之境，便要着实下一番修养的功夫。首先，要"反省内求"。从"为仁由己"出发，儒家非常注重"反求诸己"、"反躬自省"的方法。曾子有言"吾日三省吾身"（《论语·学而》），就是强调要时常保持反躬自省的态度，通过反思自己的言行，及时发现自身问题，寻求改善之道，同时进一步明晓自己的"本心"，将其在人伦日用中体现出来。在儒家那里，能否"自省"，成为了君子与小人的分野，所谓"君子求诸己，小人求诸人"（《论语·卫灵公》）。在孔子看来，君子之所以为君子，就在于他总是能检视自身，从自身寻找问题，而小人却常常只看到别人的不足之处。所以，"反躬自省"自然成为修身之要。其次，要"辨志"。志向问题非常重要，它的确立决定了一个人的行为方向。是"主于义"，还是"主于利"，人生的格局与境界，高下立判，因此不能不辨。儒家基于仁、智、勇的人格理想，倡导生命个体确立"主于道义"的人生志向。正如孔子所说，君子"谋道不谋食"、"忧道不忧贫"。唯其如此，才能保持内在操守，不为流俗所左右，才能将人们从现实的功名利禄、荣华富贵和其他境遇中解脱出来，使其面对自己的本心，树立起崇高的独立人格。再次，要"慎独"。慎独指的是一个人在无人监督的独处之时，也会小心谨慎，自觉约束自己的行为。在儒家看来，独处时的言行更能体现一个人的品质。如果一个人在无人监督时，依然能严格要求自己，使自己的行为符合道德规范和道德原则的要求，那么这个人便做到了表里如一、始终如一，就不失为一个堂堂正正、坦坦荡荡的人。第四，要"知行合一"。对儒家来说，修身之道，既基于知，也依赖于行。既要注重经典的阅读、学习，又离不开切实躬行。如果道德原则只停留在口头上，而没有落实到实践中，便是口耳之学，这并非修身之方。相反，在儒家那里，"行"构成了完善自我、涵养德性的条件，是修身之道的重要环节。修身只有在人伦日用的具体实践中实现知与行的互动与统一，才能达到完善人格的目的。第五，要"隆师亲友"。在修身的具体实践中，隆师亲友也是一条重要的途径。尽管儒家认为每个人都内在地具有价值资源，但并不是每个人都可以在人格完善的过程中自觉地走上正途，因此，师友启发、接引、增益的作用不容忽视。当然，与生命个体的自觉相比，师友起到的仅仅是自我道德反省的辅助作用。这种观点与"为仁由己"的主旨相呼应，折射出儒家修身之道的鲜明的主体性色彩。

总的来说，以如何做人、为人问题为核心展开对修身立德的探讨，是中华传统文化的一大特点。在儒学思想的主导下，传统的修身之道凸显了每一个生命个体的道德价值，倡导"天下兴亡，匹夫有责"的担当意识，淑世济民的责任意识，推己及人的仁爱原则，以及自省、慎独、改过迁善等的修养方法。这些思想和方法无疑为今天人们砥砺品格、提高能力、提升境界提供了丰厚的滋养与有益的启示。

加强道德修养，无论在传统社会，还是在现代社会，都有着非常重要的意义。对于为政者来说，更是如此。"修其心治其身，而后可以为政于天下。"为政者的施政作为，取决于其自身的修为。习近平总书记强调："面对纷繁复杂的社会现实，党员干部特别是领导干部务必把加强道德修养作为十分重要的人生必修课，自觉从中华优秀传统文化中汲取营养，……努力以道德的力量去赢得人心、赢得事业成就。"[①]"严以修身"、提高道德境界无疑是为政者重要的人生课题。做官先做人。为此，为政者要常怀仁爱之心，行仁义之事，自尊自爱，善待他人，大公无私，更为重

---

① 《习近平在河南考察时强调 深化改革发挥优势创新思路统筹兼顾 确保经济持续健康发展社会和谐稳定》，《光明日报》2014年5月11日。

要的是要不断增强担当意识,强化责任意识,以服务人民为宗旨。为政者要坚定理想信念。理想信念动摇、信仰迷失,犹如身体"缺钙",就会得"软骨病",最终会在物欲和贪念中迷失自我,走上贪污腐化的不归路。理想信念的坚定,依赖于志向的确立,所谓"志不立,天下无可成之事"。修身不仅要确立崇高的人生目标,而且要具备为目标奋斗的坚强意志。具体到党员干部来说,坚定理想信念就是要坚定马克思主义信仰,坚定中国特色社会主义信念,牢固树立正确的世界观、人生观、价值观,牢固树立正确的公私观、是非观、义利观。为政者还要常反躬自省,严于律己,慎独慎微。在社会转型的今天,为政者不可避免地面临诸多挑战与诱惑,如何做出正确的选择,除了要有理想信念的支撑外,还需要时常检视自身,发现问题,改过迁善。常怀律己之心,从日常小事做起,从衣食住行做起,切实防微杜渐。为政者只有时时刻刻讲纪律、讲规矩,慎独慎微,才能不使思想和行动偏离正确的航道。

专栏　士大夫精神

士大夫精神是中华传统文化的组成部分。士泛指有学问的读书人,大夫则指为官之人。春秋战国时期,各国有名有钱的诸侯贵族都以"养士"为时尚。孔子在回答子贡的问题时提出"士"的标准:"行己有耻,使于四方,不辱君命,可谓士矣。"(《论语·子路》)这就是说,只要严于律己、忠君爱国就能称为"士"。战国中叶,士人进入官僚阶层,士大夫的称谓流行开来。后来,科举选官制开启了普通人晋升的通道,打破了以往靠家族血缘垄断权力和官职的格局,使得"士大夫"这个阶层在政治上获得了保障。士大夫是中国古代的精英阶层,士优者为官,不能为官者为庶民,但社会地位也非常高,士农工商的排位也说明了这一点。士为什么愿意当官？这与社会价值导向有关。中国古代社会，官员的地位非常高，如秦朝时提倡"以吏为师"，地方官被称为"父母官"，正体现了官员的地位与权力，官本位思想根深蒂固。科举制圈定了古代读书人的价值导向，即"学而优则仕"，读书就是为了他日金榜题名、衣锦还乡、出人头地，优秀的人才进入官场，而科举考试落选的人才则从事科学技术等其他行业，如清代历算大家梅文鼎就三次参加乡试而未中。士大夫阶层有文化有抱负，更有自己的精神追求和价值规范，这些要素构成了士大夫精神。

　　士大夫精神在漫长的历史发展中，虽然内涵和外延历经变化，但是其中的精华包含以下几个方面：一、勇于担责。士大夫属于社会管理者阶层，有能力也有责任谋求社会发展和人民的安康，社会责任是士大夫的根本担当，也是应有的精神追求。士大夫多以"谋国不谋身"来彰显勇于担当的精神，以"苟利社稷，死生以之"为志向。像张载的"为天地立心，为生民立命，为往圣继绝学，为万世开太平"、范仲淹的"先天下之忧而忧，后天下之乐而乐"、左宗棠的"身无半亩，心忧天下"等，都是士大夫勇于担当精神的体现。二、刚毅守正。士大夫追求人格独立、思想自由，以"士志于道"作为行事准则，不畏权贵，以显刚毅之志。"君子独处守正"，所谓"正"即正道，士大夫的正道是护国安民，对不当做法和危害行为要敢于指出纠正。中国古代士大夫中具有刚毅守正精神的人很多，如唐朝魏徵对唐太宗直言进谏，是刚毅守正精神的体现；宋代包拯痛批权贵不当作为，直言弹劾贪官污吏，也是刚毅守正精神的表现。三、清正廉洁。士大夫读圣贤书，重视道德自律，明晰为官的道德规范，并且对精神的追求往往高于对物质利益的追求，"视金钱如粪土"，这也成就了士大夫高傲的个性。清正廉洁是士大夫明志的价值追求。中国古代士大夫中清正廉洁之人比比皆是,我们熟知的海瑞,已是清正廉洁的代名词。清正廉洁是士大夫极为重视的品行,是立身扬名之本。

当然,我们要理性对待士大夫精神,既要看到其中勇于担当、刚毅守正、清正廉洁等积极部分,也不能忽视其中对皇权的愚忠等消极态度,要取其精华,去其糟粕,借鉴好、运用好、发扬好其中优秀的部分。

十六、爱国之道

"爱国主义是由于千百年来各自的祖国彼此隔离而形成的一种极其深厚的感情"[①],这种感情是从心底迸发出来的对自己国家、人民、历史、文化、山河等的真挚而深厚的热爱。爱国主义是爱国情感、爱国责任和爱国行为的统一,反映了公民与国家之间的应有关系,是其社会公德的最集中体现。新时期,爱国主义的继承与发展,离不开对中华优秀传统文化的挖掘,作为中华民族的精神命脉,中华优秀传统文化中蕴含着丰富的爱国主义基因,滋养着爱国主义精神的传承与弘扬。

"爱国"二字,在古代历史文献中早有表述,如"周君岂能无爱国哉"(《战国策·卷二·西周》),"亲民如子、爱国如家"(《前汉纪·孝惠第五》)。作为一个历史范畴,爱国主义在不同时期有着不同的内容和表达。在封建社会,"溥天之下,莫非王土;率土之滨,莫非王臣"(《诗经·小雅·北山》),君主代表国家,爱国往往与忠君联系在一起,但忠君与爱国并不等同。早在古代,人们对此就有认识。《左传》记载,春秋时期政治家晏子在吊唁死去的国君时,面对质问提出:"故君为社稷死,则死之;为社稷亡,则亡之;若为己死而为己亡,非其私昵,谁敢任之?"他

---

① 《列宁全集》第35卷,人民出版社1985年版,第187页。

清楚地划分了社稷之臣与私昵之臣，以实际行动表明了忠君与爱国之间的区别。正是因为在封建社会忠君与爱国之间存在着复杂的关系，所以当忠君与爱国出现矛盾时，个人选择往往会出现两难境地，就像岳飞、于谦所经历的那样。这都是封建社会君主专制所造成的悲剧。

今天，我们按照唯物史观来理解，不难发现，如果某个历史人物的行为是从人民的意愿和民族与国家的利益出发，那么，即使他与君王背道而驰，依旧不改其爱国的本性，一样会得到人民的拥护。相反，如果他的行为背离了国家与民族的利益和人民的意愿，那么他的行为就不是爱国的，即使他得到了君王的亲近与重用。毛泽东强调："爱国主义的具体内容，看在什么样的历史条件之下来决定。"[①]屈原、诸葛亮、岳飞、文天祥、陆秀夫、于谦等历史人物所表现出的忠于国家、维护统一、抗击侵略、忧国忧民的爱国主义精神不容置疑，更不能否定。今天，我们强调要继承和弘扬爱国主义精神，应该充分理解爱国内涵，把握爱国精神，抓住爱国本质，让爱国主义这一光荣传统在中华优秀传统文化的创造性转化与创新性发展中继续谱写华章。

在古代，爱国主义生生不息，源远流长，表现形式多种多样，既有维护统一、反对分裂的不懈追求，又有抵御外侮、捍卫主权的英勇奋战；既有忧国忧民的爱国情怀，也有强国富民的爱国行为。

首先，爱国主义表现为把国家和民族的利益放在首要位置。管仲有言："夷吾之为君臣也，将承君命，奉社稷，以持宗庙，岂死一纠哉？夷吾之所死者，社稷破，宗庙灭，祭祀绝，则夷吾死之；非此三者，则夷吾生。夷吾生，则齐国利；夷吾死，则齐国不利。"（《管子·大匡》）原本辅佐公子纠的管仲后来又辅佐了公子纠的对手公子小白，而这一行为也得到

---

① 《毛泽东选集》第2卷，人民出版社1991年版，第520页。

了远见卓识的政治家、思想家们的理解和赞同。孔子说:"管仲相桓公,霸诸侯,一匡天下,民到于今受其赐。微管仲,吾其被发左衽矣。"(《论语·宪问》)爱国如家,以国为家,舍小家顾大家,个人利益服从国家利益,这也是儒家对待个人与国家关系的基本观点。公元前100年,汉武帝派遣苏武出使匈奴,但因"虞常事件",苏武受牵连被扣押。匈奴单于采用各种手段威逼利诱苏武投降,但苏武大义凛然,决心以死报国。单于无计可施,遂把他流放到荒无人烟的"北海",与羊群为伴。苏武时刻握着代表祖国的节杖,不忘初心、矢志不渝,毅然坚持了19年,以实际行动表明了他对国家的忠贞与热爱! 明正统十四年(1449),英宗在带兵亲征瓦剌部过程中被俘,瓦剌以此要挟朝廷,面对这一危难,兵部侍郎于谦从大局着眼,以社稷为重,主张另立代宗为新君以安天下,并最终率军大破瓦剌军队,使国家转危为安。后来英宗复辟,于谦被杀害,但他一生谋国、报国的凛然正气和爱国精神至今仍为人们所传颂。正如他在《石灰吟》中写的那样:"粉身碎骨浑不怕,要留清白在人间!"明宪宗成化初年为于谦平反。

其次,爱国主义表现为维护国家统一,反对国家分裂。"大一统"概念最早出现于《春秋公羊传》一书:"何言乎王正月? 大一统也。"大,意指重视、尊重;一统,意指天下诸侯皆统一于周天子。国学大师杨向奎先生对其做出了高度评价:"'大一统'的思想是公羊学派的精华,这种思想不存在狭隘的民族思想,此其所以为'大一统'。这种思想有助于各族间之团结统一,这种思想掌握了各族人民,于是发挥了无比的凝聚作用。"①在大一统思想的指引下,致力于实现国家统一的行为是爱国行为。被周恩来总理称为"中国巾帼英雄第一人"的洗夫人,倾注毕生精

---

① 杨向奎:《论"公羊学派"》,《管子学刊》1991年第4期。

力打击分裂势力，维护国家统一，表明了个人的爱国热情，成就了岭南地区的和谐稳定。陈太建二年（570），面对广州刺史欧阳纥的持子要挟，洗夫人不惜发出"我为忠贞，经今两代，不能惜汝辄负国家"的爱国主义誓言，并不顾儿子安危，发兵迎击，最终挫败分裂势力，维护了岭南的统一。陈祯明三年（589），洗夫人在确定陈国灭亡之后，毅然归隋，维护了国家的统一。正因为在维护国家统一方面的突出成就，她受到了几代皇帝的诸多册封，如中郎将、石龙太夫人、宋康郡夫人、谯国夫人等，还被岭南人民奉为"圣母"。

再次，爱国主义表现为抵御外部的侵略。面对外敌入侵，能够不惜生命、奋力抵抗的行为是爱国的，是值得弘扬与传颂的。北宋灭亡后，抗金英雄岳飞面对金朝变本加厉的侵略，不禁发出"靖康耻，犹未雪；臣子恨，何时灭"（《满江红·怒发冲冠》）的深沉呐喊，更是流露出了"收拾旧山河"的豪迈气概，尽管最后迫于朝廷命令班师回朝而壮志未酬，无奈发出"十年之功，废于一旦"的悲情叹息，但他仍旧堪称中华民族的爱国英雄，受到后人的敬仰与传颂。面对元朝的进攻，名臣文天祥不惜用自己的家产组织义军抗元，最后兵败被俘。元将张弘范迫其招降另一抗元名将张世杰，被文天祥拒绝，并作《过零丁洋》明志："人生自古谁无死，留取丹心照汗青。"后被押送至元大都（今北京），元世祖忽必烈亲自劝降，文天祥始终不屈。文天祥在狱中写下了礼赞浩然之气的《正气歌》，最后面南英勇就义。

第四，爱国主义表现为忧国忧民的爱国情怀。伟大的爱国诗人屈原，一生爱国忧国，至死不渝。他为实现振兴楚国的大业而殚精竭虑，"路曼曼其修远兮，吾将上下而求索"（《离骚》）。他时刻关心国家命运，从不计较个人得失。同时，他还体恤人民，关心百姓疾苦，发出了"长太息以掩涕兮，哀民生之多艰"（《离骚》）的深情感慨。在面对贵族排挤毁谤的困境时，他仍主张举贤授能、修明法度，坚持联齐抗秦，即使遭谗被流放、穷困潦倒亦不改初心，明确表示"吾不能变心而从俗兮，固将愁苦而终穷"（《九章·涉江》）。最终，因爱国志向难以实现，在秦将白起攻破楚都郢后，屈原不惜自投汨罗江以身殉国，以死表明对楚国的热爱和对楚国人民的同情。毛泽东曾说屈原是一名伟大的爱国者，无私无畏，勇敢高尚。

第五，爱国主义表现为强国富民的爱国行为。从历史上看，那些为国家富强和人民幸福安康而奉献出自己聪明才智和力量的人都是热爱自己祖国的。他们开发资源，创造物质财富和精神财富，在农业、手工业、商业、科学技术、文学艺术等领域所做出的贡献，不仅推动着古代社会经济和文化的发展，还丰富着古代爱国主义的内容。

进入近代后，由于外国列强和本国封建统治的双重压迫，民族危机严重，社会矛盾尖锐，中国人民为反抗西方列强所做出的不屈不挠的抗争及追求国家独立、民族振兴和人民解放的探索与奋斗，成为爱国主义的主要内容。在爱国主义的旗帜下，无数优秀的中华儿女积极寻求救国救民的真理，掀起了一次又一次的爱国运动。从林则徐虎门销烟到洪秀全领导的太平天国起义，从康有为、梁启超推动维新变法到孙中山领导辛亥革命，爱国主义运动不断走向新的阶段。然而，由于种种原因，他们都没有找到救国救民的正确道路。历史表明，要找到中国的出路，完成国家独立、民族振兴和人民解放的任务，离不开先进阶级的领导，这个领导阶级就是中国的无产阶级及其先锋队——中国共产党。中国共产党继承了先辈的爱国主义传统，并将其发扬光大，成为中国历史上最先进、境界最高的爱国主义政治集团，涌现出了一大批爱国主义英雄人物。

习近平强调:"5000多年来,中华民族之所以能够经受住无数难以想象的风险和考验,始终保持旺盛生命力,生生不息,薪火相传,同中华民族有深厚持久的爱国主义传统是密不可分的。"①在今天,爱国是作为公民应具备的一项社会公德而被列入了社会主义核心价值观之中,充分表明其在国家发展中具有举足轻重的地位。爱国如此重要,那么在今天,作为一名领导干部,应该怎样爱国呢? 爱国就要讲政治,顾大局,不忘初心,牢记使命,锐意进取,埋头苦干,做好本职工作。爱国就要爱人民、爱社会主义,就要坚持和发展中国特色社会主义。要时时牢记全心全意为人民服务的宗旨,投身到新时代中国特色社会主义伟大建设事业中,在迈向中华民族伟大复兴中国梦的新征程中,去实现自身的价值。

十七、敬业之道

敬业就是以严肃认真的态度对待自己所从事的职业,强调对职业的忠诚、认同与热爱,体现出对职业所具有的责任感、使命感与奉献精神。在日常工作和学习中,敬业表现为积极主动、专心投入、勤勤恳恳、精益求精、尽心尽力等状态。

"凡百事之成也,必在敬之;其败也,必在慢之。故敬胜怠则吉,怠胜敬则灭。"(《荀子·议兵》)"敬"在中华传统文化中是一个重要的概念,不仅包含对天之敬、对人之敬,也包含了对事之敬。其中,对事的敬重表明了对待事情的态度与要求。而敬业隶属于敬事的范畴,因此,对敬业的理解也多从敬事的表述中予以呈现。两千多年前,孔子的学

---

① 习近平:《大力弘扬伟大爱国主义精神 为实现中国梦提供精神支柱》,《光明日报》2015年12月31日。

生樊迟问仁,孔子解释说:"居处恭,执事敬,与人忠。虽之夷狄,不可弃也!"(《论语·子路》)而"执事敬",指的就是做事要严肃认真、尽职尽责、尽心尽力,体现了敬业精神。"敬业"一词最早出现在《礼记·学记》中,书中写道:"一年视离经辨志,三年视敬业乐群。"这里的"敬业乐群"是指学生入学三年以后,要考察他是否专心于学业,能否与同学和睦相处。可见,"敬业"一词最早指对学业要专心致志,主要强调对学业的专注与敬畏。随着社会的发展,对敬业的认识也逐渐丰富,如"敬业,谓艺业长者,敬而亲之"(《五经正义》)。朱熹把"敬业"解释为"专心致志,以事其业"(《仪礼经传通解》卷十六),就是说,应该非常认真地对待自己的工作,不应懈怠、马虎。

作为中华优秀传统文化的重要组成部分,敬业之道具有独特的内容和践行方式。第一,敬业尚忠。何谓忠?朱熹曰:"尽己之谓忠。"(《四书章句集注》)对待职业忠诚就是要努力做到恪尽职守、竭尽所能、全力以赴,要求官员要"入则献其谋,出则行其政,居则思其道,动则有仪。秉职不回,言事无惮,苟利社稷,则不顾其身"(《忠经》)。作为军师,诸葛亮为汉室之兴"鞠躬尽瘁、死而后已"可谓忠,真正做到了尽心尽力。同时,忠也强调要忠于公正、忠于无私。"忠者,中也,至公无私"(《忠经》),表明对待职业要出于公道,拒绝以权谋私、假公济私,这一要求不仅是民心所向,也是理性自觉。此外,忠还强调要在职责范围内行事,立足本职工作并努力做好,不干涉其他工作,避免越权与错位。孔子曾说:"不在其位,不谋其政。"(《论语·泰伯》)《礼记·杂记下》也指出:"居其位,无其言,君子耻之;有其言,无其行,君子耻之。"因此,从业者要以负责任的态度对待工作,在其位谋其政,既有言亦有行,实现思想与行动的统一。

第二，敬业尚勤。孔子学生子张问政，孔子说："居之无倦，行之以忠。"（《论语·颜渊》）与敬业之忠相对应的是敬业之勤，在传统儒家思想中，勤也是敬业之道的重要体现。《尚书·周书》曰："功崇惟志，业广惟勤。"辛勤劳动是谋求职业发展、取得业绩的重要法宝。孔子为了实现自己的主张，"发愤忘食，乐以忘忧，不知老之将至"（《论语·述而》），充分显示了其勤劳不息的敬业品质。荀子在《劝学篇》中说："锲而舍之，朽木不折；锲而不舍，金石可镂"，强调了勤劳在职业发展中的重要作用。韩愈在《进学解》中说："业精于勤，荒于嬉；行成于思，毁于随"，也是对敬业尚勤价值观的一个经典注解。同时，传统文化中关于不敬业的行为表述，如"惰，不敬也，慢，惰也。怠，慢也，懈，怠也"（《说文解字》），也说明了惰、慢、怠、懈等不勤行为即不敬业。

第三，敬业尚心。主要体现在三个方面：其一是用心。荀子曾说："螾（同"蚓"）无爪牙之利，筋骨之强，上食埃土，下饮黄泉，用心一也；蟹六跪而二螯，非蛇蟺之穴无可寄托者，用心躁也。"（《荀子·劝学》）从业者只有一心一意，专心致志，才能更快、更高质量地完成工作任务。其二是有爱心，主要强调从业者的奉献精神。孔子毕生坚持"学而不厌、诲人不倦"，不知疲倦地教授学生，传道解惑，奉献着自身的全部力量。曾子也说过："士不可以不弘毅，任重而道远。仁以为己任，不亦重乎？死而后已，不亦远乎？"（《论语·泰伯》）在从业过程中，从业者不应仅仅思考职业本身及其利益，更应将其与人民福祉相联系，从更宏大、更宽广的视角审视职业的价值与意义，以增强从业者的责任感与使命感。其三是有恒心。作为亚圣的孟子，继承了孔子自强不息的精神，以"不畏权贵、不惧风险"的豪迈气概推行仁政主张，虽然在实践中屡遭挫折，但仍然百折不挠，表现出了持之以恒的奋斗精神。"富贵不能淫，贫贱不能移，威武不能屈"，从业者应当有坚定的意志，坚守职业道德，始终保持事业上的进取心。

第四，敬业尚趣。趣味性是影响从业者工作积极性的重要因素，在传统敬业之道中，趣味与爱好也被纳入敬业范畴，一方面要求从业者要善于发现工作中的乐趣，通过热爱本职业促使自己超越对职业本身的利益认知，进一步增强对职业的好感度与忠诚度。如孔子所说的"知之者不如好之者，好之者不如乐之者"（《论语·雍也》）。另一方面还要求从业者热爱自己的职业，主动沉下去，在努力工作中体会并收获其带给自己的精神愉悦与心灵满足。"爱而不敬，非真爱也；敬而不爱，非真敬也"（《朱子语类》卷二十三），充分表明了敬爱一体，只有爱业，方能敬业。

第五，敬业尚精。从业者在工作中要自觉追求完美，精益求精。朱熹在《四书章句集注》中说："言治骨角者，既切之而复磋之；治玉石者，既琢之而复磨之；治之已精，而益求其精也。"坚持精益求精的工作态度及行事风格是从业者具有敬业精神的表现。而要做到精益求精，就必须用认真严肃和负责任的态度对待自己的工作，专心学习，仔细做事，不浮躁，不懈怠，不一知半解。"药王"孙思邈说过："世有愚者，读方三年，便谓天下无病可治；及治病三年，乃知天下无方可用。故学者必须博极医源，精勤不倦，不得道听途说，而言医道已了，深自误哉！"（《千金方·诸论·论大医精诚第二》）战国中期的秦缓，虚心好学，在长期的医疗实践中精心钻研，最终成为一代名医。他医术高明，善于通过望色、听声诊病，而且医德高尚，对病人极为负责，被人们直接用传说中黄帝时代的名医扁鹊来称呼，真名反而不记得了。

第六，敬业尚新。通过创新把工作做得更好，是敬业精神的应有之义。追求创新不仅是社会各行各业的基本要求,更是社会进步的原生动力。"周虽旧邦,其命维新","苟日新,日日新,又日新",从创立朝代的丰功伟业,到日常生活中的平常事,都强调一个"新"字,创新是中华优秀传统文化最鲜明的标识,从业者在谋求职业发展的过程中必须适时有新,事事出新。战国早期的鲁班发明了钻、刨子、铲子、曲尺、墨斗等工具,以及云梯等兵器,被后代从事木工行业的人奉为祖师。每件工具的发明,都是鲁班在生产实践中得到灵感,然后经过反复研究创制出来的。

正是无数敬业者的辛勤劳动,书写了中国历史的辉煌。就为政者敬业的例子来说,也不胜枚举。像大家耳熟能详的"大禹治水,三过家门而不入",诸葛亮"鞠躬尽瘁,死而后已","王猛为相,临终不忘国事"。再比如,周文王为了国务,"日中昃不暇食",就是说为了处理政务到日头偏西还顾不上吃饭。周公为了迎贤人,食物来不及下咽,吐出来去迎接宾客。对周公的这种敬业精神,曹操作诗进行颂扬:"周公吐哺,天下归心。"战国末期的李冰任蜀郡太守时,兴修都江堰,以致积劳成疾,病逝在工作岗位上。这些为政者以天下为己任,不谋私利,关心民生,克勤克俭,都体现了敬业之道。

无论是在革命时期、建设时期还是改革开放的新时期,敬业之道均得到了接续与弘扬。在革命时期,为谋求国家的独立和民族的解放,仁人志士开启了艰苦的探索之路,在此过程中时刻保持着崇高的革命热情,以实际行动践行着敬业之道。在社会主义建设时期,党的领导干部与社会主义建设者们为实现国家富强和人民幸福而埋头苦干,无私奉献,涌现出了一大批敬业模范,产生了"铁人精神"、"焦裕禄精神"、"螺丝钉精神"等,成为各行各业学习的榜样。在改革开放的新时期,敬业被赋予新的内容,并被纳入了社会主义核心价值观。

传统的敬业之道对于当今从业者而言仍然具有重要的启示意义与借鉴价值。今天，我们面对的业不仅有个人职业，更有实现新时代中国特色社会主义新发展和实现中华民族伟大复兴中国梦的千秋大业，要实现这些目标，必须继承和弘扬传统的敬业之道，并对其进行创造性转化与创新性发展，让敬业正能量全面有效地发挥出来。首先，要从业为民。敬业者要从人民的立场出发谋求职业发展，树立高尚的从业动机，明确职业的发展要立足于人民，服务于人民。只有以人民为中心，坚定为民信念，拒绝以权谋私，我们在从业过程中才不会被暂时的困难所羁绊，才会越发自信，最终实现个人的职业理想与价值追求。其次，要求真务实。只有积极发扬求真务实的优良作风，做到工作一心一意，干一行、爱一行、钻一行，从业者才能在苦干实干中实现业绩的突破，取得社会价值与个人价值的双赢。再次，要探索创新。创新是发展的不竭动力源，秉承创新理念，积极探索新思路、新方法与新机制，勇于打破常规，善于出其不意，才有助于化解工作中面临的难题、困境与阻滞，实现职业的新突破与新发展。第四，要精益求精。在2016年政府工作报告中，李克强总理提出要培育精益求精的工匠精神，此后又多次强调要大力弘扬工匠精神，厚植工匠文化，恪尽职业操守，崇尚精益求精，推动中国经济发展进入质量时代。第五，要甘于奉献。从业者要妥善处理好国家利益、集体利益与个人利益的关系，淡泊名利，无私奉献，真正把心思放到干事创业上来。

决胜全面建成小康社会、完成"两个一百年"奋斗目标需要各行各业的劳动者敬业，各级领导干部的敬业尤为关键。敬业是对各级领导干部的最基本要求，是各级领导干部应具备的最基本的职业道德。"为官一任，造福一方。"在中国特色社会主义建设的新时代，各行各业的建设者，特别是各级领导干部要遵循社会主义核心价值观,积极培育敬业精神,践行敬业之道,形成科学的职业理想、职业情感、职业态度和职业信仰,恪守职业要求和职业规范,增强干事创业的激情和能力,在塑造良好敬业之风的同时,为新时代中国特色社会主义事业的建设和发展做出贡献。

十八、诚信之道

　　诚信,即诚实守信。诚信中的"诚"字,在传统文化中是一种道德规范,也是一种自身修养的态度和方式。"诚",即真,即真实无欺的品德。孟子认为:"诚者,天之道也;思诚者,人之道也。至诚而不动者,未之有也;不诚,未有能动者也。"(《孟子·离娄上》)荀子与孟子的思想不同之处颇多,但对"诚"的认识却是极为一致的。荀子说:"君子养心莫善于诚,致诚则无它事矣。……天地为大矣,不诚则不能化万物;圣人为知矣,不诚则不能化万民;父子为亲矣,不诚则疏;君上为尊矣,不诚则卑。夫诚者,君子之所守也,而政事之本也。"(《荀子·不苟》)这正是孟子所说"诚者,天之道也;思诚者,人之道也"的另类表述。孟子和荀子的思想被后人所继承,宋儒周敦颐在《通书》中说:"诚者,圣人之本。""诚,五常之本,百行之源也。"

　　诚信中的"信"字,在传统文化中是处理人际关系必须遵循的道德规范,也被视为天道。"天行不信,不能成岁;地行不信,草木不大。""信而又信,重袭于身,乃通于天。"(《吕氏春秋·贵信》)"信"也是从政爱民、立身处世的根本原则。在孔子看来,统治者施德政,不仅要爱民、养民、利民、富民、惠民、教民,更要取信于民,即"宽则得众,信则民任焉"(《论语·尧曰》),要"信而后劳其民"(《论语·子张》)。孔子还特别重视"言必信,行必果"(《论语·子路》),认为人若立足于社会,不讲究信用是行不通的。在《论语》中,"信"被孔子列为"四教"之一,所谓"子以四教:文、行、忠、信"。汉代董仲舒继承了这一思想,把仁、义、礼、智、信作为人在社会上为人处事的道德标准,并认为在这五德之中,信是其他四德的基础和保障,有信才能使仁、义、礼、智真正落到实处,失去信,仁、义、礼、智就失去了存在的根基。

在诚信中,诚是信的基础和根本,信来自诚,无诚则无信。人讲话,要做到"言而有信"(《论语·学而》),切不可"口惠而实不至"(《礼记·表记》)。诚信不仅要求人们说话诚实可靠,而且要求办事也要诚实可靠。孔子说:"信以成之。君子哉!"(《论语·卫灵公》)"人而无信,不知其可也。"(《论语·为政》)"言忠信,行笃敬,虽蛮貊之邦,行矣;言不忠信,行不笃敬,虽州里,行乎哉?"(《论语·卫灵公》)就是说,如果树立起讲信义的名声,即使远到蛮夷之国,都能行得通;反之,即使在本乡本土,也行不通。

管子及其学派十分重视经济伦理中的信用问题。"圣人之诺已也,先论其理义,计其可否。义则诺,不义则已;可则诺,不可则已。故其诺未尝不信也。小人不义亦诺,不可亦诺,言而必诺,故其诺未必信也。"(《管子·形势解》)进而主张,国家统治者和管理者必须重视诚信问题,指出:"诚信者,天下之结也。"(《管子·枢言》)诚信是做人、经商的道德准则,也是为政的准则。孔子认为,为政之要有三:"足食,足兵,民信之矣。"(《论语·颜渊》)而三者中,如不可兼得,必去其一,则先去兵,然后去食,但不可没有信。朱熹继承了孔子这种"为政以德"的德治观,说:"民无食必死,然死者人之所必不免。无信,则虽生而无以自立,不若死之为安。故宁死而不失信于民,使民亦宁死而不失信于我也。"(《四书章句集注》)执政者当以身作则，不可因危机而抛弃信义，宁死而不失信于民，使民亦宁死而不失信于国家。

古人把讲诚信视为莫大的美德，并作为行事的准则。东汉的郭伋为官清廉，非常重视诚信。他在任并州牧时，有一次前往西河郡美稷县巡视。未进城，就见几百儿童自发骑着竹马在道旁拜迎。郭伋不知情，就问："孩子们为什么自己远来？"孩子们回答："听说使君来到，非常高兴，所以前来欢迎。"郭伋闻言赶忙下马一一致谢。在美稷县办完事后，要到下一个县巡视。孩子们闻讯又赶来送郭伋，并问他什么时候返回美稷县。郭伋让随从计算日程，告诉了他们。但郭伋在下一个县巡视得非常顺利，比原定日期早回来了一天。为不失信于孩子们，郭伋下令在县城外的野亭露宿一晚，等到第二天才进城。郭伋做人就是这样说到做到。他不肯失信于在野外道边与小孩子说的话，更何况重大的事情呢？光武帝听说后，称赞他的德行为"信之至矣"。

是否讲诚信，于己于人、于家于国往往意味着大为不同的结果。战国时期，秦国的商鞅主持变法。当时战乱频仍、人心惶惶，为树立威信，推进改革，商鞅命人在都城南门外立下一根三丈长的木头，并当众许诺：有能把这根木头搬到北门者，赏十金。围观者不信，没人愿尝试。于是商鞅将赏金提高到五十金。结果重赏之下终于有勇夫将木头扛到了北门。商鞅旋即赏了他五十金。商鞅这一举动使自己的威信迅速建立起来，接下来的改革也很快推广开来。新法使秦国逐渐强盛起来，为最终统一中国奠定了雄厚的基础。但历史上也发生过"烽火戏诸侯"的闹剧。周朝有个周幽王，他有一个爱妃名叫褒姒，长得倾国倾城，但却"从未开颜一笑"。为博得美人一笑，周幽王用重金征集主意。于是有人想出了烽火戏诸侯这一招，这一馊主意确实获得了褒姒的淡然一笑，却令附近的诸侯狼狈不堪,敢怒不敢言。事隔不久,犬戎果然来犯,但再点烽火,却已无济于事。因为各诸侯都以为周幽王又在故伎重演呢!结果都城被犬戎攻下,周幽王被杀,西周从此灭亡。

与其他政党不同,中国共产党是真正代表人民利益的政党,全心全意为人民服务是党的根本宗旨,这就要求中国共产党人必须坚持真理、实事求是、诚实守信。早在新民主主义革命时期,我党提出并不断修改、补充所形成的"三大纪律"和"八项注意"中,就有"不拿群众一针一线"、"买卖公平"、"借东西要还"等诚实勿欺、遵守契约的内容。正像刘少奇在《论共产党员的修养》中所说的那样:"我们无产阶级革命家忠诚纯洁,不能欺骗自己,不能欺骗人民,也不能欺骗古人。这是我们共产党员的一大特点,也是一大优点。"① 1962年2月,为运筹重建社会经济秩序,周恩来在中共中央扩大会议上作了题为《说真话,鼓真劲,做实事,收实效》的小组讲话。2001年,中共中央颁发《公民道德建设实施纲要》,明确指出要在全社会形成诚实守信的道德风尚,共产党员要做表率。2011年,十七届六中全会通过的《中共中央关于深化文化体制改革推动社会主义文化大发展大繁荣若干重大问题的决定》更强调:"把诚信建设摆在突出位置,大力推进政务诚信、商务诚信、社会诚信和司法公信建设,抓紧建立健全覆盖全社会的征信系统,加大对失信行为惩戒力度,在全社会广泛形成守信光荣、失信可耻的氛围。"2012年,中共十八大报告提出24字社会主义核心价值观,诚信就是其中之一。2014年,十八届四中全会通过的《中共中央关于全面推进依法治国若干重大问题的决定》进一步明确提出建设"守法诚信的法治政府"。

---

① 刘少奇:《论共产党员的修养》,人民出版社2000年版,第19页。

我们党之所以如此重视诚信,是因为诚信所起的重要作用是无法替代的。俗话说,"人无信不立,业无信不兴,国无信不宁"。对经济社会的健康发展来说,诚信是提高效率的基石;对普通公民来说,诚信是人际交往的基本道德规范;对领导干部来说,诚信还是一项重要的党性原则。然而,在社会上有些人价值观扭曲,道德失范、诚信缺失,这方面少数干部表现得也很突出,诸如知情不报、弄虚作假,言而无信、朝令夕改,假话连篇、欺上瞒下,拖欠债务、空许支票等,给国家和社会造成了极大的危害,且后患无穷。我们党现在重手打击腐败,其实腐败分子就是最大的失信者。他们常常暗一套、明一套,把失信失德作为生活方式甚至人生目标。这些极少数的腐败分子极大地败坏了我们党的先进性和纯洁性,是坚决不能允许的。

中华民族是礼仪之邦、诚信之邦,有许许多多的普通民众在工作、学习和生活中践行着诚实守信的人生信条。领导干部作为公众人物,其言行对经济社会发展的影响比普通人更大,因此更要讲诚信。只有这样,才能够树立威信,赢得民心,营造出良好的干事创业氛围,使国家、社会得以有序运转。

十九、仁爱之道

在中国哲学的演变和发展史上,仁爱观念由来已久,源远流长。老子指出:"大道废,有仁义。"(《道德经·第十八章》)庄子说:"爱人利物之谓仁。"(《庄子·天地》)墨子提出:"夫爱人者,人必从而爱之;利人者,人必从而利之。"(《墨子·兼爱中》)韩非讲:"仁者,谓其中心欣然爱人也。"(《韩非子·解老》)不过,尽管各家各派都以不同的方式使用

"仁"这一概念,但全面建立仁学体系的却是儒家。

儒家学说是孔子开创的在中华传统文化中占主流地位的一种文化流派,其中心是孝、悌、忠、信、礼、义、廉、耻,核心则是"仁"。如在不到两万字的《论语》中,出现"仁"字的地方前后有一百多处。仁爱思想是贯穿儒家思想的主线,是儒家整个思想体系的核心内容,也是中华传统文化中伦理道德体系的最高原则。

什么是"仁"?《说文解字》是这样解释"仁"的:"亲,仁也。"又说:"仁,亲也。"但此之"仁爱",仅限于亲情之爱,后来"仁"的范围扩展,含义也由"亲人"拓展到"爱人"。"爱"这个字的繁体是"愛",它由"爪"、"秃宝盖"、"心"和"友"四部分组成,合起来的意思是:抓住具有志同道合人的心。

儒家创始人孔子用"爱人"来解释仁,樊迟问仁,子曰"爱人"(《论语·颜渊》)。孔子认为仁者应该同情、关心、爱护、尊重、帮助他人,时时处处以己推人,为他人着想,"己欲立而立人,己欲达而达人"(《论语·雍也》)。孟子说:"仁者爱人,有礼者敬人。爱人者,人恒爱之;敬人者,人恒敬之。"(《孟子·离娄下》)"仁者爱人",爱人是"仁爱"思想的核心内容。平时我们常说"仁爱之心",就是这种思想的一种情感体现和心态概括。

专栏　如何践履"仁"

"仁"是中国传统道德精神的重要象征,其宽泛的覆盖面使它成为中华伦理思想高度浓缩的抽象性哲学概念。"仁人"就是指具有完善道德人格的人。虽然"仁"具有很高的抽象性,但践履"仁"并不难。对此,孔子说:"仁远乎哉?我欲仁,斯仁至矣。"(《论语·述而》)之所以如此,是因为"仁"发端于每个人都具有的、都能体会到的血缘亲情。"孝弟也者,其为仁之本与。"(《论语·学而》)当一个人将亲亲之爱推广开去,"老吾老以及人之老,幼吾幼以及人之幼",就会在人际交往之中,理解、同情、体谅他人的境遇,忠恕之道就由此产生了。忠恕之道的具体内容包括相反相成的两个方面,一方面是"己欲立而立人,己欲达而达人",另一方面是"己所不欲,勿施于人"。总之,孝悌之情的扩展就是忠恕之道,忠恕之道"能近取譬,可谓仁之方也已"(《论语·雍也》)。"忠恕"是"仁"由家族之爱走向社会之爱、天下之爱的方法与具体实现的路径。这种基于血缘亲情的仁爱之心通过内在心理的移情与转化,经由忠恕之道的具体方法,再与不同的历史场景、社会状况、个人际遇相结合,就能派生出一系列从属于"仁"的道德品格与行为,在孔子看来,恭、宽、信、敏、惠、礼、义、忠、勇等道德品质都归属于"仁"的大框架之下。"仁"的思想将中华民族用浓浓的"爱"紧密联系在一起,使中华民族的民族性格中具有厚重的家国天下情怀。

在继承和发展孔子"仁"的思想的基础上,孟子还提出了"王道"与"仁政"的政治理念。"王道"就是圣王之道,是符合准则的治国之道;"仁政"是将仁义作为基本的政治观念治理国家。"仁政"是"王道"在政治措施上的具体体现,而"王道"是"仁政"的思想内涵。孟子在谒见梁惠王时,具体阐述了其"王道"理想:"谷与鱼鳖不可胜食,材木不可胜用,是使民养生丧死无憾也。养生丧死无憾,王道之始也。"他还具体解释了"仁政"制度在农业方面的实施问题:"省刑罚,薄税敛,深耕易耨;壮者以暇日修其孝悌忠信,入以事其父兄,出以事其长上,可使制梃以挞秦楚之坚甲利兵矣!"(《孟子·梁惠王上》)孟子的"王道"和"仁政"思想鲜明地体现了伦理政治化和政治伦理化的特点。

孟子还曾说，"君子莫大乎与人为善"（《孟子·公孙丑上》），是说仁人志士最大的特点莫过于对他人友好，与人为善。事实上，对人的重视首要的就是对人有仁爱之心、与人为善，通过"爱人"建立起人与人之间的和谐关系，最终达到一种"仁"的状态。具有仁爱之心，就有同情、爱护和帮助他人的思想感情，就能融化人的孤独感与分离感，能打破人们之间的"围墙"，使人与人的关系和睦温馨。它是建立和谐人际关系的纽带，是人类生存和社会发展的最基本的精神力量。

"仁"是人的高尚品质，是成事成功的要素。所谓仁人、仁君都具有这种品质。中国古代成大事者，常常以仁爱之心对待下属和他人。比如大家熟知的有道明君唐太宗，贞观初年，他对大臣说，在深宫幽禁妇女是浪费百姓的财力，之后他将3000多名宫女遣送回家，任其择偶成婚。贞观二年，关中地区发生了大饥荒，太宗又对大臣说，水旱不调，都是自己的罪过。百姓没有罪过，不该遭受艰难窘迫。随后他派御史大夫杜淹前去巡查，还用皇家府库的钱财赎回那些被卖的孩子，送还其父母。

帝王之外施行仁爱者更是代不乏人。唐代著名文人柳宗元在广西柳州当政时，禁止买卖奴婢，带领百姓挖井开荒，整修墙道，广种林木，发展生产，经过三年努力使柳州气象一新。宋代大文豪苏轼晚年定居常州时，曾花掉最后一点积蓄，买了一所住宅。正准备择日迁居的时候，偶然听到一位老妇十分伤心的哭声。细问究竟，原来自己买的房子乃老妇的祖传老屋，刚刚被不孝子孙卖掉。苏轼当即告诉老妇实情，焚烧掉房契，并让老妇的儿子迎回母亲，而且还没有要回购房款。这年七月，苏轼客死在他租住的房子内。东汉人淳于恭宽容善待因饥饿偷采果实之人、三国时期东吴名医董奉治病不收诊费、晋朝官员郗公"含哺"救活孩子、宋朝严世期乐善好施、明朝徐九思施粥活民、清朝阮元拯救女婴等,都是流传千古的仁爱故事。

近代以来,面对西方思想文化的冲击,诸多有识之士展开了对传统文化的创造性转化。康有为杂糅中西,认为"能爱类者谓之仁,不爱类者谓之不仁"①。"爱类"即爱同类。这一观点蕴含着爱家庭、爱社会、爱国家的思想,具有凝聚人心的社会价值和意义。但是,现实社会毕竟存在着阶级、阶层、等级之分。于是谭嗣同又赋予仁以"通"的含义,"夫仁、以太之用,而天地万物由之以生,由之以通"②,即强调人的主观能动性,借以达成世界之通。还有人外借西方博爱之说,以博爱释"仁",如孙中山说"能博爱,即可谓之仁"③等。

"仁"的思想也深深影响了中国近代一些著名人物的实践活动。如曾国藩认为,"带兵之道,用恩莫如用仁,用威莫如用礼。仁者,所谓欲立立人,欲达达人是也。待弁兵如待子弟之心,常望其发达,望其成立,则人知恩矣"(《曾胡治兵语录》)。曾国藩这种以"仁爱"对待下属和他人的态度,很值得我们借鉴。

中国共产党人站在人民群众的立场上,用辩证唯物主义的方法分析评价并继承了儒家思想的合理成分。毛泽东受传统文化的影响就非常深,"仁爱"思想也体现在他总结的"全心全意为人民服务"的宗旨之中。十八大报告概括出了社会主义核心价值观,其中一些核心价值观念如平等、爱国、友善等与仁爱思想是存在很多相通之处的。因为仁爱本身就要求对他人友善,对他人友善又常常是以平等待人为基础的,而不断扩大友善的范围就是爱家、爱社会、爱国。

① 康有为:《大同书》,华夏出版社2002年版,第337页。
② 《谭嗣同全集》增订本下册,中华书局1981年版,第297页。
③ 《孙中山全集》第6卷,中华书局1985年版,第22页。

当前中国处于社会转型期,围绕利益各主体间多方博弈,往往矛盾丛生、多发,极不利于和谐社会的建设。在这种情况下,重视仁爱思想这一传统的核心价值观,并将其内化,就显得极其必要了。作为党的各级领导干部,要心存仁爱精神对待工作、对待民众,时刻牢记"群众利益无小事",对群众的冷暖疾苦感同身受,想群众之所想,急群众之所急,把群众当作亲人,以心换心,以情换情,切实把党中央制定的各项政策措施落到实处。

二十、义利之道

如何协调个体与整体的利益关系,如何评判个体面对利益时的不同选择,如何对待道义原则与功利实效,既是个人立身处世所要直面的问题,更是为政者需要深入思考的问题。自先秦开始,古代哲人就已对道德与利益、公与私等问题作出了自觉的思考,具体展开于义利关系的探讨中,实现于为政者的政治实践中,成为中华传统文化的重要组成部分,其中所蕴含的"义以为上"、先公后私、"见利思义"等价值取向塑造着国人的精神旨趣与人格特质,影响着传统的治国理念与制度安排。同时,亦为今天社会主义市场经济条件下正确义利观、价值观的培育与践行提供了丰厚的精神滋养。

宋代思想家程颢曾说,"天下之事,惟义利而已"。那么,什么是义,什么是利呢?《礼记·中庸》有言,"义者,宜也"。义与宜相通,即指合理性,泛指一般的道德原则,含有正当、应当之意。既然是合理性,那么有关义的内容与解释便会随时代的发展而发生变化。当然,这种变化背后仍是以大家所认同的道德原则为核心的。所谓利,泛指利益。由于社会利益格局的多元，利有个体利益、国家利益、眼前利益、长远利益等划分。在义利之辨中，利主要区分为公利与私利，前者指最大多数人的利，后者指个人的利。可见，义利问题实际上又涉及到公私问题。在古代哲人那里，如果说利关涉人的感性需求的满足，那么义则指向了人之所以为人的道义原则。二者孰重孰轻，对立抑或统一，不同的思想流派提出了各自的见解主张。其中，儒家的义利观在后世的发展演变中成为了中华传统义利之道的主流，主导着人们的价值观念。

　　"尚义"是儒家义利之道的鲜明特点，透显着儒家德性优先的基调。在儒学的话语系统中，义与仁并列，是首倡的道德规范，是仁义礼智信基本道德的德目之一，是将人从生物层面提升至人之所以为人的重要内容和环节。作为人格典范，君子是行义的。孔子明确说"君子义以为上"（《论语·阳货》），"君子义以为质"（《论语·卫灵公》）。就义利关系来看，一个人行为评价的依据并不在于行为结果是否可以带来实际的利益，而要关注行为本身是否合乎义。如果行为本身不合乎义，违背了道德原则，那么即使带来巨大的利益，也是不可取的。所谓"不义而富且贵，于我如浮云"（《论语·述而》）。孟子亦讲"行一不义、杀一不辜而得天下，皆不为也"（《孟子·公孙丑上》）。如果有人假借仁义之名而行牟利之实，同样为儒家所不齿。因为在他们看来，如果为利而义，最终必然导致不顾道义而逐利的结果，这显然有违其修己成德的基本立场。由此，对待义利的不同态度，也就成为评判道德人格高低的重要标准。此外，儒家对义的强调与推崇在"舍生取义"、"杀身成仁"的论说中得到了更为鲜明的体现。当义与利处于尖锐对立、人的选择处于两难之际，儒家主张要牺牲利益而成就道义。

　　确认义的优先性，并不意味着儒家完全否定利。事实上，儒家不仅看到了"富贵"乃人之所求,"贫贱"乃人之所恶的人性心理,而且对人们物质生活欲求的满足持肯定的态度。对合理之利的肯定,是儒家义利之道的题中应有之义。如果摒弃正当的功利活动,以致贫贱交加,反而是一种应当否定的价值取向。也就是说,所有通过诚实劳动和合法经营获取正当物质利益的行为,在儒家这里都是被鼓励和提倡的。同时,对于为政者来说,富民、利民亦是其所担道义的主要内容,原因在于儒家认为个人利益获得满足,社会生活才能稳定。正是在此意义上,孔子强调"因民之所利而利之"(《论语·尧曰》)。《论语》中记载了这样一个故事:孔子来到卫国,盛赞当地人口众多,他的学生就问他:"既庶矣,又何加焉?"孔子说:"富之。"学生又问:"既富矣,又何加焉?"孔子回答:"教之。"庶之、富之,显然属于利的范畴。可见,孔子对庶民百姓的物质利益需求高度关切,认识到利在社会生活中的意义。孟子在其仁政说中表达了同样的价值理念。无论是孔子的庶之、富之、教之,还是孟子的制民之产,实际上都已触及到义利关系的另一层面,即利在一定意义上是义的物质基础和条件。对民众来说,只有在满足基本物质需要的基础上,才能产生道德的要求。由此可见,儒家的义利之道并没有将义与利对立起来,而是基于义利统一的视野下而展开,当然二者并非平列并重。

在义利统一的前提下,基于"尚义"的价值取向,儒家主张以义制利。由于利益主体的多元,不同阶层、不同群体、不同个体的利益关系往往不一致。如果大家都以一己私利为追逐目标,只会引起普遍的不满,"放于利而行,多怨"(《论语·里仁》),进而不可避免地导致社会成员在利益关系上的紧张与冲突,社会的稳定便无法保持,最终将会在冲突中走向危亡。对此,荀子作了更细致的分析:"人生而有欲,欲而不得,则不能无求;求而无度量分界,则不能不争;争则乱,乱则穷。先王恶其乱也,故制礼义以分之,以养人之欲,给人之求。"(《荀子·礼论》)因此,为了避免片面求利、唯利是图所带来的消极后果,必须用义来范导人们求利的行为。那么什么样的谋利行为符合义的原则呢? 在儒家看来,一方面,"君子爱财,取之有道",合理的利益需求要通过正当的途径来获得;另一方面,要对公利与私利有所辨析,二者彼此联系又有区别。从价值取向来看,儒家无疑是注重公利的,并将公利与义相联系,认为增进公利的行为即是义,坚决反对损公肥私的行为。质言之,儒家并不否定人们谋利的意识和观念,而在于强调谋利的合理性与正当性。

义作为利的规范,实际上还包含着社会资源与财富合理分配的问题。孔子说:"礼以行义,义以生利,利以平民,政之大节也。"(《左传·成公二年》)礼制是社会秩序的支撑,其合理性的设计自然可以调动人们的积极性,从而创造更多的财富,人们富裕安乐,这是政治的大节。孟子见梁惠王时,面对梁惠王"亦将有以利吾国乎"的问话,孟子答道:"王何必曰利? 亦有仁义而已矣。"看似孟子只讲义,不讲利,但实际上在他的阐述中,利是在行义的过程中实现的。为政者关切百姓的物质生活需求,减轻赋税,不与民争利,合理分配社会资源与财富,这些都是行义的体现。为政者因广施仁政而王天下,不仅符合为政者的利益,也同样符合百姓的利益。由此可知,义利之辨不仅关涉为人处世之则,而且还是儒家政治哲学中的重要内容,更是为政者治世经邦所需认真把握的问题。

总的来说,儒家的义利思想虽然在不同的历史发展阶段中各有理论侧重,但就其对待义利的基本立场来看,确实是一以贯之的,体现为"义以为上"、"见利思义"、"以义制利"、承认合理之利等。这种义利观既非为贫穷辩护的道德理论，又非将功利与道德对立起来、以功利排斥道义的功利主义。它在肯定生存欲求的正当性的同时，尤为强调人们应当超越物欲与私利的局限，致力于对道义与德性的追求，以此提升人的精神品质，获得人之为人的尊严，呈现人之为人的生命价值。正是这一价值指向，使儒家的义利观与墨家义利并举、法家重利轻义等思想根本地区别开来。

儒法两家的差异显而易见，这里具体分析一下儒墨两家义利观的不同。墨家亦主张义利统一，重视利亦注重义。但义与利的内涵及其关系在墨家这里却有着不同于儒家的阐释。前已述及，儒家讲利，有公利、私利之分；而墨家讲利，只讲公利，认为义即是利。评价一个人的行为是否符合道义，唯一的依据在于是否有利，当然这里的利是以"国家百姓之利"为内涵的。由此来看，儒墨义利思想的区别并不在于二者是否强调公利，而在于它们基于何种视角来审视义。儒家认为义作为道德原则不需要外在利的确证，它有着自身独立的价值。相反，墨家则更多基于利的视角来界定义，也就是说，义没有独立价值，而要由利来确定。相比较而言，前者更凸显了道德的超功利性与崇高性。

作为中国义利之道的主流，儒学"义以为上"、先公后私等价值取向渗透于政治制度、个人修养之中，塑造着国人的精神旨趣与人格特质，积淀为人们维护国家、民族大义的崇高品德，克己奉公的施政理念，"苟利国家生死以，岂因祸福避趋之"的人生信念。历史上无数"铁肩担道义"的仁人志士的涌现，无不与此相关。

传统义利观可以为今天社会主义市场经济条件下正确利益观的确立，以及在利益矛盾中作出符合道德的选择，提供深厚的思想资源。坚持在义的范围内求利，是儒家处理义利关系时的基本态度，亦是当前社会主义市场经济条件下人们应当持守的基本立场。做什么、怎样做才是正当的,作为道德原则,义的具体展现会随时代发展、社会变迁而有所损益。具体到中国特色社会主义建设的新时代,人们对义的理解便内在地与合法合规、符合社会主义核心价值观相通,与中华民族的伟大复兴相联。在此意义下的求利活动,都是被肯定与提倡的。为此,就治国理政而言,首先,做到义利并重。满足人民日益增长的美好生活需要是主要任务,对为政者来说,维护好、实现好、发展好人民群众的根本利益就是自身最大的"义"。因此,一方面要鼓励人们以诚实劳动为原则,以合法经营为手段,获取正当利益,从而改善经济状况;另一方面,要以绝大多数社会公众利益的实现为出发点,不断完善有关利益分配的各项制度与法规,使社会资源得到合理、公平、公道的流动,摒弃舍义逐利甚至与民争利的行为,从而充分调动每个社会成员的积极性和创造性。其次,坚持"尚义"的价值导向。当公与私、个人利益与社会整体利益、眼前利益与长远利益之间发生矛盾时,理应以集体利益、国家和社会的长远利益为重。再次,切实摆正义与利的关系,守护好行为底线。"为官发财,应当两道",为政者获取合法权益是理所应当的,但以权谋私则是决不允许的。面对各种各样的诱惑,不唯利是图,不金钱至上,破除私心,才能做到公私分明。总的来说,义利不偏废、重视道义与责任,是传统义利观的一大特色,为新时代中国特色社会主义义利观的确立提供了重要的思想资源。

二十一、鼎新之道

鼎新一词出自《周易》的《易传》。《易传·杂卦》曰:"革,去故也;

鼎，取新也。"意思是说，"革"即去除旧有，"鼎"就是立新。"鼎"原为重宝大器，象征王权，所以鼎新本义指朝政变革或改朝换代。而在《周易》中，"鼎新"是指破旧立新、除旧布新之义。

《周易》强调革故鼎新，是与其强调变易的整体思想相一致的。《周易》是揭示变易思想的经典，"周易"之"易"就是变易的意思。作为一部国学元典，《周易》充满了大量对变化之道的阐述。《周易·系辞上》云："生生之谓易。"对于"生生"二字的含义，南宋名儒朱熹在《周易本义》中指出："阴生阳，阳生阴，其变无穷，理与书皆然也。"清代学者焦循在《易章句》中认为，"生生"应理解为"生而又生，往来交易，此易所以名易也"。总之，"易"即生生之意，《周易》即是揭示阴阳变易、大化流行、生生不已、变化日新的一部书。从《周易》来看，宇宙中的一切事物始终处于运动变化中，而这种运动变化又是生生不息、永无休止的，所以近代著名学者章太炎明确指出"变易"之义，最为"易"之确诂。

天地万物都在发展变化之中，整个宇宙呈现出大化流行的动态过程，其内在的动力机制则是阴阳变易，即阴阳的协调并济与相反相成。这是《周易》对天地之道的基本认识，也奠定了中国人的基本宇宙观。《周易》认为，人作为"三才"（天、地、人）之一，必须效法天地之道，与其协调并进，所以人及人类社会也要随着天地的变化发展而不断调整自身，正如《周易》所说："《易》之为书也不可远，为道也屡迁。变动不居，周流六虚。上下无常，刚柔相易。不可为典要，唯变所适。"《周易》描绘了宇宙万物的根本法则，而宇宙万物随着时空的转化处于不断变化之中，因此人要识变、适变，"唯变所适"。换句话说，人应不断地调整自身以与天地的变化相适应。所以宋代理学家程颐直言："易，变易也，随时变易以从道也。"（《易传序》）

《周易·系辞下》曰:"穷则变,变则通,通则久。""穷"即尽,"通"即畅通而无阻隔。这句话的大意是,事物发展到极致就会产生变化,产生变化就会使事物发展通达无碍,事物通达才能长久。对于人而言,当事物的发展变化让我们面临困境时,必须以变为要,积极寻求变化,谋划出路。如果不能自我调整而一味坚持陈规旧习,则只能封闭僵化,走上绝路。所以《周易》反复强调要"时中"、"与时偕行",即人要时时调整自身,以与事物的发展变化相适应。《周易》的革故鼎新思想正是在这样的世界观指导之下提出的。因此,鼎新思想就本质而言,是一种顺应事物发展变化、采取措施,通过不断除旧布新推动事物发展的思想。

人要做到顺应天地万物的发展变化而不断调整自身,内在蕴含着人要日新其德的要求。《周易·系辞上》说道:"富有之谓大业,日新之谓盛德。"关于《系辞》所谓"日新之谓盛德"的内涵,《周易·升卦》解释道:"地中生木,升。君子以顺德,积小以高大。"意思是说品德的提升如同草木在土地中生根发芽,日夜生长,最终臻于完善。所以"日新"即强调要在道德修养上日新其德。这可以说是鼎新思想所包含的另一重要内容。

《周易》在中华传统文化中占有重要地位,被视为"大道之源,群经之首",《周易》的鼎新思想也深刻地反映在各家思想中,儒家尤为明显。儒家对鼎新思想的重视表现在:一方面强调在政治上要坚持破旧立新、除旧布新的立场。如《诗经·大雅·文王》曰:"文王在上,於昭于天。周虽旧邦,其命维新。"周虽然是一个古老的邦国,但上天赋予了它新的使命,那就是不断革新。文王、武王能够自新其德并博施于民,就可以秉承天命建立周朝。在这里,革故鼎新始终被君主作为一种治国安邦的责任和使命牢记在心,因此时刻不忘反思自己的施政行为,夙兴夜寐,养民厚俗,建立了上下有序、远近和合的礼乐社会,对中华文明的发展产生了重大深远的影响。另一方面则特别发挥了日新其德的思想内涵。《礼记·大学》云:"汤之《盘铭》曰:'苟日新,日日新,又日新。'"汤之《盘铭》是商朝的开国君主成汤在澡盆上刻下的告诫自己的警词,如果一天能够除旧更新,那么就应该天天除旧更新,不间断地更新又更新。这句话中的三个"新"字,本义是指通过洗澡除去身上的污垢,使身体焕然一新,在这里引申为道德、精神上的弃旧图新。作为商朝的开国君主,成汤极其重视自己的德性修养,他希望自己的品德修养像沐浴涤除污垢一样,能够天天自省并纠正自己的过失,使德性修养日日自新。"苟日新,日日新,又日新"从动态的角度强调了道德修养上不断改过迁善、日新其德的内涵,逐渐成为儒家诠释"鼎新"思想的重要维度。

　　总之,国家治理上的革故鼎新、除旧布新和道德修养上的日新其德成为鼎新之道的两个重要思想内涵。历代学者对鼎新之道的理解发挥一般不出这两个方面。宋代著名儒学家张载认为,"日新者,久无穷也"(《正蒙》),在他看来,任何事物只有处于不断的更新变化中,才能长久保持稳定状态而得以长期存在。这里的"日新",不仅指德性修养的自我完善,同时也强调万事万物都要不断地除旧布新,才能获得长久而稳定的发展。朱熹也曾对"日新"思想进行过论述。他在为《礼记·大学》作注时指出,就"苟日新,日日新,又日新"这句话而言,除了包括初始之"新"和日复一日、无有间断地更新这两层意思外,还可以将其理解为日日之新或又日之新,即每一天较最初一日而言都是新的,而每天的"新"其实也正是一日之新,因为第二天即成为"旧",由此循环往复,构成了事物革故鼎新、持续发展的存在状态。

　　作为传统的重要世界观和价值观,鼎新之道对中国古代治国理政及为官之道产生了深刻影响。在中华传统文化中,不论是个体发展还是社会进步,都强调革故鼎新。对个体而言,鼎新思想意味着持续不断地进德修业、修身正己,通过个体思想观念的更新、道德修养的完善以及人格境界的提高,调整个体与社会的关系,在持续不断的道德践履中成就文质相宜的君子人格。对社会而言,要想实现大发展、大进步,就必须唯时所变,除旧布新,积极革除与社会发展不相适应的陈规旧习和制度规范,为社会发展注入新的动力,否则,抱守残缺、固步自封将阻碍甚至桎梏社会的发展。如《尚书》记载,商代贤臣伊尹还政于太甲后,作《咸有一德》告诫太甲:"今嗣王新服厥命,惟新厥德。终始惟一,时乃日新。"身为一国之君,应当持之以恒地修养德性、砥砺品行,这样自己的德行才能得到日日更新,担负起治国安民的重任。《礼记·中庸》中讲到:"愚而好自用,贱而好自专,生乎今之世,反古之道。如此者,灾及其身者也。"直言生活在当今时代,却要用古代的方法解决问题,那么必然会导致灾难降临。《吕氏春秋》所讲的刻舟求剑的故事尽人皆知,其寓意即劝勉为政者要认识到事物处在时刻的发展变化中,若一味死守教条、拘泥成法而不知因时而变、随事而制,就无法实现对国家的有序治理。这些都生动地体现了鼎新之道对古代治国理政及为政之道的深刻影响。

鼎新之道对当今领导干部的为政之道也具有重要的启示作用。2014年,在纪念孔子诞辰2565周年的国际学术研讨会上,习近平总书记发表了重要讲话,他列举了中华优秀传统文化中十几项对治国理政具有有益启示的内容,其中就提到苟日新日日新又日新、革故鼎新、与时俱进等内容。构建新时代的为政之道必须从传统的鼎新之道中汲取智慧和丰富营养。

当前,中国特色社会主义进入新时代。党的十九大指出,要解决人民日益增长的美好生活需要和不平衡不充分的发展之间的矛盾,必须坚定不移贯彻创新、协调、绿色、开放、共享的发展理念,不断推进理论创新、实践创新、制度创新、文化创新等,加快建设创新型国家。在决胜全面建成小康社会、建设富强民主文明和谐美丽的社会主义现代化强国、实现中华民族伟大复兴中国梦的新征程上,应该充分吸收革故鼎新、除旧布新的思想智慧和创新求变、开拓进取的胆识魄力,进一步增强进取意识、机遇意识,以"谋创新就是谋未来"的自觉,探索符合"五位一体"总体布局和"四个全面"战略布局要求的新途径、新办法,着力破除与经济社会发展不相适应甚至阻碍经济社会发展的体制机制和思想观念,坚持变中求新、变中求进、变中突破,开创经济社会发展的新局面。传统的鼎新之道中包含的丰富的创新求变的智慧,能有效增强党政官员开拓进取的锐气,通过转变旧观念、培养新思维、开拓新视野,打破思维定式,克服路径依赖,努力实现工作思路上有新突破,工作方法上有新举措,工作成效上有新跨越。

各级领导干部还要充分吸收鼎新之道中关于道德修养方面日新其德的思想内涵。党员干部作为治国理政的骨干力量,其道德操守和官德修养对社会价值取向、社会风气的形成和发展具有重要导向作用。党员干部特别是领导干部必须把加强道德修养作为重要的人生必修课。加强"官德"建设需要我们从传统的鼎新之道中汲取智慧,让党政官员形成日新其德的道德修养自觉,"常修为政之德、常思贪欲之害、常怀律己之心",跳出"小我"看问题,始终站在为人民服务的立场上,把个人看轻一点,把名利看淡一点,慎微、慎独、慎交,坚守道德底线,严于律己,防微杜渐。通过日新其德,及时纠偏改正,不断提高道德修养水平,把为官的过程作为提升政德境界、践行为民宗旨的实践,以自身示范带动作用,营造风清气正的良好社会环境。

结语　我们离不开中华优秀传统文化

　　传承和弘扬中华优秀传统文化不是一时兴起，不是心血来潮，更不是应景之作，而是具有深刻的必然性和必要性。中华优秀传统文化对于中华民族，对于社会主义中国，乃至对于整个世界来说都是不可或缺的。审视中华民族发展，中华优秀传统文化如一条经脉发散于中华民族体内，成为中华民族的精神家园、精神标识和文化基因，中华民族的生存发展离不开中华优秀传统文化；着眼社会主义文化强国建设，中华优秀传统文化如一抹亮色贯穿于丰富和发展中国特色社会主义理论体系、建设社会主义先进文化、涵养社会主义核心价值观、提高公民道德素质、厚植中国共产党人精神的全过程，建设社会主义文化强国离不开中华优秀传统文化；放眼世界文明进程，中华优秀传统文化如一颗明珠镶嵌在世界文明史册，熠熠生辉，照亮人类文明发展大道，无论是在过去、现在，还是将来，都能够为人类文明的丰盈、发展和进步做出持续性的贡献，世界文明的多样性发展离不开中华优秀传统文化。

一、中华民族的生存发展离不开中华优秀传统文化

　　"求木之长者，必固其根本；欲流之远者，必浚其泉源。"无根之木，

难以长存，无源之水，必定断流。"优秀传统文化是一个国家、一个民族传承和发展的根本"①，而"抛弃传统、丢掉根本，就等于割断了自己的精神命脉。博大精深的中华优秀传统文化是我们在世界文化激荡中站稳脚跟的根基"②。中华优秀传统文化作为我们的传统、根本和精神命脉，在经过时间的洗礼和空间的沉淀后，业已成为中华民族的精神家园、精神标识和文化基因。

中华优秀传统文化是中华民族的精神家园。我们每个人既生活在有形的物质家园，又生活在无形的精神家园，精神家园里有我们的知识经验、信念信仰、情感寄托、价值追求，有了精神家园就有了心灵归宿，就有了安顿感、充实感和幸福感，就会感到生活的意义和价值；反之，如果失去了精神家园就如同丢失了灵魂，就会有落魄感、空虚感和痛苦感，就会觉得生活失去了意义和价值。每个人都有自己的精神家园，又有共同的精神家园，这就是我们民族的精神家园。"文化是民族的血脉，是人民的精神家园"，中华民族的精神家园就是中华优秀传统文化，它是整个中华民族在历史上共同创造、共同坚守、共同传承和共同弘扬的知识经验、思想观念、理想信念、情感态度、价值观念的总和，是一个民族精神的发源地、民族理想的寄托场，也是民族凝聚力的精神纽带、生命力的根本所在和创造力的源泉，又是全球华人的心灵故乡。中华传统文化博大精深，绵延悠长，恰似中华民族在五千年实践中铸就的文化"万里长城"，饱经风霜而不垮，屹立千年而不倒，伴随着中华民族繁衍生息，发展壮大；伴随着中国人走向世界，遍布全球。中华优秀传统文化经过数千年的沧桑洗礼、艰难磨砺，不断积聚、衍生，逐渐形成博大精深的体系，成为中华

---

① 习近平：《在纪念孔子诞辰2565周年国际学术研讨会暨国际儒学联合会第五届会员大会开幕会上的讲话》，《人民日报》2014年9月25日。
② 《习近平谈治国理政》，外文出版社2014年版，第164页。

民族的精神家园,是所有中华民族成员和全球华人的精华所在、精神所在、气魄所在、神韵所在。

中华优秀传统文化是中华民族的精神标识。中华民族共有的精神家园博大精深、丰富多彩,具体表现为中华民族的精神标识和文化基因。民族精神标识是一个民族在产生、成长、发展、壮大的过程中所形成的精神风貌,是一个民族的精神"品牌"。不同的民族具有自身鲜明的特点,肤色、衣着、住行的差别,太过于表面化,并且容易发生改变,民族精神标识作为民族的精神所托、情感所系和生活所归,却是区别于其他民族的显著特征。民族精神标识突出表现在民族精神、民族品质和民族性格上,中华优秀传统文化培育了中华民族自强不息的奋斗精神、勤劳勇敢的质朴精神、民胞物与的和谐精神、和而不同的包容精神、兼爱非攻的和平精神、克己奉公的奉献精神、团结合作的集体精神,等等。这些精神成为中华民族精神的基本架构,成为维系整个民族生存和发展的精神支柱;中华优秀传统文化锻造了中国人爱国主义的民族情怀、团结统一的价值取向、贵中尚和的思维模式、勤劳勇敢的优良品质、自强不息的进取意识、厚德载物的博大胸襟、崇德重义的精神境界、天下为公的致远理想,等等。这些优秀品质成为中华民族自立于世界民族之林的素质和底气;这些精神和品质对于勤劳、勇敢、奋进、友善、包容、团结、和平、奉献等中华民族共有性格的形成起到了重要作用,成为中华民族共同的精神财富,也是中华民族的鲜明特征。毛泽东说过:"中国的面貌,无论是政治、经济、文化,都不应该是旧的,都应该改变,但中国的特点要保存"①,而中华民族的基本精神就是中国的显著特点,时代总是在变,中华民族的精神却是一以贯之、薪火相传的。这些精神和品质都内植于中华民族

① 《毛泽东文集》第7卷,人民出版社1999年版,第82-83页。

每一个成员体内,成为本民族的精神标签和身份标志。"我们从古以来,就有埋头苦干的人,有拼命硬干的人,有为民请命的人,有舍身求法的人,……虽是等于为帝王将相作家谱的所谓'正史',也往往掩不住他们的光耀,这就是中国的脊梁。"①可以说,这些中国的脊梁正是中华优秀传统文化的鲜活表现,也是中华民族精神标识的外显。"为什么中华民族能够在几千年的历史长河中顽强生存和不断发展呢?很重要的一个原因,是我们民族有一脉相承的精神追求、精神特质、精神脉络。"②

中华优秀传统文化是中华民族的文化基因。民族文化基因是民族文化经过长期历史积淀而保留下来的,对民族生存发展有意义的文化元素。中华优秀传统文化是中华五千年文明的陈酿,是中华传统文化的精粹,是中华民族智慧的结晶。它存在于中华民族的思维方式、生活方式、风俗民情之中,凝结于儒释道法墨诸子百家、经史子集之中,内化于人们的行为准则、价值观念、风俗习惯之中。中华优秀传统文化世代相传,已经渗透于中国人的血脉之中,它"体现着中华民族世世代代在生产生活中形成和传承的世界观、人生观、价值观、审美观等,其中最核心的内容已经成为中华民族最基本的文化基因。这些最基本的文化基因,是中华民族和中国人民在修齐治平、尊时守位、知常达变、开物成务、建功立业过程中逐渐形成的有别于其他民族的独特标识"。这些文化基因流淌于中华民族的血脉之中,是凝聚海内外炎黄子孙文化认同、价值认同、民族认同的最大公约数,即便是"在台湾被侵占的50年间,台湾同胞保持着强烈的中华民族意识和牢固的中华文化情感,打心眼里认同自己属中华民族"③,即使海外华人华侨已侨居国外数十载,每当

① 《鲁迅全集》第6卷,人民文学出版社1981年版,第118页。
② 《习近平谈治国理政》,外文出版社2014年版,第181页。
③ 《习近平谈治国理政》,外文出版社2014年版,第237页。

注目东方,每次听闻乡音,仍然会在心底泛起浓浓的乡愁,这不能不说是同与生俱来、浑然天成、不可磨灭的中华民族特有的文化基因有着密不可分的关系。

总而言之,中华优秀传统文化是我们的文化之根,是世世代代哺育我们的精神之母,她用取自中华民族五千年悠久历史的玉露琼浆,通过文化脐带,孕育了一代代的华夏儿女,延续了古老东方的民族血脉。中华优秀传统文化集中华民族的精神家园、精神标识、文化基因于一身,培育气度、激励自信、陶冶人格、塑造灵魂,成为中华民族的精气神和"根"、"魂"、"源"。中华文明是四大古代文明中唯一没有中断的文明,具有持久性、不间断性和稳定性,其中的重要原因就在于我们没有"数典忘祖",没有抛弃传统,没有自断精神命脉,中华民族的"根"仍在,"魂"尤存,"源"长流,一直绵延至今。中华优秀传统文化的DNA已经渗透到每一个炎黄子孙的骨髓里,潜移默化地影响着中国人的思想方式和行为方式,成为中华民族内在的规定性。我们生而为中国人,本质上在于我们有自己独特的精神世界,有日用而不觉的传统文化,对于中华民族而言,中华优秀传统文化就像阳光和空气一样重要,中华民族在传统文化的熏陶中受益而不觉,失之则难存。中华优秀传统文化已成为维系中国多民族和合一体、团结统一的精神纽带,成为中华儿女不畏强暴、独立自主、开拓进取的精神源泉。

二、建设社会主义文化强国离不开中华优秀传统文化

"一个国家、一个民族的强盛,总是以文化兴盛为支撑的,中华民族

伟大复兴需要以中华文化发展繁荣为条件。"①当前,举国上下正为实现中华民族的伟大复兴而不懈奋斗,而"实现中国梦,是物质文明和精神文明均衡发展、相互促进的结果。没有文明的继承和发展,没有文化的弘扬和繁荣,就没有中国梦的实现"②。中华民族的复兴是全面的复兴,我们不仅需要经济、军事等"硬复兴",更要有思想、文化等"软复兴",实现"软复兴"就是要建设社会主义文化强国。建设社会主义文化强国涉及到方方面面,它需要理论体系的指引,文化建设的实施,价值观念的认同,公民素质的提升,中国共产党人精神的支撑,等等。"中华优秀传统文化是中华民族的突出优势,是我们最深厚的文化软实力。"中华优秀传统文化作为中国这个社会主义大国的软实力支撑,也是建设社会主义文化强国的基本资源和重要支点,缺乏中华优秀传统文化,撑不起中国繁荣发展的大厦,传承和弘扬中华优秀传统文化,有助于社会主义文化强国目标的实现。

传承和弘扬中华优秀传统文化,有助于丰富和发展中国特色社会主义理论体系。"中国特色社会主义根植于中华文化沃土、反映中国人民意愿、适应中国和时代发展进步要求,有着深厚历史渊源和广泛现实基础。"马克思列宁主义一经来到中国,便产生了与中国具体国情相结合的问题,而中国优秀传统文化是中国本土的突出特色,作为马克思列宁主义与中国本土国情相结合产物的中国化马克思主义,其丰富和发展必然离不开对中华优秀传统文化的继承和弘扬。正是在继承和弘扬中华优秀传统文化的基础上,我们党将马克思主义基本原理与改革开放以来的中国社会主义实践相结合,实现了马克思主义中国化的再次飞跃,形成

---

① 《认真贯彻党的十八届三中全会精神 汇聚起全面深化改革的强大正能量》,《人民日报》2013年11月29日。

② 习近平:《在联合国教科文组织总部的演讲》,《人民日报》2014年3月28日。

了中国特色社会主义理论体系,走出了一条中国特色社会主义道路。这也充分说明,只有将中国实际和中华优秀传统文化相结合,中国特色社会主义这棵大树才能根深蒂固、枝繁叶茂、硕果累累,中国特色社会主义理论体系才能不断丰富、充实和发展。

传承和弘扬中华优秀传统文化,有助于建设社会主义先进文化。推动社会主义先进文化建设,要在坚持马克思主义指导地位的前提下,吸收中华优秀传统文化和西方先进文明的积极成果,实现社会主义文化大发展大繁荣。可以说,马克思主义是社会主义先进文化之"魂",中华优秀传统文化是先进文化之"根",西方文明成果是先进文化之"养分",社会主义文化是民族的、科学的、大众的文化。中华优秀传统文化是中华民族在社会实践中的产物,具有鲜明的民族性;中华优秀传统文化是从数千年文化发展历程中提取出的中华传统文化精华,剔除了愚昧、落后、不合理的成分,保留了智慧、进步、有意义的部分,具有显著的科学性;中华优秀传统文化来自于人们的生活之中,又在人们的生活中升华,反过来促进人们的生活,成为人们生活不可或缺的一部分,具有天然的大众性。因此,中华优秀传统文化与社会主义先进文化的性质要求具有内在的契合性,传承和弘扬中华优秀传统文化将有助于社会主义先进文化民族性、科学性、大众性的实现。

传承和弘扬中华优秀传统文化,有助于涵养社会主义核心价值观。社会主义核心价值观的培育和践行需要立足于中国的文化生态,中华优秀传统文化作为中国文化生态的基础因子,是涵养社会主义核心价值观的深厚沃土,是润泽社会主义核心价值观的源头活水。传统文化中"讲仁爱、重民本、守诚信、崇正义、尚和合、求大同"等价值追求,不仅传统色彩浓郁,更与当代的社会发展要求具有高度的一致性。"民惟邦本,本固邦宁"、"民以殷盛,国以富强"、"天人合一"等是"富强、民主、文明、和谐"的传统底色,"天下大同"、"天下为公"、"己所不欲,勿施于人"、"不患寡而患不均"、"修法治,广政教"等是"自由、平等、公正、法治"的原始资源,"天下兴亡,匹夫有责"、"敬业乐群"、"言必信,行必果"、"与人为善"等是"爱国、敬业、诚信、友善"的基本元素,社会主义核心价值观正是在中华优秀传统文化的呵护、滋养、浸润中逐渐扎根于大众内心的。传承和弘扬中华优秀传统文化不仅是对传统文化积淀的消化、吸收、重塑、再生,也是对培育和践行社会主义核心价值观文化生态的营造。

传承和弘扬中华优秀传统文化,有助于提高公民道德素质。"国无德不兴,人无德不立。"中华优秀传统文化是人们进行道德教育和道德修养的"好教材","学史可以看成败、鉴得失、知兴替;学诗可以情飞扬、志高昂、人灵秀;学伦理可以知廉耻、懂荣辱、辨是非"①。历史典故、古文诗集、道德伦理等作为中华优秀传统文化的重要组成部分,具有启迪思想、培养性情、人文教化的功用,都可以为当今公民道德素质建设提供丰富资源,"如果不以中华民族传统优秀文化和优秀道德来涵养中国人,没有对中华传统文化和优秀道德传统的继承,就培养不出有高度文化素质和道德素质的有教养的中国人"②。经过长期的传承与实践,传统文化中的道德理想、道德规范、道德修养等构成了一套相对完整的伦理体系,公民道德的培养和素质的提高,必须而且能够从中华优秀传统文化尤其是儒家伦理道德中汲取营养。富于理想主义、理性主义、人文主义精神的儒家道德,追求人的自我完善,并力图通过道德教化塑造理想人格,它重视气

---

① 《习近平谈治国理政》,外文出版社2014年版,第406页。
② 陈先达:《马克思主义和中国传统文化》,人民出版社2015年版,第14页。

节，提倡孝爱，强调责任和群体意识，这些优秀道德规范、道德理念与我们要提高的公民素质有着内在的联系，因而具有十分重要的当代价值。可以说，中华优秀传统文化是我们灵魂深处的照明灯，能够帮助我们发现潜在的道德盲点，重塑公民道德；中华优秀传统文化也是我们心灵的清洁剂，能够帮助我们洗去人性的瑕疵，提高公民素质。中华优秀传统文化对于增强整个民族的凝聚力，陶冶公民的爱国主义情操，净化社会的道德风气，抵制拜金主义、享乐主义、极端个人主义，促进社会稳定与人际关系和谐有着积极而深远的意义。

传承和弘扬中华优秀传统文化，有助于厚植中国共产党人的精神。自古以来，中国人民自强不息、勤奋创业的伟大精神，塑造了中华民族之魂，构成了中华传统文化的主流精神，也成为中国共产党人精神的重要来源。无论是井冈山精神、长征精神，还是延安精神、西柏坡精神；无论是大庆精神、红旗渠精神、"两弹一星"精神，还是抗洪抢险精神、航天精神，这些中国共产党人的精神无不具有中华优秀文化的传统底蕴。可以说，"中华文明源远流长，蕴育了中华民族的宝贵精神品格，培育了中国人民的崇高价值追求。自强不息、厚德载物的思想，支撑着中华民族生生不息、薪火相传，今天依然是我们推进改革开放和社会主义现代化建设的强大精神力量"[①]。中华优秀传统文化富含着中华民族自强不息的精神追求和薪火相传的精神财富，是中国共产党人精神的深厚基础，中华优秀传统文化的精气神与马克思主义精神的有机结合成为中国共产党人精神的显著特征。伟大的时代呼唤伟大的精神，伟大的精神成就伟大的事业。正是由于"在带领中国人民进行革命、建设、改革的长期历史实践中，中国共产党人始终是中国优秀传统文化的

① 《习近平谈治国理政》，外文出版社2014年版，第158页。

忠实继承者和弘扬者,从孔夫子到孙中山,我们都注意汲取其中积极的养分",中国共产党人的精神才成为民族精神、革命精神、时代精神的汇聚,才能够突出体现中华民族不屈不挠的奋斗历程,充分反映中国人民崇高的革命气概,集中彰显马克思主义与中国革命、建设、改革实际相结合的时代风貌。

专栏 领导干部应读些什么样的书

2003年,习近平同志在福建工作时,曾与地县办公室干部谈心,谈读什么样的历史书,如何读历史书的事情。当时,习近平向青年干部谈到了宋代吕本中所著的《官箴》。习近平还特别提到"当官之法"和为民做事的感想——"曰清、曰慎、曰勤"三个方面。"清、慎、勤"三个方面的意思是,要做好"当官之法",就要做好工作,就要为民做事,从事政务就要清正廉洁,为民做事要始终勤勉尽职。2009年,时任国家副主席的习近平对领导干部应当普遍阅读的三个方面的书做过推荐,包括当代中国马克思主义理论著作、做好领导工作必需的各种知识书籍、古今中外优秀传统文化书籍①。他认为只有站在巨人的肩膀之上,接续着进行思考,才有可能具备令人信服的判断力、决策力,工作才有可能真正到位。我们很难想象,一位不学习、不思考的领导干部,面对突飞猛进发展着的中国,能够圆满履行领导职责,他只能流于文山会海,工作很难做出实效。这些书籍,大致涉及六个方面。

第一,就是要读当代中国马克思主义理论的著作。习近平同志说,学习当代中国马克思主义理论,要"真学、真懂、真信、真用"。要突出"新"字。所谓"新",就是要认真研读、理解、领会和掌握中国特色社会

---

① 习近平:《领导干部要爱读书读好书善读书》,《学习时报》2009年5月18日。

主义理论体系的新意、深义和精髓。

第二,就是要读做好领导工作应读的各种知识书籍。习近平同志指示领导干部一定要加强现代科学文化理论和知识的扩充及更新。当今时代,要做一位优秀的领导干部,要做好工作,就需要经过多个领域、多个层次、多个岗位的锻炼。因此,要做好领导工作,就要坚持"干什么学什么"、"缺什么补什么"的原则,调整知识结构,更新完善知识体系,这是一个理所当然的动态发展过程。领导干部只有多读各种科学知识的书籍,才能使自己真正成为行家里手、内行领导。

第三,就是要多读中国历史和世界历史的书籍。习近平同志强调学习历史知识、多读历史书籍的重要性。只有这样,才能"看成败,鉴是非,知兴替"。历史知识丰富了,学识高了,文化修养高了,眼界和胸襟就开阔了,精神境界就会提高,思维层次和领导能力就会提升到一个新高度。习近平同志还说,不同民族的优秀文化书籍是古今中外各民族文化的精华和结晶,蕴含着人类历史发展和文明的丰富成果。领导干部更应学习和熟悉自己民族的优秀文化。特别是中华民族有着五千年的文明史,许多典籍都蕴涵着做人做事和治国理政的深刻道理。

第四,就是要读民族宗教类的文化书籍。习近平同志强调指出,各级党政领导干部特别是从事民族、宗教工作的干部,都应该多读一些民族文化和宗教方面的书籍。只有这样,才有可能对民族和宗教事务认识得更深一些,知道得更全面一些,理解得更透一些,把握得更准一些,才能做好工作,处理好民族问题和宗教问题。

第五,就是要读一些"危机应对书籍"。当今时代是一个快速发展和变化的时代,是一个日趋开放的世界和社会,处于一个矛盾丛生的状态。要搞好我国的发展事业,必须有应对各种挑战的本领。习近平同志告诫年轻干部时指出了这一点。当前的一些年轻干部，文化水平很高，知识也很丰富，领导工作经验却相对欠缺，尤其是在驾驭复杂局面、处理突发事件等方面的能力还有待提高。所以，这就要求各级领导干部要加强现代社会管理和应对危机事件的能力。各级领导干部必须多读现代科学管理方面的书籍，提高现代科学管理能力。

第六，就是要读哲学方面的书籍。读哲学方面的书籍和学习哲学方面的知识，是一个人思维能力和精神境界提高的重要渠道。马克思曾说，任何真正的哲学都是自己时代精神的精华。读哲学书籍是开启人的智慧和思维的重要途径。只有学习和研读哲学经典，人们才能提高思维水平和把握世界规律，才能增强明辨是非的能力。所以，习近平同志特别提醒领导干部要多读哲学方面的书籍。

三、世界文明多样性发展离不开中华优秀传统文化

民族的文化，又是世界的文化，民族文化不可能脱离世界而孤立发展，枝繁叶茂的人类文明之树，正是不同民族文化共同培植的结果。"我们的民族是伟大的民族。在五千多年的文明发展历程中，中华民族为人类文明进步作出了不可磨灭的贡献。"①这其中就包括中华传统文化对世界文明产生的功不可没的巨大影响。中华优秀传统文化具有超越时空、跨越国度的永恒魅力，不论是在过去、现在还是将来，都在为世界文明做出持续性的贡献。

从历史维度来看，以中华优秀传统文化为核心的中华文明在人类文明发展史上书写了浓墨重彩的篇章。夏商周三代依次交替崛起，奠

---

① 《习近平谈治国理政》，外文出版社2014年版，第3页。

定了中华文化的基础。春秋战国时期,中华文化所在地形成人类文明轴心之一,中华文明与古希腊、古印度等古老文明所取得的人类文化突破现象被称为"轴心时代"。先秦诸子百家以及其后的文人墨客不断赋予中华文化以新的内涵,形成了博大精深的思想体系,至今影响着人类的生活。伴随着中国大一统在秦汉王朝的实现,中华文化随着张骞"凿空"西域的脚步,在中亚和西亚漫游,初步打开了影响异域文化之门。大唐盛世的长安,往来求学者摩肩接踵,举袂成阴,挥汗成雨,八方来客共享中华文化盛宴,中华文化更是站立在人类文明的高峰,泽被四方,长安城几乎成为世人敬仰的"文明圣城",正可谓"九天阊阖开宫殿,万国衣冠拜冕旒"。宋元时期,作为传统文化重要载体的活字印刷术对人类文明的里程碑意义不言而喻,借助丝绸、瓷器等中华传统文化器物进行贸易交流的陆上、海上"丝绸之路"日益繁盛,搭建起沟通东西、连接南北的文化桥梁。明朝郑和七下西洋,不仅推动了国家间的贸易、人员往来,更将中华文化传播到遥远的他乡。英国著名历史学家汤因比曾与日本文化界名士池田大作就文明、宗教等问题进行对话,高度肯定了中华文明的优秀资质与历史作用;德国伟大作家歌德对中华文化保持着足够的热情,不仅大量阅读来自中国的著作,用中国诗的体裁作诗,还非常欣赏中国古代小说,甚至学写中国字;儒家的"己所不欲,勿施于人"思想备受法国思想家伏尔泰的推崇,更有"孔子启蒙伏尔泰,伏尔泰启蒙西方"之说……总之,中华文明绵延悠长,五彩斑斓的器物作品、饱含智慧的制度设计、汗牛充栋的历史典籍、灿若星辰的伟大人物,在世界文明史上留下了不可磨灭的印记,中华传统文化以其思想上的大智、科技上的大用、技艺上的大巧、伦理上的大善、艺术上的大美,"登高而招,顺风而呼","见者远,闻者彰",极大地丰富了世界文明的多样性,开拓了熠熠生辉的中华文明格局,形成了享誉世界的中华文明圈。中华传统文化对世界文明的历史贡献可见一斑。

从现实维度来看,中华传统文化以其独有的魅力正在被世界广泛接受,并日益发挥重要作用。首先,随着中国综合国力的上升,孔子学院正在周游列国,并在世界各地安家落户。据国家汉办网介绍,自2004年首个孔子学院设立以来,截至2017年12月31日,全球146个国家(地区)共建立525所孔子学院和1113个孔子课堂。目前仍有多个国家(地区)正在积极申办孔子学院。国外汉学家日渐增多,汉学人才梯队较为完备,"汉语热"风靡全球,中华传统文化声望日隆,并以现代的方式走进人们的生活。其次,中华优秀传统文化启迪着全球治理思想。中国走和平发展道路很大程度上根植于中华文明,中华民族是一个爱好和平的民族,始终致力于追求和平、和睦、和谐,"国虽大,好战必亡"、"亲仁善邻,国之宝也"、"己所不欲,勿施于人"、"和而不同"、"四海之内皆兄弟也"等和合理念已经嵌入中华民族的精神世界,这些丰厚的治国理政的重要思想文化资源,不仅是当代中国处理国际关系的价值导向,也对全球治理思想有着启发意义,为世界和平与发展问题的解决贡献着中国智慧。再次,中华优秀传统文化正以多种形式走出国门。当前,中国与友好国家互办文化年,成为中华文化走出去的一大亮点。近年来,我国已经与英、法、意、俄、日、美等国家举办了多场次文化年活动,在文化年活动中,中华优秀传统文化无疑是主角,并博得了世人的赞叹和喜爱。伴随着中国文化年的深入进行,一股"中国热"正在全球持续升温,中法文化年期间,巴黎埃菲尔铁塔曾披上喜庆的"中国红",70多万法国民众涌上香榭丽舍大街争睹中国的传统表演,参加的人数之多,甚至超过了法国的国庆大游行。这充分证明了中华传统文化在当代仍具有生命力、活力和独特魅力。这些对于弘扬民族文化,彰显中华文化底蕴,增强国外友人对于中华文化的认同感,促进中西文化交流互鉴,发挥中华传统文化的当代价值具有重要的意义。如今,"一带一路"正为中华优秀传统文化价值的发挥提供新的契机,"一带一路"携中华文化而行,为中外文化的交流融合提供了实实在在的载体,中华传统文化必将伴随"一带一路"前进的脚步而大放异彩。

从未来维度看,作为人类文明重要组成部分的中华优秀传统文化仍然会继续发光发热。"几千年来人类积累的一切理性知识和实践知识依然是人类创造性前进的重要基础。只有不断发掘和利用人类创造的一切优秀思想文化和丰富知识,我们才能更好认识世界、认识社会、认识自己,才能更好开创人类社会的未来。"①毫无疑问,中华优秀传统文化所蕴含的巨大能量,必将会对人类文明的阔步前进继续发挥重要的作用。我们会看到,中华优秀传统文化将会重塑世界文化格局。随着中国在世界上经济实力的增强和政治地位的上升,中华传统文化必然会在国际舞台上发挥越来越大的作用,中华文化的复兴将会逐渐改变近代以来文化交流中重西轻东的不合理状况,从行动上驳斥文化优劣论的说辞,进而打破文化上"西尊东卑"的不平等格局。我们坚信,中华优秀传统文化将为人类所面临问题的解决贡献智慧。人类的进步总是与解决问题相伴而行,辉煌成就的面前最不缺少的就是种种挑战。当前,战争威胁、经济低迷、文明冲突、安全困境、生态破

---

① 习近平:《在纪念孔子诞辰2565周年国际学术研讨会暨国际儒学联合会第五届会员大会开幕会上的讲话》,《人民日报》2014年9月25日。

坏等威胁人类和平与发展的问题日益突出，打开这些问题之锁，需要人类智慧宝库这把钥匙。"中国优秀传统文化的丰富哲学思想、人文精神、教化思想、道德理念等，也蕴藏着解决当代人类面临的难题的重要启示，可以为人们认识和改造世界提供有益启迪。"① 正像那几十位诺贝尔奖得主所说的那样，人类要生存下去，就必须回到二十五个世纪以前，去汲取孔子的智慧。孔子被西方人誉为"东方的太阳"，《论语》也被称为"亚洲的圣经"，儒家思想中的和合理念、大同理想描绘了一幅美好和谐、共同发展的世界图景，这与中国致力于打造的"人类命运共同体"有着共通之处。构建人类命运共同体这一倡议也正是在汲取中华优秀传统文化智慧的基础上，站在全球秩序的高度，基于解决人类共同面对的问题而提出的。交流激荡智慧，合作增进共识，中华传统文化也应该能够为各国携手同行、解决好当前人类面临的问题提供智慧的钥匙。我们有理由相信，中华传统文化将会再度辉煌，并以新的姿态展现在世人面前，中华传统文化将对世界文明做出新的、更大的贡献。

专栏　尼山论坛

尼山论坛，全称为"尼山世界文明论坛"，是由原全国人大常委会副委员长许嘉璐倡议发起的。尼山论坛是以我国伟大的思想家、教育家孔子的诞生地尼山命名的，以开展世界不同文明对话为主旨，以展示中华优秀传统文化的多样性、开放性、包容性以及追求和谐为理念，以促进中华优秀传统文化与世界文化的交流，增进各国文化相互理解、相互尊重，推进和谐世界及人类命运共同体建设为目的。尼山论坛的主旨与联合

① 《习近平总书记系列重要讲话读本》，学习出版社、人民出版社2016年版，第202页。

国教科文组织《不同文明对话全球议程及其行动纲领》及《世界文化多样性宣言》的精神十分契合,也符合中华优秀传统文化全球化传播的目的。尼山论坛发起后得到了来自联合国教科文组织、联合国文明联盟的积极响应,也得到了世界各国政要、社会团体及知名学者的积极响应。

尼山论坛从倡议发起到正式开坛,历经两年多,这期间进行了充分的沟通与准备,为论坛的成功奠定了坚实的基础。首届尼山论坛于2010年9月26日至27日在尼山举办,主题是"和而不同与和谐世界:和谐·仁爱·诚信·包容";第二届尼山论坛于2012年5月21日至23日仍在尼山举办,主题是"和而不同与和谐世界:信仰·道德·尊重·友爱";第三届尼山论坛于2014年5月21日至23日在济南举办,主题是"不同信仰下的人类共同伦理";第四届尼山论坛于2016年11月16日至17日在孔子故里曲阜举办,主题是"传统文化与生态文明——迈向绿色·简约的人类生活";第五届尼山论坛于2018年9月26日至27日在尼山举办,主题是"同命同运 相融相通:文明的相融与人类命运共同体"。经过五届论坛的实践,尼山论坛已成为世界文明的盛宴。

开展文化对话已成为当前的世界潮流,学者们通过文化对话、交流互鉴,推动了世界文明的和谐发展,促进了中国文化走向世界。在全球化时代,不同民族、不同文化的人相互尊重、相互理解、和平共处,不同文明、不同信仰开展对话,成为世界各国人民的崇高追求。不同文明通过对话,消除分歧,跨越思想障碍,增进彼此的了解,建立团结和谐的世界大家庭。以儒家思想为代表的中华优秀传统文化是参与世界文明对话的重要力量,尼山论坛以开展世界文明对话为主题,意在秉承孔子的"和而不同"、"和为贵"等教诲,坚持"各美其美,美人之美,美美与共,天下大同"的发展理念,推动中华优秀传统文化融入文化全球化进程中,维护世界文化多样性,推动人类命运共同体建设。

四、对待中华传统文化要有科学态度和辩证思维

中国共产党人历来重视中华传统文化。毛泽东说过："我们是马克思主义的历史主义者，我们不应当割断历史。从孔夫子到孙中山，我们应当给以总结，承继这一份珍贵的遗产。"虽然在"文革"时期对中华传统文化有过"左"的错误做法，但中国共产党人始终是中华优秀传统文化的当然继承者和忠实弘扬者。改革开放以来，以邓小平为核心的党的第二代中央领导集体，以江泽民为核心的党的第三代中央领导集体，以胡锦涛为总书记的党中央，对中华传统文化的保护、传承、弘扬、创新做出了很大的贡献。十八大以来，以习近平同志为核心的党中央从历史和时代的高度着眼，从具体实际和现实需要着手，形成了继承和弘扬中华优秀传统文化，推动实现传统文化创造性转化和创新性发展的新理念、新思想、新战略、新举措，将中华优秀传统文化作为治国理政的重要思想文化资源，形成了具有中国特色、中国风格、中国气派的执政话语体系。

中国共产党高度强调中华传统文化的重要性，是为了更好地传承、弘扬、创新与发展传统文化，让中华传统文化更好地为中国特色社会主义伟大事业服务，而其前提和基础在于正确认识和对待中华传统文化。对待中华传统文化要坚持科学态度和辩证思维。习近平明确指出了我们对待传统文化的正确态度："在去粗取精、去伪存真的基础上，坚持古为今用，推陈出新。"①任何文化系统都既有现实性的内容，又有超越时代的内容，这两种文化内容共存于一个文化系统之中，但可以相互分离，中华传统文化也是如此。自给自足的小农经济、专制制度与宗法社会是中华传统文化产生的社会历史背景，它们使传统文化带有不可回避的历史

---

① 《习近平谈治国理政》，外文出版社2014年版，第160页。

局限性。我们的任务是将传统文化中紧密依附于旧社会的文化因素剥离出来，保留具有超越性的深层内容，将此作为现代文化的生长元素。树立对待传统文化的正确态度，不是要恢复到复古倒退的老路上去。完全无视传统文化为小农经济、宗法社会和专制主义服务的背景，将其当作解决当代中国任何问题的灵丹妙药，无疑是不可取的。文化复古主义不仅对当代中国无益，而且会引发人们对传统文化的反感。当然，我们更应当注意的是，要避免因为传统文化产生的历史土壤与当代社会有着巨大的差异，就完全否定整个传统文化系统，认为它们完全没有转化的可能性；或者主张完全否定传统文化的系统框架，只愿意保留具有民族特色的某些文化形式和表层化的东西，其本质仍然是对传统文化的否定，这必然导致丢弃传统文化所具有的实质性的文化精神，走向文化虚无主义之路。对传统文化彻底否定的文化虚无主义的错误在于，使社会主义新文化的产生丧失了得以生发的文化前提与基础，这是我们应当慎防的。

以科学的态度对待中华传统文化，就要努力做到"三个不能"：对待中华传统文化，不能妄自菲薄。中华传统文化是一个多层次、多领域、多方面的复合体，既有厚度，又有广度，更有深度。"九层之台，起于累土；千里之行，始于足下"，炎黄子孙已经行走几千年，中华传统文化也已筑起九层之台，从孔夫子到孙中山，中华传统文化经过时间的积淀，已经深厚无比。中国自古以来就是幅员辽阔的国家，纵横九万里的国土，孕育了形式多样、色彩斑斓的中华物质文化、制度文化、精神文化，不论是哲学、科技、文学、艺术，还是农业、商业、手工业，几乎每个领域都闪耀着传统文化的光彩，先秦子学、两汉经学、魏晋玄学、隋唐佛学、宋明理学、清代朴学等如万里群山般巍峨挺拔，耸立在中华文明史册，唐诗、宋词、元曲、明清小说似明灿珍珠一般熠熠闪烁,点缀在人类文明星空,传统文化之广,可谓包罗万象。中华传统文化包含着深刻意蕴和无穷智慧,"天人合一"、"大道之行也,天下为公"、"己所不欲,勿施于人"、"物之不齐,物之情也"、"和而不同"、"睦邻友邦"等充满深刻哲理韵味的传统思想至今启发着人类的思考,无疑凸显出传统文化的深度。

对待中华传统文化,不能妄自尊大。习近平总书记说,文明因交流而多彩,因互鉴而丰富。没有世界文明的交流、互鉴、融合,也就不会有灿若星辰的民族文化瑰宝。"强调承认和尊重本国本民族的文明成果,不是要搞自我封闭,更不是要搞唯我独尊、'只此一家,别无分店'。各国各民族都应该虚心学习、积极借鉴别国别民族思想文化的长处和精华,这是增强本国本民族思想文化自尊、自信、自立的重要条件。"①我们反对"西方文化中心论",也不赞同"东方文化主导论",强调世界文化的普世性和同质性,只会让人类文明黯淡无光,文化上的"十字军东征",带来的只能是人类的"生灵涂炭",奏起的只能是一曲曲文明冲突的悲歌。我们不应该也绝不能以任何一个民族的文化作为标尺来衡量其他民族的文化,更不会找到作为永恒标准的所谓普世价值,普世价值的"四处征讨",只会导致人类文明的"哀鸿遍野"。文化具有相对性,每个民族的文化都有它自身存在的价值与合理性,世界上并不存在一种超越其他一切民族具有绝对优越性的文化,对待异域文化不能抱有文化宗派主义和门户之见,文化上的盛气凌人,只会招来怨恨与鄙夷,绝非文化之间的长久相处之道。我们反对文化中心论、种族优越论和文化霸权论,而是承认民族文化的相对性、平等性与多样性。

---

① 习近平:《在纪念孔子诞辰2565周年国际学术研讨会暨国际儒学联合会第五届会员大会开幕会上的讲话》,《人民日报》2014年9月25日。

对待中华传统文化,不能囫囵吞枣。任何民族的传统文化都不可能是完美无瑕、毫无杂质的,中华传统文化亦是如此。中华传统文化在诸多领域都有过令他族艳羡的不朽创造,但也在大浪淘沙中沉积下不少文化糟粕,对待传统文化如果只看到精华而忽视糟粕的存在无疑是片面的。中华传统文化并非十全十美,也不是包医百病、起死回生的灵丹妙药,"传统文化在其形成和发展过程中,不可避免会受到当时人们的认识水平、时代条件、社会制度的局限性的制约和影响,因而也不可避免会存在陈旧过时或已成为糟粕性的东西。这就要求人们在学习、研究、应用传统文化时坚持古为今用、推陈出新,结合新的实践和时代要求进行正确取舍,而不能一股脑儿都拿到今天来照套照用"①。"千淘万漉虽辛苦,吹尽狂沙始到金。"传统文化具有双重特性,既有积极的一面,也不乏消极的一面,它的积极方面是现实进一步发展的基础,它的消极方面可能成为前进中的负担,我们要立足好基础,同时要注意清理负担,努力做到批判继承、综合创新、取其精华、去其糟粕,只有如此我们才会在发展传统文化的路上步履铿锵。

五、转化和发展中华传统文化要有全局观念和导向意识

党的十八大以来,以习近平同志为核心的党中央将传承和弘扬中华传统文化放到更加重要的位置,提出了中华传统文化创造性转化和创新性发展的重大命题,这一新命题符合文化发展规律和当代实践需要,为传承和弘扬中华优秀传统文化提出了新任务、新要求,提供了新契机、新

---

① 习近平:《在纪念孔子诞辰 2565 周年国际学术研讨会暨国际儒学联合会第五届会员大会开幕会上的讲话》,《人民日报》2014 年 9 月 25 日。

动力,指明了中华传统文化的新前景、新方向。转化和发展中华传统文化是一项大工程、大战略,其中关涉到转化和发展中华传统文化与马克思主义指导思想、人民中心地位、中国特色社会主义实践、文化创新、与时俱进、社会主义核心价值观培育和践行、世界文化交流互鉴、党的作风建设等方面的关系,需要具备大格局、大智慧。因此,只有树立全局观念和导向意识,正确处理转化和发展中华传统文化与其他各方面的关系,实现与不同方面的统筹协调,才能保证中华传统文化的顺利转化和发展。

树立中华传统文化转化和发展过程中的全局观念和导向意识,就要不懈地坚持"八个结合":

把转化和发展中华传统文化与坚持马克思主义指导结合起来。在当代中国,正确处理马克思主义与中华传统文化的关系是一个不容回避的重大问题。马克思主义凭借其实践性、科学性、革命性以及中国的社会主义性质而居于指导地位,中华传统文化因其厚重性、持久性、稳定性而内化于中华民族的思维和行为之中。坚持马克思主义的指导地位与转化和发展中华传统文化并不矛盾,两者并非冰炭不可同炉,而是相得益彰、相映成趣,"当代中国文化应以马克思主义作为自己的指导思想和理论基础"[①],中华传统文化需要用马克思主义的立场、观点、方法来进行研究、发掘、扬弃。在世界多元文化相互激荡的背景下,转化和发展中华传统文化要坚持马克思主义的原则、立场,运用马克思主义的世界观和方法论,只有如此才能使中华传统文化从容面对一系列机遇和挑战,只有如此才不至于使中华传统文化在发展、创新、转化的过程中迷失自己的方向,只有如此才能使中华传统文化在社会主义条件下延续、更新和

---

① 　张岱年、方克立:《中国文化概论》(修订版),北京师范大学出版社2004年版,第358页。

丰富,才能使中华传统文化在建设社会主义文化强国的过程中不断建功立业。事实一再证明,"中华民族文化复兴由于马克思主义的指导而导向正确,马克思主义由于中华民族传统文化的滋养而更具中国特色"①,只有充分吸收中华传统文化,马克思主义才能在中国化过程中取得更大的成功;只有坚持马克思主义的指导,中华传统文化才能更好地转化和发展。

把转化和发展中华传统文化与坚持以人民为中心结合起来。人民是实践的主体,是历史的创造者,群众是真正的英雄,人民群众是一切力量的源泉,"中华民族5000多年的文明史,中国人民近代以来170多年的斗争史,中国共产党90多年的奋斗史,中华人民共和国60多年的发展史,都是人民书写的历史"②,转化和发展中华传统文化应当坚持以人民为中心,充分发挥人民群众的积极性、主动性、创造性。继承和弘扬中华传统文化离不开人民群众对自己文化的认同,离不开每个中国人对转化和发展中华传统文化的信心和决心,离不开每个中华儿女继承、传播、弘扬、创新传统文化的具体行动。转化和发展中华传统文化要发挥人民群众这一实在主体的实际作用,通过"引导人们向往和追求讲道德、尊道德、守道德的生活,让13亿人的每一分子都成为传播中华美德、中华文化的主体"③。在转化和发展中华传统文化的过程中,只有使中华民族的每一分子都参与进来,才能汇集起推动中华传统文化不断向前涌流的强大力量,只有以人民群众为中心,使广大人民群众成为转化和发展中华传统文化的当然主体,才能从根本上增强中华文化的吸引力、向心力、凝聚

---

① 陈先达:《马克思主义和中国传统文化》,人民出版社2015年版,第18页。
② 习近平:《在纪念毛泽东同志诞辰120周年座谈会上的讲话》,《人民日报》2013年12月27日。
③ 《习近平谈治国理政》,外文出版社2014年版,第160—161页。

力,才能更快更好地推动中华民族文化复兴的实现。

　　把转化和发展中华传统文化与中国特色社会主义实践结合起来。传统文化的现代转型要关注当代社会人生问题,避免落入仅限于理论层面、概念梳理的窠臼。如果传统文化不与活生生的社会生活实践相结合,不在与现实社会人生的碰撞交融中发生转型,它的现代化之路就会失去现实的根基,就会被悬置起来,失去价值与意义。中国特色社会主义实践是我们当下正在做的最大的事情,我们要深入挖掘中华传统文化中具有当代价值的优秀成分,用中华民族优秀的基因不断丰富完善中国特色社会主义理论体系,用中华民族宝贵的历史经验不断指导和充实中国特色社会主义实践,中国特色社会主义道路才会走得更加坚实;同时,中华传统文化在中国特色社会主义实践中又能实现自身的创造性转化和创新性发展,在马克思主义中国化的过程中与时俱进、焕发出新的生命活力。习近平指出:“独特的文化传统,独特的历史命运,独特的基本国情,注定了我们必然要走适合自己特点的发展道路。”中华传统文化只有融入到中国特色社会主义的伟大实践中,才能不断得到继承、弘扬和发展。“当代中国的伟大社会变革,不是简单延续我国历史文化的母版,不是简单套用马克思主义经典作家设想的模板”①,而只能走一条马克思主义与中国国情相结合的发展道路。中华传统文化有着五千年的智慧积淀,有其独有的文化特色,使得中国人民有足够的精神勇气和文化力量走好自己的特色路,实现好自己的中国梦。

　　把转化和发展中华传统文化与坚持文化创新结合起来。继承、创新、发展,是一个民族的文化得以保存和进步的规律。转化和发展中华传统文化既要继承又要创新,继承与创新是一枚硬币的两个方面,我们

---

① 习近平:《在哲学社会科学工作座谈会上的讲话》,人民出版社2016年版,第21页。

不能数典忘祖，更不能抱残守缺，文化的活力不是来自抛弃传统，而是在于吸收传统，再铸传统。"周虽旧邦，其命维新"，旧邦新命是现代中国的特点，"旧"是指五千年历史文化之悠久，"新"是指站在实现"两个一百年"目标的新起点上，中华民族复兴是全面的复兴，其中就包括传统文化的复兴，传统文化的复兴关键在于坚持文化创新。中华传统文化创新要在文化自觉、文化自信、文化自强中得到实现。文化自觉是文化创新的前提，这个自觉在于要对中华传统文化有"自知之明"，对它的来龙去脉、发展过程、特色特征、未来走向等有一个深刻的认知，"如果人类一旦失去文化的自觉，便会陷入迷茫、杂乱无序、良莠不分、失去自我，甚至重返愚蛮"①。文化自信是文化创新的动力，"是更基础、更广泛、更深厚的自信"②。中华传统文化是中华民族能够立足于世界民族之林的奠基石，奠定了文化自信的基础，文化自信是中国特色社会主义"三个自信"的坚固底色，是我们必须保持的精神状态，也是转化和发展中华传统文化应有的精神底气，缺乏对本民族文化的自觉和自信，缺乏对本民族传统文化的历史认可与认同，转化和发展传统文化就只会成为一句空话。只有坚信中华传统文化拥有强盛的生命力和光明的发展前景，我们才有足够的理由将其推向创新发展的道路。文化自强是文化创新的目的，文化自强从文化自觉、自信中来，也是巩固文化自觉、自信的重要保障，文化自强要在创新中实现，要在不断创新中提升中华传统文化的创造力、竞争力、辐射力。只有坚持中华传统文化的不断创新，努力做到在继承中创新，在创新中继承，善于推陈出新，致力于传统文化的创造性转化和创新性发展，才能使中华传统文化永葆青春活力。

---

① 冯骥才：《什么是"文化自觉"，怎样做到"文化自觉"》，《北京日报》2011年11月14日。
② 习近平：《在庆祝中国共产党成立95周年大会上的讲话》，《人民日报》2016年7月2日。

把转化和发展中华传统文化与坚持与时俱进结合起来。历史是现实的过去,现实是历史的延伸。传统文化不是凝固不变的雕像,而是奔腾向前的流水。我们不能沉湎于过去,我们需要正视时代、面向未来,推动传统文化在时代的感召下奋勇前进;我们不能厚古薄今、以古非今,而要古为今用、以古鉴今。中华传统文化的不断发展是与历史和时代的阔步前进相一致的,只有与历史同步伐、与时代共命运,才能使中华优秀传统文化与当代文化氛围相适应,只有与时俱进,才能充分挖掘传统文化中能够指引当代中国发展的丰富智慧,才能将博大精深、灿烂悠久的传统文化更加发扬光大,才能从根本上永葆中华传统文化的无限生机。转化和发展中华传统文化,"不是为了发思古之幽情,不是为了往后退,而是为了光大时代精神,建设现实文化"①。今天,"中华民族要继续前进,就必须根据时代条件,继承和弘扬我们的民族精神、我们民族的优秀文化,特别是包含其中的传统美德"②。只有按照时代的新变化、新发展、新气象、新要求,对中华传统文化的内涵加以补充、拓展、改造、完善,赋之以鲜明的时代特色,才能不断增强中华传统文化的影响力、感召力、持久力。

　　把转化和发展中华传统文化与培育和践行社会主义核心价值观结合起来。党的十八大报告提出了社会主义核心价值观的重要命题,并从三个层面进行倡导和培育,富含深意的二十四个字凝练地表达了国家价值目标、社会价值取向、个人价值准则,形成了有机统一、相互联系、密不可分的价值观念体系。社会主义核心价值观并非凭空而来,而是具有深厚的历史传承性,它不仅与中国特色社会主义的发展要求相一致,还与

① 李宗桂:《创造性继承优秀传统文化》,《南方日报》2014年9月29日。
② 《习近平谈治国理政》,外文出版社2014年版,第181页。

中华优秀传统文化以及人类文明成果相贯通。从一定程度上说,中华优秀传统文化为社会主义核心价值观提供了根基和源泉,社会主义核心价值观则实现了对中华优秀传统文化的传承与升华,充分体现出中华优秀传统文化与社会主义核心价值观具有天然的粘合性,有着难以割裂的联系。转化和发展中华传统文化的过程同样是对社会主义核心价值观固本培元的过程,要用中华优秀传统文化充分涵养核心价值观,培育核心价值观要从中华传统文化中充分吸收符合时代发展的价值追求,在充分彰显传统文化时代光芒的同时,努力做到转化和发展中华传统文化与培育和践行社会主义核心价值观的有机统一。

把转化和发展中华传统文化与世界文化交流互鉴结合起来。"一花独放不是春,百花齐放春满园。"百花盛开才能色彩斑斓,世界文明的百花园需要相互间持续不断的交流互鉴来浇灌,"中华文明是在中国大地上产生的文明,也是同其他文明不断交流互鉴而形成的文明"[1]。文化多样性是文化的本性,是世界文化繁荣的象征,文化的异质性有助于文化的丰富性。"我们不仅要了解中国的历史文化,还要睁眼看世界,了解世界上不同民族的历史文化,去其糟粕,取其精华,从中获得启发,为我所用。"[2]文化的交流互鉴是跨越时空、超越国度的,不同文化之间的学习和借鉴是人类文明发展中的常态,是让各自文明大放异彩的路径选择,也是促进文化进步的重要动力。文化之间的交流远远大于相互之间的矛盾,文化交流互鉴不是单向度的文化输出,而是多向度的借鉴融合,依靠强权政治强行向外推广自己的文化,只能导致文化冲突,只能被视为文化侵略。因此,在对外文化传播过程中,要结合国外受众的实际情况,采

[1] 《习近平谈治国理政》,外文出版社2014年版,第260页。
[2] 习近平:《在中央党校建校80周年庆祝大会暨2013年春季学期开学典礼上的讲话》,《人民日报》2013年3月3日。

用其容易接受的内容、形式和方式,讲好中国故事,传播好中国声音,也就是要把转化和发展中华传统文化与中华传统文化的对外交流结合起来,在与世界文化的交流互鉴中书写炫彩的中国文化新篇章。

把转化和发展中华传统文化与党的作风建设结合起来。党的作风关系人心向背,关系党的生死存亡,作风建设至关重要。党的作风建设立足于广袤辽阔的中华沃土之上,置身于赓续弥新的传统文化气候之中,无疑需要从中华传统文化中汲取营养,而中华传统文化也能够为党的作风建设提供必要滋养。党的作风建设涉及到党员干部的思想作风、学风、工作作风、领导作风、生活作风等方方面面的建设,这些作风建设可以从传统文化中的知行合一、经世致用、以民为本、身先士卒、严于律己等思想和精神中汲取养料;而对于党员干部品德和官德的养成,无论是"修身、齐家、治国、平天下"的儒家纲目,还是"礼义廉耻"的国之四维,都能在党员干部做人、从政、为官中焕发出应有的光彩;为政以德、德才兼备、克己奉公、秉公用权、勤政爱民等,已经成为古今共用的信条,以"廉洁从政、廉洁用权、廉洁修身、廉洁齐家"为主要内容的党员领导干部廉洁自律规范,更是彰显出传统文化的深厚底蕴。党的作风建设需要良好的党内政治生态,良好的党内政治生态的培育和形成得益于中华优秀传统文化的熏陶与推广。只有党员干部带头"弘扬中华民族传统美德,讲修养、讲道德、讲诚信、讲廉耻,养成共产党人的高风亮节,自觉远离低级趣味"[1],才能有效扫除形式主义、官僚主义、享乐主义和奢靡之风,从而净化党内政治生态,严肃党内政治生活,营造风清气正的党内氛围;只有将中华优秀传统文化的古风与党风相结合,打通古今的衔接点,才能呈现"古今交响"的生动局面,才能为党风建设提供传统文化支撑。可以说,中华优秀传统文化哺育了中国共

---

[1] 《关于新形势下党内政治生活的若干准则》,《人民日报》2016年11月3日。

产党,为党的作风建设提供了丰厚滋养,党的作风建设离不开对中华优秀传统文化的吸收和继承,将中华优秀传统文化运用于党的作风建设实践,有助于激活传统文化的生命力,彰显其当代价值,推动其转化和发展,实现古代政治智慧与当代党风建设的共鸣。

习近平总书记曾指出:"当今世界,要说哪个政党、哪个国家、哪个民族能够自信的话,那中国共产党、中华人民共和国、中华民族是最有理由自信的。"①这种自信不唯有道路自信、理论自信、制度自信,更要有文化自信,而这种文化自信的根基来源于中华优秀传统文化。我们"站立在960万平方公里的广袤土地上,吸吮着中华民族漫长奋斗积累的文化养分,拥有13亿中国人民聚合的磅礴之力,我们走自己的路,具有无比广阔的舞台,具有无比深厚的历史底蕴,具有无比强大的前进定力。中国人民应该有这个信心,每一个中国人都应该有这个信心"②。实现中国梦,必须弘扬中国精神,必须凝聚中国力量,中国力量不唯有经济力量、军事力量,更包含精神力量、文化力量,而中华优秀传统文化是民族凝聚力的源头活水,塑造着中华民族的精神,传承和弘扬中华优秀传统文化必将为中华民族伟大复兴中国梦的实现提供源源不断的精神力量和文化动力。

中国特色社会主义道路植根于中华优秀传统文化的沃土,符合历史发展的客观规律。我们完全有理由相信,传承和弘扬中华优秀传统文化必将使中华民族越来越自信,必将促进新时代中国特色社会主义文化大发展大繁荣,必将推动中华民族伟大复兴中国梦的实现!

---

① 习近平:《在庆祝中国共产党成立95周年大会上的讲话》,人民出版社2016年版,第12页。
② 习近平:《在纪念毛泽东同志诞辰120周年座谈会上的讲话》,《人民日报》2013年12月27日。

后　记

　　中华传统文化源远流长、博大精深，其中丰富的哲学思想、治世之道、人文精神、教化观念、道德理念、交往之法等，可以为治国理政提供有益启示。如何挖掘和利用好这些宝贵的精神资源，结合新的实践和时代要求做好创造性转化和创新性发展工作，是一件很有意义的事情。本书围绕着治国理政为什么需要从中华传统文化中汲取营养以及如何运用中华传统文化助益治国理政这个重要问题，分十个部分进行了通俗讲解，以期广大读者加深对这个问题的认识。

　　本书是由山东省委宣传部组织编写的。省委宣传部副部长刘宝莅、徐向红同志先后主持讨论了编写方案，提出明确要求。孔繁珂、刘兵、王晓娟同志对编写方案提出了宝贵建议。理论处殷玉平、张汝金、冷兴邦、房树人、刘洁等同志具体组织和指导了本书的编写工作。

　　本书由高奇负责编写工作，参加编写的人员有（按姓氏笔画为序）：王彬、王晶、王贻琛、史衍朋、刘兴明、刘含宇、孙建华、牟杰、李国良、李慧芬、陈士军、陈文殿、陈明琨、张路园、林红、郑敬斌、耿爱英、高泽、韩文彬。

　　在本书编写过程中，我们阅读参考了一些经典名著和文件报告以及国内外学者撰写的著作。周向军、马来平、杜福、王新春、徐艳玲、方雷、张荣林、孙世明、刘后德等专家学者对该书的写作也提出了许多宝贵的建议。中华书局的有关方面,特别是申作宏、傅可同志为本书的出版付出了辛劳。王涛、梁丛丛、孔明明、咸友芹、李晓云、向慧蓉等同学在资料搜集、文献查对、内外联系等方面做了大量工作。在此一并表示诚挚的感谢!

由于时间仓促和水平所限,书中难免有不足之处,敬请读者朋友批评指正。

编者
2018年8月